哲学入門

第3版

― 身体・表現・世界 ―

伊藤泰雄 著

PHILOSOPHY

Gakken

《著者紹介》

伊藤泰雄 (いとうやすお)

1950年生まれ, 学習院大学文学部哲学科博士課程修了.
元大学非常勤講師.

著書：『神と魂の闇—マルブランシュにおける認識と
存在』(高文堂出版社, 1997)
共著：『思想の鍵—哲学と倫理の課題』(勁草書房,
1995),『真理の探究—17世紀合理主義の射程』(知
泉書館, 2005) など.
翻訳：モーリス・メルロ＝ポンティ (共訳)『見えるも
のと見えざるもの〈新装版〉』(法政大学出版局,
2014), モーリス・メルロ＝ポンティ (共訳)『フ
ッサール『幾何学の起源』講義』(法政大学出版局,
2005) など.
共監修・翻訳・執筆：『メルロ＝ポンティ哲学者事典』
(白水社, 2017)

表紙・カバーデザイン：NS Design

● はじめに

　この本は，これから哲学を学ぼうとする人たちに読んで
もらいたい，という思いで書かれている。しかし，「哲学を
学ぼうとする」という言葉をみたとたんに，たちまちいくつ
もの問いが生じてしまうのではないだろうか。哲学を学ぶ
ことにどのような意味があるのだろうか。哲学を学ぶこと
によって何が得られるのだろうか。そもそも哲学は学ばな
ければならないものだろうか。もともと誰でも哲学をすで
にもっているのではないか。哲学を学ぶというが，本来，哲
学は学べるものだろうか……などなど。このような質問は，
ほかの学問の場合には，考えにくいように思われる。たと
えば経済学や法学，物理学や数学であれば，それを学ぶ意
味や期待される成果，そして学習の必要や可能性などにつ
いて，これほど質問攻めにあうことはないであろう。これ
らの諸学問は，あらかじめ自分たちの専門領域を特定する
ことによって，自分たちの存在理由や成果を明確にしてい
る。

　これに対して哲学は，他の諸学問がもつような特定の専
門領域というものを，ある意味でもたない。哲学は，言語
哲学，法哲学，道徳哲学，芸術哲学，技術哲学，科学哲学，
自然哲学，歴史哲学，といった形で，いろいろな領域に入
り込んでゆく。哲学に専門があるとすれば，その一つは，固
定化し狭くなりがちな学問や芸術の視野に疑問を投げか
け，その前提に立ち戻ることによって，息苦しくなってし
まった思考に風を送り，頭を柔軟にすることである。たと
えば，「言語」の本質とは何か，「法」や「道徳」の本質は何か，
「芸術」とは何か，といった仕方で，それぞれの学問領域の
根本概念それ自体を問うのである。本書でも，そのような
仕方で，各領域の根本概念について考察している。

　頭を柔軟にするというこうした役割は，私たちの日々の
生活に対しても似たような意味をもつのではないだろう
か。当面の問題を次々にこなしてゆかなくてはならないい

そがしい毎日の生活にとって，当面の問題に，とりあえずかかわることのない「哲学」の存在自体がすでに何だかわからない謎であり，そのために冒頭に示したようなさまざまな問いが哲学に対して投げかけられるのではないだろうか。

　しかし，いそがしく暮らす人に対して，頭の風通しをよくする問いを誘い出すこと，そこに哲学の役割の一つがある。その問いは，たとえば，「私」とは何なのか，「他者」とは何なのか，「時間」とは何なのか，「生と死」をどう考えたらいいのか，「自由」とは何なのか，「責任」とは何なのかといった，誰にとっても問題になりうる基本的な問いでありながら，時間をかけて考える暇のなかなかない問いである。

　このような哲学の役割から考えて，私は，哲学を学ぶことの意味の一つは本来の教養を深めることにあると思う。〈教養〉という言葉は，英語の culture，フランス語の culture，ドイツ語の Kultur という言葉の翻訳語である。culture と Kultur という言葉は「文化」とも訳されるが，もとをたどれば，「耕す」，「培う」という意味のラテン語 colo の完了分詞 cultus から生まれた言葉である。だから教養という言葉のもとには，「耕す」，「培う」という意味が本来潜んでいる。学問にはいろいろな領域があるけれども，哲学はいろいろな領域の学問を学んでゆくための土壌を耕し，培う学問である。

　学問を学ぶうえでの土壌とは何か。それは学ぶ人間の人生観，世界観である。その人生観，世界観をできるかぎり，広く深いものにしようと努めること，それが土壌を耕し，培うということである。そのためには自分の人生観，世界観を，自分と異なった考え方をもつ他の人（これを哲学では他者と呼んでいる）の人生観，世界観に照らしてみることが有効かつ重要である。そのことによって，私たちは固定化し狭量になりがちな思考と生活に疑問をもつことができるようになるであろう。哲学は，他者との出会いを準備し，実践する学問である。

　他者との出会いを準備するためには何をすればよいのだろうか。身振り手振りで意思伝達できる範囲はかぎられているから，まずは共通の言葉が使えなければならないだろう。外国語を学ぶことは異なる文化に育った他者と意思伝達するための必要条件である。しかし言葉が通じても，それだけではまだ，他者との意思伝達の準備には不足である。それは同じ日本語を話す人間同士でも意思伝達が成立しない場合の多いことを考えればわかるであろう。たしかに，他者とわかりあうことはむずかしい。しかしだからといって，他者と理解しあうことがまったく不可能であるときめつけるのも早まった考えであろう。少なくとも，私たちは理解しあえる部分があることを信じているからこそ，他者に話しかける気持ちになれるのであって，そうでなければ，そもそも話をしようという気にもならないはずである。少なくとも相手が人間であるかぎり，私たちは対話を試みることができる。

　ところで，対話するためには，相手について何かしらの理解をあらかじめもっていたほうがよいだろう。まったく手がかりのない他者との意思伝達は，最初から不可能である。私たちは，未知の他者との対話の可能性を確保するために，人間そのものについてあらかじめ柔軟に考えておくことが必要である。そう考えて私は，人間であるとはどういうことであるのか，人間らしさとは何であるのかという問いを，本書における哲学の起点としたのである。

　今日，私たちの社会で他者との意思伝達が機能不全になっていることが，多くの社会問題を生む原因の一つになっていることは間違いないであろう。他者との関係をあらためて考え直すためにも，〈人間らしさ〉を問うことは，現代社会を生きる私たちにとって重要な課題である。

⣿ 本書の概要

　本書への導入として，全体の見取り図を示すために，各章の概要を述べておこう。

　序章《人間らしさ》は，〈人間らしさ〉をめぐる現代の問いを提示し，近代の出発点に位置するデカルトと，現代の出発点に位置するニーチェという，二人の哲学者の人間観（すなわち，理性的人間観と非理性的人間観）の対立について，身体としての人間という立場から，考察する方向を示す。次に，ソクラテスの対話法とデカルトの真理探求法を紹介しながら，哲学の知恵と方法について概観したうえで，本書での哲学的考察の出発点となる「私」という言葉の不思議さを，デカルトのテキストにそって考察し，さらに人間らしさとは何かという観点から，人間と機械，人間と動物，それぞれの近さと隔たりについて考察する。

　第 1 章《身体としての自分》では，人間らしさを哲学的に考察する基礎をきずくために，人間の具体的な在り方を身体的存在者としてとらえる。身体は私たちの存在と行為の基盤であり，身体表現こそ他者との交流を可能とする基盤である。それに応じて，本書では，デカルト的な自我を意味する「私」と，身体としての〈私〉とを，カッコの形によって区別する。自分の身体において見いだされる表現は，本書において，いわば通奏低音のような役割を果たす概念である。ここで提示される「生きられた身体」についての四つの記述的特徴（身体の恒存性，身体の二重感覚，感情的空間としての身体，身体運動感覚）と〈身体的理性〉，そして「身体図式」の概念が，特に重要である。

　第 2 章《生きられた世界》では，私たちが身体的存在者として生きる知覚世界を〈生きられた世界〉と呼び，主としてその空間構造を七つのレベル（図地構造，奥行，射映性と地平性，表情的意味，道具的意味，空間の方向性，生活空間）に分けて分析する。

理性的人間観と非理性的人間観との対立を提示し，その対立を身体としての人間という立場から，解消する方向を示す。

本書では，デカルト的な自我を意味する「私」と，身体としての〈私〉とを，カッコの形によって区別する。

　第３章《時間の不思議さ・生と死》では，アリストテレス，アウグスチヌス，フッサール，メルロ＝ポンティの時間論を紹介しながら，まず，時間とはどういうものであるかについて考え，時間が私たちの生に深く結びついていることを明らかにする。次に死についてのいくつかの考え方（エンペドクレス，ソクラテス，エピクロス）を紹介したうえで，ハイデッガーの思想にもとづいて，時間と死について考察する。こうした考察をとおして〈人間らしさ〉についての問いを深める。

　第４章《他者・近さと隔たり》では，第３章《時間の不思議さ・生と死》を承けて，他者の現れ方を，その近さと隔たりにおいて考察する。他者は，〈私〉を退けたり，〈私〉から離れようとする一方で，〈私〉と一体化しようとするという，二重の仕方で現れる。それぞれの在り方を「共存」，「相剋」，「責任」，そして「愛」という順序で考える。

　第５章《言葉・比喩・論理》では，第１章《身体としての自分》で考えておいた身体表現の延長上にありながら，しかも身体表現とは本質的に異なった〈人間らしさ〉の在り方を開くものとして，言葉による表現を考察する。言葉はたしかにコミュニケーションの道具であるが，叫び声のような単なる感情表現の道具ではない。言葉によるコミュニケーションの特質とは何か。それは，知覚される世界の事物と出来事の意味を言語的意味として取り込み，言語的意味を通じて，世界の事物と出来事について語る，という仕方にもとづくコミュニケーションである。〈人間らしさ〉を考える鍵の一つはこの点にある。第４章《他者・近さと隔たり》とのつながりでいえば，〈私〉が他者との関係を取り結ぶための重要な手段として，それまで暗黙のうちに前提されていた言葉の在り方が，ここで主題化されることになる。

　第６章《責任と自由》では，身体表現および言語表現をあらためて〈行為〉としてとらえ，それを責任という観点から考察する。責任という概念は〈人間らしさ〉を考えるにあたって，欠くことのできない概念である。私たちはどのよ

うな場合に責任を問い，また責任を問われるのであろうか。現在，さまざまな社会的場面で〈責任〉という言葉が問題になっている。私たちはこの言葉の意味をあらためて考えておく必要がある。この章の後半で自由を問題にしたのは，責任という概念が成り立つための前提である自由が，単に利己的な自由ではありえないことを示したかったからである。私たちが身体的存在者である以上，私たちの自由は他者の自由と本質的にかかわりあうのである。

第7章《世間と社会》は，第6章《責任と自由》で主として個人的な人間関係を考察したのを承けて，今度は，集団と個人の関係を問題にするねらいで書かれている。また第2章《生きられた世界》で考察された〈生きられた世界〉の抽象性をおぎなう意図もある。日本的社会の在り方を「世間」としてとらえ，日本に明治以降導入された西欧近代市民社会の在り方を「社会」と呼んで両者の構造を分析し，今日の私たちの社会に生ずる問題を考えるための手がかりを得ようとする。

第8章《創造の秘密》は，人間の表現力が典型的に発揮される創造という現象が，どのような仕組みをもっているかを考えようとした章である。芸術的創造と科学的創造という人間文化の二大領域をとりあげ，創造力という〈人間らしさ〉にせまる。

第9章《技術と科学》では，身体的存在者としての人間が，自然と向きあい，自然に働きかける過程で生み出してきた技術と科学という人間の知恵が，近代的〈科学技術〉という考え方のもとで，どのように変質しているかを分析する。その前提として，特に古代ギリシア哲学における自然観について考察する。

第10章《自然・文化・歴史》では，本書の締めくくりとして，身体的存在者としての人間が〈科学技術〉以外の仕方で自然とかかわる場を生命的自然に求め，それにそって，文化と歴史という二大領域の意味を考察する。

　序章から第10章までの各章の終わりに課題と参考文献を付した。これらはいずれも各章の理解を確かめ，また深めてもらうためのものである。哲学の問いは，数学などの問題とちがい，決まった答えがかならずしもあるわけではない。一人ひとりが自分の答えを追究し，対話と反省によってその答えを深める努力を持続しなければならない。また，本書で不十分にしか語ることのできなかった点について考えるために，参考文献に手を伸ばし，思索の厚みを増してもらいたい。なお，引用した翻訳文について，参考にした訳本がある場合は，参考文献としてあげておいた。

　附節《哲学からみた看護》は，本書の旧版が看護を学ぶ学生のために書かれたものであることに基づいて，特に設けられた。看護という仕事は，今日，「看護診断」という考え方の進展に従って，医者による医療から独立する専門職として，その領域を確立している。それは適切な看護を実現するために必要かつ重要な進展であるにちがいない。しかし，「看護診断」という発想そのものに落とし穴はないだろうか。看護という行為は，病を介した人間関係にかかわる行為であるという側面があることは確かであるが，しかし本来，人間の一般的な営みの一部であることを忘れてはならないであろう。そういう視点から，〈人間らしさ〉についての本書での哲学的考察にもとづいて，看護の基本姿勢を考えようと試みたものである。〈看護とは何か〉という問いは，哲学の問いと同様に，日々いそがしく対応を迫られる看護の実践者にとって，なかなか考える暇のない問いであり，それでいて，一人ひとりがその経験のなかから，絶えず問いかけることを求められる問いであろう。この附節でのささやかな考察が，そうした問いかけに何らかの手がかりを提供できれば幸いである。

Contents

Contents

主要人名一覧（登場順）

序　章：デカルト，ニーチェ，ソクラテス，G. ドゥルーズ

第1章：メルロ＝ポンティ，ハイデッガー，ライプニッツ，M. ミード

第2章：フッサール，メルロ＝ポンティ

第3章：アリストテレス，アウグスティヌス，フッサール，メルロ
　　　　＝ポンティ，エンペドクレス，ソクラテス，エピクロス，ハ
　　　　イデッガー

第4章：ウェルトハイマ，サルトル，レヴィナス，プラトン，アリ
　　　　ストテレス，ブーバー

第5章：ソシュール，マレービアン，アリストテレス，ウィトゲン
　　　　シュタイン，ジョン・オースティン

第6章：ベルクソン，サルトル，メルロ＝ポンティ，サン＝テグ
　　　　ジュペリ，ドストエフスキー，カント

第7章：和辻哲郎，土居健郎，中根千枝，マックス・ウェーバー，
　　　　ホッブス，ロック，ルソー

第8章：アリエティ，マティス，カンディンスキー，シェーンベル
　　　　ク，ベンヤミン，フランシス・ベーコン，C.S. パース，伊東
　　　　俊太郎，ウェルトハイマ

第9章：プラトン，タレス，アナクシマンドロス，アナクシメネス，
　　　　アリストテレス，ガリレイ，ピュタゴラス，デカルト，ニュー
　　　　トン

第10章：クロード・ベルナール，ラ・メトリ，ダーウィン，今西
　　　　錦司，吉良竜夫，J.J. ギブソン，マルクス，ヘーゲル

附　節：ナイチンゲール，ハイデッガー，レヴィナス，稲原美苗，
　　　　守田美奈子

序章
人間らしさ

オイディプスとスピンクス │ ギリシアの皿絵

スピンクスはオイディプスに謎を出す。
「一つの声をもちながら，
二本足，三本足，四本足のものは何か」
オイディプスは答えた。
それは「人間」だ。

「不思議なものは数多くあるけれど，人間よりも不思議なものは何もない」
（ソポクレス『アンティゴネ』）

自分が人間であるということを知っているからといって，人間とは何であるかを知っているとはかぎらない。

カレル・チャペック⇨チェコの代表的作家。「ロボット」という言葉をチェコ語で「労働」を意味する robota からつくった。SF作品のほか，純文学，推理小説，児童文学，エッセイなど，さまざまなジャンルの著作があり，多くが邦訳されている。

ホテルフロントの人型ロボット（HIS「変なホテル東京 赤坂」）

　私たちは，今，「人間」という言葉を手がかりにして，哲学的思索を開始しようとしている。あなたは「人間」という言葉を聞いて，どのようなイメージをまず思い浮かべるだろうか。

　私たちは自分が人間であるということを知っている。しかし，自分が人間であるということを知っているからといって，人間とは何であるかを知っているとはかぎらない。たとえば，人間の形をしていて言葉を話すのだから人間だという考えは，現代のロボット技術の進展をみると，そう簡単に受け入れるわけにゆかないように思われる。

　「ロボット」という言葉は，チェコの作家カレル・チャペック（1890-1938）が書いた『RUR ─ロッサム世界ロボット製作所』という小説ではじめて使われた言葉である。この小説に登場するロボットは，すでに人間と区別しがたいものとして描かれている。現代では人工知能（AI）をそなえたロボット（機械人形）やサイボーグ（機械化人間）が登場し，人間の形をしているから人間であるとはますますいいがたくなっている。ロボットの外見や動作はかなり人間のそれに近づいている。押井守（1951-）監督のアニメーション映画『イノセンス』（2004）には，人間とロボットやサイボーグとが混在する 2032 年の世界が描かれており，この作品では，人間と機械との境界はすでに消え去っている。古くから義足が存在したし，現在では，医療技術の進展によって私たちが身体内に人工臓器を組み込むことは日常的となっている。

　もともと，人間の身体は機械のようなものではなかったのか。言葉にしても同じことがいえるだろう。特定の用途に対応する音声を発する機械（たとえば現金引き出し機など）は日常生活になくてはならないものとなっているし，人間と同じように日常のいろいろな場合に対応できる言葉を駆使する機械が実用化されている。Chat GPT（Generative Pre-trained Transformer「事前学習済みの生成変換器」）をはじめとするいわゆる〈生成 AI〉は，大規模データと自然言語処理技術を組み合わせ，あらゆる質問に対してかなり〈人

間らしい〉答えを返せる機械である。音声については，話し方や声質をコピーして，コピーされた本人そっくりに話すことのできる技術が開発され，フェイク画像の技術も進んでいる。そうなると，機械を使ったすべての会話について，話し相手は機械かもしれないということになる。今や，機械がどれだけ人間に近づけるかでなく，人間が機械よりどれだけ人間らしくなれるかが，問題なのだ。アラン・チューリング（1912-1954）の名を冠したチューリングテストに人間役で参加した科学ジャーナリストのブライアン・クリスチャン（1984-）は，人間と機械の違いを見分けることができるかを試すこのテストについて，究極の問いは，「人間らしいとは何を意味するのか」という問いだと述べている。まさに，〈人間らしさ〉とは何かが問われているのである。

　人間とは何かをめぐる問題は，AI機械との区別に由来するだけではない。現在，私たちの社会では，〈人間らしさ〉についてのこれまでの考え方では理解しきれないような，〈非人間的〉な事件や問題が数多く生じている。その結果，以前は「非人間的」とされたことが，現在では社会現象として常態化してしまった感さえある。たしかに私たちは，多くの場合，自分が日常接する家族や友人や同僚が人間であるということを疑うことはないであろう。とりあえず皆人間であり，人間である以上，意見や考え方に違いや対立があっても，話をすればきっと理解できる部分があるはずだと信じている。そうでなければ日常生活は送れない。しかし，その信じていることが，社会全体でみると，通用しにくくなってきているのである。

　以上のように，科学技術の発展や社会問題を考えてみると，「人間」の輪郭がぼやけてくるように感じられる。私たちは，自分が人間であることを知っているからといって，人間とは何か，人間らしさとは何かを，知っているとはかぎらない，ということの意味をあらためて考えてみなければならない。本書の「はじめに」で，「少なくとも相手が人間であるかぎり」と書いた（p.v）が，この言い方自体がすでに問

アラン・チューリング⇨ イギリスの数学者。コンピューターとプログラムの数学的モデル（チューリング・マシン）を考案し，コンピューター科学の父と言われる。

参考文献(2)→

「人間」の輪郭がぼやけてきているように感じられる。

題とされなければならないのである。

　これから私たちは，哲学が提供してきた考え方にもとづいて，「人間」とは何かを考えようとしている。その出発点として，二人の哲学者の人間観をみてみよう。

1 「人間」をめぐる二人の哲学者（デカルトとニーチェ）

1　デカルト―人間の理性―

　フランスの哲学者ルネ・デカルト（1596-1650）は，フランスが近代国家としてその基盤を築きつつある16世紀の末にフランス中部のトゥレーヌ州に生まれた。父はブルターニュ高等法院の法官で法服貴族の階層，母も高官の娘という家柄であり，デカルト自身も大学で法学を学んだが，兄とちがって法律の道には進まず，本人の言葉でいえば，「自分の理性を開発するために，自分で自分に命じた方法にしたがって力のかぎり真理の認識へと前進するために，全生涯を使い尽くすこと」こそが最善の仕事であると考え，真理探求の道を選んだのである。

　デカルトはその著書『方法序説』(1637) の書き出しに，「良識 (bon sens) はこの世のものでもっとも公平に配分されている」と書いている。この言葉はデカルトの生きた時代（のちに近代と呼ばれることになる時代）が人間に対する信頼を基盤にしているということをよく示している。現代の哲学者がこの言葉を著書の冒頭にかかげるには，相当勇気がいるだろう。〈良識は公平に配分されている〉という考えは，当時すでに諺のようなものとして世相に流布しており，モンテーニュ（1533-1592）は，その著書『エセー』で，「良識」とほぼ同義の「分別 (sens)」という言葉を使ってこの諺を引用し，ほぼ同様の考えを示している。その意味で，デカルトの冒頭の言葉の重要性は，当時として，その新しさにあるわけではない。

　書き出しの言葉の重要性は，デカルトが，初めて公刊する自著の冒頭に，まさにこの言葉を置いたところにあるだ

ルネ・デカルト⇨17世紀フランスの哲学者・数学者。方法的懐疑をとおして，近代的な自我の存在を確立し，近代合理主義の祖といわれる。またすべての自然現象は，数学形式で表現されねばならないと考え，その数学を「普遍数学」と名づけた。

『方法序説』の表紙

ろう。つまり、「良識はこの世のものでもっとも公平に配分
されている」という言葉は、単に世相に流布する諺として引
用されたのでなく、デカルトが、自分の思想を世間に向け
て公にするにあたり、みずからの〈時代感覚〉を表明すべく、
自分の言葉として、良識への信頼をあらためて宣言してい
るものとみることができる。『方法序説』という本が当時の
学術書としてはめずらしく、学者の使うラテン語でなく日
常のフランス語で書かれている点にも、市井の人の良識を
信頼するという姿勢がみてとれる（当時のフランスの識字
率は低かったとはいえ）。こうした点に、この『方法序説』
という書物の近代的な明るさが感じられる。デカルトが近
代哲学の祖とみなされる由縁である。

　良識とは、〈真と偽とを区別する判断力〉であり、デカル
トはそれを「理性（raison）」と呼んでいる。私たちは「自分
の人生をしっかり歩くことができるように、真と偽とを識
別することを」学ばなければならないのである。この理性を
一定の方法に従って、経験をつみながらゆっくりしかし着
実に、訓練してゆくことによって、自分は満足のゆく半生
を手に入れることができた、とデカルトは回想している。判
断力としての理性によって、「大きな書物」としての世間を
読み解いてゆくというこの人生観は、私たちが自分の生き
方を考え実践してゆくうえで、現在でもじゅうぶん有効な
面がある。しかし私たちがそこで暮らしてゆかなければな
らない現代の社会状況を考えると、デカルトの人間理性に
対する信頼は、私たちにとってそのまま受け入れるわけに
はゆかないし、それだけで生きてゆけるわけでもないとい
うのも事実である。

　私たちのそのような思いを受けとめてくれる人として、
ドイツの哲学者フリードリヒ・ニーチェ（1844-1900）の思
想をみてみよう。ニーチェは、デカルト的な理性への信頼
に根本的な疑問を投げかけた人である。

2　ニーチェ―人間の非理性―

　デカルトの場合は、理性を信頼する人間の背景にその信

モンテーニュ⇨ フランスの思想家。主
著『エセー（随想録）』。第二巻第17章
「自惚れについて」で、本文の〈諺〉を
引用している。

**良識とは、〈真と偽とを区別する判
断力〉であり、デカルトはそれを
「理性」と呼んでいる。**

フリードリヒ・ニーチェ⇨ ドイツの哲
学者・古典文献学者。神の死を宣言し、
それまでの西洋思想の基盤であったキ
リスト教を批判し、生を現実肯定的に
説いた。著作として『悲劇の誕生』『ツ
ァラトゥストラ』『人間的な、あまりにも
人間的』など多数。

現代に生きる私たちは，自分が生きているということの積極的で肯定的な意味を見失ってしまっているのではないだろうか。

アルトゥル・ショーペンハウアー⇨ ドイツの哲学者。厭世観的思想の代表者。主著に『意志と表象としての世界』。

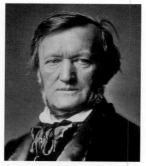

リヒャルト・ワグナー⇨ 19世紀ドイツの音楽家。オペラを楽劇と呼ばれる総合芸術にまとめ上げた。作品として『タンホイザー』『トリスタンとイゾルデ』『ニーベルングの指環』など多数。

「神は死んだ」というニーチェの言葉はよく引用されるが，神は自然に死んだのではない。人間によって殺されたのだ。この点にこそこの言葉の深刻さが宿っている。

頼を支えるキリスト教の神の存在が控えており，神の存在を確信させようとする理論がある。しかし，そうした神の支えを失ってしまった，または最初からもたない人間は，どのように考えれば自分の存在を肯定できるのであろうか。現代に生きる私たちは，自分が生きているということの積極的で肯定的な意味を見失ってしまっているのではないだろうか。どのように考えれば，私たちは生き延びてゆけるのだろうか。このような問いを先駆的に問い続けた人，それがニーチェである。

　ニーチェは，19世紀半ばのドイツ（ライプツィヒ近郊）に，キリスト教プロテスタントの牧師の子として生まれ，プロテスタント的な禁欲的理想主義の教育を受けて育ったが，成長するにつれてそうした理想主義に巣くう自己欺瞞に嫌悪を感じ，その背後にあるキリスト教道徳を批判するという形で，自分の生への意志を積極的に肯定しようとした。処女作『悲劇の誕生』（1872）で，ニーチェは，私たちの生の内実をなす非理性的なもの（感覚，感情，欲望）を「ディオニュソス的なもの」と呼んで謳歌し，ドイツの哲学者アルトゥル・ショーペンハウアー（1788-1860）の『意志と表象としての世界』（1819-1844）の影響のもと，芸術による世界救済を唱えた。実際ニーチェは，ドイツの音楽家リヒャルト・ワグナー（1813-1883）が主張した革命芸術としての音楽に一時深く傾倒した。芸術に傾倒するニーチェの批判は単なる宗教批判に終わらず，生への意志を妨げるもの一切に対する批判へと深化し，「一切の価値の価値転換」として，デカルト的な理性にもとづく近代という時代そのものの批判にいたった。

　「神は死んだ。死んだままだ。そして神を殺したのはわれわれなのだ」（『華やぐ知恵』より）と書いて，ニーチェは，世界からあらゆる価値が消滅したニヒリズム（虚無主義）の時代に，生きることの究極的な意味を見失い，生きていることがすべて嘘であるかのように生きなければならない人間の姿を描いている。「神は死んだ」というニーチェの言葉

はよく引用されるが，神は自然に死んだのではない。人間
によって殺されたのだ。この点にこそこの言葉の深刻さが
宿っている。生きる根拠であった神を自分の手で殺してし
まった人間は，その後どうやって生きてゆけばよいのか，そ
れがニーチェの背負った問題であった。神を殺した「われわ
れ」人間は，みずからの消滅を望み，自分を超えて「超人」
とならなければならない，というのがニーチェの行きつい
た答えである。

　「人間において偉大なものとは，人間が一つの橋であっ
て，最終目的地ではないということだ。人間において愛し
うる点とは，人間が過渡であり，破滅であるということだ。
　私は愛する，滅びるものとして生きるほかには，生き
るすべを知らない者たちを。なぜならそういう人々は，滅
びつつ，自己を超える者たちだからである。(中略)
　私は愛する，知を求めようとする者，それもいつの日
か超人が生まれ出るために知を求めようとする者を。そ
ういう者は，独自の流儀でおのれ自身の消滅を欲するの
である。(中略)
　私は愛する，その魂があまりにも豊かに溢れているの
で，おのれ自身のことを忘却し，あらゆる物事を自らの
内に抱擁する者を。こうしてその者は，一切の物事を通
じて，己の消滅へといたるのである。」(『ツァラトゥスト
ラ』序説より)

　ニーチェのこの考え方は，近代という時代の基礎をなす
人間観を大きく変え，人間が自分自身の足で大地に立たな
ければならないことを示している。そしてニーチェは，大
地に立つ人間は，小さな理性に頼るのでなく，身体という
大いなる理性にみずからを託すべきであることを，高揚し
た気分で次のように唱っている。

　「覚醒した人，熟知した人はいう。私はまったく身体で

大地に立つ人間は，小さな理性に
頼るのでなく，身体という大いな
る理性にみずからを託すべきであ
る。

7

あって，それ以外の何ものでもない。霊魂とは，ただ身体に属するあるものを表示するための一つの言葉にすぎない，と。

　身体は一つの大いなる理性である。一つの意味をもつ一つの多様であり，一つの戦争と一つの平和であり，一つの畜群と一人の牧人である。

　私の兄弟よ，きみが『精神』と呼ぶ，きみの小さな理性もまた，きみの身体の道具である。きみの大いなる理性の一つの小さな道具，あるいは玩具である。

　『自我』ときみはいい，そしてこの言葉を誇りとしている。だが，より大いなるものは—きみはそのことを信じようとしないが—きみの身体であり，そしてきみの身体の大いなる理性である。この大いなる理性は，自我をいわないで，自我を行為するのだ。(中略)

　私の兄弟よ，きみの思想や感情の背後に，一人の強大な命令する者，一人の知られざる賢者が立っている—このものが自己と呼ばれるのだ。きみの身体に彼は住んでいる。彼はきみの身体なのだ。」(『ツァラトゥストラ』「身体を軽蔑するものたちについて」より)

　身体という「大いなる理性」にニーチェは私たち人間の未来への希望を見いだしている。理性は放棄されるのではなく，身体という大いなる理性としてとらえ直されなければならないのである。私たちは本書第1章《身体としての自分》以下の各章において，「生きられた身体」を基軸にして，人間とはどういう存在であるのか，他者や世界とどのように関係しているのか，世界はどのような仕方で私たちに現れているのかを考えてゆくが，私たちのそうした考察の方向は，ニーチェの「大いなる理性」としての身体を継承するものである。

　以上，要約すると，私たちは，人間というものの輪郭が不鮮明になってきていることの理由を，理性的人間というデカルト的な人間観が現代の状況に対応しきれなくなって

理性は放棄されるのではなく，身体という大いなる理性としてとらえ直されなければならない。

8

いることに求め，ニーチェの提起した「大いなる理性」としての身体という思想の延長上にある，「生きられた身体」をもってこの困難に応答しようとするのである。

　このような仕方で提起された課題に向かうために，まず哲学的考察の基礎を確かめておく必要がある。そのために，以下，まず哲学の知恵と方法について考えておくことにしよう。

2 哲学の知恵と方法（ソクラテスとデカルト）

　哲学と訳されている philosophia（フィロソフィア）という語をはじめて使ったのは，ピュタゴラス（紀元前571頃–496頃）だといわれている。それが事実かどうかは別にして，哲学と呼ばれることになる思索は紀元前7世紀にギリシアのイオニア地方（現在はトルコ領）に誕生した。philo は「愛」，sophia は「知恵」を意味し，合わせて「知恵を愛すること」という意味になる。哲学の原点は「知恵を愛すること」にある。イオニア地方で成立したこの最初の哲学の具体的内容については，第9章《技術と科学》で紹介することにして，ここではまず手はじめに，「知恵」というものについて一般的に考えてみよう。

1　知恵について

　「知恵を愛する」といっても，漠然としていてよくわからない。〈知恵〉とはどういうものだろうか。知恵は〈知識〉とはちがう。たとえば一般に，「おばあちゃんの知恵」とはいうけれども，「おばあちゃんの知識」とはいわない。「おばあちゃんの知恵」は，おばあちゃんが自分の人生体験の喜怒哀楽を通じて獲得した，人生訓や日常生活にかかわる知恵である。それはおばあちゃんの個人的体験にもとづいたものなので，かならずしもすべての場合に正しいとはかぎらないし，すべての人に当てはまるともかぎらない。しかし，それでもそのおばあちゃん自身の人生体験に裏づけられているという正しさをもっている。それはいわば〈主観的な正し

ピュタゴラス⇨ 哲学者。ピュタゴラス派の祖。数的宇宙観に立って数学，天文学，音楽理論の研究を促すとともに，宗教教団を結成し，戒律生活と政治活動を指導した。

p.287 →
※クロスリファレンス
← p. ○（先行ページ参照）
p. ○→（後続ページ参照）

さ〉を含んでいるといえるであろう。

　これに対して知識は個人的な人生体験にもとづいて獲得されるわけではない。知識というからには，一定の客観性をそなえ，その客観性の根拠を客観的な仕方で示すことができるものでなければならない。どのような場合でも，誰にとっても，知識の正しさは同じでなければならない。その意味で，知識の正しさは〈客観的な正しさ〉であり，客観的な正しさをそなえた知識の理想は，科学的知識である。科学的知識の客観的な正しさは一定の科学的方法によって獲得される。この科学的方法（正確にいえば近代科学の方法）については，第９章《技術と科学》で詳しくみることにするが，今，簡単に述べるならば，その基本モデルは仮説・実験（観察，観測）・検証と数量化という手続きからなっているといってよいだろう。また一般に，知識は，専門化すればするほどその客観的正しさが綿密なものとなり，それにつれて〈専門的知識〉となる。科学は基本的には専門科学である。まとめると，知識は客観的な正しさと専門化を特徴としている。

　まず専門化についていうと，知恵が専門化することはない。「専門的知恵」という言い方を私たちはしない。知恵は，専門化する以前の，人生のもっと基本的なところにかかわっている。人はそれぞれ自分なりの人生を送り，その持続する経験を通じて，自分なりの知恵を獲得し，蓄積する。経験は時として試練であり，試練であるからこそ，〈知恵〉の源泉となりうる。その知恵は，自分の人生の意味や価値にかかわる知恵（人生観）であり，自分にとって現れている世界（世間）の意味や価値にかかわる知恵（世界観）であって，哲学の愛する知恵は，まさにそうした意味での知恵にかかわる知恵である。だから，哲学にとって，自分の経験から離れないことは，必須条件である。

　しかしそれならば，哲学の知恵の正しさは，どうなるのだろうか。哲学の知恵は，その知恵がどんなに深くても，主観的な正しさにとどまり，他者に向かって語ることのでき

p.296 →

る知恵にはなりえないのではないだろうか。たしかに哲学の知恵の正しさは，客観的な正しさではない。しかしだからといって，それは単なる主観的な正しさにとどまるものでもない。哲学の知恵は，たしかに個人的体験から離れることはないかぎりで主観的であるが，単にある個人の主観にとって妥当する正しさを求めるのでなく，他者の主観にとっても妥当するような正しさを求める知恵である。そのような正しさを〈間主観的な正しさ〉と呼ぶことができるであろう。

　つまり哲学の知恵は，けっして〈主観〉から離れることはないが，ある主観（「私」）と別の主観（「他者」）との間で成立する間主観的な正しさを意識的に求めているのである。そのような間主観的な知恵を獲得するためにはどうすればよいのだろうか。その方法は，他者との対話と，自分自身における反省である。対話にせよ，反省にせよ，言葉を用いておこなわれる。だから，言葉について考えることは，哲学にとって欠くことのできない要素である。

2　対話について

　対話（dialogue）は，二人以上の話し手が，何かのテーマについて，互いに相手に自分の考えを話し，互いに相手の考えを理解しようと努め，できれば意見が一致したり，調和するのをめざして，言葉を交わすことである。〈対話型AI〉とよばれる機械との言葉のやり取りにみられるような，一方が質問し，他方が答えるだけの言葉のやり取りは，その意味で，対話ではない。「できれば」と書いたのは，対話では，対話するそれぞれの人の自発的な考えが異なっているかもしれないことが前提であり，その考えの違いが，対話を通じて一致したり調和したりするとはかぎらないからである。しかし，最初から考えの不一致を解消するつもりがなければ，その話し合いは，意見の押しつけあいか，無益な言葉のやり取りになるほかないだろう。だから，対話では，相手の意見との違いを違いとして互いに認め，相手の考えを（できれば，相手の身になって）理解しようと努めな

〈間主観的な正しさ〉

哲学の知恵は，けっして〈主観〉から離れることはないが，ある主観（「私」）と別の主観（「他者」）との間で成立する間主観的な正しさを意識的に求めているのである。

がら，自分の考えを話すことが条件となる。その際，自分の考えを振り返り（反省），修正することも生じてくるかもしれない。

　だから，対話は単なる会話（conversation カンヴァセイション）ではない。会話では，一般に，特にテーマを決めず，相手の考えがどういうものであるかをそれほど気にせず，相手の話を聞き流したり，いきなり話の方向を変えたりして，気ままにその場を楽しむこともあるだろう。実際の場面では，対話と会話が混じりあうこともあるだろうが，対話と会話の区別を考えておけば，余計なトラブルを避けることができる。

　トラブルを避けるという意味では，対話と討論（debate ディベイト）の区別も役に立つ。討論は，基本的に，相手の意見との一致を目指すのでなく，〈論破〉することを目的とし，討論を通じて自分の意見が変化するのを期待するわけでもない。

　対話について，ソクラテス（紀元前470-399）の哲学にもとづいて考えてみよう。ソクラテスは自分では本を一冊も書かなかった。ソクラテスはひたすら市井の人々と対話した。なぜ本を書かなかったのかといえば，ソクラテスにとって言葉は，「語るべき人々には語り，沈黙すべき人々には沈黙する術を心得ている言葉」（プラトン『パイドロス』より）でなければならないからである。それが対話で語られる言葉である。対話では相手がどういう考え方をもっているかを考え，相手の言葉に自分の言葉をかみ合わせながら言葉を語ることができるのに対して，本の言葉は，それがいったん書かれてしまうと，著者の意図を離れ，それが書かれた状況から離れて，それ自体で理解される可能性が生じてしまう。そうなると本は，「沈黙すべき人々」に対して語ってしまう可能性が生じてしまう。そのような可能性をむしろ肯定すべきであるという考え方もありうるが，ソクラテスはそうした可能性をあらかじめ封じたのである。ソクラテスの知恵は，対話を通じて洗練される知恵である。ソクラテスの知恵と，ソクラテスの対話を支える言葉との間には，内的な関係があることがわかるであろう。

ソクラテス⇨ ギリシアの哲学者。自分自身の魂の重要性などを，街角の人々に問うことを哲学の実践とした。書物を書かず，プラトンの著作をはじめ，弟子たちによってその言葉が伝えられている。

　ソクラテスの言葉を文字によって残したのはソクラテスの弟子プラトン（紀元前427-347）である。しかしプラトンは師の教えを単純に裏切ったのではない。プラトンは，ソクラテスの教えを対話篇という形式で文字にした。この対話篇という形式を用いることにより，プラトンは言葉についての師ソクラテスの教えを守りながら，しかも師の言葉を残すことに成功したのである。対話篇という形式は，文字で言葉を語るものでありながら，しかし私たちを対話の場に居合わせるように誘う，言語表現の形式である。それは，話し言葉と文字言葉との間に生ずるずれを解消する，第三の言葉である。

　ソクラテスの対話の方法は，産婆が妊婦の出産を助けるように，対話の相手が自分の思考を言葉によって表現する手伝いをするというところから，「産婆術」と呼ばれている。しかし誤解してはならない。産婆術としての対話は，最初から答えを知っている教師が，生徒にその答えを伝授するということではない。ソクラテスは，対話の相手に，あなたは「近づいて触れる者を誰でもしびれさせる」シビレエイに似ているといわれて，次のように答えた。

　　「もしそのシビレエイが，自分自身がしびれているからこそ，他人もしびれさせるというものなら，いかにもぼくはシビレエイに似ているだろう。だがもしそうでなければ似ていないことになる。なぜならぼくは，自分では困難からの抜け道を知っていながら，他人を行きづまらせるというのではないからだ。道を見失っているのは，まず誰よりもぼく自身であり，そのためにひいては，他人をも困難に行きづまらせる結果となるのだ。」（プラトン『メノン』より）

　ソクラテスは自分でも答えがわからない問いに，対話という現場で，対話の相手とともに，答えを論理的に探してゆく。その結果，明確な答えが見つからない場合も多い。そ

プラトン⇨ ギリシアの哲学者。ソクラテスの優れた弟子として，その精神を継承した。永遠不変の真実性であるイデアの概念を確立した。この理想主義的なイデアの哲学は，プラトン主義として，その後の学問文化の精神活動全般にわたる強力な導き手となっている。

ソクラテスの対話の方法は，産婆が妊婦の出産を助けるように，対話の相手が自分の思考を言葉によって表現する手伝いをするというところから，「産婆術」と呼ばれている。

れでもよいのである。対話を通じて「無知の知」，すなわち自分が何も知らないということを知ることこそ，ソクラテスの方法であり，知恵である。この点は，〈哲学的対話〉によって知恵を得ようとする場合，特に重要である。簡単に言えば，〈わかったふり〉をしないということである。わからないことはわからないこととして，積極的に受け入れ，認めなければならない。自分で納得していないのに，納得したふりをするということは，自分の経験をないがしろにすることであり，自分にとって一番大切な〈主観的な正しさ〉を手放すことである。そうなってしまうと，納得できていない空疎な知識だけがたまってしまう。楽しむだけの会話ならば，〈わかったふり〉をするのも（場合によっては）役立つかもしれないが，哲学的対話では，その必要はないし，そうすべきでもない。

　ところで，ソクラテスの対話は，上で述べたような，よく知られた哲学的対話だけではない。対話篇『メノン』には，哲学的対話とちがって，あらかじめソクラテスが答えを知っていて，その答えを少年が自分で見つけるように誘導する，という話が出てくる。この場合，ソクラテスは教える人，少年は学ぶ人であり，哲学的対話とはちがって，二人の立場は対等でない。教える者と学ぶ者という一方向的な関係において，どのようにすれば，学ぶ者が，〈主観的な正しさ〉をもった知恵を，自分で見いだすことができるように導くことができるのだろうか。これは〈教育的対話〉の問いである。

　ソクラテスは，棒で地面に真四角を書き，「この図形の二倍の大きさのもので，これと同じ種類の図形ができないだろうか？」と，少年に問いかける（図1）。幾何学を学んだことのない少年は，図を見て，即座に，「むろんそれは，ソクラテス，二倍の長さのものです」と答える。つまり，辺を「二倍の長さ」にすれば，二倍の大きさの真四角ができると，少年は考えたのだ。そこでソクラテスは最初の図に，少年のいうとおりに線を描き加える（図2）。できた図の大きさ

が四倍になってしまっているのを見た少年は，辺の長さを二倍でなく，元の長さの半分だけ長くすれば，大きさ二倍の真四角ができるのではないかとさらに考える。しかし図を書いてみると，これも二倍より大きな真四角になってしまうことが判明し，返答に窮した少年はいう：「わたしにはわかりません」（図3）。

　さて，読者の皆さんはどうだろう。どうすれば「二倍の大きさの」真四角を描くことができるのか。もし答えを知らなければ，次頁の図4を見る前に，考えてみてほしい…。どうだろう，図4を見て，ピンときたのではないだろうか。ソクラテスは，図に示したように，最初の真四角に斜めの補助線を引いたのだ。

　ここで肝心なことは，ソクラテスは，少年に，答えそのものを，教えたわけではないことである。たしかに，この図についてソクラテスが少年にする質問はかなり誘導的であるのだが，答えそのものは，少年自身が気づき，その答えが確かに正しいと，気づかなければならない。これは，例えば，歴史の年代を教えられて，それをそのまま知識とするような場合とは，明らかに異なる。いくら補助線を加えた図を示されても，少年自身がその図を見て，〈ああ，そうか〉という仕方で，自分で答えに気づき（ピンときて），自分自身にとっての〈主観的な正しさ〉をもった答えとして，受け入れなければ，理解したことにはならない。このように幾何学や算数・数学の問題を解くうちに，自分で答えに気づくことができたという経験は，自分の中に〈正しさ〉の根拠を見つけることのできた経験である。それは自分の思考に，根拠のある自信をもたらし，ひいては，自分の価値を自覚することにつながるだろう。

　補助線を示すことによって，対話者がみずから気づくように誘導するソクラテスのこの方法は，現代の教育学で研究され，対話の現場（学校，病院，企業など）で活用されている「ファシリテーション」（facilitation，うながし，促進）と呼ばれるグループディスカッションのもとになっている

図1

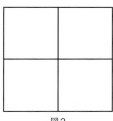

図2

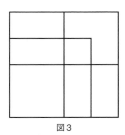

図3

幾何学や算数・数学の問題を解くうちに，自分で答えに気づくことができたという経験は，自分の中に〈正しさ〉の根拠を見つけることのできた経験である。

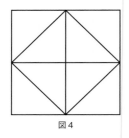

図4

知恵の〈主観的な正しさ〉は，ここでは，単に個人的体験にもとづいた正しさという意味でなく，自分で気づくしかないという仕方で現れる正しさを意味している。

対話者それぞれの魂に生じる知恵は，対話者それぞれが自分で気づいたものであるという意味で，たしかに主観的であるが，もしその知恵が，結果として，一致したとすれば，対話者の間に合意が成立し，〈間主観的な正しさ〉が成立するであろう。

← p.9

方法とみることができる。ソクラテスはファシリテーターの元祖だったのかもしれない。

　こうした教育的対話で問題になっているのは，幾何学に関する着想（思いつき）であるが，〈主観的な正しさ〉をもった着想が問題になっているという意味で，哲学的対話と共通点がある。哲学的対話にせよ，教育的対話にせよ，ソクラテスの対話において，真理は自分で気づくという仕方でしか接近できないものとして現れている。

　この点は，哲学の知恵とは何かを考えるうえで重要である。知恵の〈主観的な正しさ〉は，ここでは，単に個人的体験にもとづいた正しさという意味でなく，自分で気づくしかないという仕方で現れる正しさを意味している。哲学の知恵は，共通の問題について関心をもつ者同士が，対話を通じて，「飛び火によって点ぜられた灯火のように」（プラトン『第七書簡』より），それぞれの魂の内に，生じるほかはない。自分で気づくしかないのである。その意味で「飛び火」による「灯火」としての知恵は，主観的であるといえる。しかし，この意味での〈主観的な正しさ〉は，同時に，〈間主観的な正しさ〉であることと矛盾してはいない。この点が重要である。対話者それぞれの魂に生じる知恵は，対話者それぞれが自分で気づいたものであるという意味で，たしかに主観的であるが，もしその知恵が，結果として，一致したとすれば，対話者の間に合意が成立し，〈間主観的な正しさ〉が成立するであろう。

　「灯火」としての知恵は，上述した科学的知識のような客観的知識とちがって，対話者の魂それぞれにおいて，主観的に生ずるのだから，その内容が一致するとはかぎらないし，むしろ互いに対立する知恵が，それぞれの魂において生ずる場合もあるであろう。しかしその場合でも，どのような点で不一致が生じているかについての合意が，〈間主観的な正しさ〉として，対話者同士の間に成立する可能性は残るであろう。

「飛び火」による「灯火」としての知恵を考えることで，知恵と知識の違いが，あらためて明らかになる。対話が言葉によってなされる以上，確かに言葉は欠くことができない。しかし，言葉は「灯火」が生じるための必要条件であるが，十分条件ではない。つまり，言葉がなければ知恵の「灯火」は生じないが，言葉が交わされたからといって，知恵の「灯火」がかならず生じるわけでもない。その意味で，「灯火」としての知恵そのものは，言葉で伝達することはできない，とプラトンは言う。知識の場合は，伝えられた言葉をそのまま受け取れば伝達されるし，受け取りそこねれば伝達されない。

3　反省について

　ソクラテスの対話は実際に自分以外の他者を相手にしておこなわれる対話であったが，私たちは，自分で自分の意見を批判的に吟味することによって，自分と一種の対話（自問自答）をおこなうことができる。それが反省という方法である。自分で自分の意見を批判するということはそう簡単なことではないが，もしそれが可能であるならば，この方法によって，間主観的な正しさをもった知恵に，対話とは別の仕方で，近づくことができるにちがいない。どのようにすれば，自問自答によって，間主観的な正しさに近づけるのだろうか。ここではその一つの手がかりとして，デカルトが提案した真理探求の規則を参考にして考えてみよう。

　デカルトは『方法序説』第2部で，判断力としての理性をできるだけ正しい仕方で働かせるために，四つの規則を提案している。この規則は，私たちの観点からすると，主観的な正しさをもった知恵から出発して，それを間主観的な正しさをもった知恵へと導くための反省の方法として考えることができる。四つの規則のうちの三つは，問題を解くにあたってどのような手順で考えていったらよいのか，その順序を示している。まず，解くべき問題を必要に応じて部分に分割する（分割の規則）。次に，分割された問題のうち，単純なものから複雑なものへと順序よく考えてゆく。順

どのようにすれば，自問自答によって，間主観的な正しさに近づけるのだろうか。

序が見いだせないときは，自分で順序を仮定する（結合の規則）。最後に，見落としがないように，全体を見直す（枚挙の規則）。これら三つの規則は，問題を解くにあたって効果的な解法の一般的順序を示しており，かならずしも反省の場合だけに当てはまる規則ではない。対話の場合や，グループで問題の答えを考える場合でも，この三つの規則を実践することはできる。自問自答としての反省にとって重要なのは，明晰・判明性の規則と呼ばれる規則である。

「最初の規則は，明瞭に真であると私が認識するのでなければ，何ものも真として決して受け入れないことだった。すなわち，早まった判断と偏見を入念に避け，疑う余地が一切ないほどに明晰に，そして判明に，私の精神に提示されるもの以上のものは，私の判断においていっさい納得しないことであった。」（『方法序説』第2部より）

「明瞭に」という言葉は，「明晰に」と「判明に」という二つの言葉によって説明されている。「明晰に」というのは，ある判断（知覚）が，精神に対して正しい判断として現れるときの現れ方を意味する言葉である。ある判断が正しいとされる場合，その判断はまず，物を見つめている目に対してその物が見えてしまうように，精神に向かって，自らの正しさを自己提示するという仕方で現れる。精神は判断の正しさに対して受動的である。精神が判断にその正しさを与えるのではなく，判断のほうからその正しさが精神に提示されるのである。わかりやすくいうと，ある判断が正しい判断として現れるときは，まずその判断の正しさが〈ピンとくる〉のである。ある判断の正しさが〈ピンときた〉ということは，その判断に少なくとも何かしらの真理が含まれているということである。そうでなければピンとくることはないからである。

　しかし，ある判断の正しさがピンときたからといって，その判断が，あらゆる意味で正しいとはかぎらない。たとえ

ある判断が正しい判断として現れるときは，まずその判断の正しさが〈ピンとくる〉。

ば,「嘘をつくことはよくない」という判断を考えてみる。この判断は明瞭に正しい判断,すなわちピンとくる判断であると私は思う。しかし,この判断が,どのような状況でも正しいかといわれると,私には疑念が生じる。なぜなら,「嘘をついたほうがよい」という判断が生じる状況も考えられるからである。たしかに,利己的な理由からそう考えるのであれば,それはよくないことであると私は思うが,しかし他者のためを思って「嘘をついたほうがよい」と考える場合もありうるのではないか。そういう思いを経験する人もいるのではないだろうか。他者のためを思って「嘘をついたほうがよい」と判断することは,すべての人にとって絶対的に間違った判断であろうか。

　そう考えてくると,「嘘」とは何かということが問題になる。嘘という言葉で,私たちは何を理解しているのだろうか。嘘とは,〈事実と異なることを事実として他者に信じこませること〉ととりあえず定義することができる。しかし,この定義だけからは,「嘘をつくことはよくない」という判断は出てこない。議論は分かれるであろうが,他者のためを思って,〈事実と異なることを事実として信じこませること〉はかならずしもよくないわけではない,と考える人もいるのではないだろうか。嘘は何かの目的のためにつくものである。その目的は利己的なものなのか,それとも利他的なものなのか。そうした条件次第では,嘘をつくことがかならずしも悪いわけではない,ということがわかってくるのではないだろうか。私たちは,「嘘をつくのはよくない」と単にいうかわりに,「利己的な目的で,嘘をつくのはよくない」ということによって,いっそうこの命題の正しさに近づくことができる。もちろん,嘘についての反省はここで終わるわけではない。〈利己的な目的で嘘をつくのはよくない〉というけれども,それでは,なぜ,利己的な目的で嘘をつくべきではないのだろうか,とさらに問うことができる。この問いについて考えを深めるためには,〈利己的〉という言葉の意味を分析する必要がある。この問題については,第

p.228 →

6章《責任と自由》6節《義務（カント）》で考えることにしよう。いずれにせよ，こうして私たちは，「嘘をつくのはよくない」という命題について，「早まった判断と偏見」を避けるための努力をつづけることができる。「判明に」提示されるもの以外のものに対して納得してはならない，というデカルトの言葉は，こうした手続きを意味していると考えることができる。

まとめると，まず正しい判断は明瞭に〈ピンとくる〉という仕方で現れるが，その判断を構成する言葉の意味を分析し，その判断に巣食う早まった判断と偏見を取り除く作業によって，その判断を「判明に」しなければ，場合によっては誤った判断になる可能性がある。なぜ早まった判断と偏見に気づくことができるのかというと，その理由として二つ考えられる。一つは自分自身の経験である。上にあげた嘘の例でいえば，「ここは嘘をつくのもやむをえないのではないか」と思った経験が私にはあった。だから気づけたのである。この経験がなければ，「嘘をつくことはよくない」という判断に待ったをかけるチャンスはなかったであろう。もう一つは〈読書〉であろう。私たちは自分の経験を，読書を通じて深め，拡張することができる。〈本〉には作者がおり，作者は読者にとって他者である。したがって，読書は対話の一種である。しかし作者は，現実に目の前にいる対話の相手ではなく，私によって一方的に読みとられる他者である。つまり作者は，他者であると同時に，私自身によって解釈された他者である。その意味で読書は，対話と反省との中間に存在する経験である。

もちろん，読書以外にも，私たちの判断に反省のきっかけを与えてくれるものとして，映像や音楽の視聴も考えられる。しかし読書とちがって，直接的に感覚にうったえる傾向の強い映像（視覚）や音楽（聴覚）による表現の場合，視聴しながら内容について考えるのはむずかしい。加えて，時間効率を優先しがちな現代社会にあって，時間的余裕がもてず，感覚的印象に惑わされたままに，早まった判断と偏

見をかえって増大させることも考えられる。映像であれ音
楽であれ，それをきっかけとして反省にいたる時間的余裕
を確保できるのであれば，活用できるであろう。

　判断を完全に「判明に」することに困難があることは，デ
カルトも認めている。しかし，判断をできるだけ「判明に」
する手続きを通じて，その判断の正しさが，狭い経験にも
とづいた単なる主観的な正しさでなく，自分以外の別の経
験をもった主観にとっても受け入れてもらえる可能性の
ある，間主観的に正しい判断に近づくことは確かであろう。
対話と反省と読書という三つの経験を往復しながら，私た
ちは間主観的に正しい知恵に近づく努力を続けることが
できる。

まとめと展開：哲学の方法として考察した対話と反省のい
ずれにおいても，〈問うものと問われるもの〉という関係が，
思索を前進させ，深化させる原動力として働いている。対
話の場合には自分と他者との関係が，反省の場合には自分
と自分との関係が，基礎としてそれぞれ働いている。哲学
的思索にとって，自分と他者との関係，自分と自分との関
係が，きわめて重要であることが明らかとなった。私たち
は，まず反省の立場をとり，自分と自分との関係について
考察することからはじめよう。

⋮3　「私」と「私」の近さと隔たり

　「私」（一人称単数代名詞）という言葉は，不思議な言葉で
ある。「私」という言葉は，この言葉を語る存在者（人間）が
自分を指して使う言葉である。であるからして，この言葉
の意味には，自分が自分を振り返るという構造が本質的に
入り込んでいる。「私」という言葉を使うたびに，少なくと
も言葉の意味のうえで私たちは，自分を振り返っているの
である。自分を振り返るということは，振り返る自分と振
り返られる自分との区別を含んでいるが，しかしやはり自
分として同一性を保っているということである。そうでな

対話と反省と読書という三つの経
験を往復しながら，私たちは間主
観的に正しい知恵に近づく努力を
続けることができる。

「私」という言葉は，この言葉を語
る存在者（人間）が自分を指して
使う言葉である。であるからして，
この言葉の意味には，自分を振り
返るという構造が本質的に入り込
んでいる。

p.139 →

差異を含みながら，しかし自己同一性（「自分は自分である」）を保っている。これが「私」という言葉の不思議さである。

「私たち」という言葉に含まれる振り返りは，実は「私」の振り返りにすぎないかもしれない。

p.135 →

ければ振り返りにならないからである。差異を含みながら，しかし自己同一性（「自分は自分である」）を保っている。これが「私」という言葉の不思議さである。前節で考察した哲学の方法としての〈反省〉は，そもそもこうした「私」の振り返り構造がなければ成り立たない。問うものとしての自分が，問われるものとしての自分へと振り返り，自分の同一性へと近づこうとする努力，それが〈反省〉である。

　これに対して，「私」という代名詞以外の言葉は，自分への振り返りを含んでいない。たとえば，「机」という言葉は，当然ながら，自分で自分のことを「机」と呼んでいるわけではない。「机」という言葉を使って「机」を名指すのは人間である。このことは「私」以外の人称代名詞（あなた，あなたたち，彼，彼ら，彼女，彼女ら）についてもいえるであろう。たしかに，「私たち」（一人称複数代名詞）という人称代名詞については，振り返りを含んでいるように思われるが，厳密にいうと，「私たち」という言葉が一つの実在を意味するといえるのかどうか，つまり，「私」と「あなた」とが，「私たち」という複数形のもとに一体化できるのかどうかは，よく考えてみなければならない問題を含んでいる。「私たち」という言葉に含まれる振り返りは，実は「私」の振り返りにすぎないかもしれない。この問題は，他者問題と呼ばれる哲学的問題に属している。「私」と「あなた」の近さと隔たりについては第4章1節《他者との近さと隔たり》で考えることにして，本書では，とりあえず一般的な用法に従って「私たち」という言葉を使ってゆくことにする。ここでは問題を「私」の振り返りに限定して，「私」という言葉によって理解される存在者の，不思議な存在の仕方について考えることにしよう。

　「私は私である」ということは一見当たり前のようである。しかし考えてみると，「今の私は昨日の私ではない」という言い方もできるし，これはこれでそれほど不自然な言い方ではない。たとえば，失恋して，もう二度と恋はしないと心の底から決心したのにもかかわらず，恋をしてしま

うというようなことがないだろうか。〈決心する〉ということは〈自分の気持ちを変えないこと〉，つまり〈私は今の私のままであること〉を，自分で自分に約束することである。それにもかかわらず，その決心を自分で裏切ってしまうということは，〈今の私は，決心したときの私ではない〉ことになる。このように考えてみると，「私は私でない」という言い方もできるのである。「私は私である」（自己同一性）と同時に，「私は私でない」（自己非同一性）ともいえる。これは矛盾した事態であり，「私」以外の存在者には見られない存在の仕方である。サルトルは，こうした存在の仕方の矛盾を鋭く分析している。ここではまず，自己同一性の側面を，デカルトの『方法序説』にもとづいて考えてみよう。

　デカルトは，「私は考えている，したがって，私は存在する。」(Je pense, donc je suis.「われ思う，ゆえに，われ在り」)（『方法序説』第4部）という命題を見いだしたことで知られている。しかし考えてみると，これは奇妙な命題である。「私は考えている，したがって〜」となっているが，考えていなくても自分は存在しているのではないだろうか。眠っていても自分は存在しているはずだ…。また，「したがって，私は存在する」というが，自分が存在していることを，わざわざ論証する必要があるだろうか。デカルトは何を言いたくて，この言葉を残したのだろうか。本書では，「私」の振り返り構造という観点から，この命題を考えてみることにしよう。この命題の意味を正しく理解するためには，この命題がどのような思考過程をへて獲得されたのかをみる必要がある。この命題は〈方法的懐疑〉と呼ばれる手続きによって獲得されたのである。方法的懐疑とはどのような懐疑であろうか。

　方法的懐疑は三つの懐疑から構成されている。デカルトはまず自分の感覚にもとづく現実についての判断（存在判断）を疑った。たとえば視覚についていうと，自分があるリンゴを見て「赤い」と感じても，その赤さを自分が見ているこのリンゴという存在に本当に帰属させることができるか

p.211 →

「私は考えている，したがって，私は存在する」

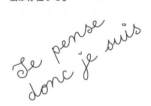

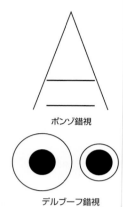

ポンゾ錯視

デルブーフ錯視

＊二つの平行線の長さ，二つの円の大きさは同じである

いさかかでも疑う余地がある判断はすべて偽とみなすというのが，厳密な真理探求に向かうデカルトの「決心」である。

どうかはわからない。自分の感覚による認識が，現実の存在に本当に的中しているかどうかの保証はない。なぜなら色覚異常という現象を考えればわかるように，私たちの眼がリンゴ自体の色を感覚しているとはかぎらないからである。また錯視の例を見れば明らかなように，形の感覚についても同様である。

しかし，間違えてはならないのは，感覚自体は誤りを犯さないということである。なぜなら感覚自体は判断ではないからである。「赤い」と感じていること自体に間違いはない。間違いは，その感覚にもとづいて，「そのリンゴの色は赤である」と判断するときに，生じうるのである。視覚以外の諸感覚（聴覚，触覚，味覚など）についても同様のことがいえるであろう。いささかでも疑う余地がある判断はすべて偽とみなすというのが，厳密な真理探求に向かうデカルトの「決心」である。

次にデカルトは，幾何学でおこなわれる証明のような，論証による認識でも私たちは間違えることがあるから，これも虚偽とみなすことにした。論証にかかわる学問（算術，幾何学）の真理は，現実存在と一致する認識としての真理とは異なり，論理的に整合している認識が真理となる。デカルトは，『省察』（1641）の「第一省察」において，論証にかかわるこうした真理について，「すべてのことをなしうる神」に言及して考察している。

最後に，私たちが目覚めているときに考えるのと同じ考えが，夢の中で幻として現れることがあるので，結局，「私の心の内に入ってきた一切のもの」は存在に一致していないと仮定することを，デカルトは「決心」した。

この決心は決定的である。なぜなら，自分の心の内に入ってきたものが，すべて，自分の心の外にあるものに一致しないと考えると，私たちの心は，自分の外に存在する事物との関係を完全に断ち切ってしまうことになるからである。つまりデカルトはこの最後の決心によって，自分の心の内に決定的に閉じこもったのである。ところが，この閉

じこもりを決心した瞬間に，デカルトは自分が何かしらの存在でなければならないことに「気づいた」（ピンときた）。決定的な箇所なので，注意して読んでみよう。

> 「けれどもそのように決心するや否や，私がそのように一切を虚偽であると考えようと欲するかぎり，そのように考えている私は必然的に何ものかでなければならないことに気づいた。そして，私は考えている，したがって，私は存在する (Je pense, donc je suis)，というこの真理がきわめて堅固であり，きわめて確実であって，懐疑論者らの無法きわまる仮定をことごとく束ねてかかってもこれを揺るがすことができないのをみて，自分が探求しつつあった哲学の第一原理として，この真理をためらうことなく受け入れることができる，と私は判断した。」（『方法序説』第4部より）

「私は考えている」という判断は，「私」が今考えているのだという事実を，「私」が知っている（認識している）ということを含んでいる。「私」は自分が今考えているということを，人に教えてもらって知っているのでなく，自分で直接に知っている。つまり，この認識の正しさは〈主観的な正しさ〉なのだ。なぜこのようなことが起きるのかといえば，「私は考えている」という判断において，考えている「私」は，同時に自分を振り返っており，「私」によって考えられているからである。つまり，考えている「私」（能動）と考えられている「私」（受動）とが，「私は考えている」という判断において，一つになっている。したがって，〈考えている私は，考えられている私である〉ということができる。

しかしこの言い方では，まだ不十分である。考えている「私」（能動）と考えられている「私」（受動）との間に，時間の経過が入り込む可能性が残っており，時間の経過による〈ずれ〉を解消するために記憶が介入する。しかし記憶は曖昧になったり誤まったりする可能性があり，曖昧な記憶や

「私は考えている」という判断は，「私」が今考えているのだという事実を，「私」が知っている（認識している）ということを含んでいる。

誤った記憶が介在すると,「私は私である」と思っていても, 実は間違っている可能性が生じてしまう。これは記憶の曖昧さや誤りにもとづく, 自己非同一性(「私は私でない」)の可能性である。たとえば,「家を出るときに鍵をかけたはずだけど, どうだったかな」という場合である。

　記憶が介在する自己同一性は, 記憶の曖昧さや誤り(さらには, 記憶そのものの消失)によって, 自己非同一性に転じてしまう可能性がある。そこで, さらに厳密な探求が必要である。振り返られた「私」は, まさに考えている「私」自身なのだから, 考えられている「私」は, 実は, 考えている自分自身である, と考えることができる。そう考えるならば,〈考えている私は, 考えている私である〉ということになる。この言い方において, 前者の〈考えている私〉と後者の〈考えている私〉との間に, 時間の経過が入り込む余地はなくなり, 記憶の不完全性による自己非同一性の可能性はなくなる。したがって, 誤ることのない純粋な自己同一性(「私は私である」)が成立するとすれば, それは,〈考えている私は, 考えている私である〉という意味においてでなければならないということになる。こうして,「私は考えている」という判断から, 厳密な意味において,「私は私である」と判断することが可能となる。これがデカルトの確保した「私」の自己同一性である。

　ところで,「私は私である」という自己同一性命題は,「私」がおこなう判断を, 真なる判断として「私」が提示するための根拠として働いている。〈AはBである〉という判断を,「私」が真なる判断として提示するということは, その判断のあとに,〈と私は判断する〉という言葉が伴っているということである。この場合, 判断している「私」が, もし, 自分が誰だかわからなくなっているような自己非同一的な「私」(「私は私でない」)であったとしたら,「〈AはBである〉と私は判断する」といっても, その判断をくだしている「私」が, 自分を見失っている状態にある「私」なのだから,〈AはBである〉という判断の信用性は失われてしまうことにな

誤ることのない純粋な自己同一性(「私は私である」)が成立するとすれば, それは,〈考えている私は, 考えている私である〉という意味においてでなければならない。

る。つまり、「〜と私は判断する」というときの「私」は、「私は私である」と言い切り、自己同一性を保った「私」でなければならないことになる。デカルトは真と偽を区別する判断力を「理性」と呼んだが、実は、自己同一性（「私は私である」）こそが、判断一般について、「私」が自分の判断を真なる判断として提示するための根拠として、「理性」の本質をなしているのである。この自己同一性の問題は、第6章で考察する〈責任の成立条件〉の問題につながる。

「私は私である」という命題において、認識（「私は考えている」）は直ちにその対象の存在（「私は存在している」）に達している。だから、「私は考えている、したがって、私は存在する」となるのである。この判断における認識の対象は、「私」の外に存在するのでなく、「私」自身であるのだから、認識とその対象は、「私」の振り返り（自己認識）において、一致してしまう。つまりこの判断における認識は、必然的に「私」の存在に達する認識であり、存在と必然的に達する認識であるがゆえに、「真理」と呼ばれたのである。この場合、真理とは存在と一致した認識を意味する。「私は考えている、したがって、私は存在する」というデカルトの命題は、こうして「私」の存在を確保し、17世紀以降、近代哲学と思想の理論的源泉の一つとなった。

しかし、「私は考えている、したがって、私は存在する」という命題は、いまのところ「明瞭に」現れた真理にすぎない。デカルトは次にこの命題の正しさを「判明に」しなければならない。ここで先に述べた明晰・判明性の規則が働く。この命題に登場する「私」とはどういう意味での「私」であるのかを判明にしなければならないのである。そこで、デカルトは「私は何であるのか」を注意深く検討し、「私」という存在の本質は「考えている」という一点にあり、身体をそなえているということは「私」の本質に含まれていないと考えたのである。

私たちは、ふつう、考えるためには脳がなければならな

自己同一性（「私は私である」）こそが、判断一般について、「私」が自分の判断を真なる判断として提示するための根拠として、「理性」の本質をなしている。

p.205 →

← p.18

いし，脳は身体の一部なのだから，考えるためには身体が必要であると考えるであろう。しかし，確実な真理の探求を強く決心しているデカルトの考えでは，「私」の存在を支えているのは「考えている」という事実だけであり，身体の存在そのものは，「私の心の内」には見いだされない以上，考えるということにとって身体の存在は不要なのである。このような仕方で存在する「私」をデカルトは「精神」と呼んだ。

　こうした考え方を理解するためには，「存在」という言葉の意味も「判明に」しなければならないであろう。私たちは「存在」というと，すぐに物体的存在を考えがちである。しかしここでデカルトが考えている存在は，別の意味での「存在」である。すでに示したように，「私は考えている，したがって，私は存在する」という命題は，方法的懐疑を通じて，感覚にもとづいてなされる物体についての判断を排除しているのであるから，この命題で語られている「私」の存在は，物体の存在を一切排除している。このような意味での「存在」は，物体的存在に特有な感覚的イメージを排除しているという意味で，「形而上学的存在」である。

　自己に閉じこもったかぎりでの「私」に現れるのは，考えているかぎりでの「私の心の内」に現れるもの（すなわち観念）以外にはない。物体である身体は，考えているかぎりでの「私の心の内」に現れる観念として，考えている「私」の中に取り込まれてしまうのである。その観念は，身体の存在を保証するものではない。身体の存在と精神の存在との間に少なくとも直接の関係はなく，身体と精神とは，それぞれ別な仕方で存在している。身体自体は物体の一部であり，その本質は「広がり」であるとデカルトは考えている。したがって，精神の本質は「考えていること（思惟）」であり，身体を含む物体の本質は「広がり（延長）」であって，両者は互いに依存しあうことのない独立した二つの実体であるという結論に，デカルトはたどり着いた。これを心身二元論という。

　心身二元論の歴史は古い。たとえばソクラテスは，人間

このような意味での「存在」は，物体的存在に特有な感覚的イメージを排除しているという意味で，「形而上学的存在」である。

の魂にとって身体は牢獄のようなものだといっている。「魂は身体のうちに文字どおりかたくつながれ，そこに接着されてしまっていて，存在を自分自身で，自分の目によって考察するのではなく，いわば牢獄の格子ごしに見るかのように，身体をとおして考察するように強いられて，完全な無知の中をころげまわっている」（プラトン『パイドン』より）。人間は身体をそなえた現世的存在者として，一定の場所と時間とに状況づけられ，身体の崩壊とともに生を終えるという有限性を運命づけられている。そこでソクラテスにとって，身体は私たちを真実から遠ざけるものであり，死はむしろ真理の認識に近づく一歩である。つまり死によって人間は無知の原因である身体から離れ，純粋な理性的魂となれるというのである。デカルトの心身二元論は，ソクラテスの議論を近代的な仕方で洗練させたものといえよう。

　「私」の存在根拠を「考えていること」に集約し，他方，身体を含む物体の本質を「広がり」として理解する心身二元論によって，デカルトは近代哲学の祖とみなされることになった。「近代」と名づけられる時代の根本的特徴の一つは，「私」という一人称の存在から出発して人間を考えていこうとする思考態度である。「私たち」という一人称複数形も，その中身を考えれば，実は「私」と別の「私」とを束ねた「我我」であって，出発点となっているのは「私」であるという考え方が，近代という時代の根本にある。この考え方が本当に正しいかどうかは，第4章《他者・近さと隔たり》の他者論であらためて考えてみなければならない。しかし，第7章《世間と社会》で示すように，近代社会は，「私」と別の「私」とが交わす「契約」を根本原理として，「社会」という「我我」を形成するのである。「近代」のもう一つの特徴は，物体の本質は「広がり」であるという考えにもとづいて，自然を機械とみなすという考え方である。これを機械論的自然観という。これについて私たちは，第9章《技術と科学》で考えることにする。

人間は身体をそなえた現世的存在者として，一定の場所と時間とに状況づけられ，身体の崩壊とともに生を終えるという有限性を運命づけられている。

「近代」と名づけられる時代の根本的特徴の一つは，「私」という一人称の存在から出発して人間を考えていこうとする思考態度である。「私たち」という一人称複数形も，その中身を考えれば，実は「私」と別の「私」とを束ねた「我々」であって，出発点となっているのは「私」であるという考え方が，近代という時代の根本にある。

p.246 以降→

p.301 →

← p.26

ジル・ドゥルーズ⇨ フランスの哲学者。近代哲学の研究を基礎に，独自の哲学を展開した。「器官なき身体」，「リゾーム」などの用語で知られる。

参考文献(15)→

デカルトは，自己における振り返り（「私は考えている」）から出発して自己の存在（「私は存在する」）を確立したが，自己から自己への円環を閉じてしまい，「私」と「私」の隔たりの側面を見失うことに加担してしまったのではないだろうか。

　先述したように，デカルトが確保した厳密な意味での「自己同一性」は時間の経過を許容できない。デカルトによれば，「私の生涯の全時間は，無数の部分へと分割されることができ，その一つひとつの部分は残りの部分へはいかなる意味でも依拠してはいない」（『省察』第三省察より）。つまり，時間を構成するそれぞれの「瞬間」は互いに完全に切れており，ある「瞬間」と他の「瞬間」との間に時間の経過はない，ということである（時間瞬間説）。この点について，哲学者ジル・ドゥルーズ（1925-1995）は，「デカルトは，《コギト》を瞬間に帰し，時間を排除することによって，（中略），はじめて結論を出すことができた。」と解説している。

　これに対して，私たちは，たとえば，「今の私は昨日の私ではない」という言い方のように，時間の経過を受けいれている。デカルトは時間の経過を，「何らかの原因」（神）による各瞬間の連続的創造によって説明しようとしているが，この考えは各瞬間が互いに独立していることを前提にしており，〈時間の経過〉そのものの説明にはなっていない。時間の経過を許容できない以上，時間の経過にもとづく「私」の自己非同一性（「私は私でない」）は，デカルトの時間瞬間説からは出てこない。デカルトは，自己における振り返り（「私は考えている」）から出発して自己の存在（「私は存在する」）を確立したが，自己から自己への円環を閉じてしまい，「私」と「私」の隔たりの側面を見失うことに加担してしまったのではないだろうか。

　ニーチェが格闘した人間の非理性は，もとをたどれば，「私」と「私」の隔たり，すなわち「私は私でない」という自己非同一性に帰着する。本章の冒頭で，「以前は〈非人間的〉とされたことが，現在では社会現象として常態化してしまった感さえある」（p.3）と書いた。こうした現象は，自己非同一性のもたらすマイナスの側面が顕在化したものであり，もとをたどれば，自分を見失ってみずからをコントロールできなくなっている人間の振る舞いが，社会に蔓延してきているからではないだろうか。この自己非同一性の問

題こそ，現代の私たちが考えなければならない課題である。問題は，単に理性を否定して，非理性を肯定することではない。問題は，みずからのうちに非理性を抱え込んでいる理性を考えることにある。なぜなら理解するという仕事はやはり理性の仕事であり，非理性が理性を理解することはないからである。

　非理性を抱え込んだ理性は，単に，「私は私である」と言い切る厳密な意味での自己同一性に裏打ちされた理性ではありえないし，また逆に，単なる感情や欲望という意味での非理性でもありえないであろう。非理性というと，自分を見失った感情や欲望といったマイナス面を考えがちであるが，非理性の状態を，一般的に，〈我を忘れた〉状態として考えてみれば，たとえばスポーツや芸術活動は，〈忘我〉状態なくしては成立しない活動であろうし，さらに日常生活一般において，自覚的な判断力としての理性にもとづいて私たちが常にすごしているわけではない以上，〈忘我〉状態なしで生活は成り立たないであろう。むしろ〈われを忘れて〉のんびりしたり，逆に〈われを忘れて〉仕事に集中することによって，私たちの生活は成り立っている。〈人間らしさ〉にせまるためには，そうした理性と非理性のはざまにある，いわば〈理性的非理性〉，〈非理性的理性〉について考えてゆかなければならない。

　本書では，第1章《身体としての自分》において，自分が生きて経験している身体の在りかたを手がかりに，この問題を考察する。自分の身体こそ，「私は私である」と同時に「私は私でない」という，「私」の矛盾した存在の仕方を可能にしていると考えられるからである。身体を手がかりにして考えてゆくと，自己同一性／非同一性の問題は，時間性の問題としてだけでなく，〈他者〉との関係の問題としても現れてくることになる。なぜなら，身体（物体）から独立した実体として存在するデカルト的な精神は，少なくとも直接的には，他者と接することはありえないが，身体性が人間存在の本質に属しているとすると，身体の表情を通じて，

問題は，単に理性を否定して，非理性を肯定することではない。問題は，みずからのうちに非理性を抱え込んでいる理性を考えることにある。

自分の内面が他者によって見られたり評価されたりしてしまう事態が生じ，それによって「私」は，本質的に，他者との関係に入り込むことになるからである。「私」は自分にとっての「私」（対自的な「私」）であるだけでなく，他者によって見られたり評価されたりする「私」（対他的な「私」）という仕方で現れることになる。そうなると「私」は，「私は私である」と一方的に言い切るわけにはゆかない側面を担うことになる。そして，身体による表現の延長線上に，言語による表現が存在する。本書において，時間（第3章）と他者（第4章），そして言葉（第5章）は，〈人間らしさ〉を考えるための，機軸テーマとなる。

：4 人間・機械・動物

　この章の冒頭で，現代のAI技術をもちいた機械を人間と区別するのがむずかしくなってきたことについて述べておいた。これに対してデカルトは，心身二元論にもとづいて，人間と機械，人間と動物とを，明確に区別できると主張している。デカルトの議論は，現代のAI技術をもちいたロボットにどこまで通用するだろうか。デカルトの議論を検討しながら，機械と動物について考察することによって，私たちは，〈人間らしさ〉について考えを深めることができるだろう。

1　人間と機械

　デカルトは，『方法序説』第5部の末尾で，まず人間と機械の区別について論じ，つづいて人間と動物の区別について論じている。デカルトによると，人間と機械を区別できる基準は，二つある。

　第一の基準は，言葉の使用である。たしかに，人間の言葉と同じ音声を発する機械を工夫することはできるかもしれないが，あらゆる意味に対応するべく，多様に音声を整えることのできる機械は考えられない。これに対して理性は，いかなる種類の出来事であろうと，その出来事の意味に対応する言葉を工夫することができる。第二に，理性は

認識によって働くのに対して，機械はもっぱら器官の配置に従って動くだけである。つまり，機械には認識が欠けている。

　第一の基準については，現在，Chat GPTのような，あらゆる質問に対応して多様に言葉を整えることのできる機械が（欠陥が指摘されながらも）実用化され，一見すると，デカルトの示した基準は，受けいれられないように思われる。しかし，注意しなければならない。デカルトが主張しているのは，単に，機械は多様な言葉を話すことができないということではなく，機械は多様な「意味」をもった言葉を話せない，という点である。つまり，人間の言葉は，「目の前で話されるすべてのことの意味に応じて」，発せられるのに対して，機械の音声は，「意味」に応じてではなく，たとえばあるボタンを押すと，「何を言いたいのですか」という音声を発してくるように，器官の配置と運動に応じて発せられるのである。第一の基準の論点は，言葉の「意味」にかかっている。言葉を話す人間にとって，言葉の「意味」とは何だろうか。

　デカルトによれば，言葉によって「われわれは自分の思考を他者に表明する」のである。言葉は，考えることをその本質とする精神としての人間の思考を，言葉の意味として，表明している。人間は，考えながら話し，話しながら考えているのだから，言葉とそれが意味する思考とを切り離すことはできず，言葉の意味を考えずに言葉を話すことはできない。話をするときには，いやでもその話の意味を考えながら話さざるをえないのである。

　言葉と意味の切り離しがたさは，話の聞き手にとっても同様であろう。誰かの話を聞きながら，その話し声を無意味な雑音として聞くことは，ほとんど不可能である。ためしにやってみてほしい。私たちは，話し声を聞けばいやでもその意味を理解しようとしてしまう。図書館でかわされるヒソヒソ話はまことに耳障りなものだが，それは，私たちがその話に〈耳を傾けて〉しまうからである。言葉は単な

言葉を話す人間にとって，言葉の「意味」とは何だろうか。

る音声でありえず，言語的意味に浸透されている。このことは，もちろん，話し手と聞き手とが，話される言葉の文法や語彙，表現法をあらかじめ知っていることを前提にしているが，未知の言葉の場合でも，それが人によって話されている言葉であると認識されるならば，「意味」への関心が生じるはずである。

　ところで，デカルト自身は触れていないが，聞き手の立場から言葉を考えると，話の相手がまったく違和感のない多様な受け答えをしてくれていれば，その相手が人間であるか機械であるかことを見抜くのは，困難であろう。話し手が人間であろうと機械であろうと，言葉は言葉であって，言葉の意味が理解できれば，区別はない。文字言葉にかぎれば，本章冒頭で言及したアラン・チューリング（1912-1954）によって構想されたチューリング・マシンを現実化したChat GPT のような生成 AI は，問いかけに応答する話し相手として実用化されている。Chat GPT は，「自分の思考を他者に表明する」わけではないが，その言葉を読む人間にとっては，意味をもった言葉として現れる。そのかぎりで，人間と機械の区別はない。そして，Chat GPT の文字情報を人間的に違和感のない音声言語に置き換えることができるならば，話の聞き手にとって，Chat GPT は人間と区別することは容易でないであろう。この点については，デカルトも同意するであろう。なぜならデカルトが，人間と機械とを区別する手段として考えている言葉の使用は，話し手にとっての言葉にかぎられているからである。

　機械には認識が欠けている，という第二の基準が正しいかどうかについては，認識という言葉の意味をどう考えるかによるであろう。たとえば，〈センサーが異常を認識した〉という言い方に違和感をもたない人もいるかもしれないが，デカルトはこの言い方を認めないであろう。センサーは物理的異常に反応して，物理的に作動しているだけであり，異常を「認識」して作動しているわけではない，とデカルトならば言うだろう。「認識する」とはどういうことだろう。

「認識することによって動く」ということの説明として，デカルトは，理性に言及し，理性は「どんなことに出合っても役立ちうる普遍的な道具である」と書いている。つまり，「認識」の問題は理性の働きとして説明されている。本章の冒頭で示したように，デカルトにおいて，理性は「真と偽とを区別する判断力」を意味していた。しかし今，人間と機械とを区別する基準として，認識について説明しているこの文脈では，「真と偽とを区別する判断力」だけでなく，〈AはBである〉という形式をとる判断力一般としての判断力を考えてよいだろう。したがって，この文脈において，「認識」は，理性の働きとしての〈判断〉であることになる。器官の配置に従って動く機械とは異なり，人間は判断によって動くのである。そう考えれば，人間は「認識することによって動く」という上記の言葉を理解することができるであろう。

デカルトによる，第一の基準（意味）と第二の基準（認識）は，論理的につながっていることがわかる。話し手の言葉によって表明される「意味」は，話し手の「自分の思考」であった。ところで「自分の思考」の内実は，デカルトの場合，〈判断〉であり，この判断が「認識」なのである。したがって，人間の言葉は，「認識」を「意味」として表明していることになる。これに対して，機械の音声は，もともと認識を欠いているのだから，当然，意味を表明することもありえない，というのがデカルトの考えである。

　人間の言葉は，意味と認識によって裏打ちされているというこの考えは，本章3節《「私」と「私」の近さと隔たり》で考察した，「私は考えている，したがって，私は存在する」というデカルトの第一原理に直結していることは明白であろう。「私は考えている」という言葉は，まさに〈私は考えている〉という判断を，その意味として，表明している言葉である。さらに考えると，たとえば「地球は丸い」というような外的事物についての判断を表明する言葉の場合，これも

デカルトによる，第一の基準（意味）と第二の基準（認識）は，論理的につながっている。

← p.25

p.188 →

たしかに，自分の考えを言葉として表明しているのだが，「私は考えている」という言葉は，「地球は丸い」というような外的事物についての判断を表明する言葉とはちがって，「私」自身が「私」自身について判断している判断を表明している言葉である。これこそ，精神だけがおこなうことのできる，自己への振り返り構造（自覚）にもとづく言葉である。そう考えてくると，「私は考えている」という言葉は，単に，意味と認識に裏打ちされた言葉であるだけでなく，自己への振り返りという精神の構造そのものを表明する特別な言葉であることがわかってくる。意味と認識に裏打ちされた言葉の使用を通じて明らかになる〈人間らしさ〉の本質は自覚にあり，意味と認識を欠いた機械には，当然，自覚も欠けていることになる。

また，言葉には既存の意味を語る言葉だけでなく，新たな創造的意味を語る言葉という側面があり，機械自体がそうした創造的意味をもつ言葉を語ることができるか否か，という問題がある。言葉の創造的意味は，〈人間らしさ〉を考えるにあたって，きわめて重要なテーマとなる。この問題については，第5章3節《言葉の意味の創造》で考察する。

2　人間と動物

デカルトによれば，人間と機械を区別するのと「同じ二つの手段を使って，人間と動物のちがいも知ることができる」という。しかし，機械とちがって動物は生きものであり，機械と同じように扱うことはできないのではないだろうか。検討してみよう。

第一の区別は，人間の言葉は意味（思考）に裏打ちされており，あらゆる出来事に対応する多様な言葉を工夫できるということであった。この点に関してデカルトは，機械についての場合よりさらに丁寧な説明を与えている。人間は，動物とちがって，「自分が話していることは，まさに自分がそのことを考えて話しているのだということを，証言しながら話すこと」ができるというのである。この説明は，単に「われわれは自分の思考を他者に表明する」ということでな

「私は考えている」という言葉は，単に，意味と認識に裏打ちされた言葉であるだけでなく，自己への振り返りという精神の構造そのものを表明する特別な言葉である。

く，言葉と意味（思考）の関係そのものについて，言葉で証言しながら私たちは話すことができるという，一段上からの説明になっていると考えられる。すこしわかりにくいかもしれないが，言葉は，言葉と思考との関係について，「証言しながら」語ることができると，デカルトは言っているのである。こうした言葉の使い方を〈メタ言語〉（言語について語る言語）という。

デカルトによれば，こうした言葉の使いかたは，生まれつき聾唖である人間でもできるのであって，彼らはたとえば手話のような記号を「発明」して，いつも一緒にいる人たちに自分の言いたいことを伝えている。そもそも，「人間ならばどんなに鈍感で，頭がわるくても，精神に異常をきたした人でさえも例外でなく，さまざまな言葉を集めて配列し，それでひと続きの話を組みたて，自分の考えをわからせることができる」。したがって，「話すことができるためには，ごくわずかな理性しか必要ない」とデカルトは言う。この発言は，デカルトの考えている理性というものが，単に健康な大人の理性だけを意味しているとはかぎらないことを示している。デカルトの語る「理性」は，軽々に批判することを許さない深さをもっている。「話すことができるためには，ごくわずかな理性しか必要ない」にもかかわらず，動物は話すことができないのであるから，「動物たちには理性がない」とデカルトは結論する。

第二の区別は，人間の理性は認識によって働くという点にあった。この点については，動物に「理性」を認めない以上，当然，動物は認識（判断）によって動くのではないことになる。しかし，注意しなければならない。動物に「理性」が欠けているからといって，動物に一切の「魂」が欠けているとデカルトが考えているわけではない。デカルトは，動物に「動物の魂」があることは認めている。ただし，「動物の魂」は人間の「理性的魂」とまったく異なっているというのがデカルトの考えである。「動物の魂」を認めるということは，人間と動物の区別を強調するデカルトとしても，動物

動物に「理性」が欠けているからといって，動物に一切の「魂」が欠けているとデカルトが考えているわけではない。

を機械と同一視するのは無理だったということであろう。

　現代の動物学者によって報告されている，道具を使う動物行動の話も参考になるだろう。野生チンパンジーを研究した動物学者ジェーン・グドール（1934–）は，人間だけが自分でつくった道具を使うと考えられていたのに対して，動物も道具を使うことを発見したことで知られている。チンパンジーは，たとえばシロアリを捕まえるために，草の葉や葉のついた枝を折り取って，口で噛んで枝から皮を剥ぎ取り，より使い勝手のいい道具をつくる。そして〈道具を使う〉という行動は，一つの群れの中で，世代から世代へ受け継がれていくのであり，それはまさに文化である。チンパンジーやボノボは人間に非常に近い脳をもっており，複雑な意思疎通の方法をもっていると考えられている。これは，デカルトが示唆した動物の「ある種の行動」（たとえば，ミツバチの巣作り）にみられる「巧みさ」とは異なる。

　しかし，同じく動物学者で，チンパンジーの言語能力を研究した室伏靖子（1927–）は，人と比べてチンパンジーは，「シンボルを柔軟に扱う能力」に欠けているし，また，たとえば，「大」というシンボルを「大きいという意味内容を伴ったシンボルとして，理解しているかどうか」，わからないとしている。この見解は，デカルトの指摘した第一の区別基準に近い。

　いずれにせよ，チンパンジーやボノボの行動がどれほど人間との近さを外見上示すものであっても，チンパンジーやボノボが人間の言葉を用いてみずからの考えを述べることができて，人間と自由に意思疎通できるようになるのでなければ，人間との隔たりを完全に解消するのは困難であろう。

　機械や動物が，言葉と認識をもたない点で人間と区別されるとしても，感情表現の面では，人間と区別できないのではないだろうか。この点について，デカルトは，「言葉と自然の動作を混同してはならない。自然の動作はさまざま

ジェーン・グドール⇨ イギリスのチンパンジー研究者。著書に『森の隣人』『野生チンパンジーの世界』などがある。

室伏靖子⇨ 元京都大学霊長類研究所所長。同研究所のチンパンジー研究「アイ・プロジェクト」をスタートさせた。

参考文献(18)→

な情念をあらわし，機械によっても動物によっても模倣されうる」と述べて，機械と動物による模倣を肯定している。「情念」の例として，デカルトは「さまざまな感情や欲求」をあげているので，「自然の動作」は人間の身体動作を意味していると考えられる。のちにデカルトは『情念論』(1649)において，六つの基本的情念（驚き，愛，憎しみ，欲望，喜び，悲しみ）をあげ，他のさまざまな情念はそうした基本的情念の一種または組み合わせとして考えることができるとしている。『情念論』を読むと，デカルトが人間の感情の機微に通じていたことがわかる。人間身体による「自然の動作」が機械や動物によって模倣されうるならば，その動作によってあらわされている「さまざまな情念」自体も，模倣されうることになるのだろうか。

　ロボットは物体でできている以上，ロボットに感情は生じない。したがってロボットの動作が感情によって裏打ちされることはないから，その動作が人間の感情を模倣することもありえない。しかし，人間がロボットの動作を見て，そこに人間的感情を示す〈表情的意味〉を見いだすことは可能であり，十分ありうることだろう。AI技術を駆使したアニメーション作品などにより，人間的感情表現の描写技術は相当な程度で実現しており，視聴者による感情移入を可能にし，感動さえ与えている。さらに画像生成AIによるフェイク画像が社会問題化するほど，その感情表現の精度は向上している。p.57 →

　「動物の魂」をもつ動物には感情があり，その動作が感情をあらわしていることは疑えない。とはいえ，動物が，人間の「自然の動作」による「さまざまな感情」を「模倣」できるといえるかどうかとなると，疑問ではないだろうか。音声を含めた人間の身体的動作による複雑な喜怒哀楽（たとえば，泣きながら笑い，笑いながら泣く，嬉しいけれども悲しい，悲しいけれども嬉しい，というような）の感情表現を考えると，「模倣」はかなり困難であるように思われる。

　感情表現の問題は，〈人間らしさ〉における非理性を考え

p.56, 60 →

るうえで重要な位置を占めるものであり，本書では第1章
《身体としての自分》で主題的に考察する。

◉ 課題 ◉

1. デカルト『方法序説』第3部に出てくる，日常生活をでき
   るだけ幸福に過ごすための四つの規則について，自分の
   考えを述べなさい。

2. ニーチェ『この人を見よ—人はいかにして本来のおのれ
   になるか—』に「なぜ私はこんなによい本を書くのか」と
   いう章があり，その冒頭に，「私は私，私の著書は私の著
   書，両者は別物である」と述べられている。この言葉はど
   ういう意味で言われているのか，調べなさい。

3. ソポクレスの『オイディプス王』に出てくるスフィンクス
   の謎について調べなさい。また，この物語を「自己への振
   り返り」の物語，あるいは自己探求の物語として読んで，
   オイディプスがどのようにして自分の正体を知ることに
   なったのか，調べなさい。

4. ソポクレスの『アンティゴネ』に出てくる有名な箇所
   （332-375行）を読んで，人間の知恵と知識には，具体的
   にどういうものがあるか，考えてみよう。参考文献⑾に
   解説がある。

ソポクレス（紀元前 496/495-406）
⇨ 古代ギリシアの三大悲劇詩人の一
人。ギリシア悲劇の完成者。とくに『オ
イディプス王』は後世の西洋文学・思
想に多大の影響を与え，現代にまで受
け継がれている。

> 不思議なものは数多くあるけれど
> 人間よりも不思議なものは何もない。
> 真冬の南風によって
> 灰色の海を人間は渡って行く，
> すべてを飲み込むうねりを
> 通り過ぎて。神々のうちで
> 至高の女神，滅ぶこともない，
> 尽きることもない大地を疲れさせる，
> 来る年も来る年も鋤を動かし，
> 馬の族で耕し返しては。
> 軽い思いの鳥の類も

野に生きる獣の種類も

大海の潮に生きる生物も

織りあげた網の環で囲んで

捕まえるのも利発な人間である。

また山野を行く野獣をも

手だてによって打ち負かし，

たてがみなびかす馬にも

疲れを知らぬ牛にも

首の回りに軛をつける。

言葉も，また風より早い

思いも，また町の法律を守る

気持ちも，人間は自分で習った。

野宿につらい霜の，天空からの矢をも

激しい雨の矢をも避けるようにと，

あらゆる工夫を行う。何事が

起こっても手だてなしに向かうことはない。

ただ死の神ハデスから逃げる工夫は

見いだせない，もっとも癒し難い病気の避け方は

考え出したとはいえ。

技術の巧妙な知恵をもつけれど，

期待にはずれ，時には禍いへ，時には幸いへ

人間は歩み行く。

大地の掟と神々に誓った正義を遂行する者は名誉ある

国の民である。

大胆不敵のゆえに善からぬことに

加わる者は国を滅ぼす者となる。

こういったことを行う者が

私の炉辺にいないように，

私の考えがその者と同じでないように。

5. 『メノン』でソクラテスが少年に示した幾何学問題を，誰
   か（答えを知らなそうな人）に試してみよう。その人は補
   助線を見て，答えにピンとくるだろうか。

6. あなたなら「嘘」をどういう言葉で定義するか，考えてみ
   よう。そのうえで，嘘についてどのような定義がなされ
   てきたか調べ，自分の定義と比べてみよう。

参考文献

(1) カレル・チャペック（千野栄一訳）『ロボット』（岩波文庫）。
(2) ブライアン・クリスチャン（吉田晋治訳）『機械より人間らしくな
   れるか？―AIとの対話が，人間でいることの意味を教えてくれる』
   （草思社）。原題は The Most Human Human (2011)。

1：「人間」をめぐる二人の哲学者

(3) 『世界の名著（第22巻）デカルト』（中央公論社）。『方法序説』，『省
   察』，『情念論』などデカルトの主要著作のほか，『書簡集』も収録さ
   れている。本文で参照した文献がすべて収録されている。中公バッ
   クス『世界の名著 (27) デカルト』も同じ。
(4) デカルト（谷川多佳子訳）『方法序説』（岩波文庫）。訳者による解説
   書（『デカルト『方法序説』を読む』岩波書店）もある。
(5) 『デカルト著作集（全4巻）』（白水社）。日本語で本格的にデカルト
   を読む人の基本書籍。
(6) モンテーニュ（原二郎訳）『エセー』全6巻（岩波文庫）。『世界文学
   全集 (9) モンテーニュ』（筑摩書房）に同じ訳者の『エセー』がある。
(7) 『ニーチェ全集（全15巻＋別巻4巻）』（ちくま学芸文庫）。『この人
   を見よ』が初心者には面白いかもしれない。それから，『ツァラト
   ゥストラ』，『悲劇の誕生』，『悦ばしき知識』（『華やぐ知恵』）などを
   薦める。
(8) ジル・ドゥルーズ（湯浅博雄訳）『ニーチェ』（ちくま学芸文庫）。ド
   ゥルーズが一般向けに書いたニーチェ案内書。ニーチェ哲学につ
   いてのドゥルーズ流の新鮮な解説と跋文集が入っている。ニーチ
   ェと現代思想に関心のある人に薦める。ドゥルーズにはもう一冊
   『ニーチェと哲学』（河出文庫）があるが，こちらは少しむずかしい。
(9) 村井則夫『ニーチェ―ツァラトゥストラの謎』（中公新書）。

2：哲学の知恵と方法

(10) プラトン（藤沢令夫訳）『パイドロス』と『メノン』（いずれも岩波文
   庫）。前者の副題は「美について」，後者の副題は「徳について」。特
   に後者は，ソクラテスの考え方と対話術を知るのにお薦め。
(11) 斎藤忍随『プラトン』（岩波新書）。ギリシア文化についての該博な
   知識に裏づけられたプラトン入門書。洞窟の比喩について，ニー
   チェのプラトン解釈に反論している。

3：「私」と「私」の近さと隔たり

⑿ 井上庄七・森田良紀（編）『デカルト方法序説入門』（有斐閣新書）。序章（森田）でデカルトにおける「私」の意義を指摘している。

⒀ 山田弘明『『方法序説』を読む』（世界思想社）。本文に丁寧な注釈をほどこしたもの。

⒁ プラトン『パイドン』。「魂の不死」をテーマとした，プラトン中期の対話篇。自死に臨むソクラテスの様子が描かれている。複数の訳本がある（岩波文庫，光文社古典新訳文庫など）。

⒂ ジル・ドゥルーズ（財津理訳）『差異と反復』（河出書房新社）。

⒃ インターネットサイト「イリュージョンフォーラム」。NTT が提供している，錯視・錯聴・錯触・多感覚統合に関する素晴らしい体験サイト。体験してびっくり。

4：人間・機械・動物

⒄ ジェーン・グドール（河合雅雄訳）『森の隣人―チンパンジーと私』（朝日新聞社）。

⒅ 立花隆『サル学の現在』（平凡社）。著者が今西錦司をはじめとする霊長類学者と対談し，1980 年代後半のサル学先端研究の成果をわかりやすく紹介している。単行本もあるが，現在では文庫版（文春文庫）のほうが入手しやすい。

課題

⒆ ソポクレス（藤沢令夫訳）『オイディプス王』（岩波文庫）。自己への振り返り，自己探求の物語として読むことができるギリシア神話。

⒇ ソポクレス（福田恆存訳）『オイディプス王・アンティゴネ』（新潮文庫）。

1
身体としての自分

表情は光のように身体から溢れ出し,
周囲の空間を満たす。
乳児の表情はたった今輝きはじめた,
純粋な生命の光そのもののようだ。

私たちは，すべての動物と同じように，身体をそなえている。しかし，私たち人間にとって，身体をそなえて存在するということは，どういうことであろうか。身体という在り方をすることによって，私たちは自分とどのような仕方で関係することになるのであろうか。また，身体という在り方をすることによって，私たちはどのように自分を表現し，他者を含む世界とどのような仕方で関係することになるのであろうか。

　たとえば，鏡に映った自分をいきなり見るような場合，一瞬，その姿が自分であるのかどうかわからず，あたかも自分に似たもう一人の誰かがそこにいるかのように感じたりすることがある。また，知らないうちに撮られた写真に見る自分の姿は，妙によそよそしく感じられたりすることがある。声についても同じようなことがある。録音機で自分の声を聞くと，それはたしかに自分の声なのだが，自分の慣れ親しんだいつもの声とは微妙にその表情がちがっているのに気づく。特に，録音されていると知らずに録音された自分の声は，まるで他人の声のように聞こえたりする。

自分が自分についてもっているイメージと，外から見たり聞かれたりされている自分とのずれ（隔たり）。

　こうした奇妙さは，自分が自分についてもっているイメージと，外から見たり聞かれたりされている自分とのずれ（隔たり）を表しているといってよいであろう。私たちは普段，自分以外の人が現に見たり聞いたりしているそのままの姿で，自分自身を見たり聞いたりしてはいない。たとえば，私は自分の背中をふつうは見ることができない。私の身体や声は，たしかに私のものであるにもかかわらず，私以外の人の目に映るかぎりの，したがって私自身の目の届かない，外面を私に与えてしまうのである。

　序章《人間らしさ》で，私たちは，「私」と「私」の近さと隔たりについて考察し，デカルトが，「私は考えている，したがって，私は存在する」という命題に気づくことによって，「私」の同一性を主張していることをみておいた。自己同一性（「私は私である」）の意識はたしかに私たちの〈人間らしさ〉にとって重要な特質である。しかし，そこでも述べ

← p.25 以降

たように，私たちは，実際には自分と自分との間にずれ（隔たり）があることを受けいれている。この隔たりは，〈人間らしさ〉を考えるにあたって，忘れてならないもう一つの重要な特質である。序章では，時間の観点からこの隔たりについて問題を指摘しておいた。時間によって生ずる隔たりについては，第3章《時間の不思議さ・生と死》で考えることにして，ここでは，あらためて〈人間らしさ〉を問う出発点として，人間の身体性にもとづく自分との近さと隔たりについて考察することから開始しよう。

1　自分との近さと隔たり

　序章《人間らしさ》でみたように，「私」という存在は自分への振り返り（それは不完全な振り返りであるかもしれないが）を含んでいる。「私は考えている」というデカルトの自己言及的な判断から導かれる自分への振り返りは，自分から自分への円環を形成し，その円環の内側に「私」を囲い込もうとする。この円環は，自分と自分との関係として形成され，そこには他者が介入していない。つまり，この円環は自分にしかわからない円環である。したがって，自分から自分への振り返りによって形成される「私」は，必然的に他者に覗き込まれることのない内面として存在することになる。しかし，私たちは身体をそなえた存在者（身体的存在者）であることによって，上で述べたように，自分自身の目の届かない外面をもっているのも事実である。その意味で，私たちは自分の身体によって自分と隔てられているのである（自分との隔たり）。しかし，自分の目の届かないその外面は，やはり自分の身体なのであるから，自分に属していることを否定することはできない（自分との近さ）。他者に見られたり，聞かれたりせざるをえない身体は，他者にとって現れる外面でありながら，同時にやはり自分の身体という外面なのである。したがって，私たちは内面と外面という二つの面をもつことになる。

他者に見られたり，聞かれたりせざるをえない身体は，他者にとって現れる外面でありながら，同時にやはり自分の身体という外面なのである。したがって，私たちは内面と外面という二つの面をもつことになる。

1　内面と外面

　内面といっても，デカルト的自我という意味での内面とはちがう，別の意味での自分の内面が考えられる。序章で考察したような意味でのデカルト的な内面，すなわち「私は考えている」と語ることによって成立する内面は，自分がいったん自分から離れたうえで，あらためて自分へと振り返ることによって成立する純粋な内面であり，自分から自分へのこの円環は完全に閉じている。この内面こそが，「私は考えている，したがって，私は存在する」という判断におけるデカルト的な「私」であり，「理性」を支える原理である。しかし私たちは，「私は考えている」と絶えず考えながら自分を振り返っているわけではない。だからデカルト的な意味での「私」は，普段の生活では，よほど自覚を迫られないかぎり意識されない。

　しかし，だからといって私たちは自分を完全に見失っているわけではもちろんない。私たちは，泥酔していたりすれば話は別だが，通常の状態であれば，必要に応じていつでも自分を意識することができる。しかしそういうときの自分は，「私」とちがって，自覚的に振り返られるまでもなく，なんとなく感じとられている内面として存在するにすぎない。この内面は，デカルト的な自覚を伴わないので，その存在が不確かで漠然としており，その意味で非理性的な原理である。もやもやした感覚や感情や意思（明確な自覚を伴う意志と区別する）の主体として漠然と，自ずから分かる仕方で，感じとられているこうした内面は，デカルト的な意味での「私」と区別して，〈自分〉と呼ばれるのがふさわしい。

　デカルト的な「私」は純粋な内面であるのだから，「私」に外面は存在しない。それに対して，自分という内面は，「私」から「私」への振り返りによって成立しているわけではないのだから，内面としてだけで成立しているわけではない。自分という内面は，他者によって見られたり，聞かれたり，触られたりする身体という外部をもつことが可能である。そ

48

のことによって，自分には，他者の目にさらされる外面が生ずる。自分という内面は，たしかに内面であるが，純粋な内部にとどまるわけではなく，外部をもつことが可能であり，その外部が他者によって外面として認識される。だから，「自分の外面」という言い方も可能である。

2　内面の表現

　自分という内面はみずからを表現することによって，外面化しようとする。その表現は，具体的には自分の身体を通じておこなわれる。私たちは自分の身体を通じて自分の感情や意思を，外部に表現するのである。その意味で自分の身体は，自分の単なる外部であるだけでなく，内面としての自分によって裏打ちされた外部であるということができる。この点が，身体と単なる物体とのちがいである。物体には，直接的に知覚されることのない内部はあるが，感覚や感情や意思という意味での内面はない。

　自分はその内面を，身体のみによって表現するだけではない。自分は，言葉によってその内面を表現しもする。言葉は自分の二面性をいわば増幅して表現する。人間の内面は言葉で表現されることによって，動物のように単なる生命的次元にとどまらず，人格的な次元（精神）を含むようになる。言葉は，身体と同様に，内面によって裏打ちされた外面であるということができる。自分は言葉という外面によって自分の内面をいっそう明確に表現できるのだが，逆にそのぶん誤解されたり曲解されたりする機会も増え，その程度もひどくなる。場合によっては，直接的暴力より言葉による精神的「暴力」のほうが人間をいっそう苦しめることもある。言葉をもつことによって，人間の経験は動物のそれと異なった性質をもつのである。

　以上述べてきたような身体および言葉によって表現される自分の内面と外面という二面性こそが，人間的な喜びや苦しみの大きな部分を生み出していると考えられる。私たちは病気のときや自分の容姿が特別気になったりする場合

言葉は自分の二面性をいわば増幅して表現する。

身体および言葉によって表現される自分の内面と外面という二面性こそが，人間的な喜びや苦しみの大きな部分を生み出している。

を除けば，普段それほど自分の身体を意識しない。しかしたとえば，肌の色や身体障害によって社会的差別を日々受けつつある人間にとって，自分の身体は絶えず意識せざるをえない自分自身の根本的存在条件である。黒人のそして人間の解放に生涯をかけたフランツ・ファノン（1925-1961）は『黒い皮膚・白い仮面』（1952）の終わりに書いている。「おお，自分の身体よ，いつまでも私を，問い続ける人間たらしめよ。」私たちは自分のことをわかってほしいと願いつつ身体や言葉によって表現するのだが，自分の外面に対して人が与える評価や支配を前にして，その表現の意味や価値を完全に意のままにコントロールすることができない。

人はその身体表現や言葉などによる表現を通じて，友情をはぐくみ，愛を交わしたりできる反面，疑ったり疑われたり，差別したり差別されたりする。また，身体をそなえた存在者であることによって人間は，美しいものを見たり聞いたりでき，食べ物を味わったりできる反面，病気になったり，暴力にさらされたり，ついには死にいたることもある。

自分の身体と言葉は，いわば自分にもっとも親しいものでありながら，しかも自分ではどうすることもできない力の支配下に私を投げ込み，私たちを自分自身から奪っていく私たちの存在条件でもある。〈人間らしさ〉への問いに向かう第一歩としてまず身体を取り上げるのは，人間らしさ（良い意味でも悪い意味でも）のもとにある内面と外面という二面性が，まさに自分の身体という場において生起するからである。身体は私たちが人間の表現行為という現場に立つ視点を開いてくれるのであり，人間らしさを問おうとする私たちにふさわしい入り口であると考えられるのである。前頁で述べたように，言葉によって開かれる人間らしさについては，身体の次元で問題になる人間らしさについての考察とは，別の考察が必要である。言葉については第5章《言葉・比喩・論理》で考えることにして，ここではまず身体からはじめよう。

⋮2　自分の身体

　自分の身体というけれども，この場合，「自分の」という所有形容詞はどういう意味で使われているのだろうか。「自分の身体」は「自分の机」というのと同じ意味で，「自分の」ものなのだろうか。このことをよく考えるために，まず，私たちにとって自分の身体がどのような仕方で現れているのかを，あらためて考えてみよう。

　デカルトにとって身体は「広がり」を本質とする物体の一部にすぎなかった。それはデカルトが，自分の人生をしっかり歩んでゆきたいという強い欲望にもとづき，確実な真理を探究する哲学的反省において到達した，心身二元論の結果である。しかし私たちは，日常生活のなかで，自己を「私は考えている」という仕方で振り返る姿勢を絶えず保っているわけではない。デカルト自身，『方法序説』第3部で，そのような日常における私たちの行動の規範について，「暫定道徳」と呼ばれる規則を語っている。私たちは，日常生活においてさまざまな状況に応じた判断をくだしているが，それは蓋然性に甘んじる暫定的判断にとどまり，自己への根本的な振り返り（反省的意識）にいたることはまれである。むしろ私たちは，日常生活において，それほど自分を振り返ることなく，いわば「われを忘れて」生きているのではないだろうか。

　序章《人間らしさ》でみたように，たしかに「私」という言葉は原理的に振り返りを含んでいる。だから「私」という言葉を使うたびに，私たちは自己を振り返っていることになる。しかし，そのことと，私たちが常に自己への振り返りを明確に意識することとは別である。百歩譲って，私たちは自分を振り返りつつ日常を生きていると考えるにしても，その振り返りは，自己から自己への円環を完全に閉じた実体としての精神，明確な輪郭をもった「私」を構成するわけではない。私たちは，ときに自己を明確に意識し，ときに「われを忘れて」，日常生活を送っているというのが，

私たちは，ときに自己を明確に意識し，ときに「われを忘れて」，日常生活を送っている。

実情ではないだろうか。そのような日常を生きる私たちの身体、それをここで考えてみよう。

1 「ここに」という場所

　日常生活のいろいろな場面が考えられるであろうが、たとえば今、人通りの多い繁華街を何気なくぶらぶらしているとしよう。私は周囲の人や物に目を奪われながら歩いている。私は、周囲の人や物、あるいはそれらの動きに次から次へと関心を惹きつけられて、ほとんどわれを忘れている。しかし、私は自分をまったく見失っているわけでもない。このような仕方で存在する私は、自分を反省的意識の対象としているのでなく、いわば自分自身になりきって、端的に自分を生きている。私は「そこに」や「あそこに」という対象の位置関係とともに、自分が今「ここに」いることをそれとなく自ずから分かっている。

　この「自ずから分かっている」という仕方で現れる自分と、明晰に意識の対象として現れるデカルト的な「私」とは、明らかにその現れ方を異にしている。前者の場合、私は自分を、私が対象として明確に知覚している物（たとえば目の前にある樹木）を知覚するのと同じような仕方では、知覚していない。しかしまた、私は自分が身体をもたない幽霊のようなものになっているとも感じていない。私は自分を、一定の形に広がった「ここに」という場所を占めている身体として、漠然と感じとっているのである。この場合の自分の身体は、観察の対象にされたような身体（たとえば病気を治すために医者が観察している身体）とはずいぶんちがった現れ方をしている。漠然と感じとられているこの自分の身体は、どういう仕方で働いているのだろう。

2 自分の身体の現れ方

　これを考えるためには、視覚に現れている自分の身体を、ためしに遮断してみるとよい。たとえば、夜、寝床に入って目をつぶったときに、自分の身体はどのように現れるだろうか。それまで目に見えていた身体が消えて、漠然とした塊のような身体の感じが残るのではないだろうか。その

私は自分を、一定の形に広がった「ここに」という場所を占めている身体として、漠然と感じとっている。

52

漠然とした広がりは，たしかに触感覚によって形成される境界に囲まれているが，視覚の場合と異なって，内部だけでできているので，輪郭自体がぼやけてしまい，視覚対象である身体に比べると，輪郭が不明瞭である。しかし，その漠然とした自分の身体の広がりは，部分的にではなく，全体として現れている。私は一気に自分の身体全体を感じとっているのだ。

　以上のことから，目を閉じた後に現れるこの自分の身体と，視覚対象として現れる身体とのちがいを記述してみると，次の二点をあげることができる。一つには，目に見える自分の身体は，明確な輪郭をそなえているのに対して，目を閉じた後に感じとられる自分の身体の輪郭は不明瞭で漠然としているということ。もう一つは，目に見える自分の身体は部分的にしか知覚されないのに対し，目を閉じた後に現れる自分の身体は一つの全体として感じられるということである。こうした仕方で現れる，目を閉じた後の自分の身体が，「ここに」という場所を満たして働く自分の身体の在り方である。

　目を閉じた後に感じとられる身体は，触覚によって感じとられる身体と重なりがちだが，触覚によって生じる感覚を寄せ集めて形成される身体像（body image）とは区別されるように思われる。なぜなら，たとえば机に触れることによって生じる触感覚は，机に触れるのをやめれば消えるが，目を閉じた後に現れる自分自身の身体は消えることがない。この身体は常に生じており，私が目を開いて世界の対象にわれを忘れて没頭しているときにも，もちろん働いている。この身体は視覚に現れる身体とはちがって，けっして消去することができず，常に与えられているのである。しかし，われを忘れて世界の対象に没頭している私の関心に対しては，この自分の身体は，直接の対象にならない。その意味で，この自分の身体は，隠れている。つまりこの身体は，世界の対象を知覚することの手前で，それ自体は「ここに」常に隠れて働き，対象についての知覚をいわば背後で

一つには，目に見える自分の身体は，明確な輪郭をそなえているのに対して，目を閉じた後に感じとられる自分の身体の輪郭は不明瞭で漠然としているということ。もう一つは，目に見える自分の身体は部分的にしか知覚されないのに対し，目を閉じた後に現れる自分の身体は一つの全体として感じられるということ。

p.77 →

身体は，世界の対象を知覚することの手前で，それ自体は「ここに」常に隠れて働き，対象についての知覚をいわば背後で支えている。

そのような身体を本書では，内側から経験されている身体という意味で，「生きられた身体」と呼ぶ。

支えているのである。そのような身体を本書では，内側から経験されている身体という意味で，「生きられた身体」と呼ぶことにする。この呼び方は少し奇妙かもしれないが，「ここに」隠れて働く自分の身体が，視覚の対象として現れる身体とは現れ方を異にするという点を示すための表現である。

3　表現する身体

　生きられた身体の現れ方をさらに具体的に考えるために，街のぶらぶら歩きを続けよう。歩きながら何気なく横に目をやると，「そこに」何やら親しげな表情が現れている。視線をとめてその親しさに注意を向けると，その親しげな表情の正体が，友人のそれであることに私は気づく。気づくと同時に，私は，自分が「ここに」いることをその友人に気づかせようとして，手を振ったり，呼びかけたりする。そのとき私は，友人に対する自分の親しみとその親しみの表現とを別々に意識したりはしない。私は自分の親しみという内面を外面（手を振るという身振りや呼びかけ）に一体化させつつ，内から外へと押し出している。その行為が私の表現（expression ＜ ex-press, 外に‐押す）である。私たちは，自分の「ここに」という隠れた場所から，友人の「そこに」という場所に向かって，自発的に自分を押し出すのである。

　このようなことは，特に友人に出会うような場合でなくとも，日常的に絶えず私たちのおこなっていることである。私たちは自分を取り巻く人や物，あるいはそれらの動きに反応し，身体表現によって絶えず自分を表現しつつ生きているのである。こうした意味での身体は，生きられた身体として，私自身とほとんど一体化しており，私がもったりもたなかったりすることのできる，「自分の机」とはちがった仕方で私に現れている。「自分の机」は，私がそれを所有したりしなかったりすることができるという側面を強くもつ対象であるが，「自分の」身体は，「ここに」という場所そのものを満たしており，私に対して完全に対象化すること

私たちは自分を取り巻く人や物，あるいはそれらの動きに反応し，身体表現によって絶えず自分を表現しつつ生きている。

はない。「自分の」という言葉は，単に所有を示すだけでなく，「自分の身体」という場合には，自分と身体との一体性を意味していると考えることができる。この意味で，「ここに」隠れつつ表現する「自分の身体」は，「私はまったく身体であって，」というニーチェの言葉を継承している。

　たしかに，「自分の身体」も観察の対象になることがあり（たとえば p.52 で述べた，医者が診察するような場合），その場合には「自分の身体」が物体として現れる場合もある。なぜなら，反省的意識の立場に立って，身体をその外面性の観点だけから取り扱うこともある程度はできるからである。しかしそのような反省的態度が極端なものとなり，身体を単なる物体としてしかみないことになると，内側から経験されている生きられた身体を見失ってしまうことになる。私たちが現に経験している身体は，「自分」と一体化して働く「自分の」生きられた身体であり，物体としての身体は，反省的意識に対して現れるその一つの現れ方にすぎない。生きられた身体にとって表現は本質的なものであって，そこから表現という在り方を切り捨てて考えようとするならば，身体はもはや単なる物体としてしか現れず，それはもはや私たちが現に経験している生きられた身体ではなくなってしまうのである。生きられた身体の視点からすると，生きているということは，自分の身体の内から外への自発的表現を意味する。

　このような仕方で記述された私たちの身体は，心身二元論に立つデカルトの考えた物体としての身体とは，まったくちがった仕方で私たちに現れているのがわかるはずである。デカルトの議論では，「私の」身体という言い方は，せいぜい「私の机」と同じ意味しかもたないことになってしまうであろう。なぜなら，デカルトにとって「私」は身体から独立して存在する精神そのものであり，私と身体（物体）との間に実在的な関係は本来存在しないはずだからである。厳密にみれば，デカルトにとって「私の机」という言い方も無意味であるかもしれない。なぜなら精神としての「私」は

「自分の」という言葉は，単に所有を示すだけでなく，「自分の身体」という場合には，自分と身体との一体性を意味していると考えることができる。

← p.8

身体を単なる物体としてしかみないことになると，内側から経験されている生きられた身体を見失ってしまうことになる。

生きられた身体の視点からすると，生きているということは，自分の身体の内から外への自発的表現を意味する。

一切の物体と関係しないはずだからである。

　これは私たちの日常経験とかなりずれているといわざるをえない。デカルトに哲学の教えを受けたボヘミアの王女エリザベトは，非物質的である精神がそれとは相容れないはずの身体になぜ作用を及ぼすのかと，デカルトに質問したことがある。この質問に対してデカルトは，心身の実在的区別は純粋に知性を働かせる哲学的反省の次元において得られるのであり，心身の一体性の経験はそうした哲学的思考をさしひかえる日常生活の次元において現れる，と答えている。この答えは，心身の一体性が日常的経験の事実であり，しかもその経験的事実は彼の少なくとも形而上学によっては汲みつくすことのできない次元であるということを，彼自身が認めていることを示しているとも考えられる。私たちは，身体による表現という視点に立って，この心身の一体性と区別との関係を考えるのである。

　デカルトの心身二元論は，私たちの日常経験に現れる「私の身体」を積極的に説明してはくれないが，しかしこの議論自体はキリスト教の信仰に適合する面があったこと，そして何よりも近代科学の発展に対する哲学的基礎づけを与えたことによって，大きな影響力をもったのである。この点は第9章《技術と科学》で触れる。

：3　身体の表情と表情的意味

　私たちの日常生活において，言葉による表現が大切な役割を果たしていることはいうまでもないが，前節でみたような身体表現も大きな意味をもっている。自分の喜怒哀楽といった内面が，自分の身体によってそのまま表現されるということは，通常の場合，疑う余地はないだろう。ふつう，私は自分が怒っているときに，優しく微笑んだりはしない。しかし相手からみて，私の内面は直接に伝わると考えてよいのだろうか。この問題を身体の表情という観点から考えてみよう。

　たとえば，乳児の笑顔は私たちの気持ちをなごませてく

れる。それは，その笑顔が乳児の内面をそのまま外面化して
いると私たちが考えているからであろう。私たちは，乳
児の笑顔を見て，その笑顔が作り笑いであるとは思わない
はずだ。なぜなら，作り笑いをするためには，自己意識が
必要だからである。「私」という自己意識が成立してはじめ
て，私は自分の内面と外面とを自覚的に区別し，内面は内
面として，外面は外面として，別々にコントロールできる
ようになるのである。たとえ内面で怒りを感じていても，そ
れを外面である表情として直接外面化せず，冷静な表情で
自分の怒りを言葉で表明する。それが理性的態度である。し
かし乳児の場合は，まだ内面と外面との区別さえさだかで
ない。内面と外面との区別がなければ，外面としての表情
はそれが意味する内面そのものである。なついた動物が私
たちを癒してくれる理由も同じであろう。デカルトが考え
たように，動物には「動物の魂」はあるが，「理性的魂」が欠
けており，認識（判断）にもとづく意志によって動くのでな
い以上，作意はないからである。

← p.38

　しかし，自己意識を獲得した人間の場合，外面であるそ
の表情はかならずしもその人の内面を表現しているとはか
ぎらない。上述したように，理性的態度をとることができ
るということは，表情の意味を偽ることができるというこ
とである。私たちは物心がつけば，本当はうれしくなくて
も，笑ったりすることができる。したがって，表情自体が
おのずからもつ意味と，人の内面とを，区別して考えなけ
ればならない。同じ表情（たとえば笑顔という表情）でも，
内面と一体化している表情もあれば，一体化していない表
情もある。問題をはっきりさせるために，表情自体がおの
ずからもつ意味を，これから本書では〈表情的意味〉と呼ぶ
ことにしよう。

問題をはっきりさせるために，表
情自体がおのずからもつ意味を，
これから本書では〈表情的意味〉
と呼ぶ。

　表情的意味は，乳児の笑顔のように内面と一体化してい
る場合もあれば，作り笑いのように内面をそのまま表して
いない場合もある。しかしいずれにせよ，表情自体がおの
ずから表情的意味をもっていることに変わりはない。表情

表情的意味は，植物や動物はもち
ろんのこと，無機物も含めて，知
覚世界に現れるすべての事物にみ
てとることができる。

p.95 →

的意味は，私にとっても相手にとっても同じ意味をもってい
いる。たとえば笑顔という表情は，誰にとっても喜びや好
意を表している。その喜びや好意が笑顔の主の内面と一体
化していてもしていなくても，笑顔自体は好意という表情
的意味を表している。笑顔の意味が自分と相手との間で異
なるとすれば，それは笑顔の表情的意味である好意を，笑
顔の主の内面と結びつけるか否かによる。声の表情につい
ても同様のことがいえる。人間の基本的感情を表す表情的
意味として，快－不快，支配－服従，好き－嫌いをあげる
ことができる。表情的意味は表情そのものの意味であるか
ら，内面を欠いた人形にもロボットにも表情的意味はある。
また表情的意味は，視覚対象だけでなく，音や感触，味や
匂いにもある。したがって，表情的意味は，植物や動物は
もちろんのこと，無機物も含めて，知覚世界に現れるすべ
ての事物にみてとることができる。この点は，第2章《生き
られた世界》であらためて考えることにしよう。

　表情的意味にもとづいて，あらためて内面の伝達可能性
について考えてみよう。相手からみて，私の内面は直接に
伝わると考えてよいのだろうか。作り笑いや役者の例を考
えればわかるように，自己意識をもった私たちは，表情と
自分の内面として感じる感情や意思とを，ある程度別々に
意識できるので，一般的に表情とそれが表す内面の心理と
を，相互に独立して存在するものと考える考え方が生ずる。
この考え方と平行して，他者の内面は，観察される他者の
身体の表情（たとえば肩を落とすとか，涙を流すとか）に
よってのみ定義され，他者の内面そのものはいかなる意味
でも私の覗き込めないものであるという考え方が出てく
る。また，これらの考え方を補完する説として，自分が体
験できる内面（たとえば，悲しみの感情）は自分自身の内面
だけであり，私たちは，他者の身体の表情にもとづいて，自
分の体験した内面を類推によって他者の身体に移し入れる
のであるという考え方（感情移入説）がある。

　私たちの経験のなかに，これらの考え方が当てはまる場

合があるのは事実であろう。しかしこうした考え方は，乳
児の笑顔を例にして説明したように，内面と外面（表情）と
が一体化して働く表情的意味についての直接経験を見落と
している。それは表情的意味をもともと前提としていなが
ら，その前提を見失っているのである。たしかに，表情的
意味にもとづく内面と外面との一体性をひとたび経験した
後で，私たちは反省的意識の立場に立って，内面と外面と
を別々に意識することができるようになる。しかし，話の
順序を逆にして，内面と外面とが相互に独立して存在する
という前提から出発して，両者の一体性を考えることは論
理的に不可能である。なぜなら，内面と外面とがもともと
互いに独立して存在するというのであれば，私たちはどの
ような根拠によって，両者を関係づけることができるので
あろうか。

　両者を関係づける根拠として，私たちは，表情による直
接経験をもちだすことはできない。なぜなら，もし表情を
もちだして両者の結びつきを説明するならば，説明すべき
事柄をもともと前提してしまうことになる，つまり，表情
を根拠にして表情を説明することになってしまうからであ
る。したがって，内面と外面とがもともと互いに独立して
存在すると考えるならば，両者の結びつきはまったく偶然
的な結びつきであることになる。もし内面と外面との結び
つきが偶然であるならば，たとえば，微笑みが怒りを表現
することになってしまう。これは不可能である。なぜなら，
微笑みの表情的意味は好意であり，怒りの表情的意味は敵
意だからである。感情移入説は，身体表現である表情を，そ
れ自体としては意味をもたない単なる感覚与件（センス
データ）とみなし，表情とその意味（および意味の了解）と
の一体性をはじめから排除してしまっている点に誤りが
ある。

　身体の動きを単なる記号としてもちいる場合がないわけ
ではない。たとえば，野球などで使われるサインでは身体
の動きが作戦の記号になっている。しかしこの場合，身体

内面と外面とが相互に独立して存在するという前提から出発して，両者の一体性を考えることは論理的に不可能である。

表情的意味は，身体表現である表情と自然な仕方で結びついているという点で，約束によって人為的につくり出された記号の意味と区別される。

の動きは言葉の代わりにもちいられているだけであって，身体の表情的意味とは無関係である。

　表情的意味は，身体表現である表情と自然な仕方で結びついているという点で，約束によって人為的につくり出された記号の意味と区別される。これに対して，たとえば入道雲と夕立，火と煙，といった結びつきも人為的でなく自然に定められているのではないかという反論があろう。しかし入道雲と夕立とを，または火と煙とを，私たちはそれぞれ別々に経験し，その結びつきは経験によって学ばなければならないのである。これに対して表情的意味の場合には，もともと身体表現である表情から独立に経験することはできないという点で異なるのである。

⋮4 表情的意味と他者

　身体の表情的意味は他者との関係の基礎を提供するものである。私たちは身体の表情にそなわった表情的意味を基礎にして他者関係を生きている。今度は「怒り」の例で考えてみよう。怒りをあらわにしている人の場合，その人はわれを忘れている。つまり，その人は反省的意識（自覚）を忘れており，内面と外面との区別を見失っている。その人は本気で怒っているのだ。私は，彼人（彼／彼女）が私にぶつけてくる怒りの表情に敵意という表情的意味をみてとり，さらにその表情的意味は彼人の内面によって裏打ちされていることを感じとる。少なくとも，私が自分に向けられた怒りに気づく最初の瞬間にはそうである。私は他者が私にぶつけてくる怒りを，あたかも顕微鏡で細胞の動きを見るように，さめた目で観察の対象にしているわけにはいかない。私は，自分に向けられた本気の怒りに対して脅威を自分の内面に感じ，その内面は私の身体の表情と身構えに一体化して表現される。私もわれを忘れているのだ。その意味で，私はその瞬間，非理性的な仕方で存在している。

　この最初の瞬間において，私の知覚と私の行為とは一体化している。他者の怒りの知覚は，私の一定の身構えと切

り離すことができない。私は，まさに自分の内側から経験される身体において，他者との関係を生き生きと経験しているのであって，単に観察しているのではない。私がそんなことにかかわりたくないと思って，他者の表情を無視したり観察の対象にしたりできるのは冷静になって自分を取り戻し，反省した後のことであって，まず私は，その他者が私に向けて投げつける怒りに，われを忘れて巻き込まれてしまうのである。

　このことは，容易に怒り以外の表情にも当てはめることができるであろう。私たちは，日常生活の多くの場合において，他者の表情が投げかけてくる表情的意味とそれを裏打ちしている他者の内面とを完全に無視することはできない。「無視」というのもすでに一つの対応の仕方である。つまり表情とその意味との一体性は，同時に，自分と他者との人間関係の根本的な絆になっているのである。そう考えるならば，私たちは一般に，日常生活の多くの場合において，非理性的な仕方で存在しているといえるであろう。

5 「世界内存在」としての身体（メルロ＝ポンティ）

　これまで述べてきたことをまとめてみよう。身体は人間の存在を一定の場所と時間に制限する物体として現れる側面をもつ。これは事実として認めなければならないであろう。しかし本章1節《自分との近さと隔たり》以下でみてきたように，その側面はあくまで私たちの生きられた身体の表現という在り方に裏打ちされているのである。人間は身体的存在者であることによって，内面を表現することができると同時に，物体として働くこともできる。それだからこそ，物と接することができるのであり，物に働きかけることもできるのである。表現的であると同時に物体的でもあるという両義的な仕方で存在する人間の身体を，フランスの哲学者モーリス・メルロ＝ポンティ（1908-1961）は，著書『知覚の現象学』（1945）において，「世界内存在」として

身体は人間の存在を一定の場所と時間に制限する物体として現れる側面をもつ。

モーリス・メルロ＝ポンティ⇨ フランスの哲学者。フッサールの現象学を継承発展させ，独自の現象学を展開した。主著『知覚の現象学』では，身体論にもとづく人間存在の現象学的把握を説いた。

らえた。

　「世界内存在」という用語を最初に用いたのは，ドイツの哲学者マルティン・ハイデッガー（1889-1976）である。ハイデッガーの用いた世界内存在（In-der-Welt-Sein）と，メルロ＝ポンティの用いた世界内存在（l'être-au-monde）とでは，その意味内容が重なりあいつつ異なっている。ハイデッガーの「世界内存在」については第3章3節《自分の死と時間》（p.126 →）でみることにして，ここではメルロ＝ポンティについて述べることにする。

　メルロ＝ポンティの場合，世界内存在という言葉はハイデッガーのいう「死への先駆」につながるような倫理的意味を直接はもたない。それは人間が，本質的に事物や他者に関心をもち，それらと交流することにおいて存在するという，人間の根源的な在り方を意味する言葉としてとらえ直されている。そしてそのような根源的な在り方を担う具体的な主体として，メルロ＝ポンティは「生きられた身体」を考えるのである。世界内存在と訳された l'être-au-monde というフランス語は，「世界に属する」存在という意味と，「世界へと向かう」存在という二つの意味をもっている。本書ではこの二つの意味を同時に表現するために，このフランス語を「世界に臨む」存在と訳しておく。「臨む」という言葉には，「ある事態が起こるようなところに身を置くこと，または，その場所に出かけてゆくこと」という意味がある（『大辞泉』）。例えば，「難局に臨む」といい，また，書道では手本の字を見ながらその字を書くことを「臨書」という。これは，手元の手本と一体となりつつ，手本を見ることによってその手本に向かってゆくことである。この訳語に従って身体と世界との関係を表現すると，私たちは「自分の身体によって世界に臨んでいる」ということができる。

　メルロ＝ポンティは世界への〈関心〉を，「世界に臨む」という言葉で表現しているのである。したがって身体とは，私たちが「世界に臨む一定の仕方の，外部への表現」であると定義される。本書では，「世界内存在」という従来の訳語を

マルティン・ハイデッガー⇨ ドイツの哲学者。フッサールの現象論から出発し，キルケゴールなどの影響のもとに，独自の存在論を確立した。著書として『存在と時間』，『ニーチェ』などがある。

身体とは，私たちが「世界に臨む一定の仕方の，外部への表現」である。

踏襲しているが，世界に臨む存在という意味で，「世界臨存在」という訳語も考えられるであろう。ハイデッガーにせよメルロ＝ポンティにせよ，人間を，世界から切り離された精神として考えるのでなく，またもちろん物体として考えるのでもなく，世界に身を置き，世界に存在する他者や事物や出来事に関心をもちつつ交流する存在者としてとらえる点において，両哲学者の共通性をみることができる。

メルロ＝ポンティは古典的心理学が示した身体の現れ方についての記述にもとづいて，身体経験について，「身体の恒存性」，「身体の二重感覚」，「感情的空間としての身体」，「身体運動感覚」という四つの特徴をあげている。これら四つの特徴は，私たちが自分の身体の現れ方を考察しようとするうえで重要で有効な考え方を提示しており，本書における身体論の核心部をなす。

1　身体の恒存性

自分の身体は，机や椅子とちがって，常に自分と共にあり，自分で自分の身体を完全に観察の対象にすることはできない。自分の生きられた身体は常にすでに「ここに」隠れて存在し，働いている。これを身体の「恒存性」（または「恒常性」）という。

❖　　❖　　❖

生きられた身体の恒存性という特徴は，たとえば私たちが映画を見ているときの経験を考えると理解しやすい。映画が上映されているときは場内が暗くなり，私たちの関心はスクリーンに吸い込まれている。私たちはわれを忘れてスクリーン上に展開される映像に見入っている。そのとき私たちの身体は場内の暗さに溶け込んで，隠れている。映画上映中，場内が暗いことによって，観客は自分の身体を忘れやすくなる。スクリーンに展開される映像と音に完全に関心が吸収されているときには，スクリーンの内と外の区別さえ，忘れてしまうことがあるほどである。メルロ＝ポンティはこの状態を「世界に臨んでいること」と表現し，こうした仕方で存在する身体を，「世界内存在」と呼んだの

自分の生きられた身体は常にすでに「ここに」隠れて存在し，働いている。これを身体の「恒存性」（または「恒常性」）という。

何かに夢中になっているときには，自分の身体を忘れている。

である。このような状態は，完全な形ではないにせよ，日常生活においてふつうに生じている。私たちは普段自分の身体そのものに関心を向けるということはそれほどない。まして何かに夢中になっているときには，自分の身体を忘れている。

　このような身体の現れ方は，序章3節《「私」と「私」の近さと隔たり》でみたデカルトの心身二元論で考えられている身体の場合とは，まったく異なる。デカルトの心身二元論では，身体は精神の対象であり，物体の一部として扱われた。身体は常に意識の対象として考えられていたのである。しかし，メルロ＝ポンティが掘り起こそうとしているのは，私たちが日常生活で経験するままの内側から経験される身体である。日常生活では，私たちは自分の身体を忘れている。生きられた身体は，忘れられているという意味で，むしろ自分に対して隠れて働いているのである。「自分

「自分の身体は，それが世界を見たり，それに触れたりしているかぎり，それ自身は見られもしないし，触れられもしない」

の身体は，それが世界を見たり，それに触れたりしているかぎり，それ自身は見られもしないし，触れられもしない」とメルロ＝ポンティは指摘している。自分の身体は，世界の対象を「そこに」現出させるのと引き換えに，自分自身は「ここに」隠れて働くという仕方で，存在しているのである。「ここに」という場所は，世界が「そこに」現れ，「そこに」存在することを可能にする場所であるから，「ここに」という場所自体は必然的に世界の手前に隠れ，したがってそれ自体は世界のどこかに位置づけることができるような客観的に存在する場所ではない。したがって，世界が存在するという意味では，自分の身体の「ここに」という場所は存在しない。しかし，「ここに」という場所が，自分の場所として，自（おの）ずから分かる場所である以上，「ここに」自分がいるという事実が消滅しているわけではない。したがって，「ここに」という場所を無とみなすわけにはゆかない（この点に，「無」としての意識を主体とみなすサルトルの考え方との違いがある）。そこでメルロ＝ポンティは，自分の身体の「ここに」は，「非‐存在 non-être（ノン　エートル）」の場所であるという。理解しにくい

p.145 →

かもしれないが，「非‐存在」は無ではない，形而上学的な存在である。

　例えば，スマホで誰かと連絡しているときに，「あなたは，どこにいるの」と訊かれて，「ここにいるよ」と答えても，相手には，その「ここに」がどこなのかわからないだろう。なぜなら，「ここに」という場所は，地図で指し示すことのできる客観的な場所（たとえば，「東京駅」）ではないからである。「ここに」は，自分の身体の場所であるが，物としての身体の位置する場所ではなく，内側から生きられた自分の身体が現れる居場所である。だから，その身体を内側から生きている自分以外の人には，無意味な場所である。身体が「自分の身体」として現れないと，「ここに」という場所は謎の場所となってしまう可能性がある。自閉症を生きる東田直樹は，この点について貴重な記述を示してくれている。

　「みんなは，自分の体のことをよくわかっているかもしれませんが，僕たちにとって手や足が，自分のものだという感覚があまりありません。」（『この地球に住んでいる僕の仲間たちへ』より）

　「『ここ見て』と言われた時，僕はどこを見ればいいのか，まるでわかりません。…　僕以外の人が，なぜ「ここ」がどこだかわかるのか不思議です。(中略) 本当に「ここ」は難しいです。」（『あるがままに自閉症です』より）

　私たちは，本章2節《自分の身体》の1《「ここに」という場所》で，デカルト的な振り返りによって成立する「私」と，振り返るまでもなくわかっている「自分」とを区別し，日常における自分の身体の現れ方を考察しておいたが，それらの区別と記述は，この恒存性という特徴にもとづいているのである。私たちは，「私は考えている」という仕方で成立するデカルト的「私」と，恒存性という仕方で自ずから「ここに」いると分かる自分とをあらためて区別しなければな

← p.52

らない。

　恒存する自分の身体は，デカルト的な振り返りによって
自己意識としての「私」が成立する以前の存在であるから，
← p.36
序章4節2《人間と動物》で検討しておいた人間と動物の隔
たりを示す理性と言語は，恒存する身体にまだ介入してい
ない。したがって，恒存する身体は動物の身体に対しても
妥当する。動物の身体は，すくなくともその恒存性におい
て，人間の身体と区別されないという結論が出てくる。

　しかし，恒存する自分の身体には一つ問題がある。恒存
する身体は，知覚を通じて，自分を振り返ることなく世界
に臨むのであるから，どこまでも世界へと拡散してしまう
のではないか。恒存する身体は，デカルト的自己のように
言語を介した振り返りによって自己という内面を形成する
わけではなく，自分を漠然と感じているだけなのだから，そ
の内面ははっきりした境界をもたず，関心に引っ張られて
どこまでも拡散してしまうのではないか。実際，映画館の
闇に溶け込んで好きな映画に見入っているときは，自分の
身体はスクリーンで展開される世界にまで拡散しているよ
うに感じる。自分の身体も，何らかの仕方で振り返ること
がないと，世界に溶け込んでしまうのではないだろうか。こ
の問いに答える手がかりが，身体の二重感覚である。

2　身体の二重感覚（身体的理性）

　私たちは自分の右手と左手とを触れ合わせるとき，右手
と左手とがそれぞれ「触れるもの」になったり，「触れられる
もの」になったりするという仕方で，右手と左手とが，それ
ぞれ触れる手と触れられる手という役割を交互に交換でき
ることを経験する。これを身体の「二重感覚」という。

❀　　　❀　　　❀

　自分の右手と自分の左手との間で，触れたり触れられた
りするのだから，内側から経験される身体において生ずる
二重感覚は，内側から経験される自分の身体が自分自身へ
と振り返っていることを意味している。この振り返りは，デ

内側から経験される身体において
生ずる二重感覚は，内側から経験
される自分の身体が自分自身へと
振り返っていることを意味してい
る。

66

カルトが,「私は考えている」という言葉を発することで気づいた「私」の振り返りとは別の種類の振り返りである。「私は考えている」という言葉で表現される「私」の振り返りの場合は,その振り返りの円環が完全に閉じている。「考えている」かぎり,「考えている」もの以外の何ものもその円環に介入できないのであるから,精神としての「私」は自分の内に閉じこもっている。閉じこもっているからこそ精神は物体から独立し,精神と物体（身体）は互いに独立して存在する二つの実体と考えられたのである。

　これに対して,内側から経験される身体の自分自身への振り返りは,たしかに「一種の反省」として,自分と自分との同一性（「自分は自分である」）をもたらすものの,言葉が介入する以前の現象であり,触れるものとしての身体が,触れている自分自身に完全に触れるということではない。触れるものとしての右手（能動）が,触れられるものとしての左手（受動）に触れようとする瞬間に反転が起こり,触れられるものとしての左手が触れるものに反転し,反対に,触れるものとしての右手は触れられるものに反転してしまうと,メルロ＝ポンティは考える。触る手と触られる手とが反転するこうした現象は,逆に,反転の生じない現象を考えると理解しやすいかもしれない。たとえば,しびれた片手にしびれていない他方の手で触ると,触った手が触り返されず,触られた手は触られているのにもかかわらず,触られていることに〈知らないふり〉をしているような,奇妙な触り心地のすることがある。ここでは反転が生じていない。

　こうした反転現象はデカルト的「私」の振り返りの場合には生じない。考えている「私」は,考えている「私」自身に追いつき,思考の円環を閉じる。これに対して身体の振り返りの場合には,触れる手が触れられる手に反転してしまう。したがって,どこまで行っても,触れるものとしての身体が自分自身（すなわち,触れるものとしての身体）に触れることはできない。したがって,身体の振り返りは,触れるものと触れられるものとの接触を予感させはするが,

触れるものとしての右手（能動）が,触れられるものとしての左手（受動）に触れようとする瞬間に反転が起こり,触れられるものとしての左手が触れるものに反転し,反対に,触れられるものとしての右手は触れられるものに反転してしまう。

← p.25 以降

その接触が完全に実現することはない。私たちは自分の身体に自分で触れることにより，自己への振り返りをおこなおうとするが，この振り返りの円環は完全に実現することなく，私たちの関心はたちまち世界へと向かい，私たちはわれを忘れて世界の探索に没頭するのである。生きられた身体において，自分と自分との隔たりは，自分と自分との近さに共存している。

　しかし，身体の二重感覚という現象は，不完全な仕方においてであるとはいえ，自分への振り返りを意味しているのも事実である。ここでメルロ＝ポンティの考え方とは別に，自分の両手を触れ合わせるという経験について哲学的思考を試みてみよう。二重感覚における身体の自分自身との隔たりは，身体が自分に閉じこもることの困難を示している。自分自身との隔たりは，〈われを忘れて〉知覚世界へと向かってしまう関心を許容するものであり，〈われを忘れて〉という意味で，非理性（本能，感情など）の可能性を許容する。他方，身体の自分自身との接触の予感は，自分の身体が〈われに返る〉ことを可能にする「一種の反省」であり，「自分は自分である」といういわば〈身体的自己同一性〉を不完全ながらも予感させる。予感される身体的自己同一性は，言語にもとづく精神の純粋な自己同一性（「私は私である」）（p.26）とは異なり，暗黙裡に身体が〈われに返る〉ことを可能にする同一性である。物思いにふけったり，気持ちが落ち着かなかったりするときに，私たちは両手を触れ合わせるだけでなく，頬杖をついたり，頭を抱えたりして，自分の身体に触り，自分を取り戻そうとする。両手を触れ合わせる場合とちがい，頬杖をついたり，頭を抱えたりする行為では，触る手が触り返されることがなく，触られた身体によっていわば〈受け入れられる〉ので，身体的自己同一性が顕在化し，自分を取り戻しやすいのではないだろうか。

　自分を取り戻し，〈われに返る〉ことは，理性的態度の条件である。理性という言葉は，「本能や感情に支配されず，道理に基づいて思考し判断する能力」と一般的に説明され

参照：『明鏡国語辞典』（大修館書店）

る。二重感覚において予感される〈身体的自己同一性〉は，本能や感情を排除するわけでなく，許容し，むしろそれらと共存することができる同一性である。またこの同一性は，言語による〈判断〉以前の自己同一性であるから，判断による自己同一性は含まれない。したがって，身体的自己同一性に支えられる理性は，〈本能や感情を許容し，それらと（場合によっては積極的に）共存しつつ，道理にもとづいて思考する能力〉として定義することができるだろう。この定義において，「道理」は「あるべき筋道」を意味し，「思考」は，「直感・経験・知識などをもとに，あれこれと思いめぐらすこと」を意味する。したがって，身体的自己同一性に支えられる理性には，言語による思考だけでなく，音，色や形，味や匂い，身体運動などによる思考も含まれる。身体的自己同一性に支えられて働くそうした意味での理性を，〈身体的理性〉と呼ぶことにしよう。そう考えることによって，身体における二重感覚についてのメルロ＝ポンティの記述を，〈非理性を許容する理性〉の記述として理解することができるようになる。これは，ニーチェの「大いなる理性」の延長線上に現れる，身体的な理性である。

　非理性を許容し，非理性と共存する，身体的理性は，とりわけ芸術表現において，非理性との積極的共存の原理として，その本領を発揮するであろう。この点については，第8章《創造の秘密》2節《芸術的創造の秘密》で考察する。

　さらに，「自分は自分である」という身体的自己同一性は，言語的意味として回収され，単なる予感としてでなく，デカルト的な精神的自己同一性（「私は私である」）として構成されることになる。この点の理解については，言語についての考察が必要となる。

　私たちは，生きられた身体の第一の特徴として身体の恒存性をみておいた。この身体の恒存性が，二重感覚における身体的自己同一性を考えるにあたって，役に立つのではないだろうか。

　恒存する身体は，「ここに」いることを自分でわかってい

身体的自己同一性に支えられる理性は，〈本能や感情を許容し，それらと（場合によっては積極的に）共存しつつ，道理にもとづいて思考する能力〉として定義することができる。

参照：同上

身体的自己同一性に支えられて働くそうした意味での理性を，〈身体的理性〉と呼ぶことにしよう。

← p.8

p.263 →

p.181 →

る自分の身体であった。その「ここに」という場所は非存在の場所であり，デカルト的振り返り以前の場所である。したがって，明瞭な自己意識（「私は考えている」）はない。明瞭な自己意識はないので，不分明であり，曖昧な存在である。しかし，単に恒存するだけでは，漠然とした無自覚な自分の内面にすぎず，その意味で，予感されるにすぎない。

　明瞭な自己意識を欠いているがゆえに曖昧模糊とした，恒存する「身体としての自分」が，両手を触れ合わせるという経験において，原初的な仕方ではあるが，はじめて自分を自覚する経験，それが二重感覚の経験なのではないだろうか。すなわち，直接に感じとられていた不分明な自分が，触れる自分と触れられる自分とに分化し二重化する経験，それが身体の二重感覚ではないだろうか。そのときに，恒存する自分の身体の漠然とした無自覚な内面は，原初的ではあるが自覚した「内面」（無自覚な内面と区別するために「　」をつける）となる。

　実際，目を閉じて自分で両手を触れ合わせてみよう。あなたはどう感じるだろうか。たしかに，接触が生ずるまでは両手の区別が経験されるが，いったん手が触れ合うと，そこには一つの触感覚が生じているだけで，その触感覚自体には触れること（能動）と触れられること（受動）という区別は含まれていないように，私には思われる。この触感覚においては，能動と受動とが反転するのでなく，能動と受動という区別そのものが消滅している。その触感覚は紙のような厚みのほとんどない平面として生じているのでなく，その面は厚みを帯びて背後に伸びてゆき，その先についには自分の身体という漠然とした全体が立ち現れてくるのを感じる。そこに立ち現れる自分の身体は，振り返られたことによって成立する「私」ではなく，まさに「ここに」おのずから立ち現れる〈自分の身体〉である。

　恒存性に関して，私たちは，「恒存する身体は，知覚を通じて，…どこまでも世界へと拡散してしまうのではないか」（p.66）という問いを示しておいた。前述したような，二重

感覚を通じて成立する，「ここに」立ち現れる全体としての
自分の身体は，この問いに対する答えとなるのではないだ
ろうか。自分の身体は，恒存する身体として，知覚を通じ
て世界に拡散してゆくが，二重感覚を通じて，自分の「内
面」を形成するのである。自分の身体の「内面」は，二重感
覚が働く範囲であると考えることができる。

　私たちが，本章2節2《自分の身体の現れ方》で記述した，
目を閉じたときに現れる身体，すなわち，漠然とした輪郭
をもつ全体性として現れる身体の現れ方は，二重感覚にお
いて予感される恒存する身体にもとづいていると考えるこ
とができる。自分の身体の「ここに」という非存在の場所が
二重感覚を通じて現れる場合，その現れをとらえる予感は，
単なる感覚ではありえないであろう。なぜなら，単なる感
覚は非存在を感覚することはできないからである。非存在
の場所を予感する経験は，単なる感覚経験を越えている。
「目を閉じた後に感じとられる身体は，…触覚によって生じ
る感覚を寄せ集めて形成される身体像とは区別されるよう
に思われる」(p.53)と述べたのはそのためである。

　デカルトが「私は考えている」という言葉でとらえた精神
の自己への振り返りは，身体の二重感覚にもとづいている
と考えることができる。この点を説明し理解するためには，
第5章《言語・比喩・論理》の言語論を必要とする。デカル
トは「この人生において安全に歩んでゆけるようになるた
めに，真と偽とを識別することを学ぼうというきわめて強
い欲望」のもとで，振り返りの円環を完結し，精神の運動を
自己の内に閉じ込めた。これは真理探求を決心したデカル
トの強い「欲望」にもとづいた結果であると考えられる。し
かし私たちは，ふつう，日常生活において，そこまで徹底
した決心をしているわけではないし，そこまで強い真理探
求の欲望をもっているわけではない。むしろ，日常の私た
ちは決心することを避け，われを忘れて世界に出て行って
しまっている。決心するとしても，その場その場の決心で
あり，決心してもたちまちくつがえってしまうことが多い。

自分の身体は，恒存する身体とし
て，知覚を通じて世界に拡散して
ゆくが，二重感覚を通じて，自分
の「内面」を形成するのである。

← p.52

デカルトもそのことはわかっていて，日常生活では決心がぐらついて悩んでしまうことが多いので，日常生活を円滑に送るためには，一度決心したら，その決心を行為に関するかぎりできるだけ変更するな，と述べている。

『方法序説』第3部を参照

3　感情的空間としての身体

自分の身体はそれ自体が感覚と感情の空間であり，たとえば，釘でケガをして，「自分の足が痛い」という場合，痛みはみずからの場所を指し示しながら，足の空間に広がっており，足の空間と痛みの空間とは区別できない。世界の対象は感情の空間としての自分の身体を背景として知覚される。

世界の対象は感情の空間としての自分の身体を背景として知覚される。

※　　　※　　　※

この記述的特徴は，身体の恒存性をさらに具体的に示しているとみることができる。私たちの身体はその恒存性において，「ここに」隠れて働いている。「ここに」という自分の身体の場所は，非存在の場所として隠れているが，無内容な空間ではない。それは感覚と感情という内容によって満たされた空間である。メルロ＝ポンティはこの説明で，感覚と感情とを区別していない。感覚も感情も自分の身体における一定の広がりとして現れ，自分の身体の広がりと区別できないという点では同じだからであろう。しかし，ちがいを指摘することはできる。

感覚は受容器が特定できるのに対して，感情は特定の受容器をもたない。たとえば，痛みの感覚は触覚からしか生じないが，不快な感情はどの感覚器官からも生ずる。もっと微妙なちがいもある。感覚については，たとえば蚊に刺されたときなど，どこを刺されたのか考えるまでもなくその位置が一挙にわかってしまう。それは，感覚が身体内に特定の場所を占める広がりとして現れるということであるが，それだけでなく，その場所の位置を一挙に示す図式が身体内に張りめぐらされていることを示している。刺された位置を知るときに，私たちはその図式を特に意識することはないのだから，その図式は認識の対象として現れるの

ではない。それは，自分の身体運動に内側から一定の秩序を与えるという仕方で作動しているのである。

　感情は，感覚と区別することがむずかしい場合もあるが，感覚と明らかに区別できる感情については，身体の特定の場所を割り当てることはできず，したがって感情の図式のようなものは存在しない。感情は一般に身体全体を満たすという仕方で現れる。こうしたちがいを指摘できるが，いずれにせよ感覚も感情も自分の身体と一体化した広がりをもつという点で共通である。

　感覚と感情は，理性に対する非理性という観点からすると重要である。感情と感覚は，恒存する自分の身体と一体化しているがゆえに，両者とも判断以前に生じているという点で，共通である。ニーチェが感覚と感情を重視したのはそのためだ。デカルトも方法的懐疑においてそのことに気づいていた。感覚は判断以前であるがゆえにそれ自体は間違いをおかさない。間違いが生ずるのは，感覚にもとづいて外界の存在について判断するからである。感情についても同様であろう。感覚と感情は，恒存する自分の身体と一体化しており，恒存する身体はデカルト的な反省意識を欠いているのであるから，反省的意識以前に働いている。それは言わば無意識の領域で働いているのだ。それが意識の対象になるのは，「私は考えている」という意識の振り返りによるのではなく，感覚や感情の強度による。微弱な感覚と感情は気づかれにくいが，その強度が増大するに従って，やがて関心の的となる。

← p.24

　ゴットフリート・ライプニッツ（1646-1716）の「微小表象」という概念は，そうした感覚の現れ方をとらえた概念である。たとえば，一つひとつの波のざわめきは気づかれないが，それが集まって大きな波になることによって意識されるようになる。強度が十分増大し関心の的になれば，それはたとえば，「頭が痛い」とか「私は不快だ」といった言語表現によって判断を構成し，反省的意識の対象となる。

　「世界の対象は感情の空間としての自分の身体を背景と

ゴットフリート・ライプニッツ⇨『モナドロジー（単子論）』，『弁神論』などによって知られるドイツの哲学者。数学，物理学，法学，神学，言語学など多様な領域の仕事をつうじて，世界の調和を構想した。波音の比喩は『形而上学序説』，『人間知性新論』などに出てくる。

して知覚される」(p.72)という事態も，やはり自分の身体の恒存性によって説明することができる。感情は特定の受容器に制限されず，身体全体に拡散するという仕方で現れる。ところで感情を担う自分の身体の空間は世界へと浸透してゆく。それに従って，身体を満たしている感情も世界へと浸透してゆく。感覚は，感情に比べて局在性が強いので，自分の身体の内部に生ずるという性質を帯びやすく，そのため世界へと浸透する度合いが低いと考えられる。メルロ＝ポンティはここで「背景」という言葉を用いているが，この言葉については第2章《生きられた世界》で説明することにして，ここではとりあえず，自分の身体空間が世界に浸透するに従って，身体を満たす感情が世界へと浸透し，知覚世界に現れる事物の現れ方に影響する，と考えておくことにしよう。自分の身体と世界とが交流するこの現象は，第8章2節《芸術的創造の秘密》に直結する。

p.87，91 →

4 身体運動感覚

　私が自分の身体を運動させる場合，私は自分の身体をあらためて探す必要はなく，身体自身がおのずから運動の終局へと身を投げてゆく。この運動には，あらかじめ運動の萌芽のようなものが存在しており，終局までの空間移動の軌跡をあらかじめ描いている。

❖　　❖　　❖

　これも恒存性と関連した特徴である。自分の身体は「ここに」隠れて常に働いている。この「ここに」という場所は非存在の場所であり，けっして対象化されることはない。生きられた身体は対象化されることなく，おのずから運動するのである。このことを理解するために，動詞の受動形について考えてみよう。ものの動きを意味する動詞は，他動詞と自動詞とに区別されるが，身体の自己運動は自動詞によって示される。ところで，自動詞には受動形はない。たとえば「歩く」という自動詞に受身形は考えられない。歩くことを強制するという意味で「歩かせる」という言葉があり，「歩かせる」という他動詞には受動形として「歩かされ

生きられた身体は対象化されることなく，おのずから運動する。

74

る」が可能であるが，「歩かされる」は「歩かせる」という使
役形を受動形にしているのであって，「歩く」という動詞の
受動形そのものではない。「歩く」の受動形を無理してつく
れば，「歩かれる」となるであろうが，これは無意味である。
つまり「歩く」には受動形がない。なぜだろうか。それは，
「歩く」主体は「ここに」隠れて働く自分の身体であり，「こ
こに」隠れて自発的に働いているかぎりでその身体は対象
化されえず，したがって外部から働きを受けることがない
からである。他動詞の場合でも，動詞の主語が受動態の主
語になるわけではないので，事情はかわらない。たとえば
「食べる」という動詞の場合，「食べられる」という受動態が
可能であるが，受動態の主語として「食べられる」のは，た
とえばリンゴであり，食べる主体自体が「食べられる」わけ
ではない。主体の行為自体が受動態になるわけではない。

　このような仕方で存在する自分の身体運動は，他動詞の
対象となる事物の運動とは異なった性質をもっている。事
物の運動は，外部からの働きかけによるのであって，その
運動の方向と到達点は，その事物自身に含まれていない。こ
れに対して，自分の身体は，これから実現すべき運動の方
向と到達点を，あらかじめ可能性として自分の内に内在さ
せている。自分の身体は，自分がどこにいて，どこに向か
おうとしているのかをあらかじめわかっており，あらため
てそれを意識化する必要はないのである。逆にいうと，も
し，あらかじめ運動の方向と到達点がわかっていないと，自
分の身体は一歩も動けないのである。その意味で，自分の
身体運動は，あらかじめ運動の「萌芽」が存在するといわれ
るのである。

　　四つの記述的特徴を，その関係について考えながら，あ
らためてまとめておこう。
　　3の感情的空間としての身体と，**4**の身体運動感覚は，**1**
の身体の恒存性に関係する特徴である。すでに「ここに」隠
れて存在し，働いている生きられた自分の身体は，感情に

自分の身体は，自分がどこにいて，
どこに向かおうとしているのかを
あらかじめわかっており，あらた
めてそれを意識化する必要はない。

満たされた空間であり，おのずから終局へと運動する空間である。これら三つの特徴は世界へと運動する身体にかかわる特徴である。これに対して，**2** の身体の二重感覚は身体の自分自身へのかかわりを示す特徴である。これは一種の振り返りであるという意味で，デカルトの「私は考えている」に似ているが，二重感覚の場合，自分に振り返っているのは精神としての「私」ではないし，「考える」という仕方で振り返っているのでもない。振り返っているのは自分の身体であり，「触れる」という仕方で振り返っているのである。デカルトの「私は考えている」の振り返りは完全であると考えられているが，生きられた自分の身体の振り返りは不完全である。

　以上を要約すると，生きられた自分の身体は，自分に触れようとするという仕方で自分へと不完全に振り返りつつ，「ここに」隠れて働く感情的空間として，あらかじめ素描された運動の軌跡をたどり，世界に臨む運動体である。このような仕方で現れる身体としての自分を，本書ではこれから〈私〉と表記して，デカルト的自我を意味する「私」と区別してもちいることにする。「私は考えている」という言語表現にもとづく振り返りによって成立する「私」に対して，身体としての〈私〉は恒存性にもとづいて，自分の「ここに」から世界の「そこに」へと開かれているとともに，二重感覚によって不完全な仕方で振り返りをおこなう，知覚と感情の主体を意味する。

　こうした四つの特徴をそなえた〈私〉の身体こそが本章3節《身体の表情と表情的意味》に記述しておいた表情的意味の担い手として働いているのである。このことを明確にするために，さらに「身体図式」について考察しよう。

:**6** 身体図式（ゲシュタルトとしての身体空間）

　「身体図式」という概念は，それが考え出された当初，身体にかかわる多数の感覚が結びついて形成される，身体に

このような仕方で現れる身体としての自分を，本書ではこれから〈私〉と表記して，デカルト的自我を意味する「私」と区別してもちいることにする。

身体としての〈私〉は恒存性にもとづいて，自分の「ここに」から世界の「そこに」へと開かれているとともに，二重感覚によって不完全な仕方で振り返りをおこなう，知覚と感情の主体を意味する。

ついての一つの統一的表象（身体像 body image）を意味した。幼児期からの成長過程で，身体の内に生ずる触覚や運動感覚，そのほかさまざまな刺激への対応の感覚（たとえば関節や筋肉の感覚）などが，何度も繰り返し生じることによってしだいに習慣化して連合し，視覚にかかわる感覚などとも連合して，身体経験の要約のようなものが形成される。これによって私たちは，自分の身体の一部分が運動すると，それに応じて，その他の身体諸部分にどのような変化が生ずるかを知ることができると考えられたのである。これが「身体図式」の連合説的理解である。

　しかしこの理解に従って，身体図式を幻影肢という身体現象に適用しようとすると，たちまちこの理解の不十分さが露呈される。幻影肢というのは，たとえば戦争で腕を失った人が，失ったその腕の部分に砲弾の破片を感じるような現象である。幻影肢の現れ方にはいくつかの場合があるが，それまで幻影肢を感じなかった人が，負傷時の状況やそのときの感情を想起することによって，幻影肢を生じることがある。これは連合説によって説明することのできない事実である。なぜなら，連合説的理解によれば，腕がなくなっても感覚連合は残るはずであるから，すぐに身体図式が変更されることはなく，失った腕の感覚がすぐに消えるはずはない。また，腕を失うことによって腕からの刺激が停止すれば，時間とともに腕の感覚はやがて消滅し，反復されない感覚連合はやがて消滅して，腕を欠いた身体図式ができあがるはずであるから，失った腕の感覚がふたたび生じるということは考えられない。また，負傷時の状況やそのときの感情を想起することはそもそも意識の出来事であり，失った腕の刺激そのものが想起によって生じることはない。したがって，腕の感覚が腕の喪失とともに一度消えて，想起とともにそれがあらためて復活するということは，連合説的理解による身体図式では説明できない。

　そこで，身体図式はその部分をなす諸感覚に優先し，諸感覚から独立して存在する「ゲシュタルト」であるという考

ゲシュタルト（Gestalt）は，もともと「形態」という意味のドイツ語であるが，ゲシュタルト心理学によって，〈部分の総和とは異なるもの，あるいはそれ以上の全体〉を意味する用語として理解された。

ゲシュタルト心理学⇨心理現象を要素の結合によって説明しようとする要素主義的心理学に対して，知覚にかかわる心理現象の全体性（ゲシュタルト性）は心的刺激などの要素の総和に還元しえないことを主張した心理学。代表者としてウェルトハイマー，ケーラー，コフカなどがいる。

身体図式は個々の感覚に優先し，個々の感覚の現れ方は身体図式という全体性のなかで決定される。

え方が生まれた。ゲシュタルト（Gestalt）は，もともと「形態」という意味のドイツ語であるが，ゲシュタルト心理学によって，〈部分の総和とは異なるもの，あるいはそれ以上の全体〉意味する用語として理解された。本書では，〈部分に優先し，部分から独立して，知覚される全体〉という意味で，ゲシュタルトを理解することにする。

たとえば音楽で，メロディーはそのメロディーを構成する個々の音に対して優先的に聴こえる。〈私〉は個々の音を聴きとって，後でそれをつなげてメロディーにしているわけではない。個々の音自体には他の音とつながる必然性は含まれていないから，個々の音が優先的に聴こえるとすれば，メロディーは存在しないはずである。したがって，もしメロディーというものを認めるならば，メロディーという全体が優先的に聴こえ，その全体のなかで個々の音が聴こえると考えるほかはない。また，同じメロディーを異なる調で演奏することがある。この場合，移調されたメロディーを形成している個々の音の音程は，元の調の音の音程とは異なる。したがって，移調された個々の音を一つひとつ別々に聴けば，当然ながら，聴こえる音は元の音とは異なる音である。しかし，移調された音たちが形成する音の連なりをメロディーとして聴けば，そのメロディーは，元の調と〈同じ〉メロディーである。つまり，メロディーは個々の音から独立してその同一性を維持している。したがって，メロディーはゲシュタルトをなしている。

身体図式はまさにこのゲシュタルトをなしていると考えられる。身体図式は個々の感覚に優先し，個々の感覚の現れ方は身体図式という全体性のなかで決定されるのである。幻影肢という現象は，この意味での身体図式によって理解される。つまり幻影肢は，失われた腕の感覚は消えても，ゲシュタルトとしての身体図式が変化しておらず，以前のままであることによって生じたのである。たとえば，足を切断したことを自分で知っているにもかかわらず，それを無視して歩こうとする患者がいる。その患者は，自分の

人生において，自分の足を頼りにするという身構えを変えていない。その身構えを変えないかぎり，その患者は何度転んでも歩こうとするであろう。幻の腕や足をもつということは，その足や腕をもつことによって開かれていた世界への働きかけをあきらめておらず，切断以前にもっていた行動の可能性をあきらめていないということを意味する。身体図式は，そうした行動の可能性を支え，「世界に臨む」ための，身構えを意味しているのである。「世界に臨む」身構えとしての身体図式という全体性のなかで，個々の腕や足は意味をもつのである。

　ゲシュタルトとして理解された身体図式という考え方に立って身体を考えてみると，これまで考察してきた〈私〉の身体は，身体図式によって裏打ちされた一種の空間であると考えることができる。私たちはこの空間をあらためて〈身体空間〉と呼ぶことにしよう。身体空間という概念をもちいて，身体と道具との関係を考えてみると，たとえば私たちが筆記具を使う場合，その筆記具は私たちの身体空間に組み込まれていると考えることができる。

　メルロ＝ポンティは盲人の杖の例をあげている。盲人にとって，杖は単なる物体ではない。杖は盲人の身体空間に統合されて，盲人の身体の一部になっている。盲人は，杖の先端に世界を知覚しているのである。さらに，身体に直接に結合される道具（たとえば「義足」）は，単に身体に結合された異質な物体としてではなく，身体空間の一部として，身体図式というゲシュタルトに統合されているものとして理解できる。実際，世界最初のサイボーグといわれるジェシー・サリバンさんは，「人工腕を自分の腕のように感じる」と証言している。序章《人間らしさ》の冒頭で述べたように，現代では，医療技術の進展に従って，複雑な機械（たとえば人工心臓）を直接に体内に組み込むことが日常化しており，また人間が自然にそなえた身体能力を増強するための機械も開発が進んでいる。そう考えるならば，サイボーグ（機械化人間）はすでに，かなりの程度，現実化していると考えら

〈私〉の身体は，身体図式によって裏打ちされた一種の空間であると考えることができる。私たちはこの空間をあらためて「身体空間」と呼ぶことにしよう。

参考文献(13)→

「世界初のサイボーグ」といわれたジェシー・サリバンさんの人工の腕

れる。

　身体空間という考え方は，物体としての身体という考え方から，私たちを決定的に解放してくれる。身体空間という意味での空間は，前節《「世界内存在」としての身体》に示した四つの特徴をそなえ，本節でみた身体図式に裏打ちされた空間であって，デカルトが見いだした「広がり」のみを本質とする空間とはまったく異なる空間である。「精神としての身体」という言い方はいい過ぎであろうが，生きられた身体は，身体空間として理解されることによって，精神に近づいているとはいえるであろう。なぜなら身体空間は，単なる広がりでなく，「ここに」という非存在の場所であり，一種の振り返りをおこない，感覚と感情からなる布置を伴っており，能動的に運動する空間だからである。

　身体図式とは，メルロ＝ポンティによれば，「自分の身体が，現在の仕事または可能的な仕事をめざしてとる身構えとして現れること」を意味する言葉である。この意味での身体図式は，もはや知覚される対象としてのゲシュタルトではなく，世界に臨む〈力動的ゲシュタルト〉である。メルロ＝ポンティは，知覚される対象としてのゲシュタルトから，知覚する主体として働くゲシュタルトへと，ゲシュタルトについての理解を変えたのである。前節で，身体は「世界に臨む一定の仕方の，外部への表現」（p.62）であるというメルロ＝ポンティの言い方を示しておいたが，身体図式と身体空間という考え方を導入してあらためて言い直せば，〈私〉の身体は〈身体図式に支えられて，関心をもって世界に臨む，身体空間〉である。

：7 「生きられた身体」とジェンダー

　世界内存在としての「生きられた身体」に，男性・女性という生物学的性別は，少なくとも直接には介入せず，「関心をもって，世界に臨む」という〈私〉の身体の存在の仕方における「関心」の方向と内容は，生物学的性別に直接には依存しない。生物学的性別としての男性・女性と並行して，

身体空間という考え方は，物体としての身体という考え方から，私たちを決定的に解放してくれる。

メルロ＝ポンティは，知覚される対象としてのゲシュタルトから，知覚する主体として働くゲシュタルトへと，ゲシュタルトについての理解を変えた。

〈私〉の身体は〈身体図式に支えられて，関心をもって世界に臨む，身体空間〉である。

ジェンダーとしての〈男らしさ〉〈女らしさ〉が区別される。しかし、〈男らしさ〉と〈女らしさ〉という型がどれほど文化の影響を受けるかを研究した人類学者マーガレット・ミード(1901-1978)によれば、男性の〈男らしさ〉と女性の〈女らしさ〉は、文化や教育によって醸成されたものにすぎない。

〈男らしさ〉や〈女らしさ〉が具体的に何を意味するのか、かなり曖昧であるが、ミードによれば、男性は「社会的な業績の達成」や、「公に認められること」を追い求め、女性は「子供を産み、育て、男性や子供たちのために、家庭を営むこと」で満足してきたという。つまり、〈男らしさ〉の関心は〈社会や公〉にあり、〈女らしさ〉の関心は〈家〉にあるということである。〈社会や公〉と〈家〉との区別は、身体論の視点からすると、「生きられた身体」の〈外〉と〈内〉の区別に重なっている。なぜなら、後述するように、「自宅は自分の身体の「ここに」と一体化して成立する隠れた場所の圏域」である、つまり、「自宅」としての「家」は、拡張された「自分の身体」として考えられるからである。そうであるならば、ミードが示した〈家〉と〈社会や公〉との区別は、自分の身体(「生きられた身体」)の〈内〉と〈外〉との区別におおむね対応すると考えることができる。つまり、〈家〉は身体と一体化した〈内〉であり、〈社会や公〉は身体の〈外〉である。そう考えてくると、〈女らしさ〉は自分の身体の〈内〉への関心(家庭に向かう関心、つまり世界に属していることへの関心)を意味し、〈男らしさ〉は、自分の身体の〈外〉への関心(社会や公に向かう関心、つまり世界へと向かう関心)を意味することになる。

世界内存在としての「生きられた身体」の観点からみれば、〈男らしさ〉をもつ女性と、〈女らしさ〉をもつ男性がいるのは、自然である。なぜなら、男性であれ女性であれ、世界内存在として世界に臨む身体は、世界に属しつつ、世界へと向かう両義的存在として、上述した意味での〈女らしさ〉と〈男らしさ〉とを共にそなえた存在だからである。関心の方向と内容は生物学的性別によって一義的に決定され

マーガレット・ミード⇨ アメリカの人類学者。人類学に心理学的視点を導入し、特に未開社会における、教育や文化による人格形成について研究した。

参考文献(14)→

p.102 →

ているわけではないので，「生きられた身体」において，〈女らしさ〉と〈男らしさ〉の境界は流動的であり，不分明でもありうる。〈女らしさ〉と〈男らしさ〉は〈人間らしさ〉の二つの方向にすぎず，わざわざ〈女らしさ〉〈男らしさ〉として区別する理由はなく，〈人間らしさ〉を示す二つの特徴として理解されることになる。

◎ 課題 ◎

1. 「手話」ではどのような身体表現がおこなわれているか調べてみよう。そして，手話と身体の表情的意味とのちがいについて考えなさい。
2. 目を閉じて，自分の身体がどのような仕方で現れているかを感じてみよう。その現れ方を擬態語（たとえば，「うきうき」，「はればれ」など）によって表現してみよう。
3. 身体表現によってどのくらい気持ちが伝わるのかを知るために，快－不快，支配－服従，好き－嫌いなどの感情を示す身体表現を友人と試し，互いに相手の気持ちを当ててみよう。

参考文献

1：自分との近さと隔たり
(1) セイモア・フィッシャー（村山久美子・小松啓訳）『からだの意識』（誠信書房）。フロイト的な精神分析の視点から身体意識の諸相を扱った本。身体が意識にどのように現れているかを考えるために手がかりを与えてくれる。例が豊富で，読みやすい。
(2) フランツ・ファノン（海老坂武・加藤晴久訳）『黒い皮膚・白い仮面』（みすず書房）。訳者の一人である海老坂武に優れたファノン論がある。『フランツ・ファノン』（みすず書房）。
2：自分の身体
(3) 大森荘蔵・山本信・井上忠・黒田亘・廣松渉『「心－身」の問題』（産業図書）。刺激的な哲学的アイディアに満ちている。
3：身体の表情と表情的意味と 4：表情的意味と他者
(4) メルロ＝ポンティ『知覚の現象学』。中島盛夫訳（法政大学出版局）と竹内芳郎・小木貞孝訳（みすず書房）の 2 種類の翻訳がある。特に第 1 部第 6 章「表現としての身体と言葉」がここでは参考になる。

この本は身体的存在者としての人間を世界内存在としてとらえ，それにもとづいて世界の諸相を哲学的に解明したもので，現代哲学の領域以外にも広範な影響を与えつづけている。本書全体を通じての参考文献である。

(5) 市川浩『精神としての身体』。勁草書房版と講談社学術文庫版がある。第1章「現象としての身体」と第2章「構造としての身体」がここでは参考になる。

(6) マジョリー・F・ヴァーガス（石丸正訳）『非言語（ノンバーバル）コミュニケーション』（新潮社）。ここでは第3章「動作と表情」が参考になる。

(7) マレービアン（西田司ほか訳）『非言語コミュニケーション』（聖文社）。現在，新本では入手しにくいかもしれないが，例が豊富で読みやすいのであげておく。

5：「世界内存在」としての身体

(8) ハイデッガー（原佑・渡邊二郎訳）『世界の名著74 ハイデガー』（中央公論新社）。『存在と時間』が収録されている。一般に『世界の名著』シリーズの解説は，入門用に適していることが多い。

(9) 細谷貞雄編『世界の思想家24 ハイデッガー』（平凡社）。要を得た解説と跋文集からなる。

(10) メルロ＝ポンティ『知覚の現象学』第1部「身体」。特に第2章「身体の経験と古典的心理学」はメルロ＝ポンティ身体論の核心をなす論点が示された箇所。

(11) 東田直樹『この地球(ほし)に住んでいる僕の仲間たちへ―12歳の僕が知っている自閉の世界』（2005年），『自閉症の僕が飛び跳ねる理由―会話のできない中学生がつづる内なる心』（2007年），『あるがままに自閉症です―東田直樹の見つめる世界』（2013年）（3冊ともエスコアール）。

(12) 澤田哲生『メルロ＝ポンティと病理の現象学』（人文書院）。特に第2部「幻影肢」第1章「幻影肢現象」。著者はメルロ＝ポンティが依拠した文献をていねいに読み込み，メルロ＝ポンティ哲学の内実を確実に描き出している。

6：身体図式

(13) メルロ＝ポンティ『知覚の現象学』第1部「身体」第3章「自己の身体の空間性および，運動性」。身体図式についてのメルロ＝ポンティの力動的解釈が示された箇所。

7：「生きられた身体」とジェンダー

(14) ローダ・メトロー編（原ひろ子監訳，宇川和子訳）『マーガレット・ミードは語る―女性，教育，社会』（誠信書房）。

2
生きられた世界

まなざし「A LOOK」│フォロン

世界はまなざしに満ちている。
夕暮れ，世界を飛び回っていたまなざしたちが，帰ってきた。
今夜の夢に現れるのは，どのまなざしの見た世界だろう。

エドムント・フッサール⇨ドイツの哲学者。現象学の創始者。19世紀後半に支配的だった実証主義や心理主義の相対主義、歴史主義に抗し、哲学を個人や時代を超越した「厳密な学」として打ち立てようとくわだて、現象学を樹立するにいたった。

p.297 →

「理性と非理性について、またこの自由の主体としてのわれわれ人間について、学問はいったい何を語るべきなのであろうか」とフッサールは述べている。

p.114 →

前章《身体としての自分》で、私たちは、人間を、理性的精神としてでなく、「生きられた身体」としてとらえ、その存在の仕方を考察した。本章では、前章で見いだされた生きられた身体を背景として現れてくる、世界の現れ方に焦点をあてて考えてみよう。生きられた身体を背景として私たちに現れる世界は、〈私〉の身体によって経験される具体的な世界である。章題の「生きられた世界」という言葉は、ドイツの哲学者エドムント・フッサール（1859-1938）のもちいた「生活世界」（Lebenswelt）というドイツ語にもとづいた言葉である。Leben というドイツ語は、「生命、人生、生活」と訳される言葉で、英語の life に相当する。

フッサールは、遺著『ヨーロッパの学問の危機と先験的現象学』（1954）において、ガリレオ・ガリレイ（1564-1642）以来の数学的諸科学の発展にもかかわらず、近代合理主義の学問が生活に対する意義を失うにいたったことを指摘し、なぜそのような学問の危機が生じたのかを問題にした。その危機意識の根底には、理性と非理性の乖離が横たわっている。「理性と非理性について、またこの自由の主体としてのわれわれ人間について、学問はいったい何を語るべきなのであろうか」とフッサールは述べている。そして探究を進める中で、そうした合理主義的学問が用いる方法や概念によって世界が私たちの日常的知覚から分離されてしまっている事態が明らかになる。そこでフッサールは、そうした事態に対して、日常的知覚によって自明的に私たちに与えられている具体的な世界を掘り起こし、それを「生活世界」と呼んだのである。私たちが前章で見いだしたような身体的存在者としての人間が、そこで現に生きて活動している世界は、この「生活世界」に内容的に重なると考えてよい。

しかしフッサールの場合、その世界の主体は最終的には意識であると考えられた（この点については第3章《時間の不思議さ・生と死》で触れる）。これに対して私たちは、世界を生きる主体は〈私〉の生きられた身体であると考える。その点を明確にし、また内容的にもフッサールより広い意

味を世界にもたせるために，私たちは「生活世界」でなく，
〈生きられた世界〉という言葉を本書ではもちいることにす
る。

　生きられた世界とは，前章で獲得された身体の規定にも
とづいていえば，〈身体図式に支えられ，関心をもって世界
に臨む身体空間としての身体に，現れる世界〉を意味する。
私たちが自分の身体をとおして接する世界は，単に科学的
方法の対象と化して，人間的意味を剥奪されてしまうよう
な世界ではない。以下，知覚の図地構造，知覚の奥行，知
覚の射映性と地平性，事物の表情的意味，事物の道具的意
味，身体空間の方向性，生活空間，という七つのレベルを
区別して，身体的存在者としての私たちに現れてくる世界
の基本的な空間構造と意味を考えることにしよう。

1　知覚の図地構造

　右図を見てみよう。どんな形が見えるだろうか。一つの
盃が見える場合もあるだろうし，向かいあった二つの顔が
見える場合もあるだろう。その二つの場合に気づくと，二
つの形を交互に見ることもできるようになる。しかし二つ
の形を同時に見ることはむずかしい。「二つの顔」を見てい
るときには「盃」が見えず，「盃」を見ているときには「二つ
の顔」が見えにくくなる。つまり「見えるもの」は，際立っ
た部分（図）と隠れる部分（背景）とからできているのであ
る。このことは「見えるもの」の本質的な性格である。私た
ちは「図」として現れる部分を一つのゲシュタルト（形態）
として意識し，その他の部分はその背景をなす「地」として，
意識の対象から排除するという仕方でしか，ものを見るこ
とができない。背景は見えないのではなく，隠れるのであ
る。このことは聴覚についてもいえるだろう。合奏音楽を
聴くとき，よほど訓練した耳をもつ人でなければ，すべて
の音を同時に意識することはむずかしいであろう。また，た
とえば誰かの話に聴き入っているときに，何か音がしてい
ても，その人の声以外の音に気づかないということはよく

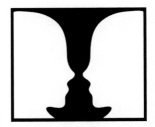

反転図形「ルビンの盃」

← p.78

背景は見えないのではなく，隠れ
るのである。

ある。味覚についても同じ現象がある。「隠し味」はまさに隠れることによって料理全体の味を引き立てる。

　こうしたことは，私たちの感覚器官に物理的に作用していると考えられる光や音や刺激と，私たちが実際に見たり聞いたり味わったりしているものとの間に，ずれがあるということを示している。もし私たちが，目の網膜に映し出された像そのものを直接に見ているのであれば，見えるものが顔になったり盃になったりするはずはなく，まして二つの形が反転しあったりするはずもない。また鼓膜の振動がすべて「聞こえる」ならば，私たちは「うわの空」でいることがなくなる代わりに，頭は騒音でいっぱいになってしまうにちがいない。「隠し味」が隠れるのをやめてしまえば，味に統一性がなくなり，わけのわからない味になってしまうだろう。

　なぜこのようなことが生ずるのだろうか。それは，世界を知覚するという仕方で世界へと向かってゆく私たちの在り方が，世界に対する私たちの関心に裏打ちされているからである。前章で，私たちは，「生きられた身体」として，「身体図式」に支えられて，関心をもって世界に臨んでいる，ということを学んだ。世界は，私たちの関心にそって，一つのゲシュタルトをなす図と，背景として隠れる地とに，差異化するという仕方で，私たちに現れているのである。したがって，「同じ」ものを見たり聞いたりしている場合でも，そのつどの関心に応じて，何が見え，何が聞こえるのかは変化する。その意味で，〈私〉に現れる知覚的意味は流動的である。

　それは個人についてだけの話でなく，〈私〉と他者との間でも同様である。〈私〉と他者の関心がちがえば，何が見え，何が聞こえるかは異なる。とはいえ，何が見え，何が聞こえるかについて，いつも異なり，いつも変化するというわけでもない。共通の関心や，変化しにくい関心というものも存在するのであって，そのかぎりで私たちは同じものを見，同じものを聞きとるのである。

:2　知覚の奥行

　前章《身体としての自分》で「身体の恒存性」について述
べておいた。〈私〉の身体は常に「ここに」隠れて働いている。
したがって〈私〉は身体的存在者として，自分が位置してい
る「ここに」という場所を離れて，対象を知覚するわけには
ゆかないことになる。〈私〉は，自分が位置している「ここ
に」から別の「ここに」へと移動することはできるが，「ここ
に」という場所そのものから離れることはできない。したが
って，たとえば「そこに」現れている知覚の対象は，常に
〈私〉の「ここに」へと向かってその姿を現すことになる。こ
れは物の知覚が「ここに」から「そこに」への隔たり，つま
り〈奥行〉にそって生ずるということを意味している。

← p.63

物の知覚が「ここに」から「そこに」
への隔たり，つまり〈奥行〉にそ
って生ずる。

　この奥行自体が知覚の対象になることはない。なぜなら
「知覚する」ということ自体が，奥行という形式のもとに成
立することがらだからである。この点は少しわかりにくい
かもしれないが，そのわかりにくさの理由の一つは，私た
ちが奥行を幅と混同して考えがちだからである。しかし奥
行と幅とはちがうものである。奥行は「ここに」から「そこ
に」への隔たりであり，幅は「そこに」から別の「そこに」へ
の距離である。奥行を幅として考えてしまうのは，知覚の
主体である自分の身体の「ここに」という場所を離れること
を仮定し，奥行を横から眺めることのできる場所に自分が
移動していることを仮定しているからである。しかし，実
際には，身体的存在者である〈私〉は，「ここに」という場所
を離れることはできず，〈私〉は「ここに」いて，「そこに」あ
る何かしらのものを同時に見るほかはない。見るというこ
とは，奥行にそって，〈私〉の「ここに」と知覚対象の「そこ
に」とが，同時にあることである。

　「ここに」と「そこに」との同時性をメルロ＝ポンティは
「共存」と呼んでいる。この共存が空間の本質である。空間
は，デカルト的精神が認識する三次元（縦，横，深さ）の
「広がり」ではなく，時間的に共存する「ここに」から「そこ

「ここに」と「そこに」との同時性
をメルロ＝ポンティは「共存」と
呼んでいる。この共存が空間の本
質である。

p.301 →

p.117 →

に」への隔たりである。この点については，第3章1節の5《時間と空間の一体性》であらためて詳述する。

　奥行自体は知覚の対象にならないということは，聴覚の場合を考えると，いっそう明らかであろう。〈私〉は常に「ここに」いて「そこに」鳴る音を聞くのであるから，聞くことには「ここに」から「そこに」への隔たりが介在しているのであるが，この隔たり自体を音と同じ意味で直接に聞くことはない。聞くことにとって，「ここに」から「そこに」への隔たりは欠くことのできない本質的契機であるが，隔たり自体は聴覚に対して隠れている。

　私たちは，空間というものが私たちの外部に広がっていて，空間は外部知覚の対象であると考えてしまいがちである。しかし〈私〉の身体の恒存性と奥行とを手がかりに空間を考えてゆくと，空間は〈私〉の身体の周りに対象として広がっているのでなく，〈私〉の身体の広がりを通じて〈私〉自身が空間に浸透しているという考え方が出てくる。奥行は，自分の身体が，「ここに」隠れて働きつつ，知覚を通じて，関心をもって，世界の「そこに」へと向かってゆく運動によって裏打ちされ，張り広げられている。その運動に対して世界は，本章1節で示したように，図地構造として現れる。図としての事物に対する関心の強度が高まれば，その事物の「そこに」への隔たりは明瞭さを増し，同時に地に対する図の差異化はいっそう際立ったものとなる。逆に，関心が衰弱すれば，事物の「そこに」への隔たりは曖昧になり，同時に図地の差異化も曖昧なものとなる。こうした場合，自分の身体は，「そこに」現れる世界の図地構造の手前にあって，その構造がそのうえで展開される根本的な背景として，みずからは隠れて働いている。メルロ＝ポンティはこうした事態について次のように記述している。

　　「自分の身体は，図地構造のかならず前提となる第三の項であって，図はすべて，外的空間と身体空間という二重の地平の上に，その輪郭を現すのである。」(『知覚の現

空間は〈私〉の身体の周りに対象として広がっているのでなく，〈私〉の身体の広がりを通じて〈私〉自身が空間に浸透している。

象学』第一部より）

　つまり，世界の図地構造を形成する地としての外的空間
と，さらにその手前で「第三の項」として働く，身体空間と
いう第二の背景が存在する。自分の身体は「ここに」隠れて
働くという存在の仕方によって，第二の背景として機能す
る。世界に向かう関心の強度が十分に強く，二重感覚によ
る身体の自覚が際立った仕方で働かなければ，第一の背景
である外的空間と第二の背景である身体空間とが際立った
仕方で区別されることはない。

　その区別が際立った仕方で現れるのは，自分の身体が感
覚や感情や欲望の強度が高まるにつれて自覚し，自分の内
部が際立った仕方で現れて，世界へと拡散することが妨げ
られている場合であろう。

　第1章5節の3《感情的空間としての身体》で，「自分の身
体空間が世界に浸透するに従って，身体を満たす感情が世
界へと浸透し，知覚世界に現れる事物の現れ方に影響する」
（p.74）という考え方を示しておいたが，これは，自分の身
体空間が，第二の背景として，外部空間に浸透することに
よって，自分の身体空間を満たす感情が外部空間の現れ方
に浸透することとして理解できる。たとえば，風景の自然
美に関心を奪われるとき，私たちは自分の身体空間が風景
の中に溶け込んでいくような気がすることがある。そのと
き知覚世界は，私たちの自分の身体の感情と一体化して，表
情的意味として現れるであろう。この点については，本章
4節《事物の表情的意味》で考察する。

p.97 →

　反対に，たとえば身体が痛くて，自分の身体が関心の対
象として強く図化している場合が考えられる。このような場
合，自分の身体空間と外部空間との境界は明瞭さを増し，自
分の身体空間と世界の外的空間との区別は顕在化する。

3　知覚の射映性と地平性

　ところで特に視覚の場合，物が奥行にそって現れるとい

立方体を見る女神

見えていない面の存在についての確信は，見える面を見ているという現在の視覚経験そのものと一体化して同時に働いている。

見えない面は，隠れるという仕方で顕れているのでなければ，現実の知覚経験にはならない。

うことは，物が一定の見え方（射映）のなかで私たちに現れるということである。たとえば，四角い箱を見たときに，私たちはその箱には面が六つあると当然のように考えてしまうが，しかし実際に見えるのは最大でも三つの面だけである。他の三面はどうやっても実際には見えず，視覚から隠れてしまう。これは視覚の対象となるすべての物に当てはまる事実であり，物はまなざしに対して見える面と見えない面とをかならず表裏一体としてあわせもつという仕方で現れるほかはない。このような現れ方を「射映性」という。

しかし，見える物の射映性にもかかわらず私たちは，その物に見えない面が伴っていることを確信しており，これを疑うことはない。もし見えない面の存在が一切排除された仕方で見えるとすれば，物は厚みのない表面に見えるはずであるが，そういうことは通常は起こらない。これは考えてみると奇妙なことである。見えない面の存在をなぜ信じているかということを，推論や想起や想像によって十分に説明することはできない。

まず，推論は疑いの余地を残すものであり，私たちが感じている確信の根拠にはなりえない。また，想起と想像は，私たちがその箱を実際に見ていなくてもおこなうことができるはずであるが，見えていない面の存在についての確信は，見える面を見ているという現在の視覚経験そのものと一体化して同時に働いている。また想像の場合は，背後の面が想像の中で見えるものとして現れてしまう。そうなってしまうと，現実の知覚ではなくなってしまう。見えない面は，隠れるという仕方で顕れているのでなければ，現実の知覚経験にはならない。

見えない背面の存在は疑う余地のない必然的なものである。たとえば，あるサイコロを見て，そのサイコロが実は見えている表面だけでできた見せかけのサイコロであったということが判明しても，事情は変わらない。本物の背面が現れることを予測した私たちは，その予測がはずれてだまされたと思い驚くかもしれないが，背面そのものが存在

しなかったわけではない。見せかけのサイコロの背面であっても，それは見えている表面の背面であることに変わりはなく，背面が存在していることに変わりはない。その意味では，隠れた背面が存在するという私たちの確信は，やはり正しかったのである。背面の存在についての確信は予測以前に働いており，そもそも予測は背面の存在についての確信を前提している。

　隠れるという仕方で顕れているという顕れ方は，見えるものの内部についてもいえる。たとえば机の表面を見るときに，表面だけが〈私〉に顕れているわけではない。表面に隠された机の内部も，隠れるという仕方で〈私〉に顕れている。私たちはその机が表面だけでできているとは思っておらず，表面の背後に見えない内部が隠れていることを確信しているにもかかわらず，机の表面をナイフで削っても，机の内部はやはり見えない。なぜなら表面を削ることによって見えてくるのは，新しい表面にすぎず，その新たな表面の背後にやはり内部が隠れているからである。内部はどこまでいっても内部である。内部は，隠れるという仕方で，私たちの視覚経験に顕れている。

　しかし見えない内部の存在を，なぜ私たちは確信できるのだろうか。この疑問は，上記の見えない面の存在についての場合と同様に，推論や想起や想像によって十分説明することはできない。その理由は，見えない面の存在確信について上で述べたのと同様である。見えない内部の存在についての確信は，対象を見ている現在の視覚経験そのものと一体化して同時に働いている。つまり，内部であるということの本質（内部の内部性）は，隠れるという仕方で顕れるということである。

　まとめると，私たちは見える物の見えない背面や内部の存在を確信している。奇妙な言い方であるが，私たちの視覚に現れるもののほとんどは，隠れるという仕方で顕れているのである。なぜそういうことになるのかといえば，それは，前節でみたように，視覚が奥行にそって生ずるから

内部であるということの本質（内部の内部性）は，隠れるという仕方で顕れるということである。

である。視覚に現れる世界は，奥行にそって存在するがゆえに，視覚世界に現れる物は必然的に厚みをもち，厚みをもつがゆえに，見える表面と，表面の背後に隠れるという仕方で顕れている内部および背面とを，表裏一体として必然的に伴うのである。このように，見える物は，あたかも地平線のように，それ自身は見える面として現れながら，その背後に隠れるという仕方で顕れる存在領域を伴っている。そこで，見える物のこうした現れ方を「地平性」と呼び，隠れるという仕方で顕れる面を，地平線に潜む「地平」と呼ぶことができよう。

　さらに視覚対象の現れを記述してみよう。私の前にある緑色の透明ガラスでできたリンゴの置物を例に考えてみる。顕在的に見えているその表面はなめらかに加工してあって，周りの物を歪んだ形で反射している。しかし私の位置が少しでもずれると，それにつれて反射される光の具合も変化し，映し出される物もその形も変化する。同じ緑でも，よく見ると周辺から中心に向かってしだいに深みを増している，……など。私は，この小さな置物の内に，はじめは気づかれずにいたさまざまな特徴に，次々と気づいていくことができる。ある特徴は別の特徴を連鎖的に呼び起こして際限がない。対象に内属しているこうした特徴は，気づかれずに内属しているという意味で隠れており，対象の「内部地平」と呼ばれる。この場合，「地平」という言葉はそうした特徴の際限なさも意味している。内部地平を構成しているさまざまな特徴（形や色，感触，硬いか軟らかいか，などなど）は，全体として一つの表情をつくりあげていて，そのどれか一つでも変化すれば対象の表情全体が変化してしまう。つまり，物の内部地平は，表情として，一つのゲシュタルト（形態）を構成している。

　また私はこの置物とその周囲の物との関係に目を向けることもできる。この置物は机の上にあり，部屋の中にある，などなど。こうした位置関係にある物は，さしあたって私の視覚の背景に退いて隠れているとしても，この置物とと

視覚に現れる世界は，奥行にそって存在するがゆえに，視覚世界に現れる物は必然的に厚みをもち，厚みをもつがゆえに，見える表面と，表面の背後に隠れる仕方で顕れている内部および背面とを，表裏一体として必然的に伴う。

内部地平を構成しているさまざまな特徴（形や色，感触，硬いか軟らかいか，などなど）は，全体として一つの表情をつくりあげていて，そのどれか一つでも変化すれば対象の表情全体が変化してしまう。つまり，物の内部地平は，表情として，一つのゲシュタルト（形態）を構成している。

もにそれらが現に存在していると私は確信している。しか
し先にあげた内的特徴とちがって，それらの物が失われて
もこの置物そのものが変化してしまうわけではない。その
意味でこうした位置関係にある物はこの置物にとって外的
である。そこでそれらを対象の「外部地平」と呼ばれる。

さらにまたこうした観察を続けているうちに私は，ガラ
スの透明な緑色から子供のころ遠足で行った渓谷の水面に
映る新緑を思い出す。あるいはこの置物を買った野外美術
館を思い出したりもする。あの日は雨上がりの快晴でとて
も心地よかった……など。内部地平をとおして私の想像も
とめどなく広がっていく。内部地平にもとづいて現れてく
るそうした想像上の地平，それも一種の外部地平である。

対象のこうした地平という在り方は，単に視覚について
のみに言えるとはかぎらない。聴覚，触覚，嗅覚，味覚，な
どについて，対象の内部地平や外部地平を考察することは，
興味探いことであろう。知覚の対象は，それだけで単独に
知覚されるわけではない。一つの対象はおのずから，それ
にまつわるさまざまな地平を背景として現れるという構造
をもつのである。

4 事物の表情的意味

本章1節《知覚の図地構造》で，知覚対象は私たちの関心
にそって一つのゲシュタルトとして現れているということ
を示したが，この「ゲシュタルトとして現れている」という
ことをもう一歩踏み込んで考えてみよう。前頁で，内部地
平に関して，物の内部地平は，表情として，一つのゲシュ
タルト（形態）を構成していると指摘しておいた。この点が
ここでは重要である。

知覚対象が一つのゲシュタルトを形成しているというこ
とは，「図」を構成している諸要素が，「図」という全体性に
従って，意味を与えられているということである。音楽を
例にとると，ドミソという長調の和音で，ミの音が半音下
がるとドミ♭ソという短調の和音になる。このとき，ドとソ

の音は物理的には同じ音であるが，その意味は変化する。つまり，和音全体が音のゲシュタルトを形成しており，そのゲシュタルトの意味に従って，和音を構成する音の意味が決定されているのである。このことは音の場合にかぎらず，色や形といった視覚のゲシュタルトについても当てはまるであろう。同じ赤でもどのような形や色と組み合わされるかによってその意味は変わる。色彩と形による全体としての調和が重要である。

ゲシュタルトは一つの表情として知覚されている。

　このとき，ゲシュタルトは一つの表情として知覚されているということが重要である。前の段落でゲシュタルトの「意味」という言い方をしたが，それは表情としての意味である。意味というと「言語の意味」を考えやすいが，この知覚の次元で生じている表情としての意味は，言語の意味とは異なる性質をもっている。私たちは第1章3節で身体について「表情的意味」という言葉を使ったが，ここからは一般的に表情としての意味を「表情的意味」と呼んで，言語的意味と区別することにしよう。言語的意味について詳しくは第5章《言葉・比喩・論理》で考えるが，ここでそのちがいをあらかじめ簡単にまとめるならば，表情的意味はどちらかというと流動的で不安定であるが，言語的意味は表情的意味に比べて，一般的に安定しており，変化しにくい。

← p.56

p.178 →

表情的意味はどちらかというと流動的で不安定であるが，言語的意味は表情的意味に比べて，一般的に安定しており，変化しにくい。

物を知覚するということは，物が単なる物体としてではなく，表情を帯びた〈事物〉として現れるということである。私たちの知覚世界は表情に満ちている。

　物を知覚するということは，物が単なる物体としてではなく，表情を帯びた〈事物〉として現れるということである。私たちの知覚世界は表情に満ちている。しかし私たちは，事物の表情を見ているようで案外見ていない。私たちに現れる世界を表情として感受することができるようになると，世界の現れ方は一変して，楽しく豊かなものとなる。たとえば「鉛筆」という名前で呼ばれるものをその名前で呼ぶのをやめて，知覚されるままに記述してみよう。そうすると普段気がつかないその事物の表情が見えてくる。「すらっ」と細長く，「すっきり」した緑色をしていて，手に持ってみると「すべすべ」した握り心地がするもの，それを私たちは鉛筆という名前で呼んでいるのである。

「すらっ」,「すっきり」,「すべすべ」という言葉は,擬態語
と呼ばれる言語である。擬態語がとらえようとするのはま
さに事物の表情的意味である。たとえば「すっきり」という
擬態語は,事物の形や色だけでなく,「本棚を整理して,す
っきりした」とか,「よく寝たので,頭がすっきりした」と
か,「すっきりしない天気」とかのように,事物にまつわる
気分そのものの表情を表現する。いろいろな物や気分が「す
っきり」という同じ言葉で形容されるのはなぜだろうか。そ
れはそれらの事物や気分のもつ表情の類似性によるのであ
る。

擬態語がとらえようとするのはま
さに事物の表情的意味である。

　本章2節《知覚の奥行》の末尾で,自分の身体を満たす感
情が知覚世界へと浸透し,知覚世界に現れる事物の現れ方
に影響するという事実は,知覚される世界の図地構造の手
前で第二の背景として隠れて働く自分の身体を考えること
によって理解できる,と述べておいた。このことは,擬態
語が,なぜ自分の身体に湧き起こる感情と世界の現れ方の
表情とを架橋する仕方で働くことができるのかという問題
を考える手がかりとなるであろう。この問題は〈知覚と言語
との接点〉を示す興味深い問題である。擬態語の問題は第5
章《言葉・比喩・論理》であらためて考えよう。日本語は擬
態語の豊富な言葉として知られている。したがって,擬態
語を手がかりにして知覚と言語との接点を考えるというこ
とは,同時に,知覚と言語との関係という視点から日本語
の特質を考えることにもつながるであろう。

← p.91

p.184, 191 →

:5 事物の道具的意味

　私たちの身のまわりにある事物は,表情的意味だけでな
く,道具としての意味もそなえている。道具として存在す
るということは,ただ単に物体として存在することではな
く,何かの役に立つという仕方で存在することである。言
い換えると道具は,「〜へと差し向けられている」という仕
方で存在している。この「〜へと差し向けられている」とい
うことが,道具として存在することの本質であり,意味で

ある。この場合,「意味」は方向性を意味している。

　たとえば「鉛筆」という仕方で存在することは,書くことに向かってその機能が差し向けられており,その機能が鉛筆という道具の意味である。ところで,鉛筆のように最初から道具としてつくられているものが,道具性をそなえていることは当然であるが,一見道具ではないように見えるものもある意味で道具なのである。

　たとえば一本の木があるとする。その木はそれを利用しようとする人間の意図とは別に,ただの木としてあるかのように見える。しかしそれは私たちが,一般的な「人」としてその木を見ているからであり,たとえば家を建てようとしている人にとっては材木として現れ,別の人には写生の対象として現れ,また別の人には木登り用の木として現れているのである。自然物も人間的世界のなかに現れる以上,何らかの仕方で道具的性格をもつ。水などもそのよい例であろう。水道から出る水はすでに道具としての性格を与えられている。海や空でさえ,人間にとっては船を浮かべ,飛行機を飛ばせるための道具であったり,さまざまな資源の宝庫であったりしている。

　道具は一つだけで道具として働くのではない。道具はその用途によって他の道具へと差し向けられている。言い換えると道具は「〜へと差し向けられている」という在り方で互いにつながりあい,一つの組織をつくっている。たとえば,金槌は叩くための道具であり,それによって叩かれる釘は材木をしっかりつなげるための物であり,材木は机や家を形づくるための物であり,机や家は人間の生活を支えるための物である。このようにして道具は,最後には身体的存在者としての人間の生活関心へと差し向けられているのである。つまり身体的存在者としての人間を中心に,世界は道具のネットワークとして現れるのである。

　道具的意味は前節でみた表情的意味とは異なる。事物は,表情的意味と道具的意味という,二つの意味をもっていると考えることができる。たとえば,自動車を買おうとする

道具は「〜へと差し向けられている」という在り方で互いにつながりあい,一つの組織をつくっている。

Ferrari 288 GTO

とき，私たちはその性能を考慮すると同時に，そのかっこ
よさを考慮する。性能は道具性であり，かっこよさは表情
的意味である。もちろんこのことは自動車についていえる
だけでなく，私たちの身のまわりにある製品はほとんどす
べてこの二つの意味の調和をめざしてつくられている。道
具的意味は，自分の身体がその物体的側面を介して世界に
臨むことにおいて生じる実践的意味であり，身体に対して
「技術」の世界を開く。この問題は第9章1節《技術と身体》
で詳しく考える。

6 身体空間の方向性

← p.79

　次に，知覚対象を取り巻く空間の在り方と意味を考えて
みよう。私たちを取り巻く空間は，私たちの身体を中心に
して，上下・左右・前後という六つの方向性を帯びて現れ
ている。

　前後と左右が〈私〉の身体の向きにそって変化するのに対
して，上下は〈私〉が逆立ちしても変わらない。〈私〉は自分
の重さに従って，基本的に常に下に向かっており，そのお
かげで〈私〉の身体は足元で大地と接し，大地は〈私〉の身
体を支え，身体活動の足場となっている。大地の表面から
〈私〉が腕を上に伸ばして届くまでの約2メートルの空間が
上下方向での〈私〉の基本的活動空間であり，〈私〉は基本的
にはその上下2メートルの幅を水平方向に移動しながら，活
動している。私たちは地下室や，地下道，地下鉄をつくっ
たりして，大地にもぐり込もうとするが，結局は足場とし
ての地上に戻ってくる。大都会での生活は地下街のような
空間を開き，地下空間の現れ方に変化を起こしているが，私
たちの生活が基本的に地上で営まれていることに変わりは
ない。足場となっている大地はその固さのゆえに〈私〉の侵
入を拒み，不動なものとして現れている。したがって，い
ったんこの大地の不動性が地震などで揺らぐと，〈私〉はい
いようのない不安に陥れられる。また，私たちが大地に穴
を掘って墓にするのは，大地の内部が暗く不動のものとし

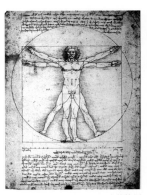

レオナルド・ダ・ヴィンチの人体比例
の図

て私たちに現れており，安住できる空間として現れている
からではないだろうか。

　その固さゆえに〈私〉の身体の侵入に抵抗する大地に対し
て，上方の空間はからっぽの空であり，固さをもたないが
ゆえにやはり〈私〉の身体の侵入に抵抗する。しかし，大地
の不透明性とちがって，空は透明であり，〈私〉は視覚によ
って空に侵入することができる。空には，夜でさえ星の光
がまたたき，無限の視界が開けている。空には，大地から
離れ無限に上昇できる可能性がある。人間は，視界によっ
て開かれた空に向かう可能性を，さまざまな工夫と発明に
よって現実化してきた。私たちは塔や高層建築をつくり，気
球や飛行機さらにはロケットなどをつくって大地から離れ
てゆく。下方に向かう力に逆らい，束縛からの解放を意味
する空は自由の可能性に満ちた空間であり，高層建築や飛
行機械は身体的存在者である〈私〉にとって，自由の実現を
意味している。

　前と後ろは〈私〉の身体の向きにそって決定され，〈私〉の
前方と後方は，〈私〉が何か仕事をしようとするときに，異
なった意味をもつようになる。前方の空間は〈私〉がこれか
ら働きかけようとする空間であり，後方はすでに働きかけ
の終わった空間，あるいは働きかけから除外された空間で
ある。したがって前方と後方にはさまれた〈私〉の身体は，
途上にあるという仕方で現れる。このような前方と後方の
意味は，目標に向かって進む場合に明確になる。後方はす
でに歩み終えた空間であり，前方はこれからそこへと進ん
でゆくべき空間である。したがって，時間の視点からみる
と，前方は未来を意味し，後方は過去を意味する。関心を
もって世界に臨む〈私〉の身体にとって，空間は時間的意味
に浸透されている。

　人は絶えず前方に注意をはらい，そこから目を離しては
ならない。歩みを進めつつ絶えず先を見越し，障害を避け，
より進みやすい道を見つけだそうとする。こうしたことか
ら前方と後方は，精神的な意味を含むことになる。つまり

前方と後方にはさまれた〈私〉の
身体は，途上にあるという仕方で
現れる。

関心をもって世界に臨む〈私〉の
身体にとって，空間は時間的意味
に浸透されている。

p.119 →

前進は進歩であり後退は退化である。進歩を阻むものが現れると，前進は戦いとなる。ただし後退と引き返すこととは別である。後退の場合は目標への進行を押し戻されることを意味するが，引き返す場合は進行方向そのものが逆転しているからである。人はよく人生を道にたとえる。それは単なる比喩ではなく，道という空間そのものが〈私〉に対する意味を本質的に含んでいるのである。

　右と左との区別は，上下前後と異なって，基本的には価値的な区別をもたず単純に併存しているのみである。たとえば右側通行にするか左側通行にするかは，習慣ないし取り決めによって決定される以外にはない。これは人間の身体の外形が左右対称になっていることと関係があると考えられる。しかし身体の内臓を見ると左右は対称でなく，特に心臓が左側にあることから，右と左の機能的区別（たとえば右腕を利き腕にする人が多いことなど）が生じているとも考えられる。

7 生活空間（街，住まい，自宅）

　自分の身体が移動するにつれて〈私〉の身体空間の中心は移動するが，〈私〉の身体を取り巻く空間そのものが移動するわけではない。この空間を身体空間と区別して「生活空間」と呼ぶことができる。〈私〉は生活空間の「中」で移動するのである。

　生活空間としての街はそれぞれ独自の安定した構造を保っている。たとえば，御所を中心にして整然と区画され配列された京都の街並み。また，街の中央に教会が高く尖塔を伸ばしている中世ヨーロッパの古い町。そこでは教会を中心に街並みが一定の秩序にそって連なっていることが多い。現代の都市は，官庁街，ビジネス街，文教地区，ショッピング街，歓楽街，住宅街といったさまざまな機能をもった地域が複雑に入り組みあって，街並みは雑然としたものになっていることが多いが，やはりそこには人々の生活からおのずと出てくる秩序が存在する。

フランス・リヨンの街並み

生活空間はそれ自体で安定した構造をそなえているが, 同時に, 〈私〉の「住まい」を中心にして配列されるという仕方で, 〈私〉に現れている。

　生活空間はそれ自体で安定した構造をそなえているが, 同時に, 〈私〉の「住まい」を中心にして配列されるという仕方で, 〈私〉に現れている。

　たとえば友だちとある場所で待ち合わせる約束をし, その約束を果たそうとして住まいを出る。すると街は自分の住まいから目的地に向かって, 一定の秩序をもって私に現れてくる。めざす場所に時間どおりたどり着くためには, どの道を通りどの交通機関を利用すればよいのか, 私は考える。街の空間は無秩序な仕方で広がる単なる物理的空間ではなく, 友だちに会うという私の関心にそって有効な価値をもつものとそうでないものとにおのずから区別され, 一定の秩序をもって私に現れるのである。また, 引っ越しをすれば, 今度はその住まいを中心に街並みが新たな秩序のもとに現れてくる。今まで遠くて関心のなかった場所が新しい生活圏に入ってきたりする。

　しかし, 街に向かって開かれた住まいとは別に, 街という生活空間には属さず, むしろ街の生活空間から隠れる場所として「自宅」がある。自宅は, 最終的に〈私〉が戻ってゆくべき, または, 戻ってゆくことのできる場所である。〈私〉は世の中で何かを成し遂げようとして自宅から出かけ, 住まいを仮にさだめ, 前に進むことによってその課題にぶつかり, それを達成するかあるいは挫折するかして, 自分の場所としての自宅に戻ってくる。恒存する身体としての〈私〉には, 自宅が必要である。〈私〉は, 自宅に戻って, あるいはさらに自宅内の自分の部屋に戻って, 世間から隠れる。その意味で, 自宅は自分の身体の「ここに」と一体化して成立する隠れた場所の圏域である。〈私〉は自宅の「ここに」という場所において世間から隠れ, 恒存する自分に安らぐことができる。〈私〉は自宅で安心して眠ることができるのだ。安心して眠ることのできない家は自宅ではない。安らぐことのできる自宅は, 世界の根本的な中心として, 自分の「ここに」を意味しており, したがって自宅を失ったとき, 世界は中心を失い, 方向性を失うであろう。しかし家

← p.81

屋としての自宅を失っても，最後に，恒存する自分の身体
自身がいわば「自宅」として残るであろう。恒存する自分の
身体の「ここに」を最終的な自宅として，世界に臨む裸形の
「自分」が残るであろう。

〈私〉と世間，あるいは〈私〉と社会という，生活空間にお
ける具体的な人間関係については，第7章《世間と社会》で
考察する。

恒存する自分の身体の「ここに」を最終的な自宅として，世界に臨む裸形の「自分」が残るであろう。

◉ 課題 ◉

1. 何か適当な品物を一つ選び，その品物からどのような想
   像を広げられるか実験し，その想像をできるだけ丁寧に
   記述してみよう。
2. 物の表情的意味に敏感になるために，自分が普段使って
   いる品物を一つ選び，絵を描いてみよう。また，その表
   情的意味と道具的意味とを分けて考え，両者の意味が調
   和しているかどうか，考えてみよう。
3. 自分が住んでいる市町村の生活空間の地図を，自分の住
   まいを中心として描いてみよう。そして自分の関心があ
   る場所に印を付けてみよう。
4. 自分の家から見て東西南北の方向をそれぞれ確認し，そ
   れぞれの方向がどのような表情的意味をもって自分に現
   れているか，擬音語や擬態語で表現してみなさい。たと
   えば，西のほうは「がやがや」している，など。
5. 東京やパリ，ニューヨークやロンドンなど，自分の好き
   な都市を選んで，その空間構造を機能的に分析し，成立
   の歴史を調べてみよう。

参考文献

(1) フッサール（細谷恒夫編）『ヨーロッパの学問の危機と先験的現象
学』。『世界の名著62 ブレンターノ・フッサール』（中公バックス）
におさめられたものが手に入りやすい。ほかに『厳密な学としての
哲学』，『デカルト省察』が収録されており，特に後者はフッサール
入門として最適。解説もよい。

1：知覚の図地構造

(2) W・ケーラー（田中良久・上村保子訳）『ゲシュタルト心理学入門』（東京大学出版会）。ゲシュタルト心理学の中心的学者による入門書。読みやすく，わかりやすい。

(3) メッツガー（盛永四郎訳）『視覚の法則』（岩波書店）。適切な写真や図形を豊富に用いてゲシュタルトの法則を説いている。入手しにくい本かもしれないが，貴重な文献なのであげておく。

2：知覚の奥行

(4) メルロ＝ポンティ『知覚の現象学』第2部「知覚された世界」。第1章の参考文献(4)参照。

(5) 田島節夫ほか『思想の鍵 哲学と倫理の課題』（勁草書房）。第6章「知と信」の4節「奥行と無限」が参考になる。

(6) 河野哲也『環境に拡がる心 生態学的哲学の展望』（勁草書房）。

3：知覚の射映性と地平性

(7) 立松弘孝編『世界の思想家19 フッサール』（平凡社）。丁寧な解説と跋文集からなる。

4：事物の表情的意味

(8) 廣松渉『表情』（弘文堂）。用意周到な哲学的表情論。

(9) 山口仲美編『暮らしのことば　擬音・擬態語辞典』（講談社）。読んで楽しい辞典。

5：事物の道具的意味

(10) ハイデッガー『存在と時間』。第1章で参考文献(8)としてあげたもののほかに，入手しやすいものとして，桑木務訳（岩波文庫），細谷貞雄訳（上・下2巻）（筑摩書房）をあげておく。

6：身体空間の方向性

(11) ボルノウ（大塚恵一・池川健司・中村浩平訳）『人間と空間』（せりか書房）。ハイデッガーの現存在分析の影響を受け，人間的空間の構造を分析している。少しむずかしい本かもしれないが，空間デザインに関心のある人に薦める。

7：生活空間

(12) 正井泰夫監修・解説『地図で知る世界の大都市』（平凡社）。都市・文化地理学専門の学者が，世界の主要大都市の様子を詳細な地図を付けて紹介している。同じ著者の『都市地図の旅』（原書房）は，旅先で集めた地図を使って世界の町を楽しく紹介している。

(13) レヴィナス（熊野純彦訳）『全体性と無限』（岩波文庫）。第2部 D「住まい」が，さらに議論を深めてくれるであろう。ここでレヴィナスは，住まいを女性的なものに結び付けている。

3
時間の不思議さ・生と死

裸女と死神

生を謳歌するかのように
艶やかな髪をかき上げる娘。
しかし，背後からは，
死神の嘲笑が浴びせられている。

私たちは，自分が幸福であれば時間がゆっくり進んでほしいと思うし，不幸であれば時間が早く過ぎ去ってほしいと願う。しかし，時間は私たちの思いを聞き入れてくれない。私たちが幸福であろうとなかろうと，時間はおのずから過ぎてゆく。「時間よ，とまれ」と私たちが命令しても，時間はとまってくれない。時間は私たちをとにかく先に運んでしまい，私たちは今という時にとどまっていることができない。それならばいっそのこと時間を無視して生きることができればよいのだが，そういうわけにもゆかない。時間は厄介なものである。

　私たちは，時間を気にしながら生きている。なぜ私たちは，それほど時間を気にするのだろうか。気がついたときには生まれてしまっている私たちは，すでに生まれてしまっている以上，時間をかならず経験する。生きるということは，時間に浸って生きるということだからである。そして，生きている時間の終わりには，死が待っている。少なくとも私たちはそのことをうすうす知っている。

　一般に，死は私たちにとって楽しいことでなく，不安や恐れの種である。したがって，生の時間は死の不安や恐れに纏（まと）いつかれている。私たちが時間を気にしている理由の一つは，この点にあるのではないだろうか。もし，私たちの生の時間に，死という終わりがなかったら，私たちはこれほど時間を気にするだろうか。時間について考えるということは，死について考えるということと，切り離すことのできない関係にある。

生の時間は死の不安や恐れに纏いつかれている。

∴1　生と時間

1　時計の時間

　時間とは何なのだろうか。この問いを考えるための手がかりとして，時計を考えてみよう。私たちは，時間というと時計の時間を考えがちだが，時計を見なくても「時間がたったな」と感ずることはあるのだから，時計がなくても時間はある。時計は見えるが，時間そのものは見えない。しか

時計がなくても時間はある。

し，時計が，見えない時間を見えるものであるかのように
してくれる装置であることは間違いない。では，どのよう
な仕組みで，時間があたかも見えるようになるのだろう。い
ったい，時計によって何が見えているのだろうか。

　時計にはデジタル式時計とアナログ式時計があるが，こ
こでは文字盤と針からできているアナログ式時計を考えよ
う（デジタル式時計については p.307 →）。時計を見ると，針
が右回りに一定の速度で回転運動して，一定の間隔をおい
て記された1から12までの数字を指し示しながら，繰り返
し通過している。とりあえず目に見えているのは，一定の
間隔に記された1から12までの数字と回転運動している針
である。これでなぜ時間がわかるのだろう。

　まず，針の運動の速度が一定であるということが重要で
ある。もし針の回転速度が不規則で，速くなったり遅くな
ったりするならば，数字が一定の間隔に記されていても，針
が指している数字は正しい時刻を示さないことになる。次
に，針の運動速度が一定でも，数字が一定の間隔に記され
ていなければ，やはり針の指す数字は正しい時刻を示さな
い。いずれにしても，時刻はわかるが，その時刻は正確な
時刻ではなくなってしまう。つまり時計という装置は，一
定速度の運動体（時針）が一定の間隔を通過することによっ
て，正しい時刻を見えるようにしているのである。ところ
で，回転運動を繰り返す時針が描く円は必然的に一定の長
さになるので，時針が一回の回転で通過する距離は必然的
に一定である。だから，極端にいえば，文字盤には，時針
の回転運動の始めと終わりを示す一つの目印が固定されて
いればよいことになる。

　つまり，一定速度で回転運動する時針が一回転したとき，
その一回転を一単位として，時間を数えることができる。だ
から，時計が正確な時刻を示す時計であるために必要なこ
とは，つきつめていえば，時針の回転運動の速度が一定で
あるということである。私たちが日常的に使っている時計
では，普通，短針が二回転すると一日という時間の経過を

示すことになっている。この円の円周をさらに等間隔に分割することによって，私たちは必要な細かさの時間単位をつくり出しているのである。自然界に存在する運動（たとえば，水や雲の流れ，鳥の飛行など）の多くは，その速度が不規則であって，単位化することはむずかしい。どうすれば一定の運動速度を生み出し，運動を単位化して，手軽に正しい時刻を知ることができるのか，それを追求したのが時計の歴史である。

　まとめると，時計を見ることによって私たちは，等分された一定の距離を一定速度で通過する時針の運動を一単位として，針の運動を数えているのである。したがって，時計の示す時間は，一言でいえば，運動の数なのである。運動は，前の今から後の今への経過において生ずるから，正確にいえば，時計の示す時間は，「前と後ろに関しての運動の数である」といえる。実はこれは，古代ギリシアの哲学者アリストテレス（紀元前384-322）が示した時間の定義そのものである。まず，アリストテレスと対話しながら，時間について考えてみよう。

2　運動と時間 ―アリストテレスの時間論―

　アリストテレスによれば，時間は運動なしにはありえないが，運動そのものではない。なぜなら，速い運動と遅い運動との区別は，その運動が必要とする時間の長短によって決定されるが，時間そのものは時間によって測られるわけではないからである。運動といっても，物体運動だけでなく，私たちが何かを考えるときに生ずる心の変化もアリストテレスは考えていて，これを，「運動」より広い意味で，「転化」（メタボレー）と呼んでいる。私たちは何も考えないでいるときには，「時がたった」と感じない。また何か考えたとしても，それに気づかなければ，やはり「時がたった」と感じない。実際，私たちはそのような状態を経験することがある。たとえば夏目漱石（1867-1916）が病床で意識を失ったときの経験はそのような経験であろう。

時計の示す時間は，「前と後ろに関しての運動の数である」といえる。

アリストテレス⇨ ギリシアの哲学者。プラトンの弟子。プラトンがイデアを追求したのに対して事物を重んじ，事物を支配する諸原因の認識を追求する現実主義の立場を確立した。

夏目漱石⇨ 小説家。伝統と近代の両極に引き裂かれて生きた，明治時代の知識人の苦悩を小説に表現した。

「強いて寝返りを右に打とうとした余と，枕元の金だらいに鮮血を認めた余とは一分の隙もなく連続しているとのみ信じていた。その間には一本の髪毛を挟む余地のないまでに，自覚が働いて来たとのみ心得ていた」(『思い出す事など』より)

　この経験において漱石は，まさに「前後不覚」の状態にあったのである。なぜ漱石は「時がたった」と感じなかったのかというと，眠る直前の「今」と目覚めた直後の「今」との間にあった「今」を知覚せず，二つの「今」を直結して一つの「今」にしてしまったからであろう。「前」と「後」とが識別できるのは，その「前」と「後」とは異なるものが両者の間にあることを知覚することによってである。したがって，「時がたつ」と私たちが感じるためには，まず運動または転化が生じていなければならないが，それだけでは不十分であって，転化を振り返ることによって，前の「今」と後ろの「今」との間に別の「今」を区別する必要がある。この振り返りは転化に一種の区切りを書き込む働きであって，アナログ式時計でいえば文字盤の目盛りに相当するであろう。

　別の「今」を区別できるということは，その区別を意識できることであり，その区別を数えることができることである。私たちは，自分が何かに夢中になって，われを忘れて没頭しているときに，時のたつのを忘れることがある。それは，心が転化しているだけで，そこに振り返りによる区切りが生じておらず，したがって，時がたつことに気づかないからではないだろうか。

　アリストテレスによれば，「時間は，ただの運動ではなくて，数をもつものとしてあるかぎりでの運動」(『自然学』219[*])である。この定義によって私たちは，時計の時間とはどういうものであるかを知ることができた。しかし，心の転化について，同じように考えることができるだろうか。アリストテレスの時間の定義は，「今」と別の「今」とを区別できるということが前提になっている。しかし，時計の針のよ

＊：アリストテレスの著作全体に付けられた通し番号で，これにより文章をさがし出すことができるようになっている。

うな物体運動の場合と同様に，思考の運動に明確な切れ目を入れることができるだろうか。たしかに前頁で述べたように，私たちは自分の心の転化を振り返ることによって，そこに区切りをもち込むことができる。しかし，その区切りは，時計の文字盤に記された数字とちがって，心の外部で生ずる区切りではない。自分で自分を振り返ることによって生ずる心の転化の区切りは，心の内部で生ずる区切りである。心は自分で自分に区切りを記入しているのである。

アリストテレスによれば「数」には，「数えられるものとしての数」と「数えるものとしての数」という二つの意味がある。「運動の数」として定義された時間は，運動を単位化して，その単位の数を数えた結果として得られる数であるから，アリストテレスによれば，時間は「数えられるものとしての数」であって，「数えるものとしての数」ではない。しかし心の転化の場合，心は単に数えられるだけのものではなく，数えるものでもある。なぜなら，心は自分を振り返ることによって自分の転化に区切りを記入し，その区切りの数を数えるからである。私たちは心によって数えるのであり，したがって，心は，単に数えられるものにではなく，数えるものにも属することになる。そうであるならば，振り返りによって生じる心の転化の時間も，単に数えられる数とはいえないことになるであろう。私たちは心の転化をアリストテレスの考えた時間の定義によってはとらえることはできないことになる。

心の転化に生ずる時間はたしかに一種の区切りをもつことができるが，その区切りは時計の時間のように単位化された区切りではありえない。なぜなら，心の転化の場合は，区切りを入れる心自身が不規則に転化してしまうので，心の転化は単位化することができないからである。だから心の転化において生ずる時間は，時計の時間のように，一様な仕方で進んでゆくことができない。時間は，〈張りつめて〉みたり，〈矢のように〉過ぎたり，〈滑るように〉過ぎたり，逆に〈澱んで〉みたり，ついには〈あたかもとまってしまった

アリストテレスによれば，時間は「数えられるものとしての数」であって，「数えるものとしての数」ではない。

ように〉感じられたりする。時間の進行そのものは私たちの
意のままにならないが，その進み方は，ときに私たちの思
いに応じて表情を変える。さらにいえば，〈進む〉という仕
方で現れる時間だけが時間なのか否かも，考えてみなけれ
ばならない。時間は進むのではなく，いわば〈積み重なる〉
のかもしれない。こうした仕方で現れる時間をとらえるた
めには，別の見方が必要である。私たちの心における何ら
かの動きに即して生ずる時間という視点で，時間を考えた
人としてアウグスティヌスがいる。次に，アウグスティヌ
スの時間論をみてみよう。

時間は進むのではなく，いわば〈積み重なる〉のかもしれない。

3　記憶と期待 ―アウグスティヌスの時間論―

　中世のキリスト教神学者アウグスティヌス(354-430)は『告
白』という本の中で，神によってつくられた時間がどのよ
うなものであるかについて考察し，次のように書いている。

アウグスティヌス⇨ キリスト教神学者。教父として中世思想に決定的影響を与えた。著作として『告白』『神の国』など。

　　「それでは時間とはいったい何であるか。誰がそれを容
　易に説明することができるだろうか。誰がそれを，まず
　ただ思惟によってさえもとらえることができるであろう
　か。しかし，私たちが日常の談話において，時間ほど私
　たちの身近な熟知されたものとして，語るものがあるで
　あろうか。そして私たちは時間について語るとき，それ
　を理解しているのであり，また，他人が時間について語
　るのを聞くときにもそれを理解している。それでは，時
　間とは何であるか。誰も私に問わなければ，私は知って
　いる。しかし，誰か問う者に説明しようとすると，私は
　知らないのである」(『告白』第11巻第14章より)

　この文章は，時間をとらえることのむずかしさを語った
文章として，知られている。そのむずかしさは，時間があ
まりに私たちに身近なものであるがゆえに，逆に，いざ時
間とは何かを説明しようとすると困惑してしまうという，
むずかしさである。
　私たちは時間に，過去，現在，未来という区別があるこ

とを知っている。これは誰もが認める事実ではないだろうか。アウグスティヌスはこの区別から出発する。ところでアウグスティヌスによれば、「何ものも過ぎ去らなければ過去という時間は存在せず、何ものも到来しなければ未来という時間は存在せず、何ものも存在しなければ現在という時間は存在しないであろう」。つまり、過去と未来については、時間が存在するために何かが「移りゆく」ということがなければならないのである。これは、アウグスティヌスが、アリストテレスと同じく、〈何か変化するものがなければ時間は存在しない〉と考えているということを示している。しかし、現在についてはどうだろう。「何ものも存在しなければ現在という時間は存在しない」というのはどういうことだろうか。何かが存在する場合、その存在に変化は含まれているのだろうか。

　アウグスティヌスは、この現在という時間について、時間というものの不思議な性格を指摘する。それは、〈現在というものは、現在でなくなることによって現在といえる〉という不思議さである。なぜなら、もし現在が現在のままであれば、それは一切の変化を排除することになり、永遠になってしまうであろう。永遠になってしまえば、時間は消滅する。だから、現在が現在であるためには、現在が現在でなくなるのでなければならない、というのである。しかし、単に現在が現在でなくなるのであれば、それは過去になるだけであろう。したがって、現在は、現在でなくなると同時にやはり現在であるという、矛盾した性格をもつことになる。また、時間の存在の仕方という視点から考えると、過去と未来についても、過去はもはや存在せず、未来はまだ存在しないことによって、それぞれ過去と未来であるわけだから、〈過去と未来は存在しないことによって存在する〉という不思議なことになっている。まとめると、〈現在、過去、未来という時間の存在は、非存在（存在しないこと）をその本質としている〉という逆説が、時間の不思議さの根源にある。

左側注記：

「何ものも過ぎ去らなければ過去という時間は存在せず，何ものも到来しなければ未来という時間は存在せず，何ものも存在しなければ現在という時間は存在しないであろう」

〈現在，過去，未来という時間の存在は，非存在（存在しないこと）をその本質としている〉という逆説が，時間の不思議さの根源にある。

　しかし，現在と過去，現在と未来との間には大きなちが
いがあることにアウグスティヌスは注目する。それは，過
去と未来の場合には非存在だけが含まれているのに対し
て，現在はまず存在してから非存在へと移行するという点
である。存在という言葉を使うことができるのは厳密には
現在についてだけである。現在が存在することはたしかで
ある。そうであるならば，もし時間が存在するといえると
すれば，それは現在においてにほかならないことになる。
「存在するすべてのものは，どこに存在しようとも，ただ現
在において存在する」。非存在しか含まない過去や未来に現
在の存在が依存することはありえず，過去や未来が現在の
存在に依存していると考えるほかないのである。すなわち
「過去についての現在，現在についての現在，未来について
の現在」という，三つの現在が存在すると考えるほかはな
い。では，過去と未来とは，現在においてどのような仕方
で存在できるのであろうか。アウグスティヌスは，答えを
心の働きに求めている。

　　「実際，過去，現在，未来は心の内にいわば三つのもの
　　として存在し，心以外に私はそれらのものを認めないの
　　である。すなわち，過去についての現在は記憶であり，現
　　在についての現在は直覚であり，未来についての現在は
　　期待である」（同上）

　私たちは自分の少年時代を回想するとき，現在という時
間における記憶として，少年時代の痕跡をみるのである。未
来の非存在は，過去の非存在と少し性格がちがう。過去の
場合は，存在が非存在に移行したのであるが，未来は，そ
の名のように，「未だ来たらず」ということで，存在したこ
とが一切ないのである。だから未来は心の内にしか存在し
ない。過去はひとたび現在の事実として存在したことがあ
る以上，変えようがないと感じられるのに対して，未来は
偶然に満ちており，これからの努力しだいで変えられるよ

> 「過去についての現在は記憶であ
> り，現在についての現在は直覚で
> あり，未来についての現在は期待
> である」

うに感じられる。だから未来は現在における期待によって存在するのである。

4 時間の「厚み」─フッサールの時間論─

アウグスティヌスが考えた精神の内面の働きにもとづく時間について、フッサールは現象学の立場に立って、さらに厳密に考えている。フッサールは、前章《生きられた世界》で少し触れたように、「生活世界」という考え方を提示し、近代合理主義にもとづく諸学問の危機を指摘したが、その根拠として「現象学」と名づけられる哲学を創始した。現象学の第一歩は、すべての事物を、意識に現れるがままでの姿において、記述しようとする態度にある。

私たちは、ふつう、事物や他者からなる世界について、それが自分の外部に存在していることを当然のこととみなして生活している（このような態度を「自然的態度」という）。その結果、世界がどのような仕方で私たちに現れているかということに注意をはらわず、世界の実際の現れ方を見過ごしがちである。しかし、世界が外部に存在しているという思い込みを中止して（この手続きを「判断中止」という）、私たちの意識に現れるがままに世界の現れ方を記述してゆくと、たとえば前章《生きられた世界》でみたように、知覚世界の「射映性と地平性」がみえてくるのである。このように、世界の存在を当然のこととして定立する自然的態度に待ったをかけ、意識に現れるがままに世界を記述し、その記述にもとづいてあらためて世界の現れ方を見直すこと、それを総じて「現象学的還元」という。

フッサールは『内的時間意識の現象学』（1928）において、時間について現象学的還元をほどこし、「本質的に体験そのものに属する時間」として、「現象学的時間」を見いだした。むずかしい言い方になっているが、要するにアウグスティヌスの考え方と同様に、心の働きに即して時間を考えるということである。しかしフッサールの時間分析がアウグスティヌスより優れている点は、記憶や期待についての考え方を深め、記憶と「過去把持」、期待と「未来予持」とを区別

← p.91

現象学の第一歩は、すべての事物を、意識に現れるがままでの姿において、記述しようとする態度にある。

世界の存在を当然のこととして定立する自然的態度に待ったをかけ、意識に現れるがままに世界を記述し、その記述にもとづいてあらためて世界の現れ方を見直すこと、それを総じて「現象学的還元」という。

したところにある。過去把持や未来予持という概念は何を意味しているのだろうか。

　ある音が鳴りはじめ，やがて鳴りやむのを聞くという単純な体験を例にとろう。この体験を現象学の方法に従って考えてみる。現象学の方法に従って考えるということは，音を私たちの外部に存在する事物に結びつけるのでなく，純粋に意識に現れるかぎりでの音として考えるということである。そのような現象学的態度によって音を聞いてみると，現に聞こえている音は，「あたかも彗星の尾のように」，その背後に音の記憶を伴っていることがわかる。記憶にまだ保たれているこの音は，残響音とはちがう。残響音というのは，実際に聞こえている音である。音が鳴りやみ，残響音も消えた後，私たちはもはやその音を現在の音として聞いてはいない。しかし，その音は私たちの意識からまったく姿を消してしまったわけでもない。この点が肝心である。私たちはその音を，「たった今過ぎ去ったばかりである」という顕れ方のもとで，意識の内にまだ所有している。

　これが〈記憶にまだ保たれている音〉の顕れ方である。ここでさらに区別が必要である。「たった今過ぎ去ったばかりである」という顕れ方のもとで現に顕れている音と，「想起された音」とはちがう。この点が二番目に肝心な点である。想起された音は〈現に顕れている〉という性格をすでに失っており，〈かつて聞いたことがある〉という仕方で現れる音である。まとめると，「たった今過ぎ去ったばかりである」という顕れ方で現に現れている音は，残響音でもないし，想起された音でもなく，現に聞こえている音に「あたかも彗星の尾のように」，〈現に顕れている〉という仕方で，伴う音の記憶である。このような仕方で現在に伴う記憶をフッサールは，想起を意味する単なる記憶と区別して，「過去把持」と呼んだのである。

　では，これから到来するはずの未来の時間は，どのような現れ方をしているのだろうか。ふたたび音を聞く場合を例にすると，私たちは，今，現に聞こえている音を聞きな

「たった今過ぎ去ったばかりである」という顕れ方で現に現れている音は，残響音でもないし，想起された音でもなく，現に聞こえている音に「あたかも彗星の尾のように」，〈現に顕れている〉という仕方で，伴う音の記憶。

がら，これから到来する音を，「やがて聞こえる」音として，すでに予期しているのであり，その意味で，これから到来する音もすでに現に顕れているのである。しかし，〈すでに現に顕れている〉といっても，私たちの予期に反し，実際には音がしないかもしれないし，または私たちが予期した音とちがう音が現れるかもしれない，という「不定な」性格が，この予期には伴っている。つまり，この予期は中身のない「空虚な」仕方で，これから到来する音を，現に顕れさせているのである。「空虚な」仕方で顕れる音であるから，これは想像による音とは異なる。想像による音は中身をそなえている。このような特徴をもつ予期を，フッサールは「未来予持」と呼んだ。未来予持の場合は，過去把持の場合の残響音に当たるものはない。

過去把持や未来予持は，現在という時間が〈厚み〉を伴っていることを示している。

　過去把持や未来予持は，現在という時間が〈厚み〉を伴っていることを示している。この現在の厚みは，アウグスティヌスが見いだした現在という時間の矛盾した性格，すなわち，「現在は現在でなくなると同時にやはり現在である，という矛盾した性格」(p.112) を，現象学的方法によってとらえ直したものとみることができる。現在が厚みをもつということは，現在という時間が，時間の経過を許容しないデカルト的な〈瞬間〉，すなわち，私たちが序章で検討した，「私は考えている，したがって，私は存在する」というデカルトの命題において成立する〈瞬間〉ではありえないことを示している。この命題を検討したとき，「私たちは，例えば，「今の私は昨日の私ではない」という言い方のように，時間の経過を受けいれている」(p.30) と考えておいた。この言葉の哲学的根拠は，フッサールの現象学的方法によって見いだされた時間の厚みによって与えられるのである。

　また，現在という時間が厚みを伴うということは，私たちが第2章3節《知覚の射映性と地平性》で考察しておいた，知覚対象の現れ方に似ている。知覚の対象は，奥行にそって存在するがゆえに厚みをもち，厚みをもつがゆえに，見える表面と，表面の背後に隠れるという仕方で顕れている

← p.94

内部および背面という地平とを，伴うのである。知覚空間について見いだされるこうした射映性と地平性という考え方を時間に当てはめてみると，事物の表面として射映している面に当たるのが，実際に今聞こえているという仕方で現に現れている音であり，内部と背面という地平に当たるのが，過去把持や未来予持によって現に顕れている音であることになる。

　物の内部と背面が，「隠れるという仕方で顕れている」（p.93）といわれたのと同様に，過去把持と未来予持によって現に顕れている音は，隠れるという仕方で顕われている音である，ということができる。そう考えてみると，〈私〉の知覚世界は，表面と瞬間的今とのみによってできているのではなく，空間的にも時間的にも，厚みをもった世界であることがわかる。そうであるならば，私たちは空間について用いた奥行という考え方を時間にも適用し，〈時間の奥行〉という表現を用いてよいことになるであろう。

　フッサールの時間論を通じて，時間は空間と同様に厚みをそなえているという事態が明らかになってきた。しかし，時間と空間との共通性は単なる偶然の一致によるのだろうか。メルロ＝ポンティは，時間と空間とが根本的に表裏一体のものとして現れているという事態を追究している。時間と空間との一体性を，メルロ＝ポンティの時間論に則して考えてみることにしよう。

５　時間と空間の一体性 ─メルロ＝ポンティの時間論─

　メルロ＝ポンティは，時間と空間との関係について，次のような文章を示している。

　「遠くの対象を見るという場合，私はその対象をすでに把持しているということ，またはその対象を今でも把持しているということ，つまりその対象は，空間においてあると同時に，未来においてまたは過去においてあること，を意味している。」（『知覚の現象学』第３部第２章「時間性」より）

物の内部と背面が，「隠れるという仕方で顕れている」といわれたのと同様に，過去把持と未来予持によって現に顕れている音は，隠れるという仕方で顕われている音である，ということができる。

〈私〉の知覚世界は，表面と瞬間的今とのみによってできているのではなく，空間的にも時間的にも，厚みをもった世界である。

遠くにある対象を〈私〉が見るということは，そこに空間が開けているということである。だからその対象は空間においてあることになる。しかし，なぜ，それが同時に「未来においてまたは過去においてあること」になるのであろうか。この問題を考えるためには，第2章2節《知覚の奥行》をあらためて参照しながら考える必要がある。遠くの対象を見るということは，「ここに」いる〈私〉が，遠くの「そこに」ある対象を見るということである。奥行についての考察を通じて，私たちは，「見るということは，奥行にそって，〈私〉の「ここに」と知覚対象の「そこに」とが，同時にあることである」(p.89) と考えておいた。

　「ここに」と「そこに」という言葉は，それだけで考えれば，空間的区別を意味するにすぎない。その言葉自体に時間は含まれていない。では，なぜ「ここに」と「そこに」という二つの場所が，「同時に」あると言えるのだろうか。

　それは隠れて働く「ここに」と対象として現れる「そこに」とが一緒になって，一つの奥行を構成しているからである。「ここに」と「そこに」との同時性の根拠は，奥行にある。たしかに，「ここに」と「そこに」との空間的区別がなければ，「同時に」と言っても，何と何とが「同時に」と言われるのであるかわからなくなり，「同時に」という言葉は無意味になる。しかし，逆に，「同時に」という時間の関係が欠けていれば，「ここに」と「そこに」という二つの空間的位置は，互いに並置されたままで，一切の関係をもつことができなくなる。であるならば，空間すなわち「ここに」と「そこに」との隔たりと，時間すなわち同時性とは，互いに他なくしては無意味となってしまう表裏一体の関係にあることになる。つまり，〈私〉が遠くに何かしらの対象を見るということは，たしかに空間が開かれるということであるが，その空間は，奥行によって媒介された隠れて働く「ここに」と対象として現れる「そこに」との隔たりを意味するのであり，したがって，その空間は，「同時に」という時間性を含むことができるのである。

「ここに」と「そこに」とが「同時に」あるということが，〈私〉の「現在」を構成している。たとえば，〈私〉が「ここに」いて，同時に，あなたが「そこに」いるというのが，〈私〉の現在である。したがって，「現在」は単に時間を意味するだけでなく，空間の広がりを含んでいる。そこでメルロ＝ポンティは，「現在」の空間性を示すために，「現在」という言葉でなく，「現在野」という言葉を使用し，この「現在野」を手がかりとして，現在と過去，現在と未来との関係を考えようとしたのである。フッサールが現在という時間から出発して，ただちに過去と未来とについての理解へと向かったのに対して，メルロ＝ポンティの場合は，〈空間と時間とが表裏一体として働く現在野〉から出発して，過去と未来とについて考えようとしている。

「ここに」と「そこに」とが「同時に」あるということが，〈私〉の「現在」を構成している。

「私が時間と接し，時間の流れを知ることを学ぶのは，経過した一日という地平をその背後に伴い，前方に夕べと夜という地平を伴って，私が仕事をしつつ過ごすこの瞬間，すなわち広い意味での〈現在野〉においてである。」（同上）（傍点は引用者による）

メルロ＝ポンティは，「ここに」と「そこに」との同時性によって構成される現在野に，さらに過去と未来の地平を加えて，「広い意味での現在野」と呼んでいる。この「広い意味での現在野」の視点に立つことによって，私たちは，ある対象を見るとき，同時にその対象が，「未来においてまたは過去においてあること」を理解できるようになる。私たちは第2章6節《身体空間の方向性》で，「関心をもって世界に臨む〈私〉の身体にとって，空間は時間的意味に浸透されている」ということをみておいた。このことは，メルロ＝ポンティのいう「広い意味での現在野」という視点を導入することによって理解されるであろう。

← p.100

　私たちは，本章1節《生と時間》でアリストテレスの時間論を考察したときに，時間には表情があり，また，時間は

← p.111

〈進む〉というより〈積み重なる〉のではないかという考えを示しておいた。メルロ゠ポンティの時間論にそって考えると，時間と空間とが一体化して働く「広い意味での現在野」において，時間が表情をそなえて現れることは，不思議でなくなるであろう。なぜなら，「現在」という時間が，単に時間を意味するだけでなく，空間の広がりを含んでいるのだとすれば，空間の表情を時間が帯びるのは自然だからである。

空間の表情と自分の身体の感情とのつながりについては，第2章2節《知覚の奥行》で考えておいた。また，時間は広い意味での現在野において〈積み重なる〉という言い方も，それほど不自然でなくなるであろう。なぜなら，時間は，流れ来たり流れ去ってしまうのでなく，奥行にそって知覚される事物の内部や背後に隠れるという仕方で，「そこに」顕れていることになるからである。

← p.91

時間は，流れ来たり流れ去ってしまうのでなく，奥行にそって知覚される事物の内部や背後に隠れるという仕方で，「そこに」顕れている。

　「私は自分の一日を表象するわけではない。私の一日は，そのすべての重さをもって私にのしかかっている。私の一日は，まだそこに在る。私はその細部をいささかも思い起こしはしないが，今にもそうすることのできる能力をもっている。私は自分の一日を〈まだ，手の内に〉保持しているのである。同様に，私は，まもなくやって来る夕べとその後のことを，考えているわけではない。しかし，にもかかわらず，夕べとその後の時間は，私がその正面を見ている家の背面のように，つまり，図の下の背景として，〈そこに在る〉のである。」（同上）（傍点は引用者による）

これまで検討してきた時間論は，〈私〉の生とのかかわりにおいて主として問題になる時間について考察した時間論である。〈私〉の生は，知覚を通じて，時間と深くかかわりあっている。しかし，本章の冒頭で考えたように，時間が生とかかわるものであるとすれば，時間は死とも深くかか

わると考えられるであろう。では，時間と死はどのように
関係していると考えられるのであろうか。この問いを考え
る前に，まず，死についてのいくつかの考え方をみておく
ことにしよう。死をめぐる不安や恐れに対して，哲学者は
どのような知恵を残してくれているのだろうか。以下，エ
ンペドクレス，ソクラテス，エピクロスの言葉と対話しな
がら，死について考えてみよう。

2 死の克服

1 エンペドクレス

エンペドクレス（紀元前 492 頃 -443 頃）は誕生と死につ
いて，次のように述べたと伝えられている。

> 「およそ死すべきものどもの何ものにも，誕生といった
> ものはなく，またおぞましき死の臨終といったものもな
> い。ただ混合と混合されたものの分離があるだけである。
> 『誕生』とは，人間どもによってそれらにつけられた名称
> にすぎない。」（プルタルコス『コロテス論駁』より）

> 「愚かな者ども，彼らにははるかに及ぶ想いといったも
> のがない。彼らはかつてなかったものが生成したり，あ
> るいは何かが死んで完全に滅び去ると，むなしく考え
> る。」（同上）

誕生や死は何か特別な出来事ではない。それは，ある元
素が結合して目に見える水となり，分離して目に見えなく
なるのと同じように，さまざまな元素のようなものが結合
して生命が誕生し，それらが分離して生命が死を迎えると
いうだけのことである，とエンペドクレスはいうのである。
こう考えると，誕生や死は，かつてなかったものが有とし
て生成したり，在るものが無として消滅したりすることで
なく，元素のような永遠に存在する存在が，ただ形を変化
させるだけのことにすぎないことになる。すなわち，誕生

エンペドクレス⇨ ギリシアの哲学者。
予言者，魔術師，医者，自然科学者，
政治家などを兼ね，自他ともに神をも
って任じたとされる。

を喜んだり，死を恐れたりすることは，目に見える形にとらわれた人間の偏見にすぎないのである。ちなみに，エンペドクレスによれば，結合の原理は「愛」であり，分離の原理は「争い」である。つまり愛によって生命は誕生し，争いによって生命は死ぬのである。

　こうした考え方は，生命の誕生と死とをもっぱら自然現象の一部としてとらえることによって，心の平安を保とうとするものであり，とりわけ死についての不安や恐れを解消しようとするものである。たしかに，私たちの死が完全に自然現象に解消できるのであれば，この考え方は有効であろう。しかし，このエンペドクレスの考え方を知ることによって，私たちは死の不安や恐れから完全に解放されるであろうか。もし解放されないとすれば，このエンペドクレスの考え方は，私たちにとって，人間の死が単なる自然現象におさまるものでありえないことを，逆に示していることになるだろう。つまり，私たちにとって，死は単なる自然現象にとどまるものではないということ。このことがエンペドクレスとの対話によって明らかになる。

私たちにとって，死は単なる自然現象にとどまるものではない。

2　ソクラテス

　ソクラテスは死への恐れを，「無知の知」に結びつけて解消しようと考えている。ソクラテス自身がのちに毒杯をみずからあおいで自死している事実を考えると，以下の言葉は軽視できない。

　　「死を恐れるということは，諸君，自分が智者でないのに智者であると，思うからにほかならない。なぜなら，死を恐れるということは，知っていないことを知っていると思うことだからである。というのは，誰も死が，人間にとって，もしかしてまさに，すべての善きもののうち最大なものであるのではないかということを知らないで，悪いもののうち最大なものであることをよく知っているかのように恐れるからである。が，それがどうしてそのもっとも非難さるべき無知，すなわち，知っていな

いことを知っていると思うことの無知でないことがあろうか。」(『ソクラテスの弁明』より)

　この考え方は，ソクラテス独自のものである。ソクラテスのいう「無知の知」は，序章2節2《対話について》でみた，知恵を求める対話という方法と結びついている。「無知の知」は，知の探究を志す者のもつべき，根本的姿勢である。その根本的姿勢に立つならば，死について，死が恐ろしいものであると考える偏見をもってはならないというのが，ソクラテスの主張である。この考え方は，エンペドクレスと異なって，死が単なる自然現象としてあるのでなく，私たちにとって恐れるべきものとして現れている事実を認めたうえで，それにもかかわらず死は恐れるべきものでないと主張しているのである。

　このソクラテスの考え方をみると，あらためて，なぜ私たちは死を恐れるのかという反省を迫られる。この世に生きている誰も，まだ死を経験したことはない。経験したことがない未知の出来事について，なぜ私たちはあらかじめ恐れるのであろうか。未知の出来事であるから，私たちは死を恐れるのであろうか。そうではないだろう。なぜなら，未知の出来事を期待して待つという場合はいくらでもあるからである。ソクラテスは，死が善いものであるとも悪いものであるともいっていない。ただ，死について私たちが何も知らないという事実を指摘しているのである。

　しかし，逆にソクラテスに問うてみよう。私たちは死について，本当に何も知らないのだろうか。死を恐れるからには，何か死について知っているのではないだろうか。そう考えると，前述のエンペドクレスの言葉，すなわち，愚か者は「かつてなかったものが生成したり，あるいは何かが死んで完全に滅び去ると，むなしく考える」(p.121)という言葉が，意味を帯びてくる。私たちは，死について，死は，在るものが無として完全に滅び去ることを，たしかに知っているのではないか。この考えは愚かであるかもしれない

← p.12

死が恐ろしいものであると考える偏見をもってはならない。

私たちは，死について，死は，在るものが無として完全に滅び去ることを，たしかに知っている。

が，私たちがそう考えていることは事実である，ということがソクラテスの言葉と対話することによって明らかになる。

3　エピクロス

快楽主義を主張したエピクロス（紀元前341-270）は，死について次のように考えている。

「死はわれわれにとって何ものでもない，と考えることに慣れるべきである。（中略）死は恐ろしいといい，死は，それが現に存するときわれわれを悩ますであろうからではなく，むしろ，やがて来るものとして今われわれを悩ましているがゆえに，恐ろしいのである，という人は，愚かである。なぜなら，現に存在するときに煩わすことのないものは，予期されることによってわれわれを悩ますとしても，何の根拠もなしに悩ましているにすぎないからである。それゆえに死は，もろもろの悪いもののうちでもっとも恐ろしいものとされているが，実はわれわれにとって何ものでもないのである。なぜかといえば，われわれが存在するかぎり，死は現に存在せず，死が現に存在するときには，もはやわれわれは存在しないからである。そこで，死は，生きている者にも，すでに死んだ者にも，かかわりがない，なぜなら，生きている者のところには，死は現に存在しないのであり，他方，死んだ者にはもはや存在しないからである」（「メノイケウス宛の手紙」より）

エピクロスの考え方の特徴は，死についての悩みは死を「予期」することによって生ずるという考え方にある。しかしエピクロスによれば，私たち人間にとって，「善いものと悪いものは，すべて感覚に属する」のであり，ところで，たとえば痛みの感覚というものは，今自分が痛いと感じている感覚を指すのであって，予期にもとづく未来の痛みは，実際の痛みをもたらすわけではない。つまり，感覚は今とい

エピクロス⇨ ギリシアの哲学者。アテネ市中の公園に学校を開き，エピクロス学派（庭園学派）の祖となり，政治に関与せず，隠れた生活を送った。

われわれが存在するかぎり，死は現に存在せず，死が現に存在するときには，われわれは存在しない。

死についての悩みは死を「予期」することによって生ずる。

う時間にその働きが限定されるのである。したがって，私たちにとって今という時間を越えて働こうとする予期という精神の働きは，善も悪ももたらさないのである。したがって，予期によって生ずる悩みは，死についての場合にかぎらず，すべて何ものでもないのである。

これは，エンペドクレスのように死を自然現象に還元しようとする考え方ではないし，死について「無知の知」を主張するソクラテスの考え方ともちがう。エピクロスは，私たちの存在の時間性，特に現在という時間の特権に注目しているのである。今だけが私たちにとって実在するのである。今という時において自分は生きており，今という時において自分の死は存在しない。実際に死が現実化する「今」が存在するときには，今度はそれを感覚するはずの自分自身が存在しない。したがって，私たちが死を実際に感覚することはけっしてない。だから，死は何ものでもないとエピクロスはいうのである。

エピクロスの考え方は，ある種の潔さを感じさせるかもしれない。しかし，〈私〉は今という時間だけを生きているのであろうか。「愚かである」としても，〈私〉は過去の思い出を振り返り，これからの将来に思いを馳せながら，生きている。アウグスティヌスやフッサール，そしてメルロ＝ポンティの時間論から学んだように，〈私〉の現在には過去と未来とがすでに抜きがたく入り込んでしまっている。

エンペドクレス，ソクラテス，エピクロスという三人の哲人たちが示した死についての思索と対話しながら，私たちは，死が単なる自然現象でなく，死についての不安や恐れは，完全な消滅としての死を予期することにもとづいているのではないかと考えることができるようになった。そして，特にエピクロスとの対話によって，死の問題が〈私〉の存在の時間性と深く結びついているという知恵を，私たちは知った。この知恵を確かめ，さらに深めるために，もう一人の哲学者と対話してみよう。

死の問題が〈私〉の存在の時間性と深く結びついている。

:3 自分の死と時間（ハイデッガー）

　現代の哲学者で, 時間と死との関係を深く考えたのは, ハイデッガーである。ハイデッガーは『存在と時間』(1927) という著作の中で, 存在する個々の事物（存在者）をではなく, 存在者を存在させている存在そのもの（ザイン）を探究すべきであると考え, その視点から人間を「現存在（ダーザイン）」という独自の用語で呼んでいる。人間は物体, 植物, 動物と同様に, 存在者の一つであるが, 特別な存在者である。というのも, 人間は他の存在者とちがって,「みずから存在しているとともに, この存在が自分自身に開示されている」という特徴をもっているからである。人間だけが, 存在とは何かを, 自分の存在において, あらかじめわかっている（「了解している」）というのである。その証拠に, 人間は「存在とは何か」という問いをすでに立ててしまっている。つまり,「存在とは何か」という問いを立てた瞬間に, 人間が特別な存在者であることはすでに証拠立てられていたのである。

「存在とは何か」という問いを立てた瞬間に, 人間が特別な存在者であることはすでに証拠立てられていた。

← p.62

　ハイデッガーによると, 現存在である人間はさしあたり「ある世界の内に存在している」という存在の仕方をしている。これが第1章5節《「世界内存在」としての身体》で少し触れた「世界内存在」という用語のもともとの意味である。

　現存在である人間はこの「世界内存在」という在り方をもつがゆえに, さしあたりその日常生活において, 世界の中に存在しているさまざまな人や物に絶えず関心を奪われ, 世間話や好奇心にわれを忘れている。「世界」というとわかりにくいが, この言葉は「世間」という意味でさしあたり使われていると考えれば, わかりやすい。そういう場合, 人は自分の人生の全体性を見失い, 自分の一つひとつの行為の意義を見いだすことができない。なぜなら, 一つひとつの行為の意義は, 人生全体の意義の中で位置づけられることによってのみ与えられるからである。

　自分の人生の全体性を見失っている在り方を, ハイデッガーは頽落した「非本来的な」在り方であると考えた。しか

し人はそのような非本来的な在り方にとどまっていること
はできない。なぜならそのような非本来的な在り方は，実
は本来的な在り方からの「逃避」でしかないからである。

　その証拠に，世間話や好奇心にわれを忘れて暮らしてい
る私たちは，心の底でそういう自分に不安を感じている。ハ
イデッガーはセーレン・A・キルケゴール (1813-1855) の
影響を受けて，この不安という気分を，単に心理学的な意
味においてでなく，存在論的な深い意味で考えようとして
いる。病気の不安，仕事の不安など，日常生活における不
安はいろいろ考えられるだろうが，不安は単なる恐怖とは
ちがう。恐怖は自分に何か害を与えるかもしれない特定の
物や人や出来事を対象として生じる。不安にはそのような
特定の対象はない。強いていえば不安の対象は，日常生活
において非本来的な仕方で時間を過ごしている自分自身の
存在の根拠のなさである。

　このような意味での不安は，その根本において，実は死
の不安につながっているとハイデッガーは考える。私たち
は新聞やテレビで世の中の誰かが毎日死んでいることを知
っている。しかし，そのような死は世間一般の人の死であ
って，自分の死ではない。「死はたしかにやって来るかもし
れないが，しかし今すぐというわけではない」と私たちは考
え，そのかぎりで毎日の生活を送っている。

　しかし考えてみると，本来，自分の死がいつやって来て
もおかしくはない。死はいつでも突然やって来るのである。
自分の死が自分に差し迫ったものとして現れると，普段自
分が頼りにしている世間とのつながりが，意外に脆いもの
であり，実は無意味であることが露わになる。なぜなら，死
は，本来，ほかの誰かに代わってもらうわけにいかない，自
分の出来事であり，死は「代理不可能な自分の存在」を暴露
するからである。そうなると私たちは自分の存在の支えを
失って，言いようのない不安に襲われるのである。不安に
なると，それまで頼りになると思っていた世間との日常的
なつながりが切れて，他人ごとでない自分自身の存在（これ

セーレン・A・キルケゴール⇨ デンマー
クの哲学者。現実の個別的実存を問
題にし，人間の不安や絶望，罪の意識
を分析した。ニーチェとともに実存哲
学の先駆者といわれている。

不安の対象は，日常生活において
非本来的な仕方で時間を過ごして
いる自分自身の存在の根拠のなさ
である。

死は，本来，ほかの誰かに代わっ
てもらうわけにいかない，自分の
出来事であり，死は「代理不可能
な自分の存在」を暴露する。

を「各自性」という）が自分に迫ってくるのである。

　死は自分の存在の可能性の一つであるが，ほかの可能性とは決定的にちがう点が二つある。一つは，死は今は未だ来ていないという意味でたしかに未来の出来事であるが，ふつうの未来の出来事とちがって，かならずやって来る未来の出来事として現れているという点である。ふつうの未来の出来事は実現しないこともありうる。この場合には未だ来ていないし，実際にやって来ないこともありうる。二つめは，ほかの可能性，たとえば私がこの本を書き上げる可能性は，それが実現してもその後にまだ私の存在は続いてゆくと考えられる可能性であるのに対して，自分の死は，その後に自分の存在が残らない可能性である，という点である。その意味で，自分の死は「乗り越えられない可能性」である。

　まとめると，自分の死は，かならずやって来る，「他人ごとでない，世間とのつながりのない，追い越すことのできない可能性」である。このような意味での可能性としての「死へと臨む」ことを，ハイデッガーは死へと先駆けること，すなわち「先駆」と呼び，さらにその「先駆」を積極的に引き受ける態度を「先駆的覚悟」と呼んでいる。ハイデッガーによれば，このことが私たちにとって「時間」が存在することの本当の意味なのである。死はかならず自分に訪れる未来の出来事である。自分の死以外のふつうの未来の出来事は，実現しないかもしれないから，かならずしも時間をもたらさない。なぜなら，何も実現しなければ，中身のない「今」が続いてゆくだけであり，それは時間をもたらさないからである。しかし自分の死はかならず訪れる未来の出来事である。かならず訪れる未来だからこそ，時間が意味をもつのである。

　さて，自分が死へと「先駆」するということは，逆に死のほうから考えれば，可能性としての死が現存在としての自分に「到来する」ということである。自分が死へと「先駆」するのは，もともと可能性としての死が自分に「到来する」

自分の死は，かならずやって来る，「他人ごとでない，世間とのつながりのない，追い越すことのできない可能性」である。

自分の死はかならず訪れる未来の出来事である。かならず訪れる未来だからこそ，時間が意味をもつ。

という事実が先にあるからであり，したがって，可能性として死の「到来」が死への「先駆」に先立っている。このような意味での死が将に来たらんとすることを，「先駆」という態度で迎えること，それが「将来」(Zukunft)という言葉の意味なのである。

　私たちがふつう「未来」(未だ来たらず)として考えている時間は，ハイデッガーによれば，実は「将来」(将に来たらんとす)として解釈されるべき時間なのである。時間はただ一様に未来から現在へと移行するのではない。「時間性は根源的には将来から時熟するのである」とハイデッガーはいう。私たちがふつう「現在」,「過去」と呼んでいる時間も「将来」という視点から考え直さなければならない。ハイデッガーは，通常使われる「現在」(Gegenwart)と「過去」(Vergangenheit)という言葉の代わりに，日本語でそれぞれ「現覚」と「来歴」という訳語を当てるのがふさわしいドイツ語 (Augenblick と Gewesenheit)をもちいている。私たちの「現在」は，死への「先駆的覚悟性」を含んでいるという意味で「現覚」であり，「過去」は，「現覚」において到来した可能性としての「死」の歴史であるがゆえに，「来歴」である。

　自分の死の可能性は「乗り越えられない可能性」であり，言い換えると「不可能な可能性」である。このことから「死への先駆」は自分の人生の全体性を顕わにすることになる。なぜなら自分の死は，それ以後自分の時間そのものが消える人生の終わりであり，終わりが標されることによって自分の人生は，はじめてその全体性を顕わにするからである。自分の死は，「世間とのつながり」を失う可能性を顕わにすることによって，私たちを不安にさせるが，逆に私たちは自分の死と積極的に向き合い，自分の死に向かって覚悟することによって，かえって自分の人生の全体を引き受ける視点に立つことができるようになる。自分の死は，分断された時間に生きる非本来的な在り方から，自分の人生の全体を自覚した在り方へと，私たちを目覚めさせ，「人一般」としての自分から，「取り換えのきかない自分」へと，私た

時間はただ一様に未来から現在へと移行するのではない。「時間性は根源的には将来から時熟するのである」

死は「人一般」としての非本来的な生き方に頽落している自分に対し，本来の自分に目覚めよと呼びかける。

ちを目覚めさせるのである。死は「人一般」としての非本来的な生き方に頽落（たいらく）している自分に対し，本来の自分に目覚めよと呼びかける。ハイデッガーによればその呼びかけこそ，「良心の声」である。

このように考えてくると，ハイデッガーの時間論は，単に死に結びついて考えられているだけでなく，「先駆的覚悟性」という考え方を通じて，私たちの生に結びつく形で考えられているといってよい。

4 自分の生と「あなた」の死

この章でみてきた時間と死についての考え方は，主として自分にかかわるものであった。しかし，現に生きている私たちにとって，自分の死と同様に重要であり，考え方によっては自分の死以上に重要なのは，「あなた」の死，すなわち二人称の死ではないだろうか。生きている自分にとって，現実の死は，他者の死として，現れるほかないからである。私たちは自分の死を先駆的に覚悟することはできるが，生きているかぎり，自分の死そのものを経験することはない。この意味で，エピクロスは正しい。自分は生き，他者は死ぬ。私たちはかならず，〈遺族〉として生きることになるのである。

自分の死以上に重要なのは，「あなた」の死，すなわち二人称の死ではないだろうか。

しかし，ウラジミール・ジャンケレヴィッチ（1903-1985）は，近親者の死について，それは「ほとんどわれわれの死のようなもの，われわれの死とほとんど同じだけ胸を引き裂くものだ」と語っている。たとえば父母の死は，ある意味で，実際にわれわれ自身の死を意味するのではないだろうか。なぜなら，父母が死ぬということは，「次は自分が死ぬ番だ」という実感を私たちに与えるからである。父母の死は，三人称の死から一人称の死への道を，あらかじめ私たちに準備させるのである。祖父母の死，兄弟姉妹の死，また配偶者の死，自分の子供の死，血縁はないにしても親しい友の死なども，それぞれの仕方で，それまで単に他人ごとであった死（三人称の死）が，突然自分自身の死（一人称

ウラジミール・ジャンケレヴィッチ⇨ いわゆる「現代フランス思想」とは一線を画したロシア系ユダヤ人哲学者。古代ギリシア思想についての深い造詣に裏打ちされた実存主義的な「生の思想」を，繊細なフランス語で表現した。その著作『アンリ・ベルクソン』（1931）は，ベルクソン自身によって認められた。また『ドビュッシー』『ラヴェル』など，私たちを魅了する多くの音楽論を残してくれた。

の死）に姿を変え，自分に迫ってくるきっかけになる。兄弟姉妹の死や親友の死は，「代わりに自分が死んでも不思議はなかった」という実感を私たちに与え，自分が愛している人の死は，「自分は半分死んでしまった」という気持ちにさせるだろう。

p.155 →

　ソクラテスが伝えるディオティマの言葉にあるように，子供を生むということが，自分の生の永遠化を意味するとすれば，子供の死によって両親は，「未来の自分が消えてしまった」ように感じるのではないだろうか。いずれにしろ，親しい者の死は，〈私〉と「あなた」との近さと隔たりをあらためて意識させる。〈私〉は，どのような仕方で「あなた」と関係しているのだろうか。

● 課題 ●

1. 時計の歴史を調べてみよう。いろいろな方式の時計（日時計，水時計，砂時計など）を比べ，その長所と短所を考えてみよう。
2. 時間が早く過ぎるように感じられるのはどのようなときだろうか，その理由についても考えてみよう。逆に，時間が遅く感じられる場合についても考えてみよう。
3. 今の自分が感じている時間の〈進み方〉を，擬音語と擬態語で表現してみよう。たとえば，「黙々と進む」，「じっくり進む」など。
4. 参考文献(9)または(10)で，「ゼノンのパラドックス（逆説）」という言葉の意味を調べ，「飛んでいる矢は飛んでいない」というパラドックスと時間との関係を考えてみよう。
5. 本文にある，エンペドクレスとエピクロスの死についての考え方について，意見を述べなさい。

参考文献

1：生と時間
(1) 出隆『アリストテレス哲学入門』（岩波書店）。解説付の跋文集であ

る。これ一冊あればアリストテレス哲学への入門としては十分だろう。

(2) アリストテレス『自然学』。参考文献(1)に収録されている時間論で入門用としては足りるが，詳しくは『自然学』をみなければならない。『アリストテレス全集』(岩波書店) 第3巻 (山本光雄編) がある。

(3) 夏目漱石『思い出す事など 他七篇』(岩波文庫)。

(4) 聖アウグスティヌス『告白』。服部英次郎訳 (上・下2巻) (岩波文庫) と，山田晶訳『世界の名著14 アウグスティヌス』(中公バックス) をあげておく。

(5) H・J・カイザー (小阪康治訳)『アウグスティヌス—時間と記憶—』(新地書房)。少しむずかしいが，アウグスティヌスの時間論を三位一体論との関係において解釈している。

(6) 立松弘孝編『世界の思想家19 フッサール』(平凡社)。要を得た解説と跋文集からなる。

(7) フッサール (立松弘孝訳)『内的時間意識の現象学』(みすず書房)。時間に関する第一級の専門書。難解であるが，ていねいな訳注があり，じっくりと読むに値する本。

(8) メルロ＝ポンティ『知覚の現象学』第3部第2章「時間性」。

2：死の克服

(9) 日下部吉信編訳『初期ギリシア自然哲学者断片集』(全3巻) (ちくま学芸文庫)。エンペドクレスについての断片は第2巻に収録されている。

(10) 山本光雄訳編『初期ギリシア哲学者断片集』(岩波書店)。コンパクトで便利だが，訳文が多少古い。

(11) プラトン『ソクラテスの弁明』。久保勉訳 (岩波文庫) には『クリトン』が併録され，副島民雄訳 (講談社文庫) には『クリトン』と『パイドン』が併録されている。

(12) エピクロス (出隆・岩崎允胤訳)『エピクロス—教説と手紙—』(岩波文庫)。

3：自分の死と時間

(13) ハイデッガー『存在と時間』。第2章の参考文献(10)を参照。

4：自分の生と「あなた」の死

(14) ジャンケレヴィッチ (仲澤紀雄訳)『死』(みすず書房)。多くの示唆に富む大著。死のこちら側，死の瞬間，死の向こう側という三つの現れ方にそって，死について思考している。

4
他者・近さと隔たり

成就 │ クリムト画

〈私〉は「あなた」に魅入られ，惹かれてしまっている。
けれど，無限な彼方に遠ざかる「彼方」に触れることはできないであろう。
だから，「あなた」に向かって無限に呼びかける。

私たちは，他者を気にかけずに生きてゆくことができない。他者を無視するというのも，それはそれで他者を気にする一つの仕方である。私たちは，周りに人がいないときでも，他者の存在を気にしている。なぜ私たちは，それほどまでに他者を気にかけるのであろうか。

← p.60

　第1章《身体としての自分》でみたように，私たちは，日常生活において，他者の表情を通じて直接に他者と出会っている。私たちは，ふつう，他者の身体を単なる物体とみなすことはない。ところで，この場合，他者は，どちらかといえば，〈私〉に対する近さの関係において，理解されていた。つまり，身体の表情的意味は〈私〉と他者との絆の土台であると考えられたのである。

　しかし，他者は〈私〉に対して，いつも近さの関係で現れるわけではない。他者は〈私〉から離れてゆく存在でもある。前章《時間の不思議さ・生と死》の終わりに述べたように，〈私〉は生き残り，「あなた」は死んでゆく。死は，無限の隔たりを意味している。〈私〉がいくら「あなた」に働きかけようと，「あなた」はその死によって，〈私〉から無限に離れてゆく。無限の隔たりをもって〈私〉に現れてくる場所，それは無限な「彼方（かなた）」という場所であり，死んでゆく「あなた」は，〈私〉に対して無限な彼方としての「彼方（あなた）」として現れる。本章で，「あなた」という言葉を導入するのは，そのような他者の現れ方に注目しているからである。「他人」という日本語は，「赤の他人」というように，「無関係な人」という意味が強い。「あなた」は無関係な人ではない。隔たりを置きながら，しかし〈私〉の関心を惹く人，それが「あなた」である。「他者」という日本語は，「他人」に比べると，単純に「他の者」という意味で，近くても隔たっていても，その者を「他者」と呼ぶことができる。

　他者は，〈私〉に対して，近さと隔たりという相反する二つの関係において現れる。だからこそ〈私〉は，他者を気にかけるのではないだろうか。もし他者と完全に一体化してしまえば他者は他者でなくなってしまうであろうし，他者

と完全に切れてしまえば，それはもはや現れることさえないであろう。いずれにしろ〈私〉が他者を気にかけることはなくなるはずである。〈私〉が他者を気にかけるとすれば，それは，他者が同時に近さと隔たりという二つの関係において，〈私〉に現れているからである。近さと隔たりという視点から，あらためて，他者とはどういう仕方で現れる存在であるのかを考えてみよう。

1 他者との近さと隔たり

1 近さ―共存と間身体性―

　私たちは，第1章4節《表情的意味と他者》で，「身体の表情的意味は他者との関係の基礎を提供するもの」(p.60)であり，「表情とその意味との一体性は，同時に，自分と他者との人間関係の根本的な絆になっている」(p.61)ことをみておいた。そこでは他者の「表情」が〈私〉に直接伝わるということにもとづいて他者との関係を考えたが，ここでは行為の意図という視点に立ってあらためて考えてみよう。

　他者の行為は，意図を帯びたものとして知覚される。たとえば生後1年過ぎの幼児の指をもち，私が口をあけてそれを噛む真似をすると，相手の幼児もそれにつれて口をあけることがある。この場合，幼児は口をあけるという私の行為を意識的に真似しているわけではなく，無意識に私の行為を模倣し，直接に自分の身体行為に重ねているように見える。いわば私の行為が幼児の身体に乗り移っているかのようである。この場合，私は，幼児にとって，デカルト的な「私は考えている」の主体(自我)であるはずはなく，ただ「噛む」という行為の意図を表現する身体にすぎない。しかしその身体は，意図を内から外へと表現している身体であるから，単なる物体としての身体でもない。

　私の身体行為に対する幼児の経験は，そのまま反転して，幼児の身体に対する私の経験でもある。たしかに成人の私たちは幼児とちがい，デカルト的な反省をおこなうことによって，「私は考えている」という意識の主体にもなりうる

のだから，幼児ほど単純に，身体行為によって表現される
意図だけを通じて，他者を経験するわけではない。何より
も成人の私たちには言語を介しての他者経験がある。言語
が表現する意味は単に身体行為の表現する意図のレベルに
はとどまらない。言語は単に表情的意味を表出するのでな
く，指示・述定機能を介して言語的意味を表出する（この点
については第5章《言葉・比喩・論理》で詳述する）。しか
しそれにしても，私たちは身体行為の表現する意図の担い
手として他者を経験するというのも事実である。

p.182 以降→

　〈私〉は他者の身体行為に自分自身の意図を見いだし，他
者は〈私〉の身体行為に自分の意図を見いだすという，反射
現象が存在する。そういう場合，〈私〉の身体と他者の身体
とは，表裏一体となって，一つの全体を形成しているよう
にみえる。この現象は身体を物体と考えるならば，理解不
可能であろう。この反転現象は，第1章5節《「世界内存在」
としての身体》でみておいた身体の「二重感覚」の経験に似
ている。身体の二重感覚の場合は，触れる手と触れられる
手との役割が自分の身体において反転する現象であった。
ここでは，私と幼児との間で，役割の反転が生じているの
である。また，ここで行為の主体として働いている身体は，
同じく第1章5節でみた身体図式に裏打ちされた身体空間
としての身体であり，そう考えることによってこの現象は
理解可能なものとなる。身体行為の表現する意図の直接性
によって，〈私〉は他者にもっとも接近することができる。

← p.66

← p.76

　これを「共存」と呼ぶことができる。この共存の経験が，
〈私〉と他者との絆ではないだろうか。親が子を抱き，恋人
同士が愛撫しあうのは，身体空間を重ねあわせることによ
って自他の区別を解消しようとする行為であろう。身体の
二重感覚について考察した際，自分の身体の「内面」は二重
感覚の及ぶ範囲であるという考えを提示しておいた。ここ
であらためてその考えを適用してみると，親が子を自分の
両腕の内部に抱き込むのは，二重感覚を通じて形成される
自分の身体の内面に親が子を共存させ，子がその身体空間

← p.71

を親の身体空間に一体化させる行為として考えることができるだろう。恋人同士は，抱きあうことで互いに自分の身体の内面に相手の身体を共存させることになる。〈私〉と他者との共存を可能にするこうした身体の働きは，〈間身体性〉と呼ばれている。

つぎに，幼児の対人関係にもとづく共存とは別の仕方で，他者との近さを考えるために，物心のついた10歳と13歳の子供の例をあげてみよう。二人の少年がバドミントンで遊んでいる。はじめは二人とも楽しそうに遊んでいたが，年の差があり，年少の子（B）は何度やっても年長の子（A）に勝つことができないでいる。結局Bは，「もうやりたくない」と言って，ラケットを投げ出してしまった。Aは，「もっとやろうよ」と誘ったが，Bは口をきかない。ゲームの楽しさは失せてしまった。

「残念だね，なんでやめちゃうの。こんなやめ方してもいいと思ってるの」と，Aは強い口調で言った。Aは怒っているのだ。しかし，しばらくすると，口をきかないBの横顔をちらちら見ていたAの表情に変化が生じた。AはBの悲しげなまなざしを見て，「残念だね」とさっきとは別の調子で言った。そして，さらにしばらくして，「ねえ，こんな遊び方は意味がないよ」と言ったとき，Aの表情が変化した。「こんなゲーム，変だよね。ぼくは君に対して，本当に友達がいがなかった……」とBに向かって言い，「どうしてもだめかなあ……」とつぶやいて，またしばらく沈黙した後，急に明るい表情になってこう言った。「いい考えが浮かんだよ。こんなふうにして遊ぼう。ぼくたちの間で羽根を落さないでどのくらいの回数続けられるか数えてみよう。楽なサーブからはじめて，だんだんむずかしくしてゆこうね……」。Bはこの言葉に賛成して，「それはいい考えだね。やろう」と言って，ゲームは再開された。

これはウェルトハイマが著書『生産的思考』で紹介している例である。ウェルトハイマはゲシュタルト心理学の立場から，Aの視点に立ってこの例をおよそ以下のように分析

図1

図2

図3

図1～3の出典：M.ウェルトハイマ(矢田部達郎訳) 生産的思考. p.175～176, 岩波書店, 1952.

している。

①まず，Aは自己中心的な視点で状況全体を見渡し，その視点を中心としてゲームとB，そして生じた問題をとらえている。Aにとってゲームは「自分の能力を示し，勝つためのもの」であり，Bはそのために必要な人である。したがって，ゲームを拒否したBは，Aに対する妨害者である（図1）。

②次に，Aは，状況がBにとってどのように見えているかに気づき，今度はBの視点を中心としてゲームとA自身，そして問題を見直す。Bにとって，Aはゲームの一部分であることをAはさとり，相手をよい仕方で扱っていない競技者として自分をみるようになった（図2）。

③最後にAは，なぜゲームが楽しくなくなってしまったのか，その理由に関心を向け，楽しいゲームになるために何が必要なのかを考えることを通じて，ゲームという全体から状況をみるようになった。その結果，ゲームは，単に「自分の能力を示し，勝つためのもの」ではなく，友として振る舞い，友と楽しく過ごすことのできる「よいゲーム」になるようにルールが変更され，AもBもゲームという全体に関連づけられる仕方で機能するようになった（図3）。

三つの段階を経てAとBの関係は，互いに嫌悪するものから友好的なものへと変化している。こうした変化についてウェルトハイマは，「競争から共同へ，私vs汝から私たちへ。部分としてのAとBとは，もはや自分の立場だけを考える敵同士ではなく，共通の目的に向かって共同する二人の人間である」と書いている。

ここにおいて，私たちは，単に「我」と「我」を並べた「我々」でなく，「我」と「我」との共同性によって成立する「私たち」という言葉を，根拠をもって使うことができるようになる。①段階では，Aは「私たち」という言葉を，Bに対して根拠をもって使うことはできなかった。しかし③に

おいて，共通の目的に向かって共同する〈私〉に気づいたと
きに，「ぼくたち」という言葉をＡはＢに対して用いること
ができた。そして，Ｂの視点からもその二人の共同は受け
入れられた。序章３節《「私」と「私」の近さと隔たり》で，
「「私たち」という言葉が一つの実在を意味するといえるの
かどうか，つまり，「私」と「あなた」とが，「私たち」という
複数形のもとに一体化できるのかどうかは，よく考えてみ
なければならない問題を含んでいる」(p.22)と書いておい
た。この問題に対して私たちは，「私たち」とは，〈共通の目
的に向かって共同する人間〉を意味すると答えることがで
きるであろう。たとえば，クラスやチームの仲間，合唱や
合奏の仲間などは，「私たち」といえる。

p.161 →

　しかし問題が残る。〈共通の目的に向かって共同する人
間〉というのは，誰にとって存在しているのであろうか。〈共
通の目的に向かって共同する人間〉というのは，二人の少年
を外部から観察するウェルトハイマが，その観察の結果と
して考えたことであり，そのかぎりでは，〈共通の目的に向
かって共同する人間〉は観察者の主観的認識にとって存在
するにすぎない。では少年たち自身は，自分たちの関係を
どうみているのだろうか。

　彼らは，外部からの観察者であるウェルトハイマと同じ
仕方で，自分たちの関係をみているわけではない。ではど
のような仕方で彼らは自分たちの状況変化を経験している
のだろうか。彼らはたしかに関係の変化に自分で気づいて
いる。少年たちの言葉からそれがわかるのはもちろんだが，
それ以上に，彼らの表情（声の表情も含めて）の変化が重要
である。彼らの表情は，①から③の段階において，はっき
り変化している。二人の少年は自分たちの関係の変化に，互
いの表情の変化を通じて，気づいているのである。ウェル
トハイマが二人の少年の関係の変化に気づいたのも，そも
そもＡの表情やＢの「悲しげなまなざし」に気づいたから
である。私たちは第１章《身体としての自分》で，他者関係
の土台をなすものとして，身体の表情的意味という考え方

← p.60

を提示しておいた。この考え方がここであらためて重要になる。

　〈共通の目的に向かって共同する人間〉は，具体的には，〈私〉と他の〈私〉との間でかわされる身体の表情によって表現されている。つまり，嫌悪的な表情から好意的な表情への変化が，ＡとＢとの関係の変化を具体的に表現しているのである。表情は知覚世界で現に働いている実在である。したがって，〈共通の目的に向かって共同する人間〉としての「私たち」という存在は，観察者の主観的認識にとってのみ存在する存在ではなく，それ以前に，知覚世界において現に働いている実在である。「私たち」は実在する。〈私〉の相手も身体としての〈私〉という仕方で存在するのであるから，正確にいえば，〈私〉と他の〈私〉とが形成する一人称複数形代名詞は，「〈私〉たち」と表記されなければならないであろう。

　以上の例では，好意的な表情を介して成立する「私たち」が扱われていた。たしかに私たちは，最終的には好意的な表情を介して「私たち」になるのであるが，表情を介さなくとも，共通の目的に向かって共同するという行為がなされるならば，その行為に参加する主体は，「私たち」という言葉を使うことができるであろう。たとえば，本書全体を通じて「私たち」という言葉が使われているが，それは，私たちが，対話と反省を通じて間主観的な知恵を見いだすという，共同の目的に向かっていると思われるからである。しかし，言語を介して成立する「私たち」の共同性についてきちんと考えるためには，言語による間主観性の成立についての考察が必要である。この点については，第５章１節のp.176 →3《言語能記の恣意性とその帰結》で考察する。

２　隔たり

← p.63　私たちは第１章５節《「世界内存在」としての身体》で，身体的存在者としての〈私〉の在り方の一つとして「恒存性」という特徴を示しておいた。「恒存性」とは，「自分の生きられた身体は常にすでに「ここに」隠れて存在し，働いている」

という，〈私〉の身体の現れ方を指す言葉であった。この〈私〉の身体の存在の仕方は，他者の身体にも適用される。〈私〉の相手は，〈私〉と同様に，隠れて働く「ここに」という場所から世界の「そこに」へと向かう運動として，〈私〉に現れている。この事実から出発しよう。

　相手に違和感をもたないときには，私たちはその運動の意味（意図）を，相手の表情と身体行為とによって感じとっており，相手をその表情的意味と身体行為の意味（意図）によって了解しながら，スムーズに以心伝心の状態で相手と通じあっている。しかし，相手の表情的意味や身体行為の意味（意図）が普段のそれとずれていたり，相手の言語表現によって表現される意味が，表情と身体行為とによって表現される意味（意図）と調和せず，違和感を生じさせる場合がある。そのようなとき私たちは「おやっ」と感じ，私たちの覗き込めない面を相手の内に感じとり，「あなた」との隔たりを感じとるのである。この覗き込めない面は，相手の「ここに」という隠れた場所に根ざしている。他者は覗き込めない内面があるからこそ他者である。しかし，通常こうした違和感は，相手との対話によって，ある程度，解消可能であろう。「なぜ，あなたはそんな顔をしているの」とか，「なぜ，あなたはそのようなことをいうの」という言葉をもちいることによって，私たちは，その違和感について，語りあうことができるのである。言葉は，ある程度，お互いの内面を外面化しあうことができる。

　しかし病と死は，〈私〉と「あなた」との隔たりを，際立った仕方で露呈する。人が病に苦しんでいるのに対して，〈私〉はその人が苦しんでいることに苦しむことしかできない。さらに，死んでゆくのは他者であり，〈私〉は生き残る。そこに絶対的な隔たりがある。この隔たりは，上の段落で述べたような，言葉によって解消可能な他者との隔たりとは異なり，越えることができない。母親が子供の身代わりになって死ぬことができるとしても，その死は母親の死であって，子供の死ではない。前章《時間の不思議さ・生と死》

死んでゆくのは他者であり，〈私〉は生き残る。そこに絶対的な隔たりがある。

← p.127

でみたように，私たちは自分の死を死ぬことしかできない，というのがハイデッガーの主張であった。そこには乗り越えがたい隔たりがどうしても存在する。

　病や死は他者自身の「ここに」という隠れた場所を襲い，死の場合にはその隠れた場所そのものを消し去るにいたる。そこにはもはや，生き残る者としての〈私〉が〈覗き込むことのできない〉場所さえ存在しない。他者が生きて働いているかぎり，〈覗き込むことのできない〉隠れた「ここに」を私たちはその他者に感じとることができる。だからこそ他者は「彼方（あなた）」なのである。しかし他者の死は，他者の隠れた「ここに」という場所そのものの消滅として現れる。つまり，単に〈覗き込むことができない〉のではなく，もはや〈覗き込むことができない〉ことさえできないのである。これが他者の死，「あなた」の死である。

3　近さと隔たり

　自分と他者との近さと隔たりは，〈私〉にとって他者が他者であるためにいずれも欠くことのできない条件（これを「他者の他者性」という）であるように思われる。これは一見矛盾するようであるが，〈私〉と完全に一体化した他者はもはや他者ではないし，逆に〈私〉と一切の関係をもたない他者もやはり他者でありえないであろう。近づきつつ隔たり，隔たりつつ近づくという矛盾した仕方で現れるのが，他者である。精神医学者である木村敏（1931-2021）によれば，「身近な他人との間で遠過ぎもせず近過ぎもしない適当な距離感が保たれているときには，精神の障害はまず起こらない」という。

　近さと隔たりという一見矛盾した原理によって成り立つ他者との両義的関係を，どのように考えたらよいのだろうか。切れると同時につながり，つながると同時に切れるという一見矛盾する関係はいかにして可能であろうか。もう一度，〈私〉の身体の「恒存性」に戻ろう。

　〈私〉と他者は互いに身体的存在者として，隠れて働く「ここに」という場所から世界の「そこに」へと向かう運動とし

単に〈覗きこむことができない〉のではなく，もはや〈覗き込むことができない〉ことさえできないのである。これが他者の死，「あなた」の死である。

木村敏⇨　精神医学者。主著として『あいだ』『関係としての自己』などがある。

参考文献(1)→

て働いており，〈私〉と他者は互いにその運動の意味（意図）を相手の表情と身体行為によって感じとっている。〈私〉と他者が互いに「ここに」という隠れた場所を秘めている身体的存在者であり，その隠れた場所を隠れた場所として互いに感じとりあっているかぎりで，〈私〉と他者は互いに「隔たり」を経験するが，しかしその「ここに」という場所は，世界の「そこに」という場所に向かって，表情と身体行為を通じて〈私〉と他者が運動する始点として働く場所である。そのかぎりで〈私〉は他者の身体表現の意味（意図）を感じとり，それによって他者の「近さ」を経験するのである。

　私たちはすでに身体を通じて世界と交流する人間の在り方をみてきたのだから，いわゆる「独我論」はもはや問題にならない。独我論は自己への振り返りによって自己完結する「私」に閉じこもり，世界と一切の交流を断つ主観にとってしか考えられない。しかし私たちは身体としての〈私〉として，「ここに」から「そこに」へと知覚と行為という仕方で出ていくという在り方（超越という在り方）を本質的にしている。身体の二重感覚によって示されたように，身体的主体における自分への振り返りは，完全に閉じた円環を形成するわけではない。

　このことは相手が動物，たとえば犬である場合でさえ当てはまる。犬がその表情と身体的行為を通じて私たちに向かっておこなう表現を私たちは了解することができ，その了解を通じて私たちは，犬にある程度の他者性，すなわち，隠れて働く「ここに」という場所を感じとることができる。犬や幼児が相手である場合，相手の言語表現にもとづく意味表現（正確には，言語の指示・述定機能にもとづく意味表現）が介在せず，そのかぎりで，相手との隔たりを感ずることはなく，表情と身体行為にもとづく表現を私たちは安心して受けとることができる。だからこそ動物や幼児は私たちを癒してくれるのだろう。デカルトも，動物に「動物の魂」があり，動物の自然の動作が情動を表すということを認めている。

← p.37

← p.2

　序章《人間らしさ》で紹介したチャペックの小説に描かれたような，人間の身体的特徴を完全に模倣したロボットが将来出現するかもしれないが，そうなればロボットも私たちを癒してくれるかもしれない。現在，すでに動物や幼児の姿を模倣したロボットの玩具がつくられており，ある程度，癒しの道具になっている。しかし，動物や幼児と，ロボットとの間には，やはり隔たりがある。ロボットは，それが内面をもたない物体でつくられているものとして私たちに現れているかぎり，私たちを癒すことはないであろう。なぜなら物体でつくられていることを私たちが知っているかぎり，ロボットは，私たちが覗き込むことのできない隠れた「ここに」としての内面へと私たちを引き寄せることがないからである。その意味で，ロボットは私たちにとって他者ではありえない。

2　他者との相剋
─サルトルの他者論─

　自分と他者との隔たりを，自分と他者との相剋（そうこく）（互いに相手の存在の仕方を否定しあうこと）として，その著書『存在と無』(1948) においてきびしくとらえたのはフランスの哲学者ジャン・ポール・サルトル (1905-1980) である。他者についてのサルトルの考え方を理解するために，その基本にあるサルトル独自の「存在と無」についての考え方をみておこう。

　サルトルは，フッサールが創始した現象学の基本をなす意識の「志向性」という考え方を，批判を加えながら受け継ぐことによって，自分の哲学を開始した。志向性というのは，「意識は何ものかについての意識である」という意識の超越性，つまり，意識は本質的に自分以外の何ものか（対象）に向かって自分を乗り越えていく存在であることを意味する現象学の用語である。本質的にという副詞が付いているのは，乗り越えていくという特性がなければそもそも意識は存在できない，ということを示すためである。

ジャン・ポール・サルトル⇨ フランスの哲学者・小説家・劇作家。無神論の立場で人間とは何かを問うことから出発し，「実存は本質に先立つ」という，実存主義の提唱者となった。主著に『存在と無』，『弁証法的理性批判』，小説『嘔吐』などがある。

志向性というのは，「意識は何ものかについての意識である」という意識の超越性，つまり，意識は本質的に自分以外の何ものか（対象）に向かって自分を乗り越えていく存在であることを意味する現象学の用語である。

　しかしサルトルによると，フッサールは志向性をとらえはしたものの，意識と対象とのつながりを保証する単なる意識の働き（作用）として志向性を理解してしまったために，意識の実体性を完全に払拭することができなかった。なぜなら，志向性が意識の働きであると考えるということは，その働きをおこなう意識そのものは実体性（すなわち，それが存在するにあたって他の何ものにも依存しない存在であるという存在の仕方）を温存していることになるからである。しかし意識を実体として考えているかぎり，意識が対象（実体）と関係することはけっしてできない。実体が，〈他の何ものにも依存することなく，存在するもの〉を意味するならば，実体と実体とが互いに依存しあうことは一切ありえないからである。つまり，フッサールでは，志向性という意識の本質的作用が，意識の存在の仕方についての見方を変えるまで徹底していない点を，サルトルは批判したのである。

　意識が志向性を本質とする存在であるならば，意識は実体でありえない。では意識の存在の仕方とはどういうものでなければならないのか。サルトルの答えは，もし意識が対象に関係できるとすれば，意識の存在そのものが対象へと向かう運動であるのでなければならない，ということである。つまり意識は，自分の存在を乗り越え，対象に向かって運動する運動そのものである。そうなると，これまでのように意識を存在の一種と考えることも避けなければならなくなる。意識は存在ではなく，運動そのものなのである。そこから意識は「自分がそれでないところのものであり，自分がそれであるところのものでない」というサルトル哲学の根本的な考え方が出てくるのである。この考え方については，第6章《責任と自由》であらためて考察する。

　意識は対象へと運動する運動そのものであるから，それ自身は決定された内容を一切もたない。空っぽである。だから存在するもの（存在者）の存在を基準にして考えれば，意識は「無」である。たとえば「自我」と考えられているよ

実体性（すなわち，それが存在するにあたって他の何ものにも依存しない存在であるという存在の仕方）

意識は，自分の存在を乗り越え，対象に向かって運動する運動そのものである。

p.212 →

意識は対象へと運動する運動そのものであるから，それ自身は決定された内容を一切もたない。空っぽである。

うなものも，実は無である意識によって構成されたものであって，実在ではない。すべての存在者は意識の対象として，意識の外部に存在する。いや，「意識の外部」という言い方も避けなければならないだろう。意識は無であり，無に「内部」はない。「内部」がなければ，当然「外部」もない。在るものだけが在る，という古代ギリシアの哲学者パルメニデス（紀元前544頃 -501頃）の表現をサルトルは復活させる。意識は存在するのでなく，「存在される」というのがサルトルの言い方である。存在者によって「存在される」という息の詰まるようなこの経験を，サルトルは『嘔吐』（1938）という小説でこう書いている。

> 「物体，それに触れるべきではない。……だが物体が私に触れてくるのであり，それは耐え難いことだ。……今ならわかる。私ははっきりと思い出す。あの日私が海辺にいて，あの小石を手にしていたときに感じたことを。それは甘ったるい嫌悪のようなものだった。それはどんなに不愉快だったろう。そしてそれは一つの小石が原因だった。私は確信する。それは手の中の小石から起こったのだ。……手の中にあったいわば吐き気のようなもの」

以上のようなサルトルの考え方からすると，他者の存在はどう考えられるだろうか。意識が対象へと超越的に運動するというのは，具体的には，対象を対象として意味づけるということである。意識は，自分の与える意味によって，自分の世界を自分の周囲に形成しようとする。世界に意味を付与する働きを担うのは，具体的には，「まなざし」である。意識は世界をまなざすことによって，世界に意味を付与するのである。ところで，自分の意識のまなざしとは異なるまなざしが世界に現れる経験が存在する。その異なるまなざしの主体が他者である。そうすると，今度は自分の意識が他者によってまなざされるものとなり，世界の意味は変貌する。今まで自分の意識に向かって輝いていた樹木

の緑は，あらたに現れた意味付与の中心に向かって向きを変え，そちらに向かって流れ出てゆくかのようだ。

　しかしそれに対して意識は，他者による世界に対するまなざしを包み込むようにして，あらためて世界をまなざすことによって世界に意味を付与することを試みる。世界はふたたび意識に向かって逆流してくる。しかしそれに対して他者はふたたび……，というようにして，私たちの意識と他者は，それぞれ自分の世界を形成すべく，互いに相手のまなざしをまなざしあうのである。そこに，二つのまなざしの「相剋」が生じる。しかし注意しなければならない。この相剋は，二つのまなざしの単なるぶつかりあいではない。サルトルによれば，この相剋の関係は，サディズムとマゾヒズムとの相互転換の関係となる。

　まず，私たちは，私たちの意識を対象化しようとする他者を，まなざし返すことによって逆に対象化しようとする態度をとる。この態度は，意識が無であるがゆえに，徹底した仕方で遂行されなければならない。他者を対象化することを徹底した仕方で遂行するということは，まなざそうとする他者を完全に物として意味づけることであり，それはサディズムになる。サディズムは，一般に，〈他者を精神的肉体的に虐げることによって満足を得る性的倒錯〉と定義されるが，サルトルはこの定義を，〈まなざす他者を物化する態度〉として理解したのである。他者の物化は，他者からみれば，物化された自己を他者がみずから受け入れることを意味する。他者は，もはや私たちの意識を直接にまなざし返すのではなく，まなざす私たちの意識をそのまま受けいれる仕方で，私たちの意識のまなざしに対処しようとするのである。この態度はマゾヒズムとなる。マゾヒズムは，一般にサディズムに対応して，〈他者から精神的肉体的に虐げられることによって満足を得る性的倒錯〉と定義されるが，サルトルはこれを，〈まなざされる自己の物化をみずから受容する態度〉と理解したのである。

　しかし，他者も，意識であるかぎり，根本的には「無」で

私たちの意識と他者は，それぞれ自分の世界を形成すべく，互いに相手のまなざしをまなざしあうのである。そこに，二つのまなざしの「相剋」が生じる。

他者を対象化することを徹底した仕方で遂行するということは，まなざそうとする他者を完全に物として意味づけることであり，それはサディズムになる。

他者は，もはや私たちの意識を直接にまなざし返すのではなく，まなざす私たちの意識をそのまま受けいれる仕方で，私たちの意識のまなざしに対処しようとするのである。この態度はマゾヒズムとなる。

あるがゆえに，〈自己の物化をみずから受容する〉という仕方で存在する自己に気づき，ふたたび，まなざす存在へと転化する。すなわち，〈サディストによって物化されている自分を受け入れている者〉という在り方から，〈サディストによって物化されている自分を受け入れている自分に気づいている者〉という在り方へと転化するのである。そのことによって，他者は，まなざされる者という受動的な存在の仕方を内に保持しつつ，まなざす者という能動的な存在の仕方へとふたたび転化するのである。

　そうすると，他者を物化したと思っていた私たちの意識は，その物化をみずから飲み込むという仕方で現れる他者によって，実は，かえって，まなざされていることに気づくことになる。これは単なる，まなざしのぶつかりあいということではなく，むしろ，いわばまなざし同士の〈飲み込み合い〉といったほうがよいであろう。飲まれるとみせて，実は飲み込んでいる態度を，私たちの意識と他者の意識は重層化しつつ，相互に反転しあうのである。

　サルトルのこうした相剋の議論は，私たちの意識と他者の意識との対称性にもとづいている。両者がまったく対等に「無」として考えられているために，まなざす者とまなざされる者という役割が，無限に相互転換してゆくことになるのである。サルトルの議論は他者との緊張した関係の一面をうまくとらえている。しかし，こうした相互転換の関係は，まだ他者との隔たりを十分にとらえていないのではないだろうか。相剋といっても，その内実は，自分の意識と他者の意識とが互いに向きあっている関係であり，そのかぎりで，両者の近さを意味していると考えられる。しかし，自分と他者とは，サルトルのいうように，まったく対等な仕方で世界に現れているのだろうか。私たちにとって他者は，むしろ非対称的な仕方で現れているのではないだろうか。私たちによってけっしてまなざされることなく，私たちから無限な隔たりにおいて現れる他者という仕方で他者を示したのは，フランスの哲学者エマニュエル・レヴィ

148

ナス（1906-1995）である。

3 「あなた」の「顔」
—レヴィナスの他者論—

　レヴィナスは，他者であるということの意味を，他者の「顔」についての独特な分析によって明らかにしようとする。他者の顔は，それがどんなに体裁をつくろっていても無防備であり，傷つきやすさを正直に暴露している。その傷つきやすさの本質は，〈他者の死〉という危うさにある。しかし他方，顔は，その弱さの底から，私たちに命令する声を発している。その命令は，「汝，殺すなかれ」という命令である。相手の顔を見つめながら，その人を殺すことはできない。少なくとも「汝，殺すなかれ」と顔は命じている。それが，顔の意味である。この事実からレヴィナスは出発する。

　レヴィナスによれば，私たちはこの命令に応答せざるをえない。私たちはこの命令を無視することができないのだ。命令に応答せざるをえない，こうした他者に対するあり方を，レヴィナスは他者への「責任」と呼ぶ。このような他者への応答責任は，たとえば日常的な挨拶にすでにみてとれる，とレヴィナスはいう。たしかに私たちは，誰かから「こんにちは」とか「どうぞお先に」と挨拶されると，その人が知人でなくても，その挨拶を無視するわけにはゆかない。実際には挨拶を返さないこともあるだろうが，その場合でも，その挨拶が自分に向けられていることに気づいてしまったら，私たちは挨拶に対して反応せざるをえない。その挨拶はまさに自分に向けられているのであり，他者から自分へと向けられた挨拶は，他者へと向かう自分を目覚めさせてしまうのだ。

　自分が他者へと向かって存在しているというこの在り方を，レヴィナスは誇張的に理解する。責任というものは，ふつう，自分のしたことに対する責任を意味するが，レヴィナスが考えようとしている他者に対する責任は，他者に対

エマニュエル・レヴィナス⇨ フランスのユダヤ人哲学者。「他者論」としての独自の倫理学思想を構築した。主著に『フッサール現象学の直観理論』『実存から実存者へ』『全体性と無限』などがある。

他者の顔は，それがどんなに体裁をつくろっていても無防備であり，傷つきやすさを正直に暴露している。

他者から自分へと向けられた挨拶は，他者へと向かう自分を目覚めさせてしまうのだ。

する一方的な責任であって，自分がしたことでないことに対する自分の責任であり，それどころか，自分にはまったくかかわりのないことに対する自分の責任である。その意味で，他者に対する責任は，サルトルの場合と異なって，非対称的な関係であり，私たちは，私たちに対する責任を他者に期待することはできない。レヴィナスがいわんとしているのは，他者に対する責任は本質的に無償であって，ギヴ・アンド・テイクの関係ではないということである。

　この他者に対する無償の責任は，根本的にみれば，〈他者をその死に際して置き去りにすることはできない〉，〈「あなた」を独りで死なせることはできない〉，という声に応える責任である。なぜなら，他者がその顔の「傷つきやすさ」を通じて訴えてくるのは，他者の死だからである。他者の死は，他者の顔として暴露されるだけで，他者自身には見えない。他者の顔を見る私たちだけが，その死に応答できるのであり，応答せざるをえないのである。だからそれは一方向的な応答である。それが「隣人としての他者」という言葉の意味である，とレヴィナスはいう。

　私たちは，他者に対する責任を実際には負うことができないかもしれないけれども，それにもかかわらず，その責任が私たちにかかってくるのである。この事態は，たとえていえば，自分は泳げないのに，おぼれている人を助けるために水に飛び込むことであり，「自分自身のことは一切かえりみることなく，他者のほうへと全面的に向かうこと」（『他性と超越』より）である，とレヴィナスはいう。だからその責任は，私たちを自分の有限な能力の彼方へと向かわせることになる。その彼方は未知であり，無限である。私たちの自我そのものの源泉がこの他者に対する無限な責任のうちにあるのであって，したがって，私たちの自我は，無限な彼方（言い換えれば〈無限な隔たり〉）としての他者に向かって，根本的に超越している。隣人としての他者は，無限な隔たりにおいて現れる。この問題は，第6章4節《責任を負うことと果たすこと》につながる。

他者の顔を見る私たちだけが，その死に応答できるのであり，応答せざるをえないのである。だからそれは一方向的な応答である。

私たちの自我そのものの源泉がこの他者に対する無限な責任のうちにあるのであって，したがって，私たちの自我は，無限な彼方（言い換えれば〈無限な隔たり〉）としての他者に向かって，根本的に超越している。

p.223 →

　前章《時間の不思議さ・生と死》でみたように，ハイデッガーが，自分の死について考察することによって，現存在である人間の本来的な存在の仕方を明らかにしたのに対して，レヴィナスは，「あなた」の顔が暴露する，「あなた」の死に対する私たちの責任を考察することによって，「あなた」への超越を考えている。「人間的なものとはまさに自分の死を超えて思考することではないでしょうか」（同上）とレヴィナスは語っている。

← p.126

　こうした他者についてのレヴィナスの考え方の根底には，第二次世界大戦のときに起きたユダヤ人に対するナチス・ドイツの虐殺（ショアー，ホロコースト）の経験が刻み込まれている。レヴィナス自身は戦争捕虜として生き延びたが，親族の多くはナチスによって銃殺されている。「私にとっては，ホロコーストはいまだ汲み尽くされない意味をもった出来事です」（同上）。レヴィナスの思想は，正常に日常生活を送る人間の視点からすると異常であり，極端な誇張を含んでいる。しかしそれは非理性，ショアーの経験から発する〈狂気〉を出発点として，なんとかして理性を回復しようとする思想の必死な努力である。その意味で，レヴィナスの思想はニーチェの非理性を継承している。

　レヴィナスの他者論の背景を知るために，次の点に触れておこう。反ユダヤ主義を掲げたドイツの政党ナチス（国家社会主義ドイツ労働者党）は，ヒトラー（1889-1945）に率いられて1933年3月に一党独裁体制を確立した後，強制収容所を組織した。その最初の目的は敵対する政治家を拘禁することにあったが，しだいにユダヤ人絶滅のための施設に変わっていった。1938年以降，アウシュビッツやマイダネクなどの強制収容所で，600万人にのぼるユダヤ人が虐殺された。このことは戦後のヨーロッパ思想に大きな影を落とした。精神科医ヴィクトール・E・フランクル（1905-1997）は，強制収容所でのみずからの体験を，『夜と霧』（1947）の中で次のように記している。

ヴィクトール・E・フランクル⇨ オーストリアのユダヤ人精神科医。『夜と霧』のほか『それでも人生にイエスと言う』『苦悩する人間』など著作多数。

アウシュビッツの鉄条網

「収容所という考えられるかぎりでのもっとも悲惨な状況，自己形成するためのいかなる活動もできず，できるのはただこの耐えがたい苦痛に耐えることしかないという状況にあっても，人は自分の内に秘めた，愛する人のまなざしや愛する人の面影を精神の力で呼び出すことにより，自分を満たすことができるのだ。」

「愛情こめて自分を待つ人間に対する責任を意識するようになると，人はけっして自分の人生を投げ出すことはできなくなるだろう。彼は自分が今ここにこうして存在することの『理由』を知っており，ほとんどどのような『状態』でも耐えることができるであろう。」

フランクルの言葉に語られている「責任」は，収容所を経験した人間が，収容所の外で自分を待つ人間に対して負う責任である。それに呼応するようにレヴィナスは，収容所の外にいる人間が，収容所の中にいる人間に対して負う責任を語ろうとしている。無防備な他者の顔が「汝，殺すなかれ」と命じており，私たちはその命令に応答する責任があるというレヴィナスの考え方，そして，他者に対する無償の責任は，〈他者をその死に際して置き去りにしてはならない〉，〈「あなた」を独りで死なせてはならない〉という命令に応える責任である，というレヴィナスの考え方は，こうした強制収容所で虐殺された人間の経験と，虐殺された人間を思う人間の経験とを知ることによって，接近可能なものとなるであろう。レヴィナスは，この経験についての思索に導かれて，他者に対するかかわり方そのものの本質的な在り方を掘り起こしているのである。

❖　　❖　　❖

サルトルとレヴィナスの考え方をみながら，私たちは他者との隔たりについて考えてきたが，次に近さの側面を考えてみよう。フランクルの言葉にも出てきたが，「あなた」との近さを示す関係は「愛」の関係であろう。愛について人

他者に対する無償の責任は，〈他者をその死に際して置き去りにしてはならない〉，〈「あなた」を独りで死なせてはならない〉という命令に応える責任である。

間の知恵はどのように語ってきたのであろうか。私たちは
ここでソクラテスの語る愛（エロス）と，アリストテレスの
語る愛（フィリア）とについて，考えてみよう。

4 二つの愛（プラトンとアリストテレス）

1 エロスの愛（プラトン）

　愛とは何かについて考えようとするときにまず読むべき
古典中の古典とされるプラトンの『饗宴』をみながら考えて
みよう。自分の作品が演劇祭で優勝したのを祝って，悲劇
詩人アガトンが自宅で開いた宴会（紀元前 416 年）に，ソク
ラテスを含む何人かの弁論家，詩人，医者などが招かれた。
その一人エリキュシマコスの提案で，その日招待された客
がそれぞれエロス神を賛美する演説をすることになった。
エロス神はギリシア神話に出てくる愛の神で，のちのロー
マ神話ではクピド（キューピッド）と呼ばれることになる神
である。この作品でとりあげられたのは，当日行われた演
説のうち，ソクラテスを含む六人の演説であるが，ここで
は主としてソクラテスと喜劇作家アリストファネスの演説
をとりあげてみよう。

　宴席に遅刻したので最後に演説することになったソクラ
テスに先立って，アリストファネスは人間同士がなぜ愛し
あうのかという理由について，喜劇作家らしく面白い話を
披露している。大昔の人間は，今とちがって，男と女の二
種類の性に分かれていただけでなく，男と女の両方の性を
そなえた男女（アンドロギュノス）という第三の性が存在し
た。

　男と女と男女は，それぞれ太陽，地球，月から生まれた
ので，親に似てその胴体は球形をしていた。手と足とがそ
れぞれ四本ずつあり，丸い胴の上に一つの丸い頭部が付い
ているのだが，その頭部は背中合わせになった二つの半球
形の顔でできていた。耳は四つで，生殖器は二つ。だから
男といっても実は男男であり，女といっても女女であった。

アガトン⇨ ギリシアの悲劇詩人。三大
悲劇詩人（アイスキュロス，ソポクレス，
エウリピデス）の後継者として活躍し
た。作品は断片しか残っていない。

アリストファネス⇨ 喜劇詩人。古代ギ
リシア最大の喜劇作者と言われ，11 編
の作品が伝えられている。主著は『女
の平和』『蜂』『蛙』など。

かれらはふつうに歩くこともできたが，急いでいるときには八本の手足を上手に使って転がりながら猛スピードで移動できたそうだ。というわけで，かれらは今の人間に比べて恐ろしいほど強い力をもち，気位も非常に高かったので，神々に挑みかかり，攻撃することもあったという。

　困った神々は人間を稲妻で殺してしまうこともできたが，そうすると人間からの礼拝も犠牲も自分たちが受けられなくなってしまう。ゼウスは神々と対策会議を開き，「人間を一人残らず真っ二つにしてしまおう。そうすれば人間は弱くなると同時に，人間の数が二倍になるから，われわれにとっていっそう有利になる。…… それでもなおわれわれに対する冒瀆が続き，おとなしくしないならば，もう一度人間を両断して，一本足で跳び歩かなければならないようにしてやろう」と言って，「髪の毛で卵を切るように」球形人間を真っ二つにしてしまった。切断面を見て人間がおとなしくなるように頭と首を 180 度回転させてから，残った皮膚を切断面の方向に引っ張り伸ばして切断面をおおい，切断面の真ん中に一つの穴だけが残るようにした。皮膚を穴の内側で締めてできたのが臍である。

　こうしてつくられた男と女たちは，互いに自分のかつての半身を追い求め，見つかりしだい身体を一つにする欲望に燃えて抱きあった。しかし，この欲望があまりに強くほかの活動を一切しなかったので，やがてかれらは飢えてしまい，次々に死んでいった。これを見て憐れみを感じたゼウスは，それまで顔の反対側に昔のまま置かれていた人間の生殖器を，顔と同じ側に置き換えた。それまでは生殖器が顔と反対の側に置かれたままだったので，抱きあっても子供をつくれなかったのである。また，男同士の半身の場合には，互いに欲望を鎮めて人間は仕事に向かうことができるようになったのである（女同士の半身についてその効用をゼウスは考えていないようだ）。

　アリストファネスによれば，人間の原始的本性は，人間がもともと「全きもの」，「全一」であったという点にあり，

ゼウス⇨ ギリシア神話のオリュンポス十二神の主神。「神々と人間の父」とされる。

人間の原始的本性は，人間がもともと「全きもの」，「全一」であったという点にあり，この「全きものに対する憧憬と追求とがエロスと呼ばれているのである」

この「全きものに対する憧憬と追求とがエロスと呼ばれているのである」。われわれはエロス神の友となり，エロス神と結合しているときに，自分の半身である愛人を発見し，出会うことができるのである。であるから，われわれはエロス神を賛美しなければならないのである。

　現在の人間が本来の人間の半身であり，その意味で不完全であるというアリストファネスの考えは，私たちが愛とはどういうものかを考えようとするときに示唆を与えてくれるのではないだろうか。男女はわかれて男と女になり，男男は男と男に，女女は女と女に，それぞれなったという。であるならば，かつての半身を求めあう男と男，女と女がいても不思議ではない。

　アリストファネスの次に，宴会の主催者であるアガトンが，エロス神の本質について演説し，エロス神こそ，「すべてのうちでもっとも美しく，もっとも優れており，したがってまたもっとも福なる神である」ということを，演劇祭の優勝詩人らしい美しい言葉で語る。しかし，この演説を聞いたソクラテスはアガトンに質問を仕掛け，エロスが美と善とに対する愛であるとすれば，そもそもエロス自身は美と善とを欠如しているのでなければならないということをアガトンに認めさせる。そのうえでソクラテスは，自分の演説を開始する。ソクラテスはディオティマというおそらく架空の女性を登場させ，その女性に聞いた話という設定で，話しはじめる。ディオティマによれば，エロスは美と善についての知を求める愛なのだから，必然的に「愛知者」（哲学者）であることになり，したがって「知者と無知者との中間に位置する者」となる。

　次にディオティマは，エロスの追い求めるものは半身でも全体でもなく，「善いものを永遠に所有すること」であると言う。「善いものを永遠に所有すること」とは，具体的に言えば，美しい人の中に子供を受胎させ，出産させることである。なぜなら，子供を生むということは自分の死後の時間を子供に託すことであり，子供から子供へと美を受け

エロスの追い求めるものは半身でも全体でもなく，「善いものを永遠に所有すること」である。

← p.128

智見やあらゆる種類の徳を産出する名匠たち（デミウルゴイ）は肉体的にも精神的にも優れた魂を求め、自分の智見や徳をその魂に生みつけようと欲するのである。これが教育ということである。

継ぐことになるので、結局、懐胎と出産は、「滅ぶべきものの内にある滅びえないもの」を意味することになるからである。したがって、愛は生殖行為を通じて「不死」を目的としていることになる。ハイデッガーは「乗り越えられない可能性」として「自分」の死を解釈し、現存在としての人間の各自性を主張したが、ソクラテスは、受胎と出産によって、「自分」の死を乗り越え可能なものとして提示している。

同じことが精神的な生産意欲についても当てはまる。智見やあらゆる種類の徳を産出する名匠たち（デミウルゴイ）は肉体的にも精神的にも優れた魂を求め、自分の智見や徳をその魂に生みつけようと欲するのである。これが教育ということである。「こういう人たちは、その共有するものがいっそう美しく、いっそう不死なのだから、肉親の子供がある場合よりはるかに親密な共同の念とはるかに強固な友情とによって互いに結びつけられることになる。」

最後にディオティマは、真の愛に到達しようとするものがたどるべき正しい道をソクラテスに語った。まず人は若いときから美しい肉体を追い求めなければならない。良き指導のもとで、最初に一つの美しい肉体を愛し、その中に美しい思想を生みつけなければならない。それから一つの肉体美は他の肉体美に似ており、結局あらゆる肉体美は同一であることをみてとることによって、あらゆる美しい肉体に愛を及ぼすようにしなければならない。次に、精神の美を肉体の美よりも価値の高いものと考え、制度や法律の内にも美を見いだし、さらに認識上の美をみてとることができるように、学問的認識に進まなければならない。こうして美しい言葉と思想を生み出すことができるようになった者だけが、ようやく「愛の道の極致」に近づくことができ、「突如として一種驚嘆すべき性質の美を感得する」ことができるのである。

「彼のもの」と呼ばれる「驚嘆すべき性質の美」こそ、愛の究極目的である。どういうものかというと、それは「常にあり、生ずることも滅することもなく、増すことも減ずるこ

「彼のもの」と呼ばれる「驚嘆すべき性質の美」こそ、愛の究極目的である。

ともなく，一方から見れば美しく他方から見れば醜いということがなく，ときとして美しくときとして醜いということがなく，またこれと比べて美しくあれと比べて醜いということがなく，ある人には美しく見え他の人には醜く見えるというように，ここで美しくそこで醜いというようなものでもない」ものである。それはもはや肉体に属するものでなく，また学問的認識の形をとるのでもない，絶対的で，独立した，単純な，永続する「美そのもの」である。これが美の究極的な姿であり，美のイデアと呼ばれるものである。愛の究極目的である「驚嘆すべき性質の美」は，「彼のもの」と呼ばれている。「彼のもの」へと私たちは進んでゆくことによって，最終的に私たちは，「貴方」ではなく「彼方」としての美そのものへといたるのである。

美のイデア

　日本語に，「おくゆかしい」人という言い方がある。「おくゆかしい」という言葉は，「知りたい，見たい，聞きたい」という欲求を形容する言葉であり，「おくゆかしい人柄」といえば，その人のことを深く知りたいという気持ちを表す言葉である。それは，奥に進んで行きたいという意味での「奥ゆかしさ」としての「彼方」である。貴方の本当の意味は彼方にある。「奥ゆかしい」という言葉は「奥床しい」と標準表記されているが，その意味は「奥行かしい」ということである（『広辞苑第6版』参照）。ソクラテスの語る愛の究極の秘儀に従って考えるならば，私たちにとっての真の他者は，〈奥行かしい人〉であると考えることができる。

「おくゆかしい人柄」といえば，その人のことを深く知りたいという気持ちを表す言葉である。

2　フィリアの愛（アリストテレス）

　アリストテレスは『ニコマコス倫理学』第8巻と第9巻において，友情，親子愛，兄弟愛などを意味する「愛」（フィリア）について書いている。これはエロスとは異なるもっと広い意味での愛である。

　アリストテレスによれば，一方的に愛する愛は「好意」であって，「愛」ではない。だから無生物（たとえば酒）や動物を愛しても，それは本来の「愛」ではない。自分が何らかの意味で相手を愛しているということが互いにわかりあって

『ニコマコス倫理学』 ⇨ 世界で最初の体系的な倫理学書。全10巻。学頭時代の講義草稿を息子のニコマコスが編纂したところから，この書名が付けられた。

いるという条件のもとで，はじめて二人の関係は愛と呼べるのである。これを前提としてアリストテレスは，「愛されるべきもの」を，「快適なもの」と「有用なもの」と「善きもの」とに分け，この三種類の「愛されるべきもの」について生ずる愛のさまざまな在り方について考察している。

「快適なもの」というのは，たとえば面白いことをいったりしたりして私たちを楽しませてくれる人がそうであるように，何らかの意味で私たちに快楽を与えてくれる人のことである。快楽といっても「純粋無垢な快楽もある」とアリストテレスはいっているが，話をわかりやすくするためにここでは，感覚的な快楽という意味で理解しておく。「有用なもの」という言葉の意味についてもアリストテレスの説明は多義的であって，一つには「それによって何らかの善または快楽が生ずるところのもの」が有用なものであるとされている。この意味で考えると，有用なものは善きものと快楽の原因として理解されてしまうから，結局のところ，善きものと快適なものとの二つだけがそれ自身として愛されるべきものとして残ることになる。しかし他方，有用なものというのは，たとえば厄介な仕事を助けてくれる人がそうであるように，自分に実益を与えてくれるもののことであるとされている。ここでは後者の意味で「有用なもの」という言葉を理解することにして話を進めよう。

快適さや有用性のために互いに愛する人たちは，相手を相手自身に即して愛するのではなく，自分にとって快適または有用であるかぎりでしか愛していない。だから本当は相手を愛しているのではなく，自分を愛しているだけである。これに対して，相手の「ひととなり（その人らしさ）」（ethos）の善さに惹かれて相手を愛する人の愛は，自分のために相手を愛するのではなく，相手のために相手を愛する愛，相手の善を願う愛である。

この意味での愛こそがもっとも優れた意味での愛となりうるのであって，これ以外の快適さや有用性による愛は，「快適なもの」や「有用なもの」が「愛されるべきもの」に数

快適さや有用性のために互いに愛する人たちは，相手を相手自身に即して愛するのではなく，自分にとって快適または有用であるかぎりでしか愛していない。だから本当は相手を愛しているのではなく，自分を愛しているだけである。

相手の「ひととなり（その人らしさ）」（ethos）の善さに惹かれて相手を愛する人の愛は，自分のために相手を愛するのではなく，相手のために相手を愛する愛，相手の善を願う愛である。

えられられているかぎりで愛と呼ばれているにすぎず、類似的な意味で愛と呼ばれるにすぎない。残念ながら、「ひととなり」を「善きもの」とする優れた意味での愛はめったにないものだが、いったんこの愛が成立すると、第三者の誹謗中傷によってこの愛が破壊されることはない。というのも、相手が自分を善き人として愛していることが互いにわかっているので、第三者の言葉によって互いの信頼が破れることはありえないからである。というのも、第三者の言葉よりも、自分が信頼する相手の言葉を信じるということが、相手を善き人として信頼するということに含まれているからである。この愛の関係にある善き人こそ、端的に無条件な意味での「友」である。これに対して快適さや有用性による愛は、もともと自分のための愛であり、互いの間に信頼関係はないから、第三者の誹謗中傷によって快適さや有用性を自分が失うことになれば、たちまち崩壊してしまう。

　しかし、相手を善き人と思って愛したところ、相手が悪しき人になってしまった場合、またはそう考えられるようになってしまった場合はどうなるのだろうか。この場合は、悪しき人となってしまった相手の「ひととなり」を矯正するための助力をおこなったうえで、それでも相手が立ち直る見込みがなければ、関係を解消しても不都合とは考えられないであろう。とはいえ、かつて友であったことのまったくない人に対するのとちがって、かつて友であり、今は友でなくなった人に対しては、あまりにはなはだしい非徳が原因で別れたのでなければ、過去の愛の記憶を保持し、何かしらの配慮をすべきであろう、とアリストテレスは書いている。

　善き人は友を愛することによって、ある意味で、自分自身にとっての善を愛しているともいえる。なぜなら、善き人が友となってくれるということは、自分にとっての善が生ずることを意味するからである、とアリストテレスはいう。この言い方を理解するためには注意が必要であろう。こ

れは快適さや有用性による愛が自分のための善をもたらす
というのとは意味がちがう。

　快適さや有用性による愛は，まず自分のための善を優先
させて，そのために相手を愛する愛であるが，善き人を友
として愛するということは，まず相手のための善を願うこ
とが優先していて，その結果として自分のための善が生じ
るのである。その意味で，友を愛することは自分を愛する
ことになり，友は「第二の自己」であるといわれるのである。
善き人であることと，善き人を友として愛することとは，表
裏一体をなしていて，善き人であってこそ，他の人を友と
して愛することができるのであり，他の人を友として愛す
ることができることによって，みずからが善き人でありう
るのである。

　快適さと有用性を求める愛の場合は，一度に多くの人々
を相手にして愛し，また愛されるということが可能である
が，一度に多くの人々を相手に善き人として愛しまた愛さ
れるということは不可能である，とアリストテレスは考え
る。なぜなら，快適さや有用性を気に入ってくれる相手は
多数存在するし，そのような相手に満足を与えることはわ
ずかの時間で足りるのに対して，多くの人が一人の人にと
って同時に善き人であるということはめったにない。また
友として相手を愛するためには一緒に時を過ごすことが必
要で，わずかの時間を費やすだけでは足りないからである。
この節の冒頭に，単なる好意でなく親愛が生ずるためには，
相手を愛しているということを互いにわかりあうというこ
とが必要であると述べた。ところで，相手を愛していると
いうことを互いにわかりあうようになるためには，互いに
一緒に時を過ごし，生活を共にすることが必要である。

　このことからまた，単なる好意と本来の愛との区別も明
らかとなる。好意は一方的なもので，たとえばスポーツ選
手に好意を感じたりするように突然生じ，たしかに相手の
善を願いはするが，だからといって相手を手伝ってあげよ
うとか，面倒なことを引き受けようとかするわけでもない。

善き人であってこそ，他の人を友
として愛することができるのであ
り，他の人を友として愛すること
ができることによって，みずから
が善き人でありうる。

相手を愛しているということを互
いにわかりあうようになるために
は，互いに一緒に時を過ごし，生
活を共にすることが必要である。

たしかに好意は，それがきっかけとなって一緒に時間を過ごすようになり，愛の端緒となりうるかもしれないが，それ自体は「ものぐさな愛」にとどまっている。

愛する相手と生を共にすることが何よりも好ましいことであるという意味で，「愛とは自他の共同なのである」とアリストテレスは結論的に述べている。それは繰り返し述べたように，相手が自分を善き人として愛しているということを互いにわかりあうためには，一緒に時を過ごし，生を共にすることが必要だからである。共に飲み，共に遊び，共にスポーツに興じ，共に哲学すること。自分たちが人生において最も好む営みを，共に営みつつ，日常を送ること。それが友としての「あなた」と共にめざすべき友愛の関係である。

「愛とは自他の共同なのである」
← p.139

:5 「あなた」に呼びかける（ブーバー）

イスラエルの哲学者マルティン・ブーバー (1878-1965) は "Ich und Du" (1923)（『我と汝』）という著作で，愛の原型について語っている。そこでは愛の向かうべき対象は，「他者」という抽象的な言葉でなく，ドイツ語の二人称親称代名詞 Du（汝，あなた）をもちいて呼びかけられている。この章の終わりにその一節を記しておこう。

　「人間のとる二通りの態度に従って，世界は人間にとって二通りに存在する。

　人間の態度が二通りであるのは，彼の語りうる根源的な言葉が二通りであることにもとづいている。

　根源的な言葉は単独の言葉ではなく，言葉の対である。

　その一つは，「我」―「汝」という言葉の対である。

　もう一つは，「我」―「それ」という対である。

　この場合，「それ」の代わりに「彼」か「彼女」を置き換えても，根源的な言葉に変化はない。

　したがって人間の我もまた二通りに在る。

　なぜなら，「我」―「汝」という根源的言葉における「我」

マルティン・ブーバー⇨ イスラエルの哲学者。ユダヤ教ハシディズムに深い影響を受け，他者との「我一汝」の思想を確立。人間の根本傾向であった自己へ閉じこもる在り方が破られ，現実に参与し，そこにおいて永遠なるものに触れうるとした。

は「我」―「それ」という根源的な言葉における「我」とは別の「我」だからである。」

　「「我」の「汝」としてある人と向かいあい，「我」がその人に「我」―「汝」の根源的言葉を語るならば，その人は物のなかまなどではなく，また物から成り立っているのでもない。

　その人は「彼」でも「彼女」でもない。「彼」や「彼女」というのはまた別の「彼」や「彼女」に境界づけられ，空間と時間とからなる世界の網に記載される点にすぎない。

　また，その人は，体験され記述される性質，つまり個性と呼ばれる緩い束ではない。

　むしろその人は境をもたず，継ぎ目をもたない「汝」であり，天界を充たしているのである。

　その人以外には何も存在しないかのようであるというのではなく，その人以外のすべてがその人の光の中で生きるのである。」

　ブーバーの言葉に導かれて，「あなた」との近さと隔たりを言葉にするならば，次のようになるであろう。〈私〉は「あなた」に魅入られ，惹かれてしまっている。けれど，無限な彼方（あなた）に遠ざかる「彼方（あなた）」に触れることはできないであろう。だから，「あなた」への愛は無限なものとなる。無限に奥行かしい「あなた」。〈私〉は「あなた」に向かって無限に呼びかける。

◦ 課題 ◦

1. 「私たち」という言葉を，あなたはたとえばどういう時に使いますか。
2. サルトルの〈他者との相剋〉について，考えを述べなさい。
3. レヴィナスの〈他者に対する無限な責任〉について，考えを述べなさい。
4. 〈教育は他の魂における懐胎である〉というソクラテスの考え方について，意見を述べなさい。

5. ディオティマの語った，愛は「善いものを永遠に所有す
   ること」を求めるという考え方について，あなたはどの
   ように考えるか，意見を述べなさい。

参考文献

1：他者との近さと隔たり

(1) 河本英夫・谷徹・松尾正編『他者の現象学Ⅲ—哲学と精神医学の臨
   界』(北斗出版)。哲学と精神医学の共同研究から生まれた，『他者
   の現象学』シリーズの一冊。木村敏「他者性のクオリア」，新田義
   弘「断想 他者と死」など，興味深い論文が収録されている。現代
   の他者論における最前線の議論を知ることができる。

2：他者との相剋

(2) サルトル (松浪信三郎訳)『存在と無 現象学的存在論の試み』(人文
   書院または，ちくま学芸文庫)。特に，第3部「対他存在」。

3：「あなた」の「顔」

(3) エマニュエル・レヴィナス (合田正人・松丸和弘訳)『他性と超越』
   (叢書・ウニベルシタス，法政大学出版局)。レヴィナスの著書は
   数多いが，ここではこの本を薦めておく。対談 (「哲学者と死」，「顔
   と暴力」) が入門者には読みやすいと思われる。ほかに，合田正人
   編訳『レヴィナス・コレクション』(ちくま学芸文庫) が便利。

(4) 村上靖彦『レヴィナス 壊れものとしての人間』(河出書房新社)。「シ
   ョアー」をレヴィナスにおける外傷 (トラウマ) としてとらえ，初
   期から晩年にいたるレヴィナス思想全体を病理の哲学として明快
   に読み解いている。

(5) ヴィクトール・E・フランクル『夜と霧』。原題は「心理学者，強制
   収容所を体験する」。1947年の初版と1977年の改訂版との間に異
   同がみられる。初版を訳した霜山徳爾訳と改訂版を訳した池田香
   代子訳 (いずれも，みすず書房) がある。

4：二つの愛

(6) プラトン (久保勉訳)『饗宴』(岩波文庫)。ギリシア哲学の古典中の
   古典。

(7) アリストテレス (高田三郎訳)『ニコマコス倫理学』(岩波文庫)。こ
   れも，ギリシア哲学の古典中の古典。

(8) 内藤純郎『善いものと美しいもの』(晃洋書房)。専門書であるが，
   プラトン，プロティノス，ベルクソンなどに関する考察を，著者
   独特の詩人的な表現で，説いている。

5：「あなた」に呼びかける

(9) マルティン・ブーバー『我と汝』。植田重雄訳『我と汝・対話』(岩
   波文庫) と，田口義弘訳『我と汝・対話』(みすず書房) がある。

5
言葉・比喩・論理

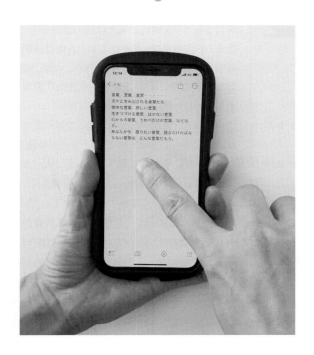

言葉，言葉，言葉……
次々と生み出される言葉たち，
愉快な言葉，悲しい言葉，
生きつづける言葉，はかない言葉，
心からの言葉，うわべだけの言葉，などなど。
あなたが今，語りたい言葉，語らなければならない言葉は，どんな言葉だろう。

ロゼッタストーン

← p.36

← p.66

身体の自覚から精神の自覚への移
行には，言葉を語るということが
関係している。

　身体的存在者である人間は，身体の一部である口を用い
て声を発する。その声は，動物のそれのように表情を表す
単純な発声であるばかりでなく，発音の仕方のちがいにも
とづいて複数の音の単位に分節されている。人間はその分
節された最小単位の音（音節）を組み合わせて単語と呼ばれ
る単位をつくり，さらに単語を組み合わせて文をつくるこ
とによって，表情的意味とは別の性質をもった意味（言語的
意味）を表現する。またさらに，人間は音節または音節の組
み合わせに対応する文字を用いて，話し言葉を書き言葉と
して表現することもできる。そういう表現手段の総体が言
葉である。

　序章4節《人間・機械・動物》で述べたように，デカルト
は言葉と理性にもとづく自覚（自己への振り返り）が〈人間
らしさ〉の基準であると考えた。しかし，私たちは，続く第
1章5節《「世界内存在」としての身体》で，〈私〉の「生きら
れた身体」について考察することによって，デカルト的な精
神の自覚に先立って，知覚する身体自身が，自分への振り
返りをすでにおこなっている現象（身体の二重感覚）を掘り
起こしておいた。この身体の自覚から精神の自覚への移行
には，言葉を語るということが関係していると考えられる
のである。本章では言葉による表現の在り方について考察
し，デカルト的な精神と「生きられた身体」とが，どのよう
に関係しているのかを考えることによって，〈人間らしさ〉
についての理解を深めることにしよう。

　ところで，このような哲学的問題とは別に，私たちの日
常生活において，言葉はなくてはならないものである。現
代は映像の時代といわれるが，それでも言葉が日常生活で
重要な役割を果たしていることに変わりはない。会話や手
紙，電話やSNSでのやりとり，本を読んだりテレビを見た
り，たまには歌ったりという，暮らしのひとこまひとこま
に言葉は働いている。言葉はさまざまな場面で，さまざま
な重みと軽さを帯びて飛びかっている。私たちはそうした
言葉の記述力，論理性，伝達力を信じている。

　しかしまた，私たちは言葉の無力を感じるときもある。た
とえば言葉で伝えられない気のする，自分独りの感情に浸
されるようなとき，言葉は私たちの表現の要求に応えるこ
とができなくなっている。また好きな音楽に聴き入ってい
るとき，その気分を言葉にすると何かが消えてしまうよう
な気がしたりする。さらに言葉にだまされて，物事の真の
姿を見誤る場合も少なくない。こうしたとき，言葉は有害
であるとさえ感じられる。

　このように言葉は私たちの生活にとって，積極的な働き
をする面とそうでない面をもっている。私たちをとりまく
人間関係をより良いものにしながら，しかも自分を見失う
ことなく生きてゆくためには，言葉の本質を理解し，言葉
の的確な用法を考える必要がある。まず，言葉による表現
の特徴を，絵と比較しながら考えてみよう。

1 言葉による表現の特徴

1 文字と絵のちがい

　たとえば，机を描いた絵と〈机〉という字を比べてみると，
両者はいずれも机を表している点で同じである。しかし机
の絵は現実の机に似ているのに対し，〈机〉という字は現実
の机にほとんど似ていない。漢字の場合は，アルファベッ
トなどの表音文字とちがい，象形文字から出発した表意文
字なので，〈山〉や〈川〉のように，いくらか対象に形が似て
いる場合もあるが，その類似性は，漢字が対象を意味する
ためになくてならない性質ではない。対象に似ていない漢
字はいくらでもある。平仮名や片仮名は漢字の形が簡略化
されてできた文字であるが，この簡略化の過程で対象との
類似性は消え去っており，対象を類似性によって意味する
機能はない。平仮名と片仮名は，対象を意味するのでなく，
表音文字と化している。つまり文字は，表意文字であろう
と，表音文字であろうと，それが意味する対象に似ていな
くても，文字として機能することができる。

　話し言葉の場合，音と意味との類似性が不必要であるの

私たちは言葉の無力を感じるとき
もある。

漢字の発生

参考文献(1)→

言葉も，目で見られ，耳で聞かれる知覚対象として存在するかぎりで，その形や音自体のもつ表情的意味によって表現するという側面をそなえている。

は明確であろう。[ツクエ]（[ ]は語音を示す）という発音は現実の机にいかなる意味でも似ていない。そもそも[ツクエ]は音であり，現実の机はそういう音を出しはしないからである。机の絵は類似という仕方で現実の机を表しているが，[ツクエ]という音は社会的習慣に従って現実の机を意味しているのである。場合によっては，机が[ツクエ]でなく[エクツ]と名づけられることもありえたはずである。

しかし，類似という仕方で現実の対象と関係する側面が，言葉にはまったくないともいえない。すでに述べたように，表意文字である漢字の場合，その原型である象形文字の表情が強く残されているために，対象に似ている面がたしかにある。また，片仮名によって表記される擬声語（「ワンワン」など）や擬音語（「カチカチ」など）は，言葉の音と知覚される音との表情の類似によって現実と関係する言語表現である。

とはいえ，この点についても注意が必要である。たとえば，犬の鳴き声をどのような擬声語を使って表現するのかは，時代や文化によって異なるのだから，表情の類似といってもそれは，客観的な仕方で対象を模写しているわけではない。犬の鳴き声を「ワンワン」と表記するようになったのは江戸時代はじめからで，それ以前は，犬の鳴き声は「びよ」とか「びよ」と表記されていた。また，犬の鳴き声が，各民族の言語ごとにさまざまな仕方で発音されることは，よく知られている事実であろう。しかし，こうした事実があるにしても，擬声語や擬音語が，現実の声や音に似せてつくられていることは否定できないであろう。

いうまでもなく，言葉も，目で見られ，耳で聞かれる知覚対象として存在するかぎりで，その形や音自体のもつ表情的意味によって表現するという側面をそなえている。字のきれいな人とそうでない人，声の美しい人とそうでない人がいる。活字の字体（フォント）はそれぞれさまざまな表情的意味をもっており，私たちは用途に応じて字体を使い分けている。そもそも漢字には，隷書，行書，草書，楷書

などの区別があり，それぞれ独自の表情的意味をそなえて
いる。同じ言葉を発するにしても，その声の抑揚によって
意味内容が変化する（たとえば，言い方しだいで皮肉になる
表現）。その他，速さ，音量，高低などの要素によって，話
し手の感情が表現されたりもする（たとえば感嘆の表現）。
漢字が事物と似ていると考えられるのも，実は，文字にそ
なわった表情的意味による側面が大きい。

　プラトンの対話篇『クラテュロス』の中でソクラテスは，
〈名辞の語源をたどれば，音の表情にもとづいて言葉と事物
との結びつきができたのがわかる〉と述べている。このよう
な考えも一概に否定することのできない説得力をもってい
る。さらに書道や歌などの芸術的言語表現などの場合には，
言葉の形と音自体がもつ表情的意味が表現の芸術性に深く
結びついている。この点については第8章2節《芸術的創造
の秘密》で具体的に考えよう。言葉のそうした表情的意味
は，絵画や音楽と同じ仕方で働く意味である。

p.266 →

　以上の考察をまとめると，言葉は二つの仕方で現実世界
に結びつけられているのがわかる。一つは社会的習慣によ
ってであり，もう一つは言葉自体のもつ表情的意味によっ
てである。私たちは，第1章3節《身体の表情と表情的意
味》と第2章4節《事物の表情的意味》で，表情について考
察し，〈表情的意味〉という概念をとり出しておいた。そこ
で，言葉が世界と関係する二つの仕方に従って，私たちは
言葉のもつ意味を，〈言語的意味〉と〈表情的意味〉とに分け
ることができる。

言葉は二つの仕方で現実世界に結
びつけられているのがわかる。一
つは社会的習慣によってであり，
もう一つは言葉自体のもつ表情的
意味によってである。
← p.56

← p.95

　絵は表情的意味しかもたないのに対して，言葉の場合に
は，表情的意味と言語的意味を両方そなえており，二つの
意味が交錯しながら，知覚世界の事象と結びついている。そ
こに言語表現のおもしろさとむずかしさがある。言葉は一
種の社会的制度であり，その点で風俗や法律に似ている。し
かしたとえば，私たちの服装の流行がどんなに奇抜であろ
うと，私たちの身体的条件からまったく無関係な服装はあ
りえないのに対し，言葉と言語的意味の結びつき方にはそ

ういう制約が一切ない。言葉が、身体表現による表情的意味とは異なった性質をもつ意味を表現できるのは、この無制約性にかかわっていると考えられるのである。言葉は一種の社会制度であると上に述べた。この点をさらに考えてみよう。言葉は、どのような仕方で、現実の物事と関係しているのであろうか。

2 言語の本質は差異である（ソシュール）

現代の言語学に大きな影響を与えているスイス生まれの言語学者フェルディナン・ド・ソシュール（1857-1913）は、『一般言語学講義』（1916）の中で、言葉における音と意味との結びつきについて次のように述べている。

> 「言語の体系は、一定の秩序をもった音の差異の総体が、一定の秩序をもった観念の総体に結合されたものである」

言葉には個々の人間が勝手につくり変えることのできない側面がある。たとえば個々の話し手が勝手に文の構成規則を変えたり、語の意味を変えたりすることはできない。言葉のそういう側面を、ソシュールは「言語 (langue)」（「国語体」と訳す人もいる）と呼んでいる。言語は社会的習慣によって定められた一種の制度であり、学問的研究の対象になりうるのである。そういう言語を構成している語を考察してみると、語の音はそれぞれ勝手にその意味と結びついているのではない。ソシュールによれば、語の音と意味とはそれぞれ差異（区別）の体系をなしており、その体系同士が結びつけられることによって個々の語ができているというのである。しかし音や意味が体系をなしているというのはわかるとして、それが「差異の体系」であるとはどういうことであろうか。そもそも差異の体系とは何か。

> 「差異というものは一般的にいって積極的な項を前提とし、その間で成立するものであるが、言語の中には差

フェルディナン・ド・ソシュール⇨ スイスの言語学者。『一般言語学講義』は、ジュネーブ大学でなされた3回にわたる講義で、死後弟子たちによって編述された。その内容は言語学だけでなく、構造主義や文化記号学に多大な影響を及ぼしている。

語の音と意味とはそれぞれ差異（区別）の体系をなしており、その体系同士が結びつけられることによって個々の語ができている。

異だけがあり積極的な項はない。意味される側面（「所
記」）をとっても，意味する側面（「能記」）をとっても，言
語が含むのは，言語の体系に先立って存在するような観
念や音ではなく，ただこの体系から由来する概念の差異
と音の差異だけである。」

　事物の区別というものは，ふつうの場合，あらかじめ互
いに自立的に存在する個々の事物があり，その後で，各事
物の特色に従って，ある事物と他の事物との区別が意識さ
れるわけである。たとえば，鉛筆は鉛筆として，万年筆は
万年筆として，それぞれあらかじめ存在しており，その後
で，鉛筆と万年筆とはどこがちがうかという仕方で，両者
の区別が認識される。つまりこの場合には，事物の存在が
区別の認識に先立っているのである。
　しかし，言語の場合は事情がちがう。まず，「能記」の側
面から考えてみよう。たとえば，〈め〉と〈ぬ〉という文字を
見てみると，これらは，絵として見れば，似ている。しか
し，これらの形は，文字として見れば，明確に区別される。
平仮名を知っている者にとっては，この二つの文字を書い
たり読んだりするときに，最後のところで，線が伸びて終
わるか，丸まった形で終わるかは，決定的に重要である。そ
の差異によって，私たちはその文字が，[メ]と読むか[ヌ]
と読むかを区別する。つまり，〈め〉と〈ぬ〉とが，文字とし
て存在するということは，両者の差異に依存しているので
ある。差異がまず見てとられ，それにもとづいて，〈め〉と
〈ぬ〉という形が文字として機能できるのである。
　このことは，たとえば〈め〉と〈い〉との区別のように差
異が明瞭な例を考えると，当たり前すぎて見過ごされがち
である。差異が差異として意識されないのである。そうな
ると〈め〉は，他の平仮名とは関係なく，それ自体の形の特
徴にもとづいて，〈め〉であるというように考えてしまうこ
とになる。しかし，このように差異が明瞭な場合でも，文
字は，その文字以外の文字との差異にもとづいて，文字と

意味される側面（「所記」）

意味する側面（「能記」）

〈め〉と〈ぬ〉とが，文字として存
在するということは，両者の差異
に依存している。

して機能していることに変わりはない。このことは，すべ
ての平仮名についていえることであるが，もちろん片仮名
や漢字についてもいえることであり，さらにはどんな言語
の文字についてであろうと，いえることである。したがっ
て，文字の本質は，差異であるということになるのである。
　この差異は，たとえば平仮名の場合，「あ」から「ん」まで
の有限な個数の文字によって構成される平仮名の体系（シ
ステム）によって，決定されている。この体系を構成する文
字の個数が固定されているかぎり，個々の平仮名は，自分
以外の平仮名と混同されることは絶対にありえない。つま
り，ある平仮名と他の平仮名とは完全に区別され，その中
間に曖昧さが入り込む隙間はない。ある平仮名と他の平仮
名とは完全に切れている。この性質は，言語というものの
性質を理解するために，きわめて重要である。この性質は
平仮名だけに認められるだけでなく，漢字や片仮名，アル
ファベットといった，言語の能記一般に認められる。
　絵の場合は，中間的な形がいくらでも考えられる。たと
えば，絵として見れば，〈め〉という形から〈ぬ〉という形へ
と変化する間に，中間的な形をいくつもつくることができ
るであろう。なぜなら，絵の場合，その要素である色と形
はその個数があらかじめ決められているわけではないから
である。そして，それらの中間的な形は，絵としてそれぞ
れ別の微妙な表情をもつにちがいない。絵は微妙で曖昧な
表情を許してしまうのである。しかし表情の差異であるか
ら，それらの表情を同じものと見て，区別しない人がいて
も不思議はない。
　私たちはメールやSNSで絵文字を使う。絵文字を使うと，
ふつうの文字だけでは伝わらない気持ちが伝わるような気
がする。絵文字は，絵であろうか，文字であろうか。絵文
字の個数は決められていないから，文字のように決められ
た個数の要素からなる差異の体系をつくってはいない。し
たがって，ある絵文字と他の絵文字の区別は，表情的意味
による区別である。そのかぎりで，絵文字は絵である。し

ある平仮名と他の平仮名とは完全
に切れている。

めぬぬぬ

172

たがって，絵文字の意味は曖昧で，たとえば自分では挨拶
代わりに打ったつもりのハートマークが，相手には別の意
味で受けとられたりする。逆に，その曖昧さがあるからこ
そ，絵文字は，曖昧な人間関係をつないでゆくために重宝
されるのかもしれない。

　補足を一つ述べておく。私たちはある単語の意味を考え
る場合，他の単語の意味を思い浮かべることなくそうする
ことができると思う場合が多いので，言語を構成している
語は一つひとつ独立して存在していると考えやすい。たし
かに能記と所記との結合した全体として言語をみれば，単
語は単なる差異でなくまとまりのある積極的な項をなして
いる。しかし，能記と所記とをそれぞれ別に考えてみると，
他の語から独立して機能する自立的な単位というものは存
在しないのである。あるのは〈互いに他の単位ではない〉
という仕方で相互に規定し合う否定的単位としての語音で
あり，それによって構成される差異の体系だけである。所記
についても同様であるが，これについては，本節4《言語的
意味の差異性と理念性》で考察する。

他の語から独立して機能する自立
的な単位というものは存在しな
い。

p.178 →

3　言語能記の恣意性とその帰結

1）恣意性

　本節2《言語の本質は差異である》では，まず文字能記に
ついて「言語の本質は差異である」という命題の意味を考え
たが，この命題は語音としての能記にも当てはまる。音声
言語の能記の体系を構成する個々の語音は，閉じた語音の
体系を構成する他の語音でないという否定的性質によって
他の要素と関係することによって，能記としての機能を果
たすことができるのである。これは［アメ］のような複数の
語音からなる記号にも当然拡張される。［アメ］という語音
の組み合わせが「雨」を意味しうるのは，その語音の組み合
わせが，他の語音の組み合わせから区別されるかぎりでの
ことである。さらに私たちは，アクセントを変化させるこ
とによって，「雨」を意味する［アメ］と「飴」を意味する［ア
メ］とを区別することもできる。

外国語の発音を学ぶむずかしさの原因の一つは，語音の差異の体系が母国語と異なることにある。たとえば，日本語では［バ］と［ヴァ］は語音として区別されず，［バイオリン］と［ヴァイオリン］は区別されないが，英語やフランス語などでは［b］と［v］との区別は決定的である。たとえば，フランス語で，［libr］と［livr］という語音は，前者が「自由な」という意味で，後者は「本」という意味である。また，国語によって，アクセントが抑揚によって区別されるのか，強弱によって区別されるのかというちがいもある。

　他の記号でないという否定的な仕方で存在するかぎりでの能記は，本節1《文字と絵のちがい》で述べたような，積極的な〈表情的意味〉をもたない。なぜなら，表情的意味を担うためには，その表情的意味を担うための知覚的広がりがなければならないが，差異としての言語能記は，その本質が差異であるがゆえに，そうした知覚的広がりをもたないからである。知覚される空間的広がりと時間的広がりがなければ，それぞれ文字と語音は，表情的意味を担うことはできない。そうした表情的意味を断ち切った仕方で存在する言語能記こそ，知覚世界と無縁であり，知覚世界からいわば〈脱出〉することができ，したがって知覚世界の事物や現象と一切無縁な記号でありうるのだ。〈言葉と言語的意味の結びつき方には制約が一切ない〉と述べておいたのは，そういう意味である。

　このように，言語能記の本質は，表情的意味を断ち切り，知覚世界から脱出するところにある。考えてみると，このことは大変なことである。私たちにとって現れる事物や現象は，基本的には，知覚されるという仕方で現れる。知覚されるという仕方で現れる以上，第2章4節《事物の表情的意味》でみたように，それは表情的意味として現れざるをえない。つまり，そのままにしておけば，すべての事物は，表情的意味として現れてしまうのである。それに対して，言語は，差異による閉じた体系を構成することによって，表情的意味を断ち切ることができるのである。

← p.169

言語能記の本質は，表情的意味を断ち切り，知覚世界から脱出するところにある。

　ソシュールは，こうした言語の在り方について，言語能記の音は，差異によって成立するものであるかぎり，その本質において少しも「音的」でなく，「無形な」ものであると述べている。無形であるということは，知覚される形体をもたないという意味であり，したがって，それは，表情的意味と一切の関係をもたないということである。音的でなく，無形体である言語能記は，厳密にいってもはや「音」と呼ぶことさえ適切でない。ソシュールは，音という言葉のかわりに，「音素」（フォネーム）という言葉をもちいている。ソシュールによれば，音素はその意味と一切の「自然的な結びつき」をもたず，意味との関係においてまったく「無根拠」である。このことは，文字にも当てはまる。前節でみたように，文字の本質が差異であるならば，文字も，語音と同様に，無形であり，そのかぎりで表情的意味と一切の関係をもたないのである。それはいわば〈文字素〉である。

　表情的意味と一切の関係をもたないこうした言語能記の性質を，ソシュールは「恣意性」と呼んだ。この恣意性が言語能記の差異性から論理的に帰結するということは，これまでの考察から明らかであろう。すなわち，言語能記の本質が差異であるがゆえに，言語能記は表情的意味の知覚世界から脱出し，知覚世界から脱出するがゆえに無形となり，無形であるがゆえに意味との一切の関係を払拭し，意味との関係において無根拠となることができるのである。意味との関係において無根拠であること，それが恣意性である。

2）不易性と間主観性

　ソシュールはこの恣意性という性質から，言語の「不易性」を導いている。私たちは先行世代から一定の言語を母語としてうけつぐわけだが，その際，その母語でもちいられている言語能記と所記との結合関係をあえて変更しなければならない理由はない。なぜなら，もともと言語能記と所記との間には自然的な結びつきがないのだから，母語をうけつぐ私たちには，言語能記とその意味との結合関係を変更しなければならない理由はなく，私たちは先行世代が私

音素はその意味と一切の「自然的な結びつき」をもたず，意味との関係においてまったく「無根拠」である。

言語能記の本質が差異であるがゆえに，言語能記は表情的意味の知覚世界から脱出し，知覚世界から脱出するがゆえに無形となり，無形であるがゆえに意味との一切の関係を払拭し，意味との関係において無根拠となることができるのである。意味との関係において無根拠であること，それが恣意性である。

たちに伝える国語をそのままうけつぐからである。その結果，言語はそれを変更しようとする企てから守られることになる。こうした性質を言語の「不易性」という。

ソシュールが示した言語の不易性という性質は，言語能記の〈間主観性〉，すなわち，言語能記は，話し手である〈私〉と聴き手である他者との間で同一性をもって働くことができる，という性質を含んでいるように思われる。世代間で，言語能記と意味との結合関係が不易であるならば，その結合関係は二つの世代間で同一であり，さらには同一世代を構成する話し手としての〈私〉と聴き手としての「あなた」との間でも同一である。すなわち，言語能記は，不易性という性格にもとづくかぎり，間主観的であることになる。能記と所記との結合関係が間主観的であるならば，当然，その前提となる言語能記の体系自体も間主観的であることになる。したがって，言語能記の体系は間主観的な仕方で存在することになる。言語能記の体系の間主観性は，「私たち」の共同性が，どのようにして言語を通じて成立するのかを理解するために必要な根拠の一つである。この共同性は，第4章1節《他者との近さと隔たり》で考察した，身体の表情を通じて成立する「私たち」の共同性とは区別されなければならない。

言語能記の間主観性という特質を，表情的意味と差異という観点からあらためて考えてみよう。言語能記が表情的意味として働くとしたら，言語能記は主観性をまぬかれず，結局，〈私〉が話す言葉と他者が話す言葉が，同じ言葉であると確信することは不可能となる。なぜなら，〈私〉の声と他者の声とは，その表情的意味という側面からみればかならず異なるからである。しかし，言語能記としての音声は，表情的意味として働いているのではなく，純粋な否定的差異として働いており，そのかぎりで表情的意味と無縁であり，表情的意味を払拭している。だからこそ，言語能記としての音声は主観性をまぬかれ，〈私〉と他者との間で同一の音声記号として，すなわち間主観的な音声記号として，存

言語能記は，話し手である〈私〉と聴き手である他者との間で同一性をもって働くことができる。

← p.139

だからこそ，言語能記としての音声は主観性をまぬかれ，〈私〉と他者との間で同一の音声記号として，すなわち間主観的な音声記号として，存在することができるのである。文字記号についても，同様である。

在することができるのである。文字記号についても，同様である。音声言語にせよ，文字言語にせよ，言語は，この間主観性にもとづいて，社会的な事物や事象を意味することができるのである。たとえば，法律を，表情的意味としての音（音楽）や形と色（絵画）によって表現することは困難であろう。

3）可易性

　言語は，その能記と所記との結合に関して恣意的であるので，能記と所記との関係をずらそうとする力が言語の外部から働くと，その力に対しては抵抗できず，簡単に変化してしまう。つまり，いかなる言語も，能記と所記との関係をずらそうとする外的な力に対して，まるで無力である。この性質を言語の「可易性（かえきせい）」という。可易性は，能記と所記との関係を変化させる外的な力がどのようなものであるかについては，積極的に語っていない。私たちは本章3節《言葉の意味の創造》で，新しい比喩が成立する仕組みを考えることを通じて，能記と所記との関係が変化する積極的な理由について，世界に臨む知覚主体としての身体の立場から，考えてみることにしよう。

p.191 →

　不易性と可易性は，いずれも言語能記の恣意性から帰結する性質である。不易性と可易性は，矛盾するようにみえるが，その内容をよく考えれば，矛盾しないことがわかる。不易性は，言語能記の恣意性を言語体系の内部からみたときに帰結する特質であり，可易性は，言語能記の恣意性を言語体系の外部からみたときに帰結する特質である。

不易性は，言語能記の恣意性を言語体系の内部からみたときに帰結する特質であり，可易性は，言語能記の恣意性を言語体系の外部からみたときに帰結する特質である。

4）一般性

　言語能記について，その恣意性から帰結するもう一つの性質は，言語能記の〈一般性〉である。言語は，その恣意性によって，かぎられた数の記号でもって無数の対象を表現することができる。もし，言語能記の一つひとつが，その表情的意味の類似という仕方で，対象と有縁的に結びつくとしたら，自然界に存在する無数の表情をもつ対象一つひとつにそれぞれ言葉が定められなければならないことにな

← p.87, 94

り，記号の数も無数になって言葉はほとんど役に立たなくなってしまうであろう。言語能記は，表情的意味を断ち切っているからこそ，個別性をまぬかれ，一般的な意味に対応できるのである。

差異が存在すれば，その差異が事物の差異であろうと，出来事の差異であろうと，心に生ずる微妙な感情や感覚の差異であろうと，能記の差異はその差異に対応することができる。〈差異は差異に対応することができる〉だけである。逆にいえば，言葉は，それが純粋な差異として機能しているかぎりでは，現実に存在する個々の事物や事象を，絵のように表情的意味によって表すことはできない。たとえば〈机〉や〈ツクエ〉いう言語記号は，現実に存在する個々の机に直接的に対応しているのではなく，言語的意味としての「机」に一般的に対応している。言葉の意味は一般性をもたざるをえないのである。現実に存在する個々の机を指し示したいときには，たとえば「そこの机」というように，特定のものを指示するための語を別に付け加え，実際に身体で指し示す必要がある。

4 言語的意味の差異性と理念性

次に，ソシュールが言葉の意味される側面（所記）も差異であるとした理由について，考察してみよう。この理由を理解するためには，知覚世界に現れる事物がどのような在り方をしているのかについて，あらためて考える必要がある。言語の意味とは何かという問題については古くから議論がいろいろあり，決定的なことをいうのはむずかしいが，言語の意味が知覚世界に存在する事物の意味に何らかの仕方で接しているということは間違いない。

第2章《生きられた世界》でみたように知覚世界に存在する事物は，〈私〉の関心にそって図と地とに分化し，地平性を伴って〈私〉に現れている。すなわち図である個々の事物は個別的でありながら，それにまつわるさまざまな知識や別の事物（その中にはすでに獲得された知識や事物もあれば，これから見いだされうる知識や事物もある）を背景また

言語能記は，表情的意味を断ち切っているからこそ，個別性をまぬかれ，一般的な意味に対応できる。

差異が存在すれば，その差異が事物の差異であろうと，出来事の差異であろうと，心に生ずる微妙な感情や感覚の差異であろうと，能記の差異はその差異に対応することができる。〈差異は差異に対応することができる〉だけである。

は地平として伴って現れている。ソシュールは言語の所記
も，能記と同様に，差異の体系をなすと考えたが，その理
由の一つは，言葉の意味は現実の事物そのものでなく，現
実の事物を人間がどのような視点に立ってとらえるかとい
うその視点のとり方である，という点にある。

　ところで知覚世界における事物は，知覚的意味（第2章
で考えた表情的意味と道具的意味）をもつものとして，一定
の仕方で差異化している。たとえばあの机もこの机も，一
定の表情的意味または道具的意味として，〈私〉に図化して
現れるからこそ，共通に「机」という言語的意味を与えられ
うるのである。たしかに，何が図となり，何が背景となる
かは，知覚する〈私〉の関心にもとづいて，流動的に決定さ
れるのであるが，図と地との差異化がまったく安定を欠い
ているというわけでもない。もし知覚的世界が完全に偶然
的で不安定な仕方で差異化するとすれば，つまり完全に無
秩序な仕方で私たちに現れるとすれば，そもそも私たちは
言葉をもちいる必要がないはずであり，またもちいること
もできないはずであろう。そこに言葉の意味の一般性と，
知覚世界の事物の一般性との接点があると考えられるの
である。

　言葉による差異化をこうむる以前の知覚経験は差異化を
一切含んでいない，などと考えることはできない。どのよ
うに世界が差異化されるかは，言葉による差異化の仕方に
よって決定される面もかなりあるが，差異化そのものはす
でに知覚的世界の次元において，言葉と独立に生じている
し，また知覚的世界の差異化自体に一定の型が存在する。知
覚において生じる差異化が言葉による既成の差異化を変化
させ，言葉の新しい意味を創造する場合さえある（この点に
ついては本章3節《言葉の意味の創造》で考察する）。

　しかし，知覚的意味が，言語的意味として回収され，言
語能記の純粋な差異に対応させられると，知覚的意味のも
っていた〈流動性〉は切り捨てられ，互いに重なりあうとこ
ろのない，純粋に差異化した意味に変化する。純粋に差異

言葉の意味は現実の事物そのもの
でなく，現実の事物を人間がどの
ような視点に立ってとらえるかと
いうその視点のとり方である。

← p.95，97

言葉の意味の一般性と，知覚世界
の事物の一般性との接点

p.190 →

知覚的意味が，言語的意味として
回収され，言語能記の純粋な差異
に対応させられると，知覚的意味
のもっていた〈流動性〉は切り捨
てられ，互いに重なりあうところ
のない，純粋に差異化した意味に
変化する。

化した言語的意味は，流動性をまぬかれ，安定する。たとえば，表情的意味としての赤と橙との境界は重なりあい，流動的であって，〈私〉の関心に従って，どこまでを赤と感じ，どこから橙と感じるかは異なるであろう。その意味で，表情的意味は主観的である。しかし，言語的意味としての「赤」と「橙」とは，互いに混同されることのない，互いに完全に独立した意味である。なぜなら，本節の2《言語の本質は差異である》で強調したように，その言語的意味を担う［アカ］と［ダイダイ］という二つの音素は，差異を本質とする純粋な否定的存在として，互いに対立的に働いているからである。互いに混同されることなく安定した能記の差異に対応する言語的意味の差異は，やはり互いに混同されることなく安定する。互いに混同されることのない言語的意味は，流動性をまぬかれ，安定し，固定化され，最終的には知覚経験から脱けだして，理念化される。

互いに混同されることのない言語的意味は，流動性をまぬかれ，安定し，固定化され，最終的には知覚経験から脱けだして，理念化される。

　〈言語的意味〉とそれ以前に生じている〈知覚的意味〉とを，混同してはならない。両者を混同すると，言語的意味の特性を知覚的意味の特性とみなしてしまい，知覚的意味のレベルですでに，永遠に不滅不変な普遍的意味が理念(イデア)として存在するかのように考える考え方が生じてしまう。

5　身体の二重感覚と精神の自覚

　本章冒頭で，私たちは「身体の自覚から精神の自覚への移行には，言葉を語るということが関係していると考えられる」(p. 166)と述べておいた。ここで，この点について考察を試みよう。第1章《身体としての自分》でみたように，身体の二重感覚という現象は，不完全な仕方においてであるとはいえ，自己への振り返りを含んでいる。デカルトが，「私は考えている」という言葉でとらえた精神の自己への完全な振り返りは，身体におけるこの自己への不完全な振り返りにもとづいていながら，その基礎を見失った所産ではないだろうか。デカルトは「生きられた身体」におけるこの振り返りを，「私は考えている」という言語表現を介在させることによって，精神の振り返りとしてとらえ直し，その

← p.68

ことによって，本来不完全であるはずの身体的振り返りの
円環を離れ，完全に閉じた円環を形成する自己同一的精神
の形而上学を創設した。

　しかし私たちは，日常生活を送っているとき，哲学的瞑
想を遂行するデカルトのように，「私は考えている」と自覚
しながら，自分への振り返りを言葉にしたりすることはな
い。〈私〉は「生きられた身体」として日常を黙々と生きてい
る。言葉の介在しない「生きられた身体」の振り返りは，完
全に達成されることはなく，常に自分への隔たりを含んで
いる。

　では，言葉が介在することによって，なぜ，振り返りは
完全なものとみなされるようになるのだろうか。それは，言
語的意味の〈理念性〉にもとづくと考えられる。言語は，流
動する知覚的意味を言語的意味として回収することによっ
て，知覚の意味を安定させ，固定化し，さらには理念化す
る。私たちは序章《人間らしさ》で，「私」という言葉が，自
己への振り返りを，言語的意味として含んでいるというこ
とをみておいた。「私」という一人称代名詞は，知覚世界を
生きる身体の二重感覚において予感される身体的自己同一
性（「自分は自分である」）を，言語的意味として回収してい
る。デカルトは，この言語的意味としての「私」を，完結し
た振り返り構造としての精神的自己同一性（「私は私であ
る」）としてとらえ直し，理念化した。すなわち，「生きられ
た身体」として言語以前に経験される〈私〉が，「私」という
言語的意味として回収され，「私は考えている，したがって，
私は存在する」という判断を介して，知覚経験から離脱し，
完結した形で実在する形而上学的な「私」として，理念化さ
れたのである。形而上学的な自己意識，すなわち「私」の完
全な振り返りは，言語的意味の次元において実在する。「生
きられた身体」と〈生きられた世界〉に裏打ちされた言語的
意味の次元は，〈人間らしさ〉の証である。言語的意味とし
て成立する「私」は，責任をとることのできる主体を考える
際に，本質的な要素となる。責任の主体については，第6

言語は，流動する知覚的意味を言語的意味として回収することによって，知覚的意味を安定させ，固定化し，さらには理念化する。

← p.21

← p.68

「生きられた身体」と〈生きられた世界〉に裏打ちされた言語的意味の次元は，〈人間らしさ〉の証である。

p.206 →

章《責任と自由》で主題的に考察する。

2 言葉の諸機能

1 指示機能

言葉は，音楽や絵とちがって，対象を「指し示す」という働きにかかわることができる。この言葉の働きこそ，人間が言葉をもちいることによって，関心の対象に対して一定の距離をとりながら，その対象「について」語るということを可能にするのである。たとえば，「これを見なさい」と言うことによって，〈私〉はある特定の対象を指し示していることを意味することができる。こうした言葉の働きは指示代名詞（「これ」，「それ」，「あれ」）に顕著に現れている。指示代名詞は，普通名詞とちがって，それ自体は特定の内容をもたず，もっぱら対象を指し示すことを意味する言葉である。たとえば「これ」という言葉は，語り手がその身振りによって知覚世界の何かしらの対象を指し示している，ということを意味しているのである。「これ」という言葉自体が対象を直接に指し示しているのではない。対象を指し示すことができるのは身体である。その証拠に，たとえば〈私〉が何の身振りも付け加えずにいきなり「これ」と言ったとすると，〈私〉のその言葉を聞いた他者は，〈私〉が何かを指し示そうとしているのだということはわかっても，その「これ」という言葉が実際に何を指すのかわからないであろう。

絵や音楽も，私たちを現実に存在する事物へと差し向ける場合があるが，それは現実の事物を指し示すという仕方によるのではない。絵や音楽では，色や形，旋律やリズムや音色のもつ表情的意味（たとえば，暖かさ，鋭さ，激しさなど）がいわば自分自身を表現しているのである。その結果として，現実の事物に似ることもでき，「似る」という仕方で現実の事物に私たちを差し向ける場合も生ずる。しかし絵はかならずしも知覚的世界の事物に似ている必要はない。抽象画というものが可能なのもそのためである。こうした事情は音楽の場合には明瞭である。

言葉は，音楽や絵とちがって，対象を「指し示す」という働きにかかわることができる。この言葉の働きこそ，人間が言葉をもちいることによって，関心の対象に対して一定の距離をとりながら，その対象「について」語るということを可能にする。

「これ」という言葉自体が対象を直接に指し示しているのではない。対象を指し示すことができるのは身体である。

音楽は一般的にいって世界を指し示すことに直接かかわることはない。たとえばベートーヴェン (1770-1827) の「田園」交響曲のような標題音楽といわれる音楽でさえ，田園風景を指し示しているのではなく，田園風景の雰囲気を音楽自体の表情的意味をとおして表現しているのである。「田園」という曲が世界を指し示すかのようにみえるのは，標題を示す言葉の力にすぎない。絵や音楽のこうした〈抽象的〉な性質については，第8章《創造の秘密》であらためて考える。逆に言葉の場合，書や詩歌にみられるように，言葉の表情（たとえば墨の色や音声の響き）が表現の重要な要素となることもあるが，しかしその場合でも，知覚世界の対象を意味するという機能が前提として働いている。言葉は，知覚世界を主語として指示するという仕方で，〈私〉を知覚世界へと差し向けることができる。

p.269 →

2　述定機能

言葉は指示機能に加えて，指示された事物を，話し手の関心に則して，述定する機能にかかわっている。事物を述定するということは，その事物が何であるのか，その事物がどのような感じを人間に与えるのか，またはその事物がどんな状態にあるのかを示すことである。たとえば「それは花です」と言えば，「それ」と指示された知覚対象が，「花」という言葉で呼ばれるものの特徴（形，色，匂いなどの感覚的性質。そこには主観的な性質も客観的な性質も含まれうる）をそなえているということを述定しているのである。そうした特徴およびその組み合わせに「花」という言語的意味が与えられているのである。さらに「この花は美しい」と言えば，それはその花の特徴がその花を知覚する人間に対して，どんな感じを与えるのかを述定することになる。

また，知覚の対象が他の物とどのような位置関係にあるのかを述定することもできる。たとえば，「時計が机の上にある」という。ある物の運動は他の物との位置関係の変化であると考えれば，「葉が落ちる」というような文も位置関係の述定と考えることができるであろう。またたとえば「花の

事物を述定するということは，その事物が何であるのか，その事物がどのような感じを人間に与えるのか，またはその事物がどんな状態にあるのかを示すことである。

色が赤くなる」というように，事物の特徴を構成する性質の変化を述定することもある。音楽や絵は対象を指示することにかかわらないのだから，当然，対象を述定することもない。

3　表出機能と喚起機能

　言葉による表現は，知覚世界に存在する事物を指示し述定する機能にかかわることに加えて，話し手の態度ないし姿勢を表出し，また聞き手の内面に訴えかけ，聞き手の感情や意欲を喚起するという機能にかかわっている。しかし注意しなければならない。言葉の場合には，①音楽や絵画と同様に，その表情的意味によって表出する側面と，②上で述べた指示機能と述定機能とにもとづいて表出する側面とを，区別することができる。

1）能記の音の表情的意味による表出（擬態語）

　擬態語（たとえば，「つるつる」，「ひらひら」）は，表情的意味によって表現する言葉の側面をきわだった仕方で表している。これは，言葉が知覚されるものとして現れるかぎりで担う，能記自体の音の表情的意味による表出機能である。日本語は，この擬態語を好む言葉であるらしい。擬態語と似た働きをする言葉として，擬音語と擬声語がある。しかし，たとえば「チクタク」のような擬音語や，「ワンワン」のような擬声語は，もともと知覚世界に実在する音や声を，言語能記を使って模倣しようとしたものである（したがって，擬音語や擬声語は「声帯模写」や「物真似」ではない。声帯模写や物真似は，人間が発音できるすべての声を使って知覚世界の音や声を模倣する芸である）。擬音語や擬声語は世界に対する話し手の態度を表出するというよりも，知覚世界に実在する音や声に似ていることが重要である。たしかに，言語能記の体系を構成する音素が異なれば，擬音語や擬声語の表記の仕方も異なるという事実はある。たとえば犬の鳴き声は，英語では bow-wou と表記され，フランス語では ouha-ouha と表記される。しかしどんな仕方で表記されるにしても，それらの表記が知覚世界で聞こえる犬の

声にある程度似ている。

これに対して擬態語の場合はそうした意味での模倣性はない。なぜなら擬態語は，知覚世界の事物や現象を模倣するのでなく，知覚世界の事物や現象に対して，語り手である〈私〉がどのような気分や感情をいだいているかを，言語能記の音の表情的意味によって直接に表現することをめざす言葉だからである。擬音語や擬声語は私たちが勝手に変えることのできない言葉であるが，擬態語にはそのようなことがなく，私たちが自分の気持ちにあわせて自由につくることができる言葉である。

擬態語は，擬音語や擬声語とあわせて「オノマトペ」と呼ばれることがある。たしかに，言語能記自体の音の表情によって成立する表現であるという点で，擬態語と擬音語または擬声語との間に共通性が認められるが，擬態語は，知覚世界の音や声を模倣するのでなく，表情的意味そのものをとらえようとする表現である点において，擬音語や擬声語とは根本的に異なる言語表現である。犬の鳴き声は擬声語で表現すれば「ワンワン」であろうが，擬態語で表現すれば，たとえば，「犬がぶつくさ吠えた」という表現が可能であろう。「ぶつくさ」は犬の鳴き声の模倣ではなく，話し手がその犬の鳴き声から受けとった気分や感情を，言語能記の音の表情的意味によって表出しようとする擬態語である。

2) 指示・述定による表出

言葉による表現は，一つには，命令，願望，譲歩などといった文の形式によって表出・喚起をおこなうと考えられるが，それだけではない。上述の指示と述定を用いた表出と喚起という機能が，音楽や絵画と異なる，言葉ならではの表現力を発揮するのである。

まず，何を指示対象としてとりあげるかという点に，話し手の関心が表出される。そして，その指示された対象をどのような言い方で述定するかという点に，世界に臨む話し手の姿勢が表出される。言語心理学者アルバート・マレービアン（1939-）の示した例を使って説明すると，母親は

指示と述定を用いた表出と喚起という機能が，音楽や絵画と異なる，言葉ならではの表現を発揮する。

アルバート・マレービアン⇨ アメリカの言語心理学者。他人から受け取る情報のうち話す言葉の内容は7％にすぎないという実験結果「メラビアン（マレービアン）の法則」が有名。主著に『非言語コミュニケーション』（第1章参考文献(7)）がある。

自分の息子が婚約者として紹介した女性を，どのような言葉で表現するかというところに，母親のその女性に対する見方が表出されるという。たとえば，母親はその女性を，「私たちの娘になる人」「息子の婚約者」「あの子の婚約者」「あの子の女友だち」「あの子の友だち」「彼女」「あの娘」などと呼ぶ。これらの述定の仕方が，母親のその婚約者に対する好感度を段階的に示していることは明らかである。「私たちの娘になる人」という最初の言い方は，母親が自分と息子を「私たち」と呼ぶことで自分と息子との一体性を示し，次に，「娘」という言葉を使うことで，その女性を，自分と息子との一体性（家族）の内部に迎え入れる態度を示している。これは明らかに好意を示しており，「あの娘」という最後の言い方とのちがいは歴然としている。つまり，知覚世界の対象をどのような仕方で述定するかという点に，知覚世界に対する話者の姿勢が表出されるのである。

知覚的世界の対象をどのような仕方で述定するかという点に，世界に対する話者の姿勢が表出される。

このことは，私たちが言葉を使用するうえで念頭におくべき，重要な事実である。私たちは，言葉とは何かという問題を考えるときに，まず，「言葉はコミュニケーションの道具である」と考えるであろう。この考えは，たしかに間違っていない。しかし，言葉による「コミュニケーション」は，単なる叫び声によるコミュニケーションのように，話し手と聞き手とが表情的意味によって直接にコミュニケートするのではない。言葉は，知覚世界について指示・述定するという仕方で，世界に対する話し手の姿勢を間接的に表出し，聞き手はその指示・述定の仕方に，世界に対する話し手の姿勢を間接的に読みとるのである。どのような言葉を用いて世界を述定するかは，その言葉を用いる話し手の関心，人柄や人生観，世界観を表出してしまうのである。

言葉による「コミュニケーション」は，単なる叫び声によるコミュニケーションのように，話し手と聞き手とが表情的意味によって直接にコミュニケートするのではない。

← p.62

第1章《身体としての自分》で，私たちは，自分と世界との関係について，「自分の身体によって世界に臨んでいる」と言い表しておいた。しかし言葉の諸機能，特に指示・述定を介した表出・喚起機能を考察した今，私たちは，言葉

というものが，世界に臨む身体の表現運動の延長上にあり
ながら，しかし単なる感情表現ではない，新しい仕方で私
たちを世界に臨ませてくれることを，理解できたのではな
いだろうか。そうであるとすれば，「人間らしさ」について
の私たちの理解は，深まったはずである。言語表現につい
ての考察にもとづいて，私たちは，自分と世界との関係に
ついて，〈自分の身体と言語によって，世界に臨んでいる〉
と言うことができる。

4　言葉の諸機能と意味

　これまでの考察にもとづいて，語の意味を言葉の機能の
視点から分類してみよう。たとえば〔机〕という語は，一つ
には，指示形容詞（「この」,「その」,「あの」など）を伴って,
知覚世界に現実に存在している個々の机（またはその集合）
を指示する場合がある。たとえば「あの机をこちらに置こ
う」というような場合である。言葉の指示機能に結びついた
このような意味を，語の「外延的意味」（denotation）と呼ぶ。
また〔机〕は，個々の机に共通な性質の束や机の用途（合わ
せて定義といってもよい）を意味しもする。たとえば「机は
腰掛けるものではない」というような文において，〔机〕は,
何本かの足で一定の広さの平面を支えた道具であり，その
平面上で主として本を読んだり，書き物をしたりするもの
であるといったような性質や用途を意味している。これは
言葉の述定機能に結びついた意味であり，語の「内包的意
味」（connotation）と呼ばれる。こうした外延的意味と内包
的意味は，言葉と経験的世界との対応関係によって与えら
れる点で共通である。

　また言葉は一種の身体的振る舞いであって，その意味は
その言葉の働きであるという考え方がある。たとえば「痛
い」という言葉は，泣き声に代わって一定の行為を呼び起こ
す振る舞いであるという考えである。これを言葉の「行為的
意味」と呼ぶことができる（これについては本章5節《言葉
と行為》で述べる）。これは言葉の表出と喚起の機能に主と
して結びついている。

p.198 →

言葉というものが，世界に臨む身
体の表現運動の延長上にありなが
ら，しかし単なる感情表現ではな
い，新しい仕方で私たちを世界に
臨ませてくれる。

言葉の意味は，〈私〉の関心の対象となる事物と出来事を指示・述定する機能に関連して考えられる意味（外延的意味，内包的意味），身体的行為との関係において考えられる意味（行為的意味），言語能記の音自体の意味（表情的意味）に分けられる。

　まとめてみると，言葉の意味は，〈私〉の関心の対象となる事物と出来事を指示・述定する機能に関連して考えられる意味（外延的意味，内包的意味），身体的行為において考えられる意味（行為的意味），言語能記の音自体の意味（表情的意味）に分けられる。

5　言葉の意味と文脈

　これまでの考察において，私たちは主として単語の意味を問題にしてきた。しかし語の意味は，語が句や文を構成し，文脈の中に置かれることによって，定まってくるのである。たとえば「花」と言えば，すぐにその意味がわかったように考えるかもしれないが，実際には「花」という言葉が，日本語のどんな文脈で一般的に使われるのかを心得ているから，そのように思うのである。たとえば「花のような生涯」という表現がある。ここに使われている「花」という語の意味は，単に植物としての花の内的特徴を意味するのでなく，そこから派生した「華やかさ」や「あでやかさ」といった意味を表現しているものとして受けとられる。

　私たちは言葉の意味を，こうした句あるいは文によって与えられる文脈の中で，実際はつかむのである。語の意味は文の意味と互いに規定しあいながら理解される。一つひとつの語が知覚的世界に存在する事物に対応するだけでは，言葉は成立しない。言葉が成立するためには複数の語を一定の約束に従って並べ，文を構成しなければならないのである。現実に働いている言葉の最小単位は，単語でなく，文である。

現実に働いている言葉の最小単位は，単語でなく，文である。

　こうした事実を際立った仕方で示す言語表現の一つとして「比喩」表現がある。新たな比喩は，思わぬ仕方で語と語を結びつけることによって，それぞれの語が単独ではもたなかった新たな言語的意味を創造する。

：3　言葉の意味の創造
─新しい比喩─

　前節の3《表出機能と喚起機能》で私たちは言葉の表出・

喚起の機能が，単に語の表情的意味を通じてなされるだけ
でなく，述定機能に結びついた「内包的意味」を通じてもな
されるのをみておいた。息子が連れてきた女性に「婚約者」
という内包的意味を与えるか，「あの娘」という内包的意味
をあたえるかというところに，母親のその女性に対する態
度が表出されるのである。言葉のこのような側面を通じて，
世界に対する話者の態度をいっそう効果的に表現する手段
として比喩という手段がある。言葉の述定的意味は，比喩
によって広がってゆく。比喩には，意味の類似による比喩，
意味の含み合いによる比喩（提喩），空間的隣接（または含
み合い）による比喩（喚喩），という三つが考えられるが，こ
こでは言葉の意味の創造という観点から，意味の類似によ
る比喩をとりあげることにしよう。

> 言葉の述定的意味は，比喩によっ
> て広がってゆく。

1　意味の類似による比喩（直喩と隠喩）

　たとえば「花びらが風に雪のように舞う」という表現は，
花が風に吹かれて落ちてくる表情が，雪の降り方の表情に
類似しているという，知覚的事実に依存して成立する表現
である。これを直喩（または明喩）という。この比喩は，花
と雪との区別を前提したうえで，「のように」という言葉を
使って花と雪とを結びつけ，花と雪の落ち方にみてとられ
る表情の類似性を表現するにとどまっている。しかしさら
に端的に，たとえば「笑いのさざ波が広がる」という比喩で
は，もはや「笑い」と「さざ波」という常識的には明らかに
区別されるべきものが直接に重ね合わされている。そこで
は，単に似ているという程度を通り越して，笑いはさざ波
そのものなのだということが表現されている。これは「隠
喩」と呼ばれる。

　隠喩においては，「笑い」の表情と「さざ波」の表情は区別
されていない。まさに一つの表情が知覚されているのであ
る。「笑いのさざ波」という表現は，「笑い」と「さざ波」とが
客観的に区別されているかぎりでは，意味不明な表現でし
かない。「笑い」と「さざ波」という異なる二つの出来事が，
「笑いのさざ波」として，なぜ一つになれるのかといえば，

それは二つの現象がその客観的性質によってみられているからではなくて，その表情として現れているからである。直接に知覚された一つの表情が，事後的に反省され，「のように」という表情の一致を示す言葉を使ってあらためて客観的に表現されることによって，直喩となる。直喩と隠喩の成り立ちの根底で，私たちが第2章4節《事物の表情的意味》で考察しておいた，事物や出来事の表情的意味が働いているのである。

← p.95

この直喩と隠喩という表現技法に，世界に臨む表現者の姿勢が如実に現れることは明らかであろう。特に，その比喩がそれまでになされたことのない新しい比喩である場合は，その表現によって，世界に臨む表現者の姿勢だけでなく，世界の新しい見方が表現されることになる。詩人や作家がどのような比喩表現をもちいているかをみることにより，私たちは，そうした新しい世界の見方に立ち会うことができる。一例をあげよう。

その比喩がそれまでになされたことのない新しい比喩である場合は，その表現によって，世界に臨む表現者の姿勢だけでなく，世界の新しい見方が表現される。

　　「突如，障子を破って顔を出したように笑い出した」（丹羽文雄『顔』より）

という表現がある。「障子を破って顔を出す」ということと「笑い出すこと」は，この比喩がなされるまで，結びつけて語られたことはなかった。したがって私たちは，この比喩を目にしたとき，一瞬，戸惑うはずである。しかし，この表現に従って，〈障子を破って出てきた顔〉をイメージすることができたとたんに，私たちは，その顔の表情が，笑いの表情に重なることを直感できるのではないだろうか。イメージの世界は主観的であり，この表現によって私たち一人ひとりがどのようなイメージをもつかは，わからない。だから，この表現を理解しない人がいても不思議ではない。もしあなたが，その表情の重なりを直感できなければ，この表現は，少なくともあなたにとっては失敗であることになる。新しい比喩表現は，成功することもあれば，失敗する

こともある。だからこそ，詩人や作家の新しい比喩表現は，既成の言葉の限界で働き，言葉の最前線を切り開くといえるのである。

　もし私たちが，それまでに獲得された言葉の既成の意味だけに閉じこもっていたら，私たちはこの新しい比喩表現を理解することはできないはずである。私たちはこの表現に出会い，戸惑いを通じて，言葉の世界から，イメージが担う知覚世界の表情的意味へと，一度戻ることによって，はじめてこの表現を理解できる可能性が生ずるのである。したがって私たちは，この新しい比喩表現に出会い，それを理解することによって，言葉の世界と知覚の世界とが，一体化して働いている現場に立ち会っていることになるのである。

　こうした仕方で，新しい比喩表現が成功をおさめるならば，それは新しい日本語として，日本語の世界をさらに豊かにしてゆくことになる。私たちは，日本語がその長い伝統を通じて，どのような比喩表現を蓄えてきたのかをみることにより，日本語という言語がどのような世界観を秘めているのかを窺うことができるのである。

　本章1節の3《言語能記の恣意性とその帰結》において，言語能記の恣意性から帰結する言語の性質の一つとして，ソシュールが「可易性」をあげているのをみておいた。新しい比喩がどのようにして成立するのかについて考察することによって，言葉の意味が変化する積極的な理由について，一つの答を見いだすことができたのではないだろうか。言葉の意味が変化する理由の一つは，世界に関心をもって臨む知覚主体としての話し手が，それまで結びつけられることのなかった世界の事物や出来事を，表情的意味を通じて結びつけることによって，新たな比喩表現を見いだすからである。

2　直喩・隠喩と擬態語の関係

　本章2節の3《表出機能と喚起機能》において，言語がその能記の音の表情的意味によって表現する際立った場合として，擬態語を指摘しておいた。擬態語は表情的意味そのものをとらえることによって，話し手が自分の内面を表現

詩人や作家の新しい比喩表現は，既成の言葉の限界で働き，言葉の最前線を切り開く。

この新しい比喩表現に出会い，それを理解することによって，言葉の世界と知覚の世界とが，一体化して働いている現場に立ち会っていることになる。

日本語がその長い伝統を通じて，どのような比喩表現を蓄えてきたのかをみることにより，日本語という言語がどのような世界観を秘めているのかを窺うことができる。

参考文献(10)→

← p.177

← p.184

しようとする言語表現である。だとすると，異なった事物や現象でも，同じ擬態語を使うことができるならば，それらの事物や現象は表情的意味が共通であることになる。たとえば，花と雪の例をもう一度使えば，花の落ち方について「ちらちら」という擬態語を使うことができ，雪の降り方についても「ちらちら」という擬態語を私たちは使うことができる。したがって，花と雪の落ち方に表情的意味の一致があり，私たちは，花の落ち方と雪の降り方を比喩として重ねることができるのである。

同じ擬態語を使うことができる事物や現象同士の間では，直喩または隠喩が成立する可能性が高い。

　ということは，逆にいえば，同じ擬態語を使うことができる事物や現象同士の間では，直喩または隠喩が成立する可能性が高いということである。ためしに，「キラキラ」という擬態語で考えてみよう。「キラキラ」しているのは，たとえば，子供の瞳や，冬の星座や，エンゲージリングなど。そこで，「子供の瞳が冬の星座のように（キラキラ）輝いている」，「冬の星座がエンゲージリングのように（キラキラ）輝いている」といった比喩表現が考えられるであろう。事物や現象に対してどのような擬態語をもちいて自分の内面を表現するのかは，語り手がどのような仕方で事物や現象に臨むのかという，語り手の姿勢によって異なるであろう。

　表情的意味によって世界の事物や現象を表現するのは，言語能記の音の表情的意味だけにかぎったことではない。言語能記の音の表情的意味では，世界の事物や現象の表情的意味を表現しきれないとあなたが思うならば，さらに自由な表現手段として音楽や絵画がある。楽器の音や声の表情的意味によって表現すればそれは音楽作品になり，色や形の表情的意味によって表現すればそれは美術作品になる。芸術的創造については，第8章2節《芸術的創造の秘密》で考えることにしよう。

楽器の音や声の表情的意味によって表現すればそれは音楽作品になり，色や形の表情的意味によって表現すればそれは美術作品になる。

p.262 →

:4 判断と論理

　文を構成することによって，私たちは事物や現象についての判断を表現することができる。序章でみたように，デ

← p.33，37

カルトによれば，この判断（すなわち認識）という精神の働きこそ，人間が理性的な存在となり，機械や動物から区別されることの本質的な理由であった。この場合，理性的であるということは，人間が，自分を取り巻く状況に埋没したりその状況に流されたりするのでなく，その状況について一定の判断をくだし，その判断にもとづいて自覚的に行為することを意味するのである。私たち人間は，言葉によって対象を指示・述定する，すなわち対象について判断することによって対象から一定の距離を置き，そのうえであらためて世界に働きかけるのである。このようなことは，自分を取り巻く状況の意味を言葉の言語的意味に置き換えることのできる，人間のみに可能なことである。デカルトが言葉と理性によって，人間を機械や動物と区別する基準とした理由は，ここにある。言葉と理性は，たしかに「人間らしさ」の証である。

私たち人間は，言葉によって対象を指示・述定する。すなわち対象について判断することによって対象から一定の距離を置き，そのうえであらためて世界に働きかける。

1 総合判断と分析判断

　ところで判断は具体的には，「SはPである」という形式，すなわち主語を述定するという形式によって基本的に表現される。たとえば腹痛で苦しんでいるとき，私たちは痛む箇所を主語として指示し，その箇所がどのように痛むのかを述定することによって明確に表現できる。動物は苦しい表情をしはするが，その苦しさがどのようであるかを述定することができない。

　文によって表現される判断は，主語の位置にくる名詞の意味が外延的であるか内包的であるかに従って，〈総合判断〉と〈分析判断〉とに区別される。

　たとえば「あの花は美しい」という文において，〔花〕という名詞は知覚世界の花を指示し，その指示された対象としての花に〔美しい〕という述語が，その対象の知覚される性質として結びつけられているのである。主語の内実をなすのは語の外延的意味であり，知覚経験を介してその主語が述定されているのである。この場合，〔美しい〕という述語は，知覚の主体である人間によって対象に付け加えられて

いるのである。こういう判断を総合判断という。

　これとは異なってたとえば「花は一種の植物である」というような文の場合，主語である〔花〕という名詞は，花の性質の集合を意味しており，「植物である」という述語はもともとその性質の中に含まれているのを，私たちはすでに知っている。それは，その判断がなされる場での知覚経験によってはじめて知られる事実ではない。したがってこの文は主語にもともと含まれていた性質を引き出しただけで，何ら新しい性質を付け加えてはいない。このような判断を分析判断という。

　私たちはこの二種類の判断によって，現実について判断をくだしている。知覚の現実に直接かかわるのは総合判断であり，そこに分析判断が加わって私たちは現実について判断するのである。

2　形式論理

　以上のような考察は，私たちが日常生活を送るうえでもちいている日常言語を念頭においてなされている。しかし日常言語の場合，文を構成する語の意味が，知覚される事物の意味に接触する側面があり，その知覚される事物の表情的意味は何らかの意味で主観性をまぬかれない。たとえば〔花〕といっても，先に述べたように，この言葉によってどのような花をイメージするかは人によってちがいがある以上，たとえば「あの人は花のような人だ」という文の意味も，人によって異なったイメージで受けとられうる。

　しかし，文の意味を主観化する要素を一般化して，文の形式だけを問題にするかぎりで得られる，文についての知識がある。それが〈形式論理学〉である。たとえば「人は誰でも生まれたことがある」という文と，「アイスクリームは冷たい」という文は，文の形式という点からみれば「すべてのＳはＰである」という形式をもつ文として，同じである。形式論理学はこうした文の基本的な形，および文と文との結合の基本的な型を見つけだし，どのような文がどのような文にどのように結合されれば正しい推論が得られるかを

知覚の現実に直接かかわるのは総合判断であり，そこに分析判断が加わって私たちは現実について判断する。

研究する学である。論理学は「正しく推理するための原理の調査」と定義することができる。

「古典論理学はアリストテレス以来，進歩も退歩もしなかった」とドイツの哲学者イマヌエル・カント (1724-1804) がいったように，古典論理学のほぼ完全な体系を立てたのはアリストテレスである。彼の古典論理学によって扱われる文は次の四つの基本型に分類される。

全称肯定命題（A 命題）：すべてのSはPである。（例：すべての人間は聡明である）
全称否定命題（E 命題）：すべてのSはPでない。（例：すべての人間は聡明でない）
特称肯定命題（I 命題）：あるSはPである。（例：ある人間は聡明である）
特称否定命題（O 命題）：あるSはPでない。（例：ある人間は聡明でない）

イマヌエル・カント⇨ ドイツの哲学者。理性能力の批判を哲学の中心課題とする，批判哲学を確立した。主著は『純粋理性批判』『実践理性批判』『判断力批判』の三批判書。

これら四種類の命題基本型のうちの二つを組み合わせてできる推理を直接推理といい，三つ以上を組み合わせてできる推理を間接推理という。

1）直接推理

直接推理を構成する二つの命題の組み合わせ（対当関係）は次のようになる。

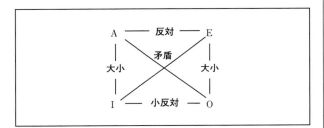

（例）

すべての人間は聡明である——すべての人間は聡明でない

ある人間は聡明である——ある人間は聡明でない

　たとえば，Aが真であればIもかならず真になり，Eと
Oはかならず偽になるというように，これらの関係を構成
する二つの命題の真偽は，片方の命題の真偽によって決ま
る場合がある。それを整理すると以下の表のようになる。

真偽関係表

(1)大小対当
① 全称命題が真⇒特称命題も真
② 特称命題が偽⇒全称命題も偽
③ 全称命題が偽⇒特称命題の真偽は不定
④ 特称命題が真⇒全称命題の真偽は不定
(2)矛盾対当
① いずれか一方の命題が真⇒もう一方の命題は偽
② いずれか一方の命題が偽⇒もう一方の命題は真
(3)反対対当
① いずれか一方の命題が真⇒もう一方の命題は偽
② いずれか一方の命題が偽⇒もう一方の命題の真偽は不定
(4)小反対対当
① いずれか一方の命題が偽⇒もう一方の命題は真
② いずれか一方の命題が真⇒もう一方の命題の真偽は不定

2）間接推理

　間接推理は，最終的には三段論法に帰着する。三段論法
とは，二つの命題（大前提と小前提）からもう一つ別の命題
（結論）を導く推論のことである。たとえば，

　　大前提：「すべての動物は生物である」（A命題）

　　小前提：「すべての人間は動物である」（A命題）

したがって，結論：「すべての人間は生物である」（A命題）

これは正しい推論である。しかし推論の型が正しくても，もし間違った前提が入れば間違った結論が出てきてしまう。たとえば，

大前提：「すべての天体はチョコレートでできている」（A命題）

小前提：「すべての星は天体である」（A命題）

したがって，結論：「すべての星はチョコレートでできている」（A命題）

このように推論の型の正しさと結論の正しさとは別であることに注意しなければならない。

現代の記号論理学はこうした古典論理学の成果を吸収しながら命題の記号化をはかり，ごく少数の論理語と公理命題などからすべての論理命題を導き出し，公理体系の形成に成功している。

参考文献(14)→

5 言葉と行為（ウィトゲンシュタインとオースティン）

言葉は，文の形式をとることによって，対象についての判断を表現できる。それは，対象から一歩距離をとって冷静に対象を見つめる，理性的態度を可能にする。しかし，言葉はそうした働きと別に，現実に働きかける身体的行為と一体になって積極的に働いているものでもある。言葉の現実的な姿をとらえるためには，行為と一体化して働いている言葉を考えるのでなければならない。こうした観点からウィーン生まれの哲学者ルートヴィヒ・ウィトゲンシュタイン（1889-1951）は，私たちが日常的に言葉をもちいつつ行動している場面を「言語ゲーム」という概念でとらえている。

「言語ゲーム」という哲学用語は，単に言葉の遊びというような意味の言葉ではない。「言語ゲーム」はいろいろな側

ルートヴィヒ・ウィトゲンシュタイン
⇨ オーストリアの哲学者。工学を学び，航空機のプロペラ設計から数学の基礎研究に進み，バートランド・ラッセルに師事し，『論理哲学論考』を発表し大きな反響を呼んだ。死後には『哲学探究』が刊行された。

面をもつ用語だが，ウィトゲンシュタインによると「言語を語ることが何らかの活動の一部であること，あるいは一定の生活様式に属するものであることを強調」するために使われているのである。有名な例をあげよう。「人間は感覚の名，たとえば「痛み」という言葉の意味をどのようにして習うのか」という問いに対しウィトゲンシュタインは，それは子供が痛みを感じていることの表現として，単に泣くのとは別に，「痛い」と叫ぶことを学ぶことなのだ，と答えている。つまり「痛い」という言葉は身体的表現の延長線上に獲得される，一種の〈振る舞い〉なのだというのである。

したがって「痛い」という言葉は，一定の感覚を述定する働きをするというよりも，むしろ「痛み」そのものを表出していると考えられるのである。私たちは本章2節の4《言葉の諸機能と意味》でこうした言葉の意味を言葉の〈行為的意味〉と呼んでおいた。

← p.187

オースティン⇨ イギリスの哲学者。日常言語の精緻な分析を通じて，哲学の問題の所在を示した。1952年からオックスフォード大学の教授を務め，イギリス哲学界のリーダーとなった。

こうした考え方をさらに発展させたのが，イギリスの哲学者ジョン・オースティン（1911-1960）の「言語行為論（speech act theory）」である。たとえば「ぼくと結婚してくれ」というような文は，話し手の心理状態を直接指し示しているのではなく，相手が一定の行為をおこなうよう懇願するという，実践的機能を担っていると考えられる。つまり，「ぼくと結婚してくれ」という発言自体が，懇願するという行為なのである。実際，相手がこの発言をきっかけに何らかの振る舞いを示してくれなければ，この発言は失敗だということになる。その意味でこの発言は，相手の目をじっと見つめるような身体的表現行為と同じ働きをしていると，考えられるのである。

「ぼくと結婚してくれ」という発言自体が，懇願するという行為なのである。

このような文については，その発言がその場にふさわしいかふさわしくないか，適切であるか不適切であるかが問題になるのであって，事実を正しく記述（すなわち指示・述定）しているか否かという，文の真偽を問うことは問題にならない。もともとこの文は事実の記述をめざしていないからである。オースティンはこのような文を「行為遂行的発

言」と呼んで，指示・述定をめざす「事実確認的発言」と区別しようとしたのである。

　しかし彼は考えを進めるうちに，実践的機能と記述的機能は一つの文の中で互いに予想しあって働くものであり，上記のような発言の区別を立てることは困難であると考えるようになった。たとえば「ぼくと結婚してくれ」という文は，たしかにその文自体の真偽が問題にならないにしても，「ぼくと君は，今のところ結婚していない」という事実に関する記述内容をその前提として含んでいる。このようなことは，事実確認的発言の内実をなす言葉の内包的意味や外延的意味と，行為遂行的発言の内実をなす行為的意味とが，現実の発話行為においては切り離すことのできない一体性をもつことを示しているのである。結局のところ言葉による表現は，身体的表現と一体化しつつその表現力を広げ，かつ深めていると考えられるのである。行為遂行的発言としての言葉の側面は，次章《責任と自由》において考察する「約束」の問題で重要な役割を果たすことになる。

● 課題 ●

1. プラトンの『クラチェロス』（特に 422 * 以降）を読んで，ソクラテスは言葉がどのような点で音楽や絵画に似ているといっているのか調べなさい。
2. あなたが今まで学んだことのない文字を調べ，その文字（できれば音も）がどのような差異によって成り立っているのかを調べてみよう。たとえば，ハングル文字やアラビア文字はどうだろう。
3. あなたの今の気分を擬態語で表現してみよう。その擬態語を使って，直喩または隠喩をいろいろつくってみよう。
4. 次にあげる文に用いられている比喩はどういう種類の比喩か，考えなさい。また，比喩を成立させている事物や現象に共通な擬態語として，どのような表現がふさわしいか考えてみよう。
   ① 「春雨やものがたりゆく蓑と傘」（与謝蕪村）

> 実践的機能と記述的機能は一つの文の中で互いに予想しあって働く。

> 言葉による表現は，身体的表現とは一体化しつつその表現力を広げ，かつ深めている。

p.220 →

> ＊：プラトンの著作全体に付けられた通し番号で，これにより文章をさがし出すことができるようになっている。

②「アスファルトの上に落ちた紙屑は時々ぼくら人間の顔のようにも見えないことはなかった」(芥川龍之介『歯車』から)

③「堅田の浮御堂に辿り着いた時は夕方で，その日一日時折思い出したように舞っていた白いものが，その頃から本調子になって間断なく濃い密度で空間を埋め始めた」(井上靖『比良のシャクナゲ』から)

5. 自分の気に入った作家の作品から，比喩表現を抜き出して考察し，その作家のものの見方の独自性について考察しなさい。また，参考文献(10)にあげた『比喩表現辞典』などをみながら，比喩表現の多様性について考え，ものの見方の多様性について考えなさい。

6. パスカルの『パンセ』断章347＊にある「人間は考える葦である」という比喩表現の意味を調べなさい。

7. 次の文は，総合判断と分析判断のいずれを表しているか考えなさい。

①「今日は良いお天気だね」

②「人間は万物の霊長である」

③「月の裏側にもクレーターがある」

参考文献

1：言葉による表現の特徴

(1) 山口仲美『犬は「びよ」と鳴いていた ― 日本語は擬音語・擬態語が面白い』(光文社新書)。言葉に関心がある人なら，文句なく面白いと思うはずの本。第2章の参考文献(9)にもあげたが，山口仲美(編)『暮らしのことば　擬音・擬態語辞典』(講談社)をここであらためてあげておく。

(2) インターネット・サイト「日本語を楽しもう！」。国立国語研究所が提供している，擬音語と擬態語に関するすばらしいサイト。マンガを使った用例や，韓国語との比較が面白い。

(3) ソシュール(小林英夫訳)『一般言語学講義』(岩波書店)。この本に示された「差異の体系」という考え方は，言語学の領域を超えて，いわゆる「構造主義」など20世紀以降の有力な思想に大きな影響を与え続けている。

(4) 加賀野井秀一『知の教科書 ソシュール』(講談社選書メチエ)。ソシュールの生涯と思想，基本概念，現代思想とのかかわりなどについて，著者一流の平易な言葉遣いで過不足なく語っている。ソシュール入門として格好の書。同じ著者の『20世紀言語学入門 現代思想の原点』(講談社現代新書)は，ソシュール以後の現代言語学までを手際よく紹介している。

(5) マルティネ (三宅徳嘉訳)『一般言語学要理』(岩波書店)。ソシュールの構造的言語論を機能主義的に継承した本。「記号素」と「音素」という二重の分節を考えたところに新しさがある。

(6) プラトン (村冶能就・廣川洋一訳)『クラチュロス』(プラトン著作集第1巻所収，勁草書房)。名辞の意味は何かという問題についての古典的対話。

2：言葉の諸機能

(7) 田島節夫『言語と世界』(勁草書房)。フッサールの現象学，ソシュールおよびソシュール以降の構造言語学，レヴィ・ストロースの構造人類学，そしてメルロ＝ポンティの哲学などを吸収した上で，文化に内在する構造ないし論理を広く深く追究している。

(8) 黒田亘『経験と言語』(東京大学出版会)。現代哲学のさまざまな成果をていねいに分析し，経験と言語の接点を「意味」の理解に求め，そこから「行為」の問題に及ぶ。

(9) ジュリア・クリステヴァ (谷口勇・枝川昌雄訳)『ことば・この未知なるもの ― 記号論への招待』(国文社)。言語学入門，言語学の歴史，言葉と文化を扱っている。特に第3部の言語表現を音楽や絵画と比較した文章がここでは参考になる。

3：言葉の意味の創造

(10) 中村明『比喩表現辞典』(角川書店)。日本の文学作品から採集した比喩表現を，索引付で示している。日本語が蓄積してきたものの見方を知ることができる，読んで楽しい辞典。きっと日本語に興味がわく。

(11) 佐藤信夫『レトリック感覚』(講談社)。従来，単なる言葉の飾りとして考えられてきた言葉のレトリックを，創造的言語の観点から豊富で的確な例文をまじえて理論的にとらえなおしている。少し古いが，今読んでもやはり面白い。続編として『レトリック認識』(講談社)と『記号人間』(大修館書店)がある。後者は，レトリックを記号論の視点で考えている。

(12) 新岩波講座哲学第3巻「記号・論理・メタファー」(岩波書店)。この講座は1985-1986年に出版されたが，現在でも読む価値がある。9章と10章に挙げた同講座の文献についても同様。収録論文のうち，ここでは特に，中村雄二郎「記号・論理・メタファー」，滝浦静雄「メタファーの構造と論理」が参考になる。

(13) 野内良三『レトリックと認識』(NHKブックス)。

4：判断と論理

⑭ 坂本百大・坂井秀寿『現代論理学』(東海大学出版会)。命題論理学，述語論理学 (二階の論理まで)，古典論理学が問題と答えつきで自習できるようになっている。少しむずかしいかもしれない。

5：言葉と行為

⑮ 黒田亘編『世界の思想家23—ウィトゲンシュタイン』(平凡社)。ヴィトゲンシュタインの著作からのアンソロジーである。簡潔で要を得た解説がついている。

⑯ J・L・オースティン (坂本百大訳)『言語と行為』(大修館書店)。「言語行為」という概念によって言語の実践的性格を明らかにし，言語哲学に新しい領域を開いた。

6

責任と自由

「HUMAN RIGHTS ARE MY PRIDE」を掲げて
行進する人たち（フランス，マルセイユ）

表現は自由の本質に属している。
自分の尊厳の根拠である自律（自由）は，
他者の自律を必然的に要求する。

人間は身体的存在者であることによって内面と外面をもち，その二面性を表現（expression）によって，すなわち内面を外面へと押し出す（ex-press）ことによって，統一しようとする存在者である。この内面から外面への表現はまた，人間を取り巻く外界からの刺激に対する人間の反応であるとみることができる。その意味で〈私〉の身体による表現を，一般的に〈行動〉と呼ぶことができる。行動はたとえば空腹な犬が餌を見せられて唾液を出すというような，動物の単なる反射による運動とは区別される。単なる反射運動は，内面の表現とはいえないからである。私たちの日常的振る舞いの多くは，習慣的，伝統的，情動的になされる，ほとんど無意識的な行動である。しかし，ときに私たちは外界からの働きかけに対して，はっきり意識された自発的意図にもとづいて表現をおこなう場合がある。本章で問題にする責任や自由は，こうした自発的意図にかかわるのである。私たちは，自発的意図にもとづいておこなう私たちの表現を，単なる行動からさらに区別して〈行為〉と呼ぶことにする。

　表現行為は単にその結果として，客観的な出来事を生み出す原因であるだけでなく，それ自身が人目にさらされる一つの客観的出来事である。したがって〈私〉の内面的な意図は行為において外面化され，他者の目に直接さらされることになる。他者は単に〈私〉の表現行為を目撃するだけでなく，〈私〉の行為をとおして表現される〈私〉の内面的意図を理解し，そしてまさに理解した私の意図を肯定するとか否定するとか，または無視するとかの仕方で私に働きかけてくるのである。そういう仕方で私の内面に入り込んでくる者だけが，〈他者〉の名に値するのである。〈私〉の表現行為に接しながらも〈私〉の意図を理解しようとせず，またその意図に対し働きかけてくる可能性をもたない者は，真の意味では他者といえない。

　私たちは第4章3節《「あなた」の「顔」》で，他者への責任について，レヴィナスと対話しながら考えておいた。しかしその責任は，生と死とがぎりぎりのところで交錯する

自発的意図にもとづいておこなう私たちの表現を，単なる行動からさらに区別して〈行為〉と呼ぶ。

204

強制収容所における，非日常的な経験を背景にした責任で
あった。そうした意味での責任に対して，私たちはここで
日常的な経験に立ち戻り，あらためて責任について考えて
みることにしよう。日常的な意味で，行為が単なる行為で
なく，責任を問われる行為となるのはどのような場合であ
ろうか。

1 責任の成立条件

　たとえば，猫が魚屋の店頭に並んでいる魚をくわえて逃
げたとする。その場合，魚屋の主人は怒って猫を追いはら
うかもしれないが，その猫の責任を問うようなことはない
だろう。しかし，客の一人が魚を黙ってもっていけば話は
別である。魚屋は単に怒るだけでなく，その客を捕まえて
万引き行為の責任を追及するであろう。なぜ猫は責任を問
われず，客は問われるのだろうか。それは，客の場合，他
人の所有物を正当な理由なしに自分の所有物にすることは
できないという社会の約束事を知っていながら，自分の自
由意志にもとづいて，その約束事を犯していると考えられ
るからであろう。猫の場合はもともと，そのような人間社
会の約束事は知らず，また自由意志でなく本能に従って行
動しただけであると考えられるがゆえに，責任は問われな
いのである。

　私たちは一般に，責任という概念を動物やロボットに適
用することは（少なくとも今のところ）ない。私たちは人間
だけに責任を問う。その意味で責任は，「人間らしさ」を考
えるうえで欠くことのできない概念である。行為の責任が
問題になる場合の必要条件を，上記の泥棒猫の例にもとづ
いて考えてみると，

私たちは人間だけに責任を問う。

（ⅰ）その行為が，行為者の自由意志にもとづいて選択さ
　　れた行為であるということ。
（ⅱ）守るべき約束事を知っていながら，行為者がその約
　　束事を破るということ。

という二点が関係しているようである。まず，第一の点から考えてみよう。私たちがある行為を自由意志にもとづいて選択するということは，どういうことなのだろうか。

:2 自由な選択

　まず，自由意志にもとづいてある行為を選択するということは，わかりやすく言えば，「私がそれをやりました」ということである。このとき，その行為に責任が問われるとすれば，その行為の主体である「私」は自己同一性（「私は私である」）を保っていることが必要であろう。もし，その「私」が自己非同一性（「私は私でない」）の状態にある「私」であるとすると，その「私」は自分を見失ってしまっているのだから，行為の責任を負うことはできず，責任を負えない「私」に責任を問うことはできないことになる。つまり，行為責任の問題は，やはり自己同一性の理解にかかっていることになるのである。しかし，身体と言語による表現を通じて考察してきたように，私たちは，「私は私である」という自己同一性をたえず自覚的に意識しながら生活しているわけではない。責任と自由の問題において，どのような意味での自己同一性が考えられるのだろうか。

1　選択の過程 ─ ベルクソンの自由論 ─

　私たちがある行為を選択するというからには，それ以外のいくつかの行為が，可能な選択肢として与えられていなければならないであろう。猫が魚をくわえて逃げたのは，単に自然の摂理に従っただけのことで，あらかじめ可能な複数の行為の中からその行為を選んだ結果なのではない。私たち人間の場合は，日常的にさまざまな選択をしつつ生きている。もっとも，その選択の幅は事実上かぎられていることが多いから，正確にいえば，一定の範囲内にあるいくつかの行為の可能性の中から，ある行為を選択するというべきであろう。そうした制限付きであるにせよ，とにかく私たちは，いくつか可能な行為の中から自分の行為を選択しているのだという実感がなければ，自分の行為に責任を

感じることがないはずである。

　しかしこうした考え方については，フランスの哲学者アンリ＝ルイ・ベルクソン（1859–1941）が，『時間と自由』（原題『意識に直接与えられるものについての試論』1889）において提出した有名な分析を考慮しておかなければならない。ベルクソンは行為を決心する過程について，およそ以下のような分析を示している。

　私たちはある行為を決心しようとする場合，左の図に示したような考え方をしているのではないだろうか。すなわち，今，私たちは岐路Oに立って，Xを選ぶかYを選ぶか考えている。二つの選択肢XとYは同じ価値をもつものとして現れており，選択肢を前にした私たちは，選択に関してまだ白紙の状態で，どちらを選ぶのも自分しだいであるが，やがて決心してXかYを選択するのである。

　このように考えると，選択に関して二つの立場が出てくることになる。たとえば私たちがXを実際に選んだとしよう。すると，一つは，〈自分はXではなくYを選ぶこともできたはずだ〉とする考え方（自由意志論）が生じ，もう一つは，〈いや，実際にXを選んだのだから，あらかじめその選択をするように決定されていたのだ〉という考え方（決定論）が生じる。しかしベルクソンによると，このような考え方はいずれも間違いであり，現実に決断をおこないつつある私たちの在り方を見誤っている。図のような考え方は，私たちが決断をおこない，事後的にその決断を振り返る段階になって生じる錯覚にすぎず，この錯覚の上に立った自由意志論と決定論は，実際になされた決断の結果生じた軌跡が，決断以前からすでに実在していたかのように考えてしまっているという点で，いずれも考えちがいをしているのである。

　現に決断をおこないつつある私たちにとっては，二つの選択肢が目の前に客観的に等しい可能性をもって並んでいるわけではない。だから，たとえばXを選んだとした場合，XではなくYを選ぶことができたのか，それともできなか

アンリ＝ルイ・ベルクソン⇨ フランスの哲学者。認識論上は直観の哲学，存在論的には生命の哲学を説き，19世紀末から20世紀初頭に展開された人間の生の意味・価値・目標や生の進め方についての思想運動「生の哲学」の代表的存在。著書として『時間と自由』，『物質と記憶』などがある。

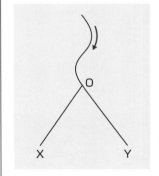

ためらいの過程において私たち
は，さまざまな可能性を比較考量
し，自分の価値観を確かめながら
成長し，豊かになり，ついに「熟
しきった果実のように」一つの決
断が出現する。

私たちの意識の中心には，私たち
一人ひとりの人格そのものである
ような個性的な意識の「持続」が
ある。

ったのかと考えることは，はじめから無意味である。なぜ
なら，そのような二つの道はもともと存在しなかったから
である。実際に決断をおこないつつある私たちは，白紙の
状態にあるわけでなく，自分の過去から今へと続く意識の
持続にそって，ある方向に傾きつつ運動している。とはい
え未来はまだ霞んでおり，私たちは想像の中で一連の「ため
らい」を経験する。このためらいが重要である。このためら
いの過程において私たちは，さまざまな可能性を比較考量
し，自分の価値観を確かめながら成長し，豊かになり，つ
いに「熟しきった果実のように」一つの決断が出現するので
ある。

　それこそが私たちの全人格を反映する自由な決断なので
ある。私たちの意識の中心には，私たち一人ひとりの人格
そのものであるような個性的な意識の「持続」がある。そう
した意識の内的な「持続」を生きる主体である私たちにとっ
て，自分の価値観と無関係にあらかじめ存在するような二
つの道など実はない。だから実際は選択がおこなわれたの
でなく，唯一の実在である持続としての私たちの意識が，自
分の価値観を自覚し，その価値観にふさわしい行為を決心
したのである。これが自由意志にもとづく選択といわれる
事柄の実相なのである，とベルクソンは考える。

　たしかにベルクソンのこの主張は，実際に私たちが一定
の行為を決心するにいたる経過をうまくとらえており，一
定の行為を自由意志にもとづいて決心するとはどういうこ
とかを説明してくれている。ベルクソンによれば，自由意
志とその表現である行為は熟してくるものなのである。そ
してベルクソンは，「ためらいそのものの結果によって生成
発展する一個の自我がたしかにそこには存在する」と書い
ている。つまり，言わば〈持続する意識の同一性〉が働いて
いるのである。なぜなら，なんらかの自己同一性が働いて
いなければ，「ためらい」を経験する意識は，ためらう前の
自分と，ためらった後に決心した自分とのあいだに，変化
を感じることができないであろう。この同一性は，「私は考

えている」という明確なデカルト的自己意識に支えられた
自己同一性（「私は私である」）ではない。しかし，この〈持
続する意識の同一性〉にもとづいて，人格全体を反映する自
由な決断がなされる以上，その決断についての責任が行為
者に生ずることになるだろう。

　しかし私たちの行為が，かならずしも「熟しきった果実
のように」生み出されるわけではないというのも，否定でき
ない実感ではないだろうか。行為と人格との切り離しがた
い関係は，「芸術作品と芸術家との間にしばしばみられる」
とベルクソンは書いているが，私たちは自分の個性そのも
のである意識の純粋持続と，かならずしも芸術家のように
一体化して生きているわけではないであろう。もし完全に
私が自分の意識の持続に一体化して生きるとすれば，選択
するという意識自体が消滅してしまうことになるのではな
いだろうか。そうなると，一定の行為を自由意志にもとづ
いて決心したといっても，その行為はある意味で自動的に
決心されたことになり，結局私たちは，責任を問う根拠を
見失ってしまうことになるのではないだろうか。私たちは，
いくつか可能な行為の中から自分の行為を選択しているの
だという実感にあらためて立ち戻り，考えてみなければな
らない。

私たちは，いくつか可能な行為の
中から自分の行為を選択してい
る。

2　実存的選択―サルトルの自由論―

　私たちは行為選択の決断を迫られたときに，自分の選択
が果たしてそれでよいのかどうか不安になることがある。
サルトルは，この不安という気分にもとづいて，行為の選
択について見事な分析を提出している。私たちは第4章2
節《他者との相剋》で，サルトルの「存在と無」についての
考え方を考察しておいたが，その箇所を振り返りながら，行
為の選択について考えてみよう。

← p.144

　二度と賭博はやるまいと心から決心したはずの賭け事好
きの男が，賭博台を前にした途端に自分の決心のぐらつい
ていることに気づいて不安に襲われる，という例をサルト
ルはあげている。この場合，この男の中で，昨日の決心と

現在の誘惑という二つの力が，あたかも正面から衝突しあう二つの物体のように，衝突しあうと考えるのは間違いである。もしそうであるならば，彼は見物人になって，どちらの力が勝つか見ていればよいのであるから，自分自身に不安は生じないであろう。しかしベルクソンの言うように，熟しきった果実のようにおのずから行為がなされると考えるとしても，やはり選択の不安は存在しないであろう。前頁で述べたように，その場合，もともと選択は存在しないからである。過去の決心は，彼自身の決心として，たしかにそこに現れている。したがって，たしかに選択は存在する。

　しかしサルトルによるとその過去の決心は，彼が今その決心を自分の意識の対象にしている（「対自化している」）という事実そのものによって，彼に働きかける生き生きとした効力を失い，乗り越えられてしまっている。たしかに過去の決心は，彼が時間の流れを貫いて自己同一性（自分は一貫して自分であるということ）を実現しつつあるかぎりにおいて，彼自身の決心である。そうでなければ彼は自分を裏切るという意識をもつこともないであろう。しかし彼は，自分が決心を覆すのではないかという不安を感じており，その不安の中で，過去の自分の決心が効力を失ってしまっているのに気づいている。過去の決心はたしかに自分の決心ではあるが，しかしそれが彼の意識に対して現れているという事実からして，それはもはや今の彼のものではない（自己との非同一性）。彼は自分の過去の決心を意識することによって，その決心に対して距離をとってしまっている。自分の過去の決心に従うか，それを破棄して賭博に手を染めてしまうかの選択は，現在の彼の決心にふたたびかかっているのであり，彼は新たな決断をその場でくださなければならないのである。だからこそ彼は不安に襲われるのである。

　こうした分析にもとづいてサルトルは，この男とその過去の決心との関係を次のような言い回しで表現する。彼は

過去の決心はたしかに自分の決心ではあるが，しかしそれが彼の意識に対して現れているという事実からして，それはもはや今の彼のものではない（自己との非同一性）。

「その過去の決心ではないという仕方でその決心である」。
この表現はそれ自体としてみれば矛盾した表現であるが，
私たちにとって自分の過去の決心がどのような仕方で現れ
てくるのかをとらえた見事な表現である。序章3節《「私」
と「私」の近さと隔たり》で，「私は私でない」という言い方
もできると指摘しておいたが，サルトルは，この問題につ
いて，記憶の介入による自己非同一性ではなく，意識の「対
自化」による自己非同一性という考え方にもとづいて，答え
たのである。

← p.23

　過去の決心についてだけでなく，現在の存在の仕方につ
いても否定性が働いている。たとえば，あなたが学生だと
すると，「私は学生である」とあなたが意識することによっ
て，「学生である」というあなたの存在の仕方は，あなたの
意識によって「対自化」される。すると，意識の対象となっ
た「学生である」というあなたの存在の仕方に対して，それ
を否定する「学生でない」という存在の仕方の可能性が生じ
る（つまり，学生であることをやめる決心を，あなたは今す
ぐにでもすることができる）。そうなると，「学生である」と
いう存在の仕方をあなたが続けるためには，その否定の可
能性に抗して，「私は学生である」という肯定的選択を更新
しなければならない。つまり，あなたは，〈学生でないとい
う仕方で学生であり，学生であるという仕方で学生でない〉
ことになる。

　さらに，あなたが学生でない可能性を選択し，たとえば，
小説家になることを決心するとする。その場合，あなたは
現在の自分の存在の仕方を「対自化」して，「小説家である」
という将来の存在の仕方に向かって自分の存在を企てる
（「企投する」）ことになる。「小説家である」という将来の存
在の仕方は，それがあなたの決心であるという意味で，あ
なたの現在の存在の仕方に本質的に介入している（つまり，
その決心をあなたから消し去れば，あなたは今のあなたで
ないことになる）。あなたは，〈小説家でないという仕方で
小説家であり，小説家であるという仕方で小説家でない〉

ことになる。

　こうした分析にもとづいてサルトルは，対自化する意識としての人間の存在を，「自分がそれでないところのものであり，自分がそれであるところのものでない」存在としてとらえたのである。これがサルトルのいう「実存（exsistence ＜ ex-sistence，外に‐立つ）」の存在構造である。少しわかりにくいかもしれないが，人間は自分の存在の仕方を，過去・現在・未来にわたる否定の可能性との緊張関係において，常に自由に選択しているということである。この緊張関係を見失い，自分の存在の仕方を，自由のない運命のように考えるのは，自分で自分を欺くこと（「自己欺瞞」）である。サルトルの議論は，デカルト的な「私」の厳密な意味での自己同一性（「私は私である」）の議論に対して，人間の存在の仕方そのものに自己非同一性（「私は私でない」）が本質的に介入していることを示したところに重要性がある。

　サルトルの場合，意識が自分を自分の対象に転化しつつ，自分から抜け出してゆくその運動自体が実存であると考えるのである。現在の自己から絶えず脱出してゆく運動（「脱自運動」）こそが人間存在の本質であるとすれば，人間存在は本質的に自由である。逆にいうと，人間は自由であらざるをえないという意味で，自由を強制されており，自由であることにおいて不自由である。サルトルによれば，人間は実存的存在者として，本質的に絶えず自己（自分が生きているということ自体も含めて）を選択しなければならない自由そのものである。人間存在が本質的に自由であるとすれば，自由に選択した自分の行為は，すべて「私がやりました」ということになるのだから，行為の責任から逃れる余地はないことになる。完全な自由は完全な責任と表裏一体である。

　ベルクソンの自由とサルトルの自由は，どのように関係していると考えたらよいのだろうか。ベルクソンの場合は，意識の持続を考慮することによって，行為の決心がはっき

← p.26

人間は実存的存在者として，本質的に絶えず自己（自分が生きているということ自体も含めて）を選択しなければならない自由そのものである。

りした形をとる以前の段階をうまくとらえているが，その決心がおのずからなされるかのような印象を与える。サルトルの場合は，存在の仕方を対自化する意識によって，選択が自覚的になされる様子をうまくとらえているが，選択が明確な形をとるにいたる以前の，漠然とした気持ちの動きをとらえていないように思われる。このようなベルクソンとサルトルの自由論の弱点を避け，両者の長所を取り込むためにはどのように考えたらよいのだろうか。メルロ＝ポンティの自由論は，この問題に対する一つの解答を提出しているように思われる。

3　身体的主体の自由―メルロ＝ポンティの自由論―

　『知覚の現象学』第3部の自由論を読みながら，自由についてのメルロ＝ポンティの考え方を考察してみよう。メルロ＝ポンティはサルトルと同様に，自分の行為を意識的に選択できるという意味での自由を認める。しかし，その選択に先立って人間は，身体的主体として事物や他者からなる「世界」とすでに共に存在しており，その「共存」において，漠然とした気持ちの傾きが「自然発生的意味」という形ですでに湧出していると指摘する。この点で，メルロ＝ポンティの考え方はベルクソンに近い。

　メルロ＝ポンティによれば，この自然発生的意味としての気持ちの傾きがしだいに高まり，その輪郭が明確になり，ついには言語によって表現されることによって，私たちの自覚的選択がなされるのである。言語によって表現される以前の自然発生的意味の状態がベルクソンの考えた自由の状態に対応し，自然発生的意味が言語によって表現され，明確に対自化された状態が，サルトルの考えた自由の状態に対応する，と考えることができる。メルロ＝ポンティの考え方の特徴は，すでに第1章《身体としての自分》で詳しくみてきたように，「生きられた身体」の知覚経験を基盤において人間を考える点にあるが，その知覚経験に言語による表現を導入して考えようとするところに，メルロ＝ポンティの自由論の特徴がある。

自然発生的意味としての気持ちの傾きがしだいに高まり，その輪郭が明確になり，ついには言語によって表現されることによって，私たちの自覚的選択がなされる。

「生きられた身体」としての主体（以下，主体と呼ぶ）の自由と自然発生的意味との関係についてメルロ＝ポンティは二つの言い方をしている。一つは，主体の自由が自然発生的意味を「とりあげ直し」，主体の生をその意味から「逸らせる」という関係を強調する言い方である。この場合メルロ＝ポンティは，主体の自由を自然発生的意味と区別されるものとして語り，主体の自由が自然発生的意味を強めたり弱めたりするという仕方で，自然発生的意味に対する主体の自由の関係を考えている。これはサルトルに似ている。しかしメルロ＝ポンティの言いたいことはこの点にあるのでなく，主体の自由そのものの起源が，実は自然発生的意味にあるという点にある。それは，「知的投企や目標の設定は，実存的投企の完成にすぎない」という二つめの言い方に現れている。

　「知的投企」という言葉は，明瞭な決心を意味し，「実存的投企」という言葉は，それに先立つ身体的主体と世界との共存において湧出している，漠然とした気持ちの傾きを意味する。したがって，この言い方では，世界との共存において湧出する自然発生的意味自体が成熟することによって，言葉となって噴き出し，意識的な決心となると考えられている。この場合，知的投企は主体の決心を意味するから，主体の決心そのものが自然発生的意味に由来することになる。この点で，メルロ＝ポンティの自由についての理解はサルトルと異なるのである。

　二つの言い方をまとめて，メルロ＝ポンティの自由論の大筋を示すならば，主体の決心は主体の「生きられた身体」に発生基盤をもつが，いったん発生した決心はその起源である自然発生的意味に働きかけ，「とりあげ直す」ということになる。

　自由を考察するにあたってまずメルロ＝ポンティは，自由が自由として成立するためには，何ものかが自由をその実現から隔てていなければならないことを指摘する。自由に対する障害でさえ自由によって障害たらしめられるとい

自由が自由として成立するためには，何ものかが自由をその実現から隔てていなければならない。

うサルトル流の考え方では，実のところ，自由は障害をも
たないことになり，結局は自由そのものが不可能になって
しまうであろう。自由を求める主体はまず不自由でなけれ
ばならない。主体をまず不自由にしているのは，主体と世
界との共存においてすでに湧出して沈殿している自然発生
的意味である。主体は世界に対して自由な態度決定を意識
的におこなう以前に，世界と共存する主体として，世界へ
と臨む一定の態度をすでにとらされており，そのあらかじ
めの態度が主体を不自由にしているのである。

　メルロ＝ポンティはこうした考え方を，事物についての
知覚（外的知覚），習慣，歴史的社会的選択という三つのレ
ベルにおいて具体的に考察している。

　外的知覚における自然発生的意味は，比較的明瞭である。
たとえば，〈私〉が山に登ろうと思っても思わなくても，世
界へと臨む身体的主体としての〈私〉にとって，山は高い。
たしかに山の高さは〈私〉という主体がいなければ現れない
が，だからといって〈私〉が山に〈高いという意味〉を好き
勝手に与えることができるわけではない。

　習慣的生の次元では，主体の決心以前に湧出している自
然発生的意味は，一種の沈殿作用を起こしており，主体の
決心に抵抗する特権的態度を形成している。たとえば，〈私〉
が長い間習慣としてきた自分と世間をみる見方（たとえば，
劣等感やエリート意識）を，決心一つで一瞬のうちに中断し
打ち壊すということは，不可能ではないにしても，あまり
ありそうなことではない。

　外的知覚や習慣の次元にみられる自然発生的意味の打ち
壊しがたさは根拠のないものでなく，身体的主体としての
〈私〉にとって実在する現象である。これらの場合，「われわ
れの自由はわれわれの状況を打ち壊すのでなく，そこに自
分を噛み合わせるのである」。これらのレベルでは，決心に
対する自然発生的意味の打ち壊しがたさが強調されてい
る。では，自然発生的意味から，どのようにして自由な決
心が生じるのであろうか。歴史や社会という意味での世

界に対する選択のレベルで，その問題が顕在化する。

　歴史的社会的選択のレベルでの自然発生的意味は，外的知覚や習慣の場合のそれと比較すると，〈未決定性〉，〈偶然性〉を強く帯びている。歴史的社会的な世界に臨む主体の態度決定は確固としたものではない。たしかに〈私〉は何かしらの目標に向かうのであるけれども，この場合，目標といってもそれは，「決定されていると同時に未決定な，目標」にすぎず，目標に向かう〈私〉の気持ちの傾きは，漠然とした雰囲気として何となく感じとられるだけである。〈私〉はまだ，この目標についてのいかなる明確な表象ももっていない。この段階の自然発生的意味は，「歴史の偶然によって脅かされる移ろいやすい一つの可能事」でしかない。このような偶然性を強く帯びた自然発生的意味から，いかにして明確な決心が成立するのであろうか。メルロ゠ポンティによれば，明確な決心が成立するにあたって，言葉による表現が重要な働きをしている。

　この点に着目して，〈私〉の自由が形成される過程を記述してみよう。固定化した価値観（世界観や人生観）の枠組みの中で生きてきた〈私〉は，あるときを境にして，自分の生活に違和感をもち，息苦しさを感じはじめる。その違和感や息苦しさは，それまで当たり前のように受け入れてきた価値観に亀裂が生じ，それまでの価値観とそれを否定しようとする新たな価値観とが，分裂しはじめていることを意味する。この分裂によって，疑問，疑い，期待といった，不安定な表情を帯びた形で，世界が〈私〉に現れるようになる。当初は漠然とした雰囲気にすぎなかった息苦しさは，分裂の度合いがひどくなるに従って，しだいにはっきりした苦痛に変わり，従来の習慣や制度（身のこなし，ファッション，言葉づかい，ものの考え方，日常的に従っている諸々のルールや制度）が，〈私〉の生き方に対する障害として感じられるようになる。

　それまで当たり前のこととして，一種の運命のように思われていた習慣や制度が，明確に意識されるようになり，新

明確な決心が成立するにあたって，言葉による表現が重要な働きをしている。

たに生じつつある世界の見方からみて，排除すべきものとしてしだいに姿を現すようになる。分裂の結果，新たに生じつつある価値観に傾いて生きはじめた〈私〉の関心は，それまで従ってきた身のこなし方やファッション，言葉づかいといったさまざまな感性的表現形式への反発を通じて，古い世界観や人生観に対立するようになる。しかし，この段階では，新しい価値観の形は安定性を欠いており，新しい価値観が勝利をおさめるか，古い価値観が巻き返すかは，まだ偶然に左右され，不安定である。何かのきっかけで古い価値観に戻ってしまうことは十分ありうる。

　この不安定さを解消し，〈私〉に新しい価値観を明確に自覚させてくれるのは，言語表現である。〈私〉は，自分の内に生じた新しい価値観を，言葉として噴出させることによって，自分がどのような生き方を欲しているかを明確に自覚することができるようになるのである。この段階で〈私〉は，自分の「意志」を言語表現という形で自覚し，自分の生き方を自分で選択するという意識をもつことができるであろう。

　さらに，言葉による自覚を意識的にめざす主体が，私たちの中から生まれてくる。それが思想家と呼ばれる主体である。思想家は私たちに自覚を促す言葉を投げかける。思想家の語る言葉は，既成の言葉にはおさまりきらない創造的言語であろう。新たに創造された言語は本質的に破壊的であり，障害をまさに障害として意味づけ，獲得すべき自由を明確に意識させるのである。言語は私たちの思考を既成の価値観にしばりつける「隷属の原理」であると同時に，偏見に名前を与えることによって偏見から私たちをまぬかれさせてくれるがゆえに，「自由の原理」でありうる。言語によって明確に自覚された新しい価値観にもとづいて，私たちは自分の行為を自覚的に選択することができるようになるのである。

　メルロ＝ポンティの場合，責任と自由の問題において，行為する主体の自己同一性はどのように考えられるのだろう

言葉による自覚を意識的にめざす主体が，私たちの中から生まれてくる。それが思想家と呼ばれる主体である。

言語によって明確に自覚された新しい価値観にもとづいて，私たちは自分の行為を自覚的に選択することができるようになる。

か。前述した，「知的投企や目標の設定は，実存的投企の完成にすぎない」(p.214) という言葉を手がかりに考えてみよう。メルロ＝ポンティにおける自己同一性は，第１章でみたように，まず，生きられた身体の二重感覚において予感される身体的自己同一性（「自分は自分である」）として現れる。この同一性は，予感される同一性でしかないかぎりにおいて，自己非同一性（「自分は自分でない」）を許容する自己同一性であった。この身体的自己同一性は，メルロ＝ポンティの自由論において，「実存的投企」の段階における自己同一性に相当している。つぎに，その身体的自己同一性が，差異を本質とする言語の言語的意味として回収されて，明確な精神的自己同一性（「私は私である」）として顕在化する。そして，この精神的自己同一性が，実存的投企を完成する「知的投企」をささえる自己同一性として，責任の根拠となると考えられるのである。

← p.68

← p.170, 181

4 責任の主体

　私たちは，自由な行為が成立するまでの過程を以上のように考えることによって，ベルクソンとサルトルの自由論の弱点を解消し，責任を問う根拠としての自由を理解することができるように思われる。すなわち，身体的主体と世界との共存において湧出する自然発生的意味という考え方によって，行為を決心する以前の漠然とした気持ちの傾きを理解することができ，また，その自然発生的意味が言語表現によって明確な形をとり，〈私〉の自覚的決心となると考えることによって，いくつか可能な行為の中から自分の行為を選択しているのだという実感を理解することができるように思われる。その結果として，〈私〉は責任の主体になりうるのである。

　しかし，言語表現によって決心が明確になっても，それだけでただちに〈私〉が自由になるわけではない。さまざまな感性的表現形式や言語による自覚的決心は，新たに生じつつある世界に臨む態度（つまり世界内存在の仕方）の先取りにすぎない。先取りされた世界内存在の仕方が現実化し，

先取りされた世界内存在の仕方が現実化し，〈私〉が真に自由を獲得するのは，〈私〉が行為において自由な主体となるときである。

〈私〉が真に自由を獲得するのは，〈私〉が行為において自由な主体となるときである。メルロ＝ポンティは自由論の終わりに，フランスの作家アントワーヌ・ド・サン＝テグジュペリ（1900-1944）の一節をひいている。

「君は君の行為そのもののうちに宿っているのだ」（『戦う操縦士』より）

自分が世界と取り結ぶ関係を，最後まで行為という形で生き抜くのは英雄であり，哲学は英雄になり代わって語るわけにはゆかない。哲学は，世界を絶えず新たな仕方で見直し，自由な行為を促す方法なのである。

以上のような考え方に立ってみると，私たちが自由に自分の行為を選択するといえるためには，私たちが身体的自由を保持していることが不可欠な前提となることがわかる。なぜなら私たちの意志は，行為として表現されてはじめて現実に存在するといえるのであるが，その表現は言語表現などを含めた身体表現としてなされる以外にないからである。

私たちの意志は身体的に表現されて，はじめて自由を獲得する。身体に強制を加えてその表現を妨げることは，単に〈私〉の外部を拘束するだけにとどまらず，意志の自由そのものを抑えつけることになる。身体表現を否定されながら，しかも自由であるなどといったことは不可能である。言語は身体的行為によって表現される〈私〉の意思と意志に明確な形を与え，また文書化という形をとることによって，私たちが直接に会うことのない人々に対して〈私〉の意志を表現する。〈言論の自由〉は，身体的自由にもとづいて意志の自由の内容を明確にし，その範囲を拡張するのである。逆にいうと，〈私〉がこのような身体的かつ言語的な表現を保持しているかぎりにおいておこなった表現は，〈私〉の意思と意志の表現そのものであるということになる。自由な表

アントワーヌ・ド・サン＝テグジュペリ⇨ フランスの作家。第二次世界大戦中に飛行士として偵察に出たまま帰らなかった。著作として『星の王子さま』『戦う操縦士』。

リヨン（フランス）のベルクール広場に立つサン＝テグジュペリと星の王子の像

身体表現を否定されながら，しかも自由であるなどといったことは不可能である。

自由な表現において，〈私〉は責任の主体となる。

現において，〈私〉は責任の主体となるのである。

3 約束の成立

1 約束と他者

しかし，行為の選択が自由意志にもとづいてなされたからといって，その行為が「責任」にかかわるとはかぎらない。日常的なレベルの自由意志に話を戻そう。私たちが，自分の自由意志にもとづいて，魚を買い求め，その魚を持ち帰るとしても，私たちの行為は何の責任も問われない。しかし私たちが，黙って魚を持って帰れば話は別である。私たちは猫とちがって，社会的約束事を知っていながら，自由意志にもとづいてその約束事を破る行為を選択したのである。そこで，私たちの行為は責任を問われることになる。ここにおいて私たちは本章1節《責任の成立条件》で示した責任の成立条件（ⅱ）に触れる。

← p.205

約束にとって本質的なことは，自分以外の人間に対してなされるという点である。

〈約束〉はどういう性質をもつ行為なのだろうか。約束にとって本質的なことは，自分以外の人間に対してなされるという点である。自分に対してする約束というのも考えられないことはないが，それはサルトルの賭博者の例のように，むしろ〈決心〉と呼ばれるべきであろう。約束は他者の面前で，他者に向かってなされるのである。約束という行為は本質的に他者にかかわる行為であり，したがって責任も他者にかかわる事柄である。

2 約束と言葉

では約束はどのようにして成立するのだろうか。約束は身体表現に支えられていることはたしかであるが，身体表現だけで約束を結ぶことはできない。約束を結ぶために〈私〉は，自分が現に存在している「今」「ここに」という場所から想像のうえで離れ，別の時間や場所を指し示す必要があるのだが，そのためには言葉による表現を用いる必要がある。たとえば「明日午後3時に例の喫茶店で会おう」という約束を，身体の表情的意味だけで表現することは不可能である。

言葉によって成立する約束という関係について，私たち
は前章5節《言葉と行為》でみておいた言語の行為的意味を
思い起こすことが有益である。「私は〜する，と約束する」
という発言は，典型的な行為遂行的発言である。それは身
体表現と同様にそれ自体が約束という行為なのである。し
たがって「私は〜する，と約束する」と発言しながら，心の
内ではその約束を果たす気がなかったり，その約束を実現
できる能力をもたなかったりする場合，その発言者は不誠
実であるとみなされる。つまり単に彼の発言内容だけが問
題になるのではなく，その発言の担い手自身が非難される
のである。それはたとえばある人が暴力をふるった場合，
その暴力が非難されるのでなく，暴力をふるった人間自身が
非難されるのと同様である。これはあきらかに，事実確認
を目的とする発言の場合とは異なった，言葉への対応の仕
方である。

「私は〜する，と約束する」という
発言は，典型的な行為遂行的発言
である。それは身体表現と同様に
それ自体が約束という行為なので
ある。

たとえば「火星に生物がいる」というある科学者の事実確
認的発言が，事実に照らして間違いであることが判明した
場合，その科学者の能力が疑われることはあっても，彼人
（彼／彼女）の誠実さがただちに疑われるわけではないであ
ろう。しかしある政治家が選挙に勝とうとして，「増税は絶
対しません」と公約しておきながら，いったん選挙に勝った
後はその発言を裏切って増税をおこなうような場合，その
政治家は不誠実といわれても仕方がない。その発言をおこ
なった時点で，もともとその気がなかったのであれば，彼
人は不誠実だったのであり，またその公約をしたときは誠
実だったにしても，選挙で勝った後その発言を実行しなけ
れば，彼人は約束違反をしたことになる。後者の場合，公
約を実行しない十分説得的な理由を世間に示せなければ，
彼人はやはり不誠実だとみなされる。

3 約束の範囲

人は自分以外の人間に対して約束し，またその約束を実
現する身体的自由をもつ場合に自分の主体的行為の責任を
問われる。ではその約束はどの範囲まで及ぶのだろうか。

人は自分以外の人間に対して約束
し，またその約束を実現する身体
的自由をもつ場合に自分の主体的
行為の責任を問われる。

私たちは一般的な社会生活を営むうえで，意識するとしないとにかかわらずさまざまな約束事に従っている。そしてそうした約束事に従っているとみなされるかぎりにおいて，私たちの行為は正当化されるのである。個人的な習慣やゲームのルールといった行為規則を除けば，私たちが通常従っている約束事は二つに分けられるだろう。

①はっきり明文化されている約束事：たとえば国や地方自治体の定めた法律や法令，あるいは学校や会社などの規則。これは私たちがある一定の目的にそって集団や社会を形成するにあたって，互いの間で守るべきルールとして意図的に決定された約束事である。
②明文化されてはいないが，暗黙のうちに守られるべきものとして与えられる約束事：この種の約束事には，集団生活を維持運営するために当然従うべき世間の常識や慣習といった規則だけでなく，もっと一般的に人間として従うべき約束事（道徳，倫理）といったものも含まれている。

　①の約束事から生ずる問題は少ないと考えられる。明文化されているのであるから，問題が起きるとすれば，その約束事に違反したのかしないのかという事実確認の問題と，約束事を明文化している言葉の意味解釈の問題が残るだけである。しかし現実には，この約束事の範囲だけで他者への責任問題が考えられる場合は少ない。①の背後に②が控えている。後者の約束事はその内容が明文化されていないだけに問題が複雑である。世間の常識や慣習と，人間として従うべき約束事とは，内容的に互いにからみ合って現実には存在しているものの，人間の責任の本質を正しく考えるためには，分けて考える必要がある。本章6節《義務》で，まず人間として従うべき約束事（義務）について考察し，世間の常識ないし慣習については，次章《世間と社会》であらためて考えることにする。

:4 責任を負うことと果たすこと

　責任問題が生ずるためには，自由意志にもとづく行為の選択が前提されるということ，そしてその選択が自由であるといえるためには，選択を実現する身体表現の自由が確保されていなければならないということ，そして行為の責任が問われるのは，その行為が約束事に違反する場合であることなどを，私たちは明らかにしてきた。しかし行為の責任が問われるからといって，かならずしもその行為の主体が自分の責任を果たせるとはかぎらない。果たすことの不可能な責任もある。

　たとえばここに社会的に有意義な仕事をしたいと望んでいる一人の若い男がいる。彼はその目的のために顔なじみの高利貸しの老婆を殺し，その財産を奪おうとする。しかしこの計画を実行したとき，彼は偶然その現場に居た老婆の妹まで殺してしまう。彼は，当初の計画外のことではあれ，自分の意志で犯してしまった殺人行為を，その大義名分によって，何とか合理化しようとするが果たせず，以後，自責の念にかられて不安に満ちた日々を過ごす……。

　彼は自分が殺してしまった罪のない人間の命に対し，どんな責任も果たすことができない。なぜなら死んでしまった人間は，そもそも彼に対して何の要求もしないからである。しかしそれにもかかわらず，彼はその責任を負わなければならないのである。フョードル・ドストエフスキー（1821-1881）が『罪と罰』の中で描いたこのラスコーリニコフという青年の苦しみは，負わなければならないにもかかわらず果たすことのできない責任から生ずる，罪の意識の苦しみである。人間が意図的に他の人間の命を奪うということは，さまざまないきさつから現実に起きる。その典型的な例は戦争であろう。人は自分の殺人行為に対してさまざまな口実を与え，自分の行為を合理化しようとするのだが，それにもかかわらずやはり，人の生命を奪うという取り返しのつかない自分の行為に対する癒しがたい罪の意識

フョードル・ドストエフスキー⇨ 小説家。トルストイとともに19世紀ロシア文学を代表する巨匠。神と信仰，権力と民衆，独裁と自由などのテーマを生涯を通じて追求した。主著は『悪霊』『カラマーゾフの兄弟』など。

『罪と罰』⇨ 貧しい元大学生ラスコーリニコフは権力者になることを夢想し，その思想に従い強欲な金貸しの老婆を殺して，自分が非凡人であることを確認しようとする。しかし予定外の老婆の善良な妹までも殺害してしまったことから，動揺し，いっそう深い孤独感に苦しんでゆく。

が残る。

5 人間の有限性と宗教

　こうした罪の意識において，人間は自分の力の限界に直面することになる。そしてその限界を自覚した人間は，自分を超えた存在に思いを馳せ，自分の有限性から生ずる悩みや苦しみを乗り越えようとするのである。一般に〈人間を超えた存在の視点から人間や自然の出来事について理解を与え，人間の有限性にもとづく人間的苦悩を救済しようとする努力〉を宗教と呼ぶことができる。宗教はかならずしも罪の救済だけにかかわるのではないが，罪の意識は人間にその力の限界を自覚せしめる端的な場合である。ここでは代表的な宗教としてキリスト教と仏教をとりあげ，それらがどのような仕方で人間の有限性にもとづく苦悩，および他者への罪に対処するのか手短に考えてみよう。

　キリスト教によれば，天地の創造者である唯一絶対の神は，愛にもとづいて人間を善なる者として創造したが，人間は神によって与えられた自由にもとづいて，神の愛を見失い，堕落して罪を負う者となった。新約聖書に出てくる罪という言葉は「的外れ」という意味の言葉で，人間が神の愛を見失っていることを意味している。人間は神の愛を見失って自己中心的に物事を考えるようになり，そこから人間的な悩みや苦しみが生じたのである。神は堕落した人間を神の愛へと目覚めさせるべく，みずからの子イエスを地上に遣わした。イエスは，人間の自己中心的な生き方の犠牲として十字架につき，かつ復活するという奇跡をおこなうことによって，人間を神の愛に目覚めさせるのである。人間は神の愛に目覚め，その愛を信ずることによって，自己中心的であることをやめ，隣人への無償の愛に目覚めることができる。

　仏教の場合も，人間的な悩みや苦しみの原因を自己への執着に求める点は，キリスト教と似ている。しかしキリスト教では，自分への執着を断ち切る力は，人間を超えた神

人間は神によって与えられた自由にもとづいて，神の愛を見失い，堕落して罪を負う者となった。

224

への信仰によって与えられるのに対し，仏教ではかならず
しもそうではない。仏教には，浄土教にみられるような，阿
弥陀の慈悲による救いという，一見キリスト教に似た考え
もあるが，禅宗では人間の主体的努力を強調する。逆にキ
リスト教にも，人間に残された善性にもとづいて神の愛へ
の目覚めを主張する派（ペラギウス派）があるが，これは異
端とされている。浄土教と禅宗とでは人間の主体性のとら
え方に相違があるが，生きとし生けるものはすべて自分の
内に仏たる素質（仏性）をもともともっていると考える点で
共通している。これを一切衆生悉有仏性という。修行を通
じてその仏性に目覚め，自分への執着を捨てることが〈悟
り〉である。ブッダ（Buddha）とは「悟りを開いた人」のこ
とである。悟りを開き自己への執着を無にすると，自分を
含めた一切の存在が，互いに他の存在なくしては存在しな
いという仕方で存在しているのがみえてくる。そういう物
事の在り方を〈縁起〉という。

　では私たちが前節で問題にした，果たすことができない
にもかかわらず，負わざるをえない責任の苦しみに対し，キ
リスト教と仏教はどのように応えるであろうか。キリスト
教の場合，他者に対して犯される罪は，神による被造物と
しての人間の主体的な行為にもとづくとされる。しかしそ
の主体性の実質をなす人間的自由も，実は何らかの意味で
神による計画に含まれているはずであり，したがって，人
間的自由の結果として生ずる他者との確執にもとづく人間
的苦悩も，神の計画において何らかの意味が与えられるは
ずである。したがって，神の愛を信じるならば，神がすべ
ての責任を引き受けるという仕方で，罪の意識が救済され
ることになるであろう。神の愛を信じるということは，奇
跡を信じるということである。ラザロの復活（「ヨハネによ
る福音書」11）やキリストの復活という奇跡を信じることに
よって，人は神の愛に目覚めることができると考えられる。

　仏教では，そもそも他者への責任の前提である他者と自
己との対立的区別という考え方自体が，自己への執着の結

生きとし生けるものはすべて自分
の内に仏たる素質（仏性）をもと
もともっている。

神の愛を信じるならば，神がすべ
ての責任を引き受ける。

果であるとみなされるであろう。悟りに達した人間にとって，すべてのものは縁で結ばれ，互いに依存しあっている。そうした縁起の境地において，自己と他者との間の確執はもはや存在しないことになろう。悟りの境地において，他者への責任という問題はおのずから消滅するのである。

悟りの境地において，他者への責任という問題はおのずから消滅する。

:6 義務（カント）

　本章4節《責任を負うことと果たすこと》で示した他者の生命への責任は，単に社会的な約束事にもとづく責任ではもはやない。それはむしろ人間が人間である以上，当然従うべき約束事にもとづく責任である。約束という言葉は，人為的に結ばれるという意味が強く感じられるので，この場合にふさわしくないとすれば，それはむしろ〈義務〉にもとづく責任である。人間が人間である以上従うべき人間の義務，それはまさに〈人間らしさ〉の重要な要素である。そういう意味での義務の根本的な内容がどうなっているのかを考えた人として，私たちはカントをまずあげなければならないであろう。以下，カントの道徳論の概要をみながら，人間の義務としての他者への責任を考えてみよう。

　カントの道徳論の特徴は，善い意志を人間の根本において，道徳を考えようとした点にある。善は現実の行為にではなく，行為を支える意志の内にあるというのがカントの考えである。カントは『道徳形而上学原論』(1785) の冒頭で「私たちの世界においてのみならず，その外においてさえ，無条件に善いものとみなされうるのは，善い意志以外には考えられない」と述べている。善い意志とはどういう意志なのだろうか。

善は現実の行為にではなく，行為を支える意志の内にある。

　人間の意志にはさまざまなものが入り込んでいる。名誉欲や快楽を求めて生ずる意志のように，自分だけの幸福を願う意志もあれば，それとは別に自分以外の人の幸福や自分を含めた世界の幸福を願う意志もあるだろう。自分を含めてみんなが幸福になれればいちばんよいのだが，そういう場合は少ない。一般的に，自分の幸福を願う意志（利己的

意志）と，自分以外の人の幸福を願う意志（利他的意志）と
は対立し，私たちは二つの意志の間で悩むことになる。こ
うした場合，利他的意志が，「良心の声」として，利己的意
志に対して命令するという形になる。

　たとえば私たちが，自分の命と引き換えに偽証を強要さ
れており，その偽証が誰かに不当な害を及ぼすことになる
ような場合を考えてみる。私たちは自分の命が惜しいので，
強制された偽証を拒むことができないかもしれない。しか
し，私たちの心の中には〈そういう偽証をすべきではない〉
という命令が，良心の声として聞こえてくるであろう。そ
の声を聞くことによって，私たちの心に偽証を拒否する可
能性が生ずる。私たちは，偽証を拒否すべきであるという
声が聞こえるからこそ，偽証を拒否できるという可能性が
生ずるのである。

　これをカントは，「汝なすべきであるがゆえに，なしあた
う」という短い言葉で表現している。もし良心の声が聞こえ
ないとすれば，私たちが偽証を拒否する可能性は最初から
一切ない。私たちはただ利己的意志に従うことしかできな
いであろう。たとえ私たちが，自分の利益のために現実に
偽証せざるをえなかったとしても，「汝なすべきである」と
いう良心の声が聞こえるからこそ，私たちは利他的意志を
発揮する可能性をもつことができるのである。この可能性
にカントは，〈人間らしさ〉の証をみているのである。

　なぜ，利己的意志ではなく，利他的意志が「良心の声」と
して現れるのであろうか。カントによれば，自分の幸福を
願う意志は人間が感性的存在者であるところから生じ，「良
心の声」は人間の純粋理性から生ずる。感性的衝動にうなが
されて生きているかぎりの人間は感性的世界の法則に支配
され，そのかぎりで他の動物と異なるところがない。人間
が人間であるゆえん，すなわち「人間らしさ」（Humanität,
人間性）は，人間が感性的衝動から離れて，感性的衝動を純
粋理性の自律的な命令に服させるところにある。カントに
よれば，「人間らしさ」の本質は純粋理性の自律性，すなわ

> 私たちは，偽証を拒否すべきであ
> るという声が聞こえるからこそ，
> 偽証を拒否できるという可能性が
> 生ずる。

> 「人間らしさ」の本質は純粋理性の
> 自律性，すなわち〈自由〉にある。

227

ち〈自由〉にあるのである。その意味からしてカントは，神の意志に人間の良心が依存すると考えるような神学的倫理学をも否定する。カントの倫理学はあくまで「人間らしさ」を主張する人間的自由の倫理学である。

　自律的存在者としての人間（それをカントは「人格」と呼ぶ）の尊厳の根拠は，その自律性すなわち自由に存するがゆえに，自律的存在者としての人間はいかなる目的のための手段にも使われるべきではない。自律的存在者としての人間は，常に目的として扱われなければならないのである。したがって，私たちが従うべき命法は，次のように表現されることになる。

　　　「あなたの人格におけると同様に，他のすべての人格における人間らしさを，常に同時に目的として扱い，けっして単に手段としてのみ扱わないように行為せよ」（『道徳形而上学原論』より）

　自分も他者も，自律的存在者である人間として，それぞれの尊厳を与えられている。他者の尊厳を否定することは，その尊厳の根拠である人間の自律性そのものを否定することである。人間の自律性そのものを否定するならば，人間の自律性にもとづく自分の尊厳をも否定することになる。上記の命法の言葉を使って言いかえれば，もし私たちが利己的に自分だけの幸福を目的として追求し，他者の人間らしさを手段としてのみ扱うと，他者の人間らしさだけでなく，実のところ人間らしさそのものを手段として扱うことになり，結局，自分自身の人間らしさを手段として扱うことになるのである。

← p.19
　序章2節の3《反省について》で，「嘘」の例をとりあげ，なぜ「利己的な目的」で嘘をつくべきでないのか，という問いに言及しておいた。それは，利己的な目的で嘘をつき，自分の幸福だけを求めてしまうと，結局，自分自身の尊厳を否定することになるからである。カントによれば，「虚言は，

自分の人間としての尊厳を放棄するものであり，いわばそれを破棄するものである」（カント『人倫の形而上学』より）。利己的な行為は，自分を益することをそもそもの目的としているにもかかわらず，かえって自分自身の人間としての尊厳を破棄することになってしまうのである。

　自分の尊厳の根拠である自律（自由）は，他者の自律（自由）を必然的に要求している。自分の自律にもとづく自由は，最終的には，すべての他者の自律（自由）を目的として，行使されなければならない。カントの倫理学は自分の自由と他者の自由とが表裏一体であることを主張する，人間的自由の倫理学である。

7 自由と表現

　それにしてもカントはなぜ前節にあげた道徳命法の中で，人間の尊厳を「けっして単に手段としてのみ扱わないように」という一言を書き入れたのだろうか。この言葉は，カントが伝統的な心身二元論に立ちながらも，現実の人間がそうした二元論ではとらえきれない存在者であることを洞察している証拠である。もし現実の人間が一方では理性的存在者であり，他方では感性的存在者であるという仕方で，単に二元論的に存在するならば，理性は感性にもとづく利己的欲求に妨げられることなく善い行為をおのずからするはずであり，他者を手段として扱うことはもともとありえなかったであろう。

　しかし人間の現実の意志は，理性的なものと感性的なものとの中間にある。「意志はア・プリオリ（先験的）な形式的原理とア・ポステリオリ（経験的）な実質的動機との中間にあり，いわば岐路に立っている」（『道徳形而上学原論』より）とカントは述べている。私たちは身体的存在者として理性と感性（非理性）との中間に立つものであるからこそ，他者を手段として扱うような場合が生ずる。だからこそ他者を目的として扱うということが，私たちに対する命令として現れるのである。

このことから私たちは，カントの考えている人間的自由というものの意味を，以下のように解釈することができるであろう。人間の現実的自由は，表現される自由である。

← p.219

表現されない自由は，自由ではない。表現は自由の本質に属している。したがって理性的な「良心の声」も，身体表現と言語表現とによって表現されるかぎりにおいて存在する。

　私たちは，自分だけでなく，自分以外の人間をも目的として扱うように行為するという点において，自律的存在者としての尊厳を獲得できるのである。それは私たち一人ひとりが自分の利己的欲求を克服することによってはじめて可能となる。ところでカントによれば，私たちが利己的存在者であることの根拠は，私たちの身体性にある。私たちの倫理的自由はその表現において，自分の身体という抵抗にまず出会うのである。しかし，自由を妨げるのは身体だ

← p.217

けではない。私たちは本章２節の３《身体的主体の自由》において，言語表現が「隷属の原理」でもありうることを指摘しておいた。したがって，身体と言語は，私たちの自由を表現し，現実化するものであると同時に，私たちの自由に対する抵抗としても働くことになる。身体と言語は，私たちの倫理的自由に対して両義的に働くのである。自由に対して両義的に働く身体と言語とによって表現される自由こそが，人間の現実的自由である。

自由に対して両義的に働く身体と言語とによって表現される自由こそが，人間の具体的自由である。

◦ 課題 ◦

1. サルトルの『存在と無』第１部第２章「自己欺瞞」第２節「自己欺瞞的な行為」に描かれた「逢いびきにやってきた或る女」はなぜ自己欺瞞的といえるのか，サルトルの説にそって説明しなさい。
2. 参考文献(9)，(10)などを読んで，仏教とキリスト教の似ている点とちがう点をそれぞれ考えなさい。
3. カントは『道徳形而上学原論』の中で，どのような理由から自殺を否定しているか調べなさい。

4. 人間の義務と考えられる行為をあげ，なぜそれが義務な
のか，カントの道徳命法にもとづいて説明しなさい。

参考文献

2：自由な選択

(1) ベルクソン（平井啓之訳）『時間と自由』（白水社）。意識の「純粋持
続」という概念にもとづいて，空間化された時間を批判し，近代科
学批判をおこなった本。

(2) 中島盛夫『ベルグソンと現代』（塙新書）。ベルクソンの哲学につい
て平易かつ的確に解説している。

(3) サルトル（松浪信三郎訳）『存在と無』（人文書院，または，ちくま
学芸文庫）。第1部第1章第5節「無の起源」。

(4) メルロ＝ポンティ『知覚の現象学』（みすず書房，法政大学出版局）
の第3部第3章「自由」。

3：約束の成立

(5) 黒田亘『行為と規範』（放送大学教育振興会，日本放送出版協会）。
人間の行為がどのように社会規範に拘束されているかを分析して
いる。

4：責任を負うことと果たすこと

(6) ドストエフスキー（米川正夫訳）『罪と罰』（新潮文庫）。

(7) 第4章の参考文献(3)にあげたレヴィナスの本。

5：人間の有限性と宗教

(8) 南山宗教文化研究所編『宗教と文化 諸宗教の対話』（人文書院）。

(9) 堀一郎・中村元・北森喜蔵『宗教を語る』（UP選書，東京大学出版
会）。仏教学の権威とキリスト者による対話を民間信仰の研究者が
手際よく司会し，宗教と人間の本質に迫る。新本での入手はむず
かしいかもしれない。

(10) 『三枝充悳著作集第6巻』。「仏教の宗教観・人間観」（法蔵館）所収
の「宗教のめざすもの」。宗教とは何かについて古今東西の説を手
際よく示し，キリスト教と西洋哲学，仏教の教えを紹介している。
高価な本なので，図書館で探そう。

(11) ファン・デル・レーウ（田丸徳善・大竹みよ子訳）『宗教現象学入
門』（東京大学出版会）。世界のさまざまな宗教を比較・分類・整理
して，宗教の基本的性格を記述する。

6：義務

(12) カント（篠田英雄訳）『道徳形而上学原論』（岩波文庫）。近代人とし
ての私たちが人間の道徳を考えようとするときの必読書。

(13) カント『人倫の形而上学』（岩波書店『カント全集11』所収）。

(14) カント『人間愛からなら嘘をついてもよいという誤った権利に関
して』（岩波書店『カント全集13』所収）。これは，フランスの作家

バンジャマン・コンスタンによる批判にカントが答えて書いた論文である。〈嘘〉に関心のある読者には，閲覧をおすすめする。

⒂ 編集顧問／有福孝岳・坂部恵『カント事典』（弘文堂）。百数十名のカント研究者によるコンパクトな事典。クロスリファレンスがついて使いやすい。

7：自由と表現
⒃ 参考文献(3)の第4部第1章「『ある』と『なす』― 自由」。

7

世間と社会

アメリカ大統領ブキャナンと日本人使節の会見（1860年5月17日）

ざわめきの聞こえてくるホワイト・ハウスの一室。
万延元年のこの日，新見正興を代表とする日本人使節団は，
日米修好通商条約の批准書交換のため，
米国大統領ブキャナンを訪ねた。
日本の「世間」に生きてきた使節団一行の目に，
米国の「社会」はどのように映っただろうか。

私たちは第2章で「生きられた世界」について考えたが，それは日常的な人間関係を含まない，基礎的な空間構造として現れる世界であった。また，私たちは第4章で他者との近さと隔たりについて考察したが，その関係は，〈私〉と他者という個人対個人の関係であった。私たちはこの第7章《世間と社会》で，日常的な人間関係そのものについて，それも個人的な人間関係でなく，集団としての人間関係について考えることにしよう。

　私たちは世界というより，もっと人間臭い「世間」や「世の中」に暮らしている。古い日本語に「世界」という言葉がなかったわけではない。しかし，「世界」という言葉は，広い「世間」を意味する言葉として使われたのであり，結局，私たちの基本的な生活空間は「世間」であった。人は「世間」に生まれ，「世間の目」を気にしながら，「世間体」をつくろい，「世間並み」の暮らしを求めて，「世間の荒波」を渡ってゆく。「渡る世間に鬼はなし」で，時には世間に助けられることもあるが，「世間知らず」の生き方をする人は，「世間の冷たい風」が吹いてくるのを覚悟しなければならないのである。

　世間や世の中という言葉と別に，「社会」という言葉も私たちの生活に定着している。資本主義社会，民主主義社会，情報化社会，産業社会，大衆化社会，学歴社会，などというようにいろいろな呼び方をされる社会に私たちは生きている。しかし，社会という言葉は，世間が身近であるのに比べると，どことなくなじみがうすい感じがする。このずれはどこから来ているのだろうか。社会という言葉はsocietyの翻訳語として明治のはじめによく使われるようになった日本語で，そのぶん日本語としての歴史が浅く，なじみがうすいということが一つの理由としてあるだろう。しかし歴史が浅いというだけなら，たとえば「スマホ」のように，もっと歴史の浅い言葉でしかも私たちの暮らしになじんでいる場合もあるだろう。

　なぜ世間は身近で，社会は一歩距離をおいた感じがする

社会という言葉は，世間が身近であるのに比べると，どことなくなじみがうすい感じがする。

のだろう。私たちはこの理由を考えながら，自分を取り巻く人間関係を考えてみることにしよう。

1 世間と身内

　和辻哲郎 (1889-1960) は著書『人間の学としての倫理学』(1934) において，「人間」という中国語はもともと「人の世界」を意味する言葉であり，世間ないし世の中という言葉に近かったが，日本語として使われるうちに，世間に住む「人」をも意味するようになった，と述べている。人という言葉は，たとえば「人聞きが悪い」などというように，世人一般を意味することもあるが，「人を馬鹿にするな」というように，自分を意味することもある。したがって「人間」は，個（自分）と全体（世間）との統一性を表す語である。ところで世間の「世」は時間を表し，世間の無常性につながる語であり，また「間」は空間を表し，世の中の「中」と同じく俗世間の人間関係（たとえば恋愛関係）を意味するという。人はそういう性格をもった世間の人間関係の中で暮らしている。では，世間とはどのような具体的内容をもつ人間関係なのであろうか。

　和辻は続く著書『風土』(1935) の中で，日本人の暮らし方について，「うち」と「そと」という区別を提示している。この区別を手がかりに考えてみよう。日本人は家を「うち」としてとらえ，世間を「そと」としてとらえる。「うち」とは「へだてなき間柄」のことであり「身内」を意味すると考えられる。では身内の範囲はどこまで及ぶのであろうか。

　私たちにとってもっとも親しい身内は，親子関係で結ばれた人たちであろう。次に兄弟，近い親類の順で身内と呼ぶことができる。そこで，身内とは血縁関係のある人のことであると考えることができそうであるが，しかし血縁関係がなくても，結婚すれば夫は妻にとって「うちの人」であり，妻は夫にとって「家内」となる。また，たとえば会社などでのごく親しい仕事仲間は「身内同然」になることがある。逆に，親子であっても，事情によっては，「身内の縁を

和辻哲郎 ⇨ 哲学・倫理学者。ニーチェおよびキルケゴール研究から出発し，さらに解釈学的方法をもとに文化の多領域に寄与した。主著に『倫理学』『古寺巡礼』などがある。

「人間」は，個（自分）と全体（世間）との統一性を表す語である。

土居健郎⇨ 精神医学者。アメリカの精神医学校への留学時の生活体験によって、行動や心理における日米の差異に着目する。『「甘え」の構造』はロングセラーになっている。

切る」こともある。したがって、血縁が身内関係の重要な要素であることは間違いないにしても、単なる血縁関係だけでは身内であることの説明がつかないことになる。

　この問題について、精神科医土居健郎 (1920–2009) が『「甘え」の構造』(1971) という本で提出した「甘え」の概念が、一つの手がかりを与えてくれる。土居によれば、本来甘えは、母親に対する乳幼児の感情として発生すると考えられる「受け身的対象愛」、または「受け身的愛情希求」、つまり〈愛されたいという欲求〉である。甘えという語は人間に共通な心理的現象をもともと表しているのであるが、日本ではこの母子関係を元型とし、その他の人間関係をすべてこの物差しではかる傾向が強いところから、甘えが日本人に特有な人間関係とみなされやすいのである。私たちは、甘えの当てがはずれて「ひがん」だり、素直に甘えられず「すね」たり、甘えが拒絶されて「うらん」だりする。「うらみ」は単なる敵意ではない。「うらみ」の根底には相手への甘えがある。「たのむ」、「とりいる」、「こだわる」、「気がね」、「わだかまり」、「てれる」など、といった言葉の意味の根底に、相手に対する甘えが潜んでいる、と土居は考える。

身内とは、甘えが成り立っている範囲の人間関係である。

　「甘え」という概念を使って、〈身内とは、甘えが成り立っている範囲の人間関係である〉と考えてみると、どこまでが身内の範囲に入るのかという問題に答えることができるように思われる。甘えの関係が完全に消滅した場合には、もっとも強い血縁で結ばれた親子関係でさえ、縁を切ることによって身内でなくなることがあるし、逆に血縁関係がなくても甘えの関係ができれば、たとえば養子関係のように身内になるし、また友人同士でも身内同然になれるのである。そして、甘えがまったく通じないことがはっきりしている人々は、冷たい「他人」、「赤の他人」である。

世間はそのどちらでもない中間地帯である。

　では、世間は身内なのか他人なのかといえば、世間はそのどちらでもない中間地帯である。一方で「渡る世間に鬼はなし」という言い方があるかと思えば、他方で「世間の荒波」などという。世間は場合によって、人情あふれる温かいも

のであったり，また知らん顔の冷たい存在であったりする。街を歩いていると妙に落ち着かない気分に浸されることがある。忙しそうに街を往き来する人々は，私などに目もくれず通り過ぎていく。人は誰も私に特別の注意を向けはしない。人々は互いに目を合わせるのを避けるかのようにして，すれちがってゆく。その場合，世間は甘えを許さない他人同士の集団として現れる。

　しかし何かのきっかけで，知らぬ者同士の間に気持ちが通いあう場合もある。そうなればたとえ見知らぬ者同士の間でもある種の親しみが生じ，知りあいになる可能性がないとはいえないし，それが縁でもっと親しい関係が生じ，身内または身内同然の間柄になる場合さえ考えられる。

　こうした世間の両義的な現れ方を明確に特徴づけてくれる概念がある。それは「遠慮」である。「遠慮」は，「甘え」が受け入れられるかどうか未決定な中間状態において，私たちがとる態度である。うまくいけば「甘え」の関係に入れるかもしれないし，だめなら他人になってしまうかもしれない。そういう状態で，私たちは「遠慮」という態度をとることによって，様子を窺うのである。土居健郎は，甘えがもともと成立しているがゆえに「遠慮」する必要のない「内」と，甘えが一切存在しないがゆえに「遠慮」する必要のない「外」とを区別している。この内と外との境に存在する，「遠慮」の必要な中間地帯こそ，世間である。世間はまだ身内とも他人とも定まらないがゆえに，それに対する態度保留の表現として，「遠慮」が介在すると考えられるのである。

　2　世間のルール（義理と人情，恩，世間体，恥）

　そういうどっちつかずの場である世間を，私たちが渡ってゆくための常識的ルールの一つとして，「義理」という規範がある。義理はもともと「人情」と関係が深い。人情は単に人間的な感情一般を意味するのではない。たとえば「人情に厚い人」とか「人情もろい人」といえば，人に対する情けの

「遠慮」は，「甘え」が受け入れられるかどうか未決定な中間状態において，私たちがとる態度である。

内と外との境に存在する，「遠慮」の必要な中間地帯こそ，世間である。

世間はまだ身内とも他人とも定まらないがゆえに，それに対する態度保留の表現として，「遠慮」が介在する。

深い人のことである。情けは「思いやり」に近い。しかし思いやりと情けは，多少ちがうようにも感じられる。人に「思いやりをもつ」というのに対して，人に「情けをかける」という。思いやりは，本来，相手の意思を尊重しつつ，その人に良いようにはからうことであるのに対し，情けは人の甘えを酌みとってその人に良いようにはからうことであろう。したがって情けは，逆向きの一種の甘えであると考えられるのである。

情けにもとづく人情の通いあいは，「恩」で結ばれた関係を生み出す。甘えさせてもらった者は，甘えさせてくれた者に対して恩を感ずる。この恩は何かのきっかけで人情そのものが通わなくなっても，形として残るものである。そこでその恩が人情の形骸として残ることによって，「義理」が生ずると考えられる。土居は義理について，「もともと自然発生的に人情が存する親子や同胞の間柄とちがって，いわば人為的に人情がもちこまれた関係」であると書いている。しかし，もともとまったく人情が通ったことのない関係に，後から義理だけがもち込まれるというのは考えにくいのではなかろうか。親子の間には甘えの関係から自然に恩（親の恩）が生ずる。人情が通いあう間は，それが恩として意識されるが，その関係が薄くなると恩は義理として姿を現すのである。縁を切られて身内でなくなっても，親子の義理は残る。その義理さえも否定されれば，もはや「赤の他人」になるほかはない。

人情と義理が個人的な関係にかかわる規範であるのに対し，もっと一般的な仕方で私たちを規制する規範として「世間体」がある。世間体は特定の内容をもった規範ではなく，たとえば学歴や職業や財産について一定の基準を「世間並み」として世間が設定し，それにもとづいて人の優劣を世間の視点から評価することにその本質があるように思われる。私たちは自分の学歴や職業や財産に関して世間から与えられる世間体が，「良い世間体」なのか，「悪い世間体」なのかを気にしながら暮らしている。

恩が人情の形骸として残ることによって，「義理」が生ずる。

世間体は特定の内容をもった規範ではなく，たとえば学歴や職業や財産について一定の基準を「世間並み」として世間が設定し，それにもとづいて人の優劣を世間の視点から評価することにその本質がある。

「世間体」と関連して「体裁」という言葉がある。「体裁」は，世間の人の目に映る自分の姿を意味する。「世間体」とは，世間に対する「体裁」であり，「世間体」は，世間に見られているという意識である。また，「世間体」という語で使われている「体」は自分の身体だけでなく，自分の身体のように自分と一体化したものとして世間から見られている身内をも意味する。恥は，自分だけでなく，自分を含めた身内全体にその評価が及ぶところに特徴がある。

「世間体」が悪いと，私たちは世間に対して〈恥じる〉ことになる。恥は〈罪〉とはちがう。罪も人間の行為を抑制する原理であるが，罪の場合には社会的身分の優劣は無関係である。罪は少なくとも直接に意識されるかぎりでは，私たちの内面にある「良心の声」に照らして個人的に意識されるのであり，世間の目は入り込んでいない。恥は，人を抑制する「世間体」を基準として形成される優劣の秩序において，自分または身内が劣った位置づけを世間から与えられることについての意識であると考えられる。また恥は「羞恥」とも異なる。羞恥は身内までは及ばない個人的な感情である。たとえば人に見られたくない姿を見られてしまったときに意識されるのは，羞恥であって恥ではない。また恥の意識は，自分の理想とする〈あるべき自分〉から〈現実の自分〉を振り返るときに感じられる「いたらなさ」という個人的感情とも異なる。いたらなさは自分の能力にかかわる感情であって，身内にまで及ぶ感情ではない。

3 タテ社会と甘え

中根千枝（1926-2021）の『タテ社会の人間関係』（1967）は，日本的社会の特質を社会人類学の立場から明快に分析し，刊行当初から反響を呼んだ。その主張に対してさまざまな反論がなされたにもかかわらず今日なお，この本はこれからの日本社会の方向を考えるうえで読むに値する内容をそなえている。中根はこの考察を単なる日本人論としてではなく，「単一社会」と名づけられる特定の社会構造にお

恥は，人を抑制する「世間体」を基準として形成される優劣の秩序において，自分または身内が劣った位置づけを世間から与えられることについての意識である。

中根千枝⇨ 社会人類学者。東京大学を卒業後，女性ではじめて教授までのコースを歩み，東洋文化研究所所長に選ばれた。主著に『家族の構造』『未開の顔・文明の顔』などがある。

ける人間関係の研究として位置づけ，そういう人間関係を
モデルとして日本社会の在り方を分析するという立場をと
っている。

　中根はまず，「資格」（氏や素性，学歴，地位，職業，ある
いは資本家・労働者，男・女，老・若など）の共通性によっ
て構成される社会集団と，「場」（家族，学校，職場など）の
共有によって構成される社会集団とを区別し，たとえばイ
ンドのようなカースト（職業，身分による社会集団）ででき
た社会と比べて，日本社会のさまざまな集団は「場」による
集団としての性格が強いことを指摘する。

　「場」による集団は「情的な結びつき」による「一体感」に
よって結びつくという特徴的傾向をもっている。「情的な結
びつき」は「直接接触的」であり，そういう仕方で接触をし
ている者を「ウチのもの」，そうでない者を「ヨソのもの」と
呼んで，きびしく区別する傾向がある。したがって，そう
いう集団は「ローカリズム（地域性）」を強くもち，他の集団
に対して孤立する傾向をもつことになる。このような集団
では，直接に接触している期間の長短や時期，そしてその
持続性が，集団に帰属していることを示す重要な要素であ
る。どんなにその集団に貢献した者でも，いったんその場
を離れ，情的な結びつきによる直接接触を失うと，「去る者
は日々に疎し」で，ヨソものにされてしまいかねないのであ
る。直接接触によって成り立つ「場」集団の成員が，同時に
他の「場」集団にも属することは，もとの「場」集団に対す
る裏切りとなるので，個人は一つの「場」集団にのみ原則的
には属することになる。以上のような性格をもつ「場」集団
を，中根は「単一社会」と呼んでいる。

　「場」集団が小さい場合には，情的な一体感だけでも集団
を維持できるが，集団が大きくなり，「場」を構成する人間
同士の直接接触が困難になると，一定の組織化がおのずか
ら必要となる。できるだけ直接接触による「場」の特性を残
しながら，大規模な集団を構成するための組織，それが「タ
テ社会」である。〈a と b〉または〈a と c〉は直接接触してお

「場」による集団は「情的な結びつ
き」による「一体感」によって結び
つくという特徴的傾向をもってい
る。

り，その範囲で「場」を形成している（右の図を参照）。同じ
ように〈bとd〉または〈bとe〉は直接接触している（c以
下についても同様）。たしかに〈bとc〉はもはや直接接触に
よる「場」を形成していない。とはいえ，この関係は集団の
人数がどれほど増えても増設可能であり，頂点aから末端
にいたるまで，「場」によるつながりを維持している。

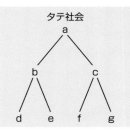

　これに対して，資格の共通性によって組織される社会を
「ヨコ社会」という。「タテ社会」の特徴を「ヨコ社会」の場合
と比較しながら考察してみよう。「ヨコ社会」では新しい成
員が組織に加わるために全員の承認を必要とする（たとえ
ばイギリスの紳士クラブ）が，「タテ社会」では成員の誰か一
人を通じて組織の末端に加わることが可能である。「ヨコ社
会」では一定の資格を満たせば成員になれるし，いったん成
員になればあとは他の成員と同等に扱われるのに対し，「タ
テ」社会では参加した際の特定の成員との関係がそのまま
あとあとまでついて回る。したがって個々の成員の位置交
代は非常にむずかしくなり，年功序列，権威主義が横行し，
能力主義は機能しにくくなる。またすでに述べたように，集
団から他の集団に移ることが困難なので終身雇用というこ
とになり，ますます組織が弾力性を失うことになりがちで
ある。「ヨコ社会」のリーダーは，集団のルールに則ってそ
の地位を承認されるのであり，そのかぎりではどの成員で
も，年功に関係なく能力などの条件しだいで，すぐにリー
ダーになる可能性がある。これに対し，年功序列の「タテ社
会」ではリーダーの交代が，不可能ではないが非常に困難で
ある。

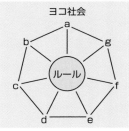

　「タテ社会」では「ヨコ」のつながりが少ないので，狭いセ
クショナリズム的な考え方に陥りやすい点も指摘される。d
とeにとってcは直接接触の関係がない。また，もしaと
bとの関係がうまくゆかなくなったり切れてしまったりす
ると，aとdやeとの関係もそれに従って切れてしまうの
で，dやeはaよりも直接の上司であるbとの関係を重視
し，その結果，派閥が生じやすくなる。「ヨコ社会」では，ル

ールをとおしてすべての成員が他のすべての成員に対して関係しており，特定の成員との関係が悪くなっても，成員であることに何ら支障はないから，派閥は生じにくいと考えられる。しかし他方，「ヨコ社会」では各個人が対等なので，意見の不一致が大きい場合に，集団としての意思統一がなかなかむずかしいのに対し，「タテ」社会では原則としてトップ・リーダーの意見が最高の権威をもち，その意見がリーダーから末端の成員にまで速やかに伝わり，意思統一が容易である（トップダウン）。中根は，この点が「タテ社会」である日本の目覚ましい近代化の一因であるとしている。

　ほぼ以上のような分析を，中根は「単一社会」の構造として提示し，それにそって日本の社会集団の在り方を分析するのであるが，私たちはこの「単一社会」の理論に対し，前節《世間のルール》でみた「甘え」による人間関係を重ね合わせて考えてみることができる。中根は「タテ社会」の情的な結びつきについて，「保護は依存によって応えられ，温情は忠誠によって応えられる」と述べている。これは社会心理学の視点に立てば，土居の提出した甘えの関係とみることができよう。実際，中根のいう直接接触による情的な結びつきを甘えと考えることによって，中根の提示した日本的社会の特質が，いっそうよく理解されるように思われるのである。たとえば中根によれば，日本的社会のリーダーは天才的な能力よりも，人間に対する理解力・包容力をもつということが，何より大切な資格であると述べている。これは，リーダーの資格はどれだけ部下の甘えを受け入れることができるかという点にかかっていることを述べていると考えられる。少なくとも，直接接触的な情的結びつきを甘えとして理解することは，中根の日本社会をめぐる分析に抵触しないであろう。

　現代の日本社会は，中根が分析した1960年代の日本社会とは異なり，たしかに「タテ社会」から「ヨコ社会」へとかなり変化しつつあるように思われる。しかしそれは，「タテ

「保護は依存によって応えられ，温情は忠誠によって応えられる」

社会」が「ヨコ社会」の利点を取りいれるという仕方での変化であって，依然として「タテ社会」の構造は機能しているようにも思われる。

:·**4** 近代市民社会と社会契約説

　以上述べてきたような「世間」や「タテ社会」とは異なった社会観として，17世紀から18世紀の近代ヨーロッパで生み出された社会契約説という思想がある。それは甘えという直接接触的な情的関係にもとづいて社会を形成しようとする思想でなく，むしろそういう甘えを絶ち切り，互いに独立して存在する個々の人間が，自分の権利を守るために互いに契約を結んで社会を構成するという，「ヨコ社会」を中心とする社会の考え方である。中根は，「契約」という精神は日本人にまったく欠如しており，この精神を日本人がもつのはほとんど絶望に近いと述べている。しかし第二次世界大戦後の日本社会に，米国流の民主主義教育を通じて，社会ないし国家を形成するのは主権者としての国民であるという主権在民の考え方が現実的に定着し，現在の私たちの集団生活の在り方を規定しているのも事実である。そこで私たちは以下，本来の民主主義の基盤をなす社会契約という考え方の原理をたどり，そのもとの姿を考えてみることにしよう。そのことによって，私たちは現在の日本的社会ないし集団の特質とそこに生ずる問題を，世間と契約社会という二重の視点から考えることができるようになるであろう。

　思想の名に値するすべての思想は，一定の社会的歴史的状況に根ざして生まれる。社会契約説の場合も例外ではない。したがって社会契約説を理解するために，以下，簡単に社会契約説が考え出された当時のヨーロッパの社会状況を振り返っておくことにしよう。

1　宗教改革と資本主義の精神

　17世紀から18世紀のヨーロッパ社会は，経済史的にみると封建体制から資本主義体制への転換の時期にあった。

甘えを絶ち切り，互いに独立して存在する個々の人間が，自分の権利を守るために互いに契約を結んで社会を構成するという，「ヨコ社会」を中心とする社会。

マルティン・ルター⇨ ドイツの宗教改革者。哲学、神学を学び、聖書の講義や教会で説教を行った。カトリック教会の免罪符を非難し、聖書主義を主張して、ローマ教皇から破門を受けた。教会と対立しながらも後にドイツ語最大の作品と呼ばれる聖書のドイツ語訳を刊行。

ジャン・カルヴァン⇨ フランスの宗教改革者。プロテスタンティズムの教義論『キリスト教綱要』を著した。神と聖書と恩寵による救済と、救霊予定説に関する教義を説いた。

マックス・ウェーバー⇨ ドイツの社会学者。宗教学、法学、政治・経済学、歴史学など社会科学の幅広い領域に業績を残した。主著に『社会科学的および社会政策的認識の客観性』『経済と社会』などがある。

資本主義体制とは、私有財産と自由競争を原理とする経済の仕組みのことである。ところでこの初期資本主義を担った人々の職業観の基盤には、キリスト教における宗教改革を推し進めたマルティン・ルター（1483-1546）およびジャン・カルヴァン（1509-1564）が唱えたプロテスタンティズムの倫理がある。ドイツの社会学者マックス・ウェーバー（1864-1920）はその著書『プロテスタンティズムの倫理と資本主義の精神』（1904）において、初期資本主義とプロテスタンティズムとの結びつきを、およそ次のように分析している。

神から切り離され堕落した人間は、神が各人に与えた職業をとおして良心の証を神に対して直接立てるべきであり、それによって救われると、ルターとカルヴァンは主張した。職業を意味するドイツ語 Beruf には「天職」（神から呼びかけられた使命）（英語では calling または vocation）という意味がある。つまり、各人の職業は、現世の人間に対する神からの呼びかけを意味しているのである。プロテスタンティズムのこの考え方は、信徒一人ひとりの職業上の努力を積極的に評価し、経済的な自由競争を肯定することにつながるのである。こうした職業観は、生産力の向上を背景に、旧来の封建秩序に頼ることなく生きてゆけるだけの力を当時つけつつあった、〈独立生産者〉と呼ばれる階層の要求にぴったり合うものであり、彼らはこの職業観にもとづいて経済力を蓄積し、やがて本格的な〈産業資本家〉へと転身してゆくのである。それとともにこの職業観は現実の生活の中でその宗教的意味合いをしだいに失い、各人の現世的生活を豊かにするためにこそ職業があるという〈資本主義の精神〉になってゆくのである。

ブルジョワ（bourgeois）というフランス語は、本来そうした独立生産者を意味する言葉である。この階層は、王権と対立する必要のなかった大商人や、逆に旧社会に不満をもちながらも、それを現実化するだけの力をもたなかった貧民とは区別される。独立生産者こそ、生産力向上の成果を

自分のうちに蓄積することによって，封建社会に対する批判を市民革命という形で現実化する力と必然性を担う階層たりえたのである。独立生産者層がどの程度育っていたかによって，各国での市民革命の内容や時期にちがいが出てくるが，いずれにせよ歴史のおもむくところ，やがては資本力を充実させたブルジョワが社会の主導権を握るのである。それがもっとも早い時期に訪れたのはイギリスである。

資本力を充実させたブルジョアが社会の主導権を握る。

2 イギリス清教徒革命

イギリスは，英国国教会の初代首長となったヘンリー8世（治世 1509-1547）以来，ローマ・カトリック教会による支配からの独立性を強め，エリザベス1世（治世 1558-1603）の時代の後半にはプロテスタントの領袖（りょうしゅう）として，カトリックの牙城スペインと対決していた。そして 1588 年，スペインの「無敵艦隊」を撃破することによって世界の最強国となり，ウィリアム・シェイクスピア（1564-1616）などが活躍するエリザベス朝の最盛期を迎えた。

ウィリアム・シェイクスピア⇨ イギリスの劇作家。『ロミオとジュリエット』『夏の夜の夢』『ヴェニスの商人』『ハムレット』『マクベス』『オセロ』『リア王』など，数々の優れた作品を残している。

こうしたイギリスの国威発揚期にあって，独立生産者は経済基盤をかため，王権の独占権販売政策そのものに反対するようになっていった。独立生産者はすでにその経済力を背景に，自分たちの利益代表を議会に送り込み，1625 年の「独占条例」（国王による独占権付与の制限），1628 年の「権利の請願」（国王による不法な課税や逮捕，常備軍の独占などを拒否したもの）などの成果をあげた。こうした成果を背景に議会は，1642 年，かねてから王権神授説（国王の権威は神から授けられたものであるという考え）を主張し，議会と対立する態度をとっていたチャールズ1世（治世 1625-1649）に対し，アイルランドでの旧教徒の反乱をきっかけに，武力闘争を開始したのである。この内乱で中心となって戦ったのが清教徒（ピューリタン）というプロテスタントの一派であったので，これを清教徒革命という。前頁に述べたプロテスタンティズムの中核を担ったのは，清教徒である。この革命を指導したオリヴァー・クロムウェル（1599-1658）はチャールズ1世を処刑（1649）し，独立生産者層の

オリヴァー・クロムウェル⇨ イギリスの軍人・政治家。清教徒革命の中心人物。死後の評価は「神への義」による革命の英雄と国王への反逆者という二つに分かれている。

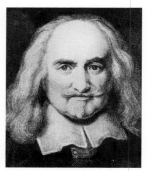

トマス・ホッブス ⇨ イギリスの社会思想家。経験論哲学および近代自然法思想の代表者の一人。人間の不可侵の自然権として自己保存から出発し，国家理論を構成した。主著に『リヴァイアサン』『哲学原論』などがある。

← p.4

ホッブスの考え方では，能力の平等の結果として，目標を達成する希望の平等が生じ，それがもとで人々の間に争いが生ずる。

人々は唯一絶対の権力者に服従することによって，互いの不信感を捨て，平和を得ることができる。

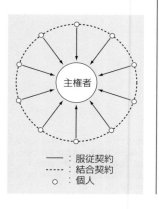

―― ：服従契約
---- ：結合契約
○ ：個人

利益を代表して，封建的諸権利の廃止や土地所有のブルジョワ化を推し進めたのである。

3　社会契約説の成立と展開

1）ホッブスの社会契約説

　以上のような清教徒革命による時代の変動を背景にして，トマス・ホッブス (1588-1679) はその著書『リヴァイアサン』(1651) の中で，新しい社会の構成原理として社会契約説を主張した。ホッブスによると，人間の自然的能力は，多少の個人差はあるものの，おおよそ平等なものとして自然によって与えられている。少なくとも人々は，自分の知恵がおおかたの他人より劣っているとは考えないものである。こうした考え方において，ホッブスはデカルトと似ている。しかし，そのあとがデカルトとは異なる。ホッブスの考え方では，能力の平等の結果として，目標を達成する希望の平等が生じ，それがもとで人々の間に争いが生ずる。人々は平等に生まれついているがゆえに，互いに競争し不信感をもちあうのである。したがって人間は〈自然状態〉に放置されたままでいると，「万人の万人に対する戦い」の状態に入る。

　では平等に生まれついたがゆえに，他人を否定しなければならないというこの悲惨な自然状態から，人間はどのようにして抜け出すことができるのであろうか。ホッブスによれば，人は自分の生命を守るために自分の力を好きなように用いる自然の権利をもっている。そこで，各人がその「自然権」を自分の自由にもとづいていっせいに放棄し，公共の権力のもとにいっせいに服従するならば，もはや人々の間に争いが起きなくなるはずである。人々は唯一絶対の権力者に服従することによって，互いの不信感を捨て，平和を得ることができる。そうホッブスは考えた。

　この考え方には，二つの「契約」概念が含まれている。一つは，唯一の主権者と個々人との間になされる「服従」の契約であり，もう一つは，人々が互いに他人の生存を脅かしあわないという「結合」の契約（人々同士の間での契約）で

ある。この二つの種類の契約を区別することが，社会契約
説の進展を理解するうえで重要である。

　ホッブスの考えでは，結合契約は服従契約を結ぶことに
よってのみ，最終的に実現されるのである。なぜなら，唯
一の主権者にすべての人がいっせいに服従するのでなけれ
ば，結局人々の間でふたたび争いが起きてしまうと考えら
れるからである。ホッブスが想定する徹底的に利己的な人
間たちは，自分が生き延びるために，絶対的な力をもつ唯
一の権力者を要求するのである。これは絶対的国家主義の
思想といってよい。しかし大切な点は，人々同士の横のつ
ながりに対して主権がいかに絶対的であっても，もし主権
者が個人の生存を脅かすようなことがあれば，個人はその
主権に服従しないだけの自由はもっているということであ
る。この点を忘れると，ホッブスの主張は王権神授説と事
実上のちがいがなくなってしまうであろう。

　しかしそれにしても結合契約は，服従契約とは本来論理
的に独立した概念であって，かならずしも服従契約を介し
てでなければ実現されないというものではない。実際，後
でみるロックやルソーの考えでは，結合契約は絶対権力者
への服従契約に結びつかなくてもよい。ではなぜホッブス
において，人々同士の間での結合契約と人々と権力者の間
での服従契約が一つになってしまったのか。

　一つの理由として考えられるのは，ホッブスの思い描く
自然状態における人間が，自分と同じ能力をそなえた他者
とけっして妥協することのない，徹底して利己的な人間だ
からである。もし人間をもう少し互いに譲りあうことので
きる者として考えるならば，人々が絶対権力者などに頼る
ことなく，互いの自然権を認めあうような社会的人間関係
を考えることができたはずである。ホッブスは自分のこと
を「恐怖との双生児」と呼んでいる。革命の中で人々が殺し
あうのを目の当たりにしたホッブスにとって，他人はまっ
たく信じることのできない利己的存在であった。ここには
自分の甘えを受け入れてくれるかもしれないなどという，

結合契約は服従契約を結ぶことに
よってのみ，最終的に実現される。

それこそ甘い期待をもたせる〈世間〉などという考えは，入り込む余地がない。親子でさえ殺しあった「万人の万人に対する戦い」の社会状況では，身内さえ信用できないのである。そこには家族関係でさえ，自己の生存に必要なかぎりで意味をもつ一種の人工物にすぎないという考え方の萌芽があるといえるであろう。

　もう一つの理由は，人間の生存に必要な生活必需品の生産量が増大しうるという点を，ホッブスがほとんど考えなかったところにある。ホッブスによれば，土地や食べ物などの生活必需品はあらかじめ神や自然によって与えられる量が決まっており，何らかの秩序を人工的につくり出さないかぎり，人間はその決められた一定量を奪いあうしかないと考えていたのである。

　ホッブスの社会契約説は，彼の生きた時代状況に影響されて，以上のような弱点をもってはいるが，それまで王権神授説にもとづく国王権力によって存在するとされていた「国家」という存在が，実は個人個人の自然権を守るために，契約によってつくり出された巨大な人工物にすぎないことを示した点で，近代的国家観の出発点となったのである。ちなみに，ホッブスの著書の題名である「リヴァイアサン」とは，巨大な怪物，つまり国家のことである。初版の表紙に描かれたその巨大な怪物の身体は，よく見ると無数の人間が重なりあった姿で描かれている。

2）ロックの社会契約説

　清教徒革命などを通じて独立生産者層が社会的な力をもつようになり，近代資本主義の発展に必要な諸条件が整ってくると，今度はブルジョワの中でも，利権獲得に先んじることのできた人々が自分の成果を確保しようとして，旧来の封建勢力と手をつなぎ，それを利用するようになる。清教徒革命末期には，独立生産者層の利益を代表する人々自身が，しだいに保守的な性格をもつようになるのである。スチュアート王朝の復活（1660年）は，そうした保守化の流れにもとづいていたのである。しかし主導権はもはや国王で

「国家」という存在が，実は個人個人の自然権を守るために，契約によってつくり出された巨大な人工物にすぎないことを示した点で，近代的国家観の出発点となった。

『リヴァイアサン』初版の扉

248

なく議会にあるという点はくつがえすことのできない既成
事実であった。1688年から翌年にかけての〈名誉革命〉にお
いて王権神授説は決定的に敗北し，議会は完全に勝利をお
さめた。

　ジョン・ロック（1632-1704）は，若いころホッブズと同
じように自然状態を無秩序なものと考え，権力への絶対的
服従を主張していたが，名誉革命を経て，ブルジョワ社会
にふさわしい政治形態として立憲君主制（国王の権力を民
選議会が制限する政治形態）が出現したのに対応して，しだ
いに楽観的な調和論を主張するようになる。その社会契約
説は『市民政府論』（原題は『統治二論』）（1690）に書かれて
いる。

　ロックにおいて人間の自然権の内容は，単に生存権にと
どまらず，所有権に移っている。所有権の基礎は，人間の
身体にある。自然はすべての人間の共有物であるが，自分
の身体は自分の所有物であり，「自分の身体による労働およ
び手による仕事はまさに自分のものであるといえる」。つま
り自分と自分の身体との一体性を基礎として，私的所有の
範囲が決定されるのである。人は，共有物である自然に身
体による労働を加えて何ものかを生産するのであり，生産
された何ものかがその人の私的所有物となって，共有物か
ら分離されるのである。そして自然状態における人間の自
由とは，他人の意志に依存することなく，自分の身体と所
有物を自分が適当と考えるままに処分できることを意味す
るのである。このことは，第1章2節《自分の身体》で考察
した，自分と自分の身体との一体性が，私的所有の成立根
拠として働いているということを意味している。序章3節
《「私」と「私」の近さと隔たり》で検討したデカルト的自我
は，心身二元論を伴うので，厳密にいえば，所有の主体に
なれない。

　ところでなぜ人間が社会をつくり出すかというと，それ
は人間が各自の所有権を確保し，かつ共同体外部からの侵
害に対するいっそうの安全保障を確立し，安全で平和な生

ジョン・ロック⇨ イギリスの哲学者。
イギリス古典経験論の代表的思想家。
デカルトやニュートンの影響を受けて，
主著『人間悟性論』を著し，イギリス古
典経験論とカントにいたる認識論を創
始した。

所有権の基礎は，人間の身体にあ
る。自然はすべての人間の共有物
であるが，自分の身体は自分の所
有物であり，「自分の身体による労
働および手による仕事はまさに自
分のものであるといえる」。

← p.55

自分と自分の身体との一体性が，
私的所有の成立根拠として働いて
いる。

← p.29

活を相互に獲得するためであると考えられる。しかしなぜ人間は，他者の所有物を侵害するのであろうか。ロックは，自然物を自然状態における人間の共有物として考えており，自然状態での人間関係を，ホッブスのように徹底的に利己的なものと考えていない。ロックによれば，他人の所有権を侵さないかぎりで，共有物である自然物を自分の所有に帰属させることは，何ら人間同士の間の争いの種になるものではない。そもそも一人の人間が，自分の生存を維持するために必要とする自然物の量はおのずからかぎられており，その量を越えないかぎり人間同士の争いは起こらないはずである，とロックは考える。「他人が利用するだけのものが残されているのであれば，それはまったく何も取らないのと同様である」とロックは書いている。

「他人が利用するだけのものが残されているのであれば，それはまったく何も取らないのと同様である」

しかしその自然に定められた範囲を越えて，所有を拡大させる要因となるものがある。それは〈貨幣〉である。世界のある場所で人口と家畜が増加し，また貨幣が使用されるようになった結果，生存に必要である以上の私的所有が生じ，したがって他人の所有権との間で衝突が生じるようになる。そこで所有の範囲を，協約と同意によって互いに決定する必要が出てくるのである。

以上のことからわかるように，ロックの考える自然状態では，かならずしも人々は争わない。ただ貨幣の出現によって，個人の生存をまかなうために必要な物以上の所有物を個人が蓄積することができるようになり，そこではじめて人間同士の所有権が衝突する可能性が出てくるのである。その衝突を避けるために必要なかぎりで，各自がその所有権の一部を契約によって権力者に譲渡し，それによって各市民は自分の自然権を守ろうとするのである。したがって契約による自然権の譲渡は，ホッブスのように全面的である必要はない。自然権は譲渡されるのではなく単に「信託」されればすむのである。

貨幣の出現によって，個人の生存をまかなうために必要な物以上の所有物を個人が蓄積することができるようになり，そこではじめて人間同士の所有権が衝突する可能性が出てくる。

ロックとホッブスのちがいを，前者が権力に対する抵抗権を認め，後者が否定するという点に求めるのは誤りであ

る。すでにみたようにホッブスも権力に対する抵抗権を認めている。両者の相違は次の点にある。ホッブスでは，結合契約が服従契約を結んだ後ではじめて成立しうると考えられた。これに対してロックでは，共有物としての自然が服従契約に依存することなくすでに存在していると考えられているのだから，結合契約が服従契約以前にある程度成立していると考えられている。ロックでは，結合契約に破綻が生じた場合に，その衝突を調停するものとして，服従契約が導入されるのである。

結合契約に破綻が生じた場合に，その衝突を調停するものとして，服従契約が導入される。

　そこから，権力者に対する市民社会の自立性について，両者における考え方のちがいが出てくる。ホッブスの場合，唯一の権力者に抵抗して，それを打ち倒すことは，ただちに社会そのものの崩壊につながってしまう。なぜなら人々を結びつける結合契約は，権力者に対する服従契約をとおしてのみ成り立っているからである。しかしロックの場合はちがう。ロックの場合には，権力者が市民の抵抗によって倒れても，社会の全体が崩壊してしまうわけではない。権力者のいない状態でも，結合契約による市民社会はある程度保たれており，外敵の侵入を除けば，社会は自立的に存在しつづけることができるのである。

　ロックのこうした社会契約説は，市民社会が安定性をもちはじめたことを反映しているのである。契約によって成立する国家は，ブルジョワ的市民の自然権である私的所有の調停役にすぎない。この考え方は，たしかにまだ社会契約の立場をとってはいるものの，やがて社会契約を無用とみなし，自由放任主義による「安価な政府」を要求する姿勢を，すでに含んでいるとみることができる。イギリスの哲学・経済学者アダム・スミス（1723-1790）は著書『国富論』（1776）において，自由競争にもとづいて個々人がおこなう利益追求の結果，予定調和的に（「見えざる手に導かれて」）社会全体の利益が増進すると論じた。

アダム・スミス⇨イギリスの哲学・経済学者。「同感」という人間感情にもとづく道徳哲学（『道徳感情論』）から出発して古典経済学の書『国富論』を書き，貨幣・労働・商品・資本などについて論じた。この書で使われた「見えざる手」という言葉は，いわゆる〈自由放任主義〉を象徴する言葉として有名になった。

見えざる手⇨私益の追求により公益の増減が実現するという，予定調和説を主張するために使用した言葉。個々人が幸福を自由に追求するのを全体として支える，慈悲深い神の手として表している。

3）ルソーの社会契約説

　社会契約説は18世紀に入って，フランスのいわゆる啓蒙

ジャン＝ジャック・ルソー⇨ フランス
の思想家。時計職人の息子として生ま
れ、16歳から放浪生活を送っていた。
一貫して、個としての人間の自由と社
会的結合を求める市民としての人間の
自由と平等を追求した。主著に『新エ
ロイーズ』『エミール』などがある。

そもそも自然人には私的所有（自
分のものは自分のものである）と
いう考え方がない。ルソーにとっ
て自然状態は、社会状態によって
乗り越えられるべきものではな
く、むしろ社会的不平等の状態に
おかれた現実の人間が、そこへと
帰るべき理想状態なのである。

思想家の間で継承され、展開された。フランスの啓蒙思想
については語るべきことが多いが、ここではその代表とし
て、ジャン＝ジャック・ルソー（1712-1778）の社会契約説
をとりあげよう。ルソーは、庶民階層出身であったために、
この説をもっともよく考えぬくことができた思想家だから
である。

　ルソーの『人間不平等起原論』（1755）によれば、自然状態
において、人間の不平等はほとんど無きに等しかった。自
然状態は、豊富な生活の糧に恵まれた状態であり、人々は、
自分以外の人間と競争する必要がないどころか、むしろ「憐
れみの心」をもって他人と接し、それぞれ自足して生きてい
る。むろん支配したり支配されたりということもない。人々
はホッブスが考えたような「万人の万人に対する戦い」をす
る必要もなく、またロックが考えたような身体をもちいた
労働によって自然物を私有財産に変える必要もない。そも
そも自然人には私的所有（自分のものは自分のものである）
という考え方がない。ルソーにとって自然状態は、社会状
態によって乗り越えられるべきものではなく、むしろ社会
的不平等の状態におかれた現実の人間が、そこへと帰るべ
き理想状態なのである。

　しかし、自然状態をそのように自足的なものと考えると、
今度は自然状態から社会状態へと移行する必然性の説明が
むずかしくなる。ルソーによれば、「ある土地に囲いをして、
これは自分のものだと宣言してみようと思い立ち、やって
みたら、人々が単純にもそれをそのまま信じてしまうのを
みてとった最初の人間こそ、まさに政治社会の創設者であ
った」。つまり社会形成の第一歩は、偶然の気まぐれにまか
せられたことになる。そして「他人の援助を必要とした瞬間
から、また一人で二人分の蓄えをもつことが有効であると
気づいた瞬間から、平等が消えうせて所有が導入され、労
働は欠くことのできないものとなった」。そこで人々の間に
争いの種が生じ、人々は契約によって社会を形成する必要
に迫られるというのである。こうした説明は、ホッブスが

「万人の万人に対する戦い」から社会形成を説いたのに比べると，説得力を欠いているといわざるをえない。

　しかし，契約によってつくり出される社会と市民との関係についてのルソーの考え方は，ホッブスやロックに比べて，徹底的に民主的である。すなわちルソーは，各市民が他のすべての市民と結びつきながら，しかも結びつく以前と同じように完全に自由（私的所有の自由を含めて）でなければならないと，断固として主張する。この点に，ルソーが『社会契約論』(1762) で展開した考え方の独自性がある。

　このようなことは，ホッブスでは無論不可能である。ホッブスでは，契約は権力者への全面的な権利譲渡を意味するのであり，契約によって権力者に服従するかぎり市民に自由はない。ロックでは，特定の主権者への服従契約と別に，市民同士の間で交わされる結合契約が考えられてはいたものの，服従契約そのものはやはり特定の主権者と各市民との間に交わされるものであると考えられていた。そのかぎりで服従契約は，結合契約と原理的に相入れないものとして考えられていた。したがって各市民は，自分の自由を特定の主権者に譲り渡した後には，ある程度の不自由を我慢しなければならないのである。

　しかしルソーは，市民が他の特定の個人に服従するということを，一切拒否する。契約によって成立する主権者の意志が，各市民の意志を一切妨げないということは，言い換えれば，契約後にも各市民は，自分自身にしか服従しないということである。しかし単に各市民が自分自身にしか服従しないとすれば，ホッブスの言う「万人の万人に対する戦い」に逆戻りしてしまうだけである。そこでルソーは，全市民の「一般意志」という考え方を提出するのである。

　「一般意志」は，各市民がそのすべての権利を自発的に共同体全体に対して譲り渡すことによって生ずる，〈共同体全体の意志〉である。ホッブスやロックの場合とちがって，各市民はその権利を，特定の個人である権力者に譲り渡すのでなく，共同体全体に譲り渡すのであるから，各市民は自

『社会契約論』初版の表紙

ルソーは，市民が他の特定の個人に服従するということを，一切拒否する。

「一般意志」は，各市民がそのすべての権利を自発的に共同体全体に対して譲り渡すことによって生ずる，〈共同体全体の意志〉である。

○ ：個人
── ：結合契約

「一般意志」は，全人民が共同体の
意志決定に直接参加する〈直接民
主制〉によってのみ実現される。

← p.241

← p.228

p.327 →

分が譲り渡すすべての権利を，その共同体の一員としてそのまま平等に受け取ることができるのである。したがって契約後も，各市民は自分の権利について一切自由である。この考え方によれば，市民の権利を部分的にせよ，また一時的にせよ，独占するような特定の個人が権力者として介入することは，一切認められない。したがってルソーは代議制（間接民主制）を否定する。「一般意志はけっして代表されない……人民の代議士は一般意志の代表者ではないし，代表者であることはできない」。「一般意志」は，全人民が共同体の意志決定に直接参加する〈直接民主制〉によってのみ実現されるのである。

　ルソーの示した「一般意志」は，本章3節《タテ社会と甘え》で示した「ヨコ社会」の原型であり，第6章6節《義務》で考察したカントの〈目的としての人間性〉という考え方につながってゆく考え方である。ルソーはこうした「一般意志」を生み出すために，道徳や教育によって「祖国愛」を人々の中にはぐくむ必要があると主張する。しかし私有財産制度から生ずる現実の不平等や収奪をそのままにしながら，道徳や教育によって「祖国愛」を実現しようとするのは，かえって現実の不平等に目をつぶらせることにもなりうる。そこで，私的所有という制度そのものを否定し，財産の共有という考え方にもとづいて，ルソーの「一般意志」という考え方を生かそうとするところに，カール・マルクス（1818-1883）の共産主義という考え方が出てくるのである。マルクスの思想については第10章《自然・文化・歴史》で考察する。

:5 契約と甘え

　社会契約説という考え方は，以上述べてきたように，服従契約から結合契約の重視へという方向で進展したのであるが，いずれにせよ，その契約を結ぶ当事者が，対等で独立した個人（市民）であることを前提として成り立っている。責任を負い，責任を果たす能力のあるものだけが，契

約の当事者になりうるのである。責任は，第6章《責任と自由》で考察したように，行為者の自由意志にもとづく選択を必要条件の一つとしている。これは言い換えれば，行為者の積極的な意思表示を意味している。また契約は約束の一種であり，第5章《言葉・比喩・論理》で考察した行為遂行的発言の一つである。「私は契約します」と語ること自体が，契約の行為である。契約という行為は，「私」という一人称代名詞を主語とする言語表現をかならず伴う。したがって，契約という仕方で他者との関係を結ぶことは，責任をもつ能力のある身体主体としての〈私〉が，言語的意味として成立する「私」として，言語による意思表示をおこなうことによって可能となる。

← p.205

← p.198

契約という仕方で他者との関係を結ぶことは，責任をもつ能力のある身体主体としての〈私〉が，言語的意味として成立する「私」として，言語による意思表示をおこなうことによって可能となる。

　これに対し，私たちが本章で最初に検討した甘えは，相手に対する受け身的愛情希求であり，甘える者が自分の積極的な意思表示を覆い隠すことによって成り立つ態度である。したがって甘えによる関係は，責任の所在を曖昧にする傾向がある。日本では，そういう傾向をもつ甘えを，社会的人間関係にまでもち込む傾向が強い。しかし，甘えのきく「身内」と責任を問われる「社会」とを無自覚に混同すると，私たちは思ってもみない仕方で責任を問われることになるかもしれない。たとえば，情的な結びつきの支配する職場でとった私たちの言動が，社会的な場面で責任を問われることがありうる。また，ある企業や団体に属する人間がその企業や団体の内情を内部告発するということがある。そのとき，その人のなかで，会社への「身内」意識と社会的責任の意識とがぶつかりあっているはずである。

甘えによる関係は，責任の所在を曖昧にする傾向がある。

情的な結びつきの支配する職場でとった私たちの言動が，社会的な場面で責任を問われることがありうる。

　甘えという仕方での人間関係が，一般的にいって，欧米人にみられないというのではない。人から無条件に愛されたいという欲求は誰でもがもっている，他者に対する基本的欲求の一つである。ただ欧米では，社会的人間関係の基本原理として，甘えが一般的に通用しにくいのである。それは本章4節の1《宗教改革と資本主義の精神》と2《イギリス清教徒革命》に述べたように，ヨーロッパ近代市民社会の

歴史的背景にもとづくことがらである。一般に日本人が社会という言葉よりも世間という言葉に親近感をもつとすれば，その根底に以上のような事情が考えられるのである。

◎ 課題 ◎

1. 土居健郎『「甘え」の構造』の「甘えの語彙」を読んで，「たのむ」「とりいる」「こだわる」「気がね」「わだかまり」「てれる」などの態度に，甘えがどのように入り込んでいるのか，考えてみよう。『続「甘え」の構造』第3章も参考にするのが望ましい。

2. ホッブス，ロック，ルソーの三つの社会契約説を，それぞれの自然状態についての考え方，および服従契約と結合契約との関係にもとづいて比較し，社会契約説がどのように展開したか，考察しなさい。

3. ルソーの『社会契約論』第1編第2章「最初の社会」に示された家族の考え方について，「身内」としての家族と比較しつつ意見を述べなさい。

4. 「身内に甘い」ことが原因で起きたと考えられる社会的事件を，ニュースの中から探してみよう。

参考文献

1：世間と身内

(1) 和辻哲郎『人間の学としての倫理学』(岩波書店)。ハイデッガーの現象学的存在論の立場から「人間」の倫理を考察している。世間論の古典。

(2) 和辻哲郎『風土』(岩波書店)。人間を取り巻く自然環境は，その環境に住む人間の自己了解の表現であるという考えから，自然環境を「風土」と呼び，風土の型の分析を通じて人間の自己了解の型に迫ろうとする試み。

(3) 土居健郎『「甘え」の構造』(弘文堂)。社会心理学の立場からの日本人論。甘えの概念は国内外で反響を呼び，「甘え」という言葉を定着させた。

(4) 土居健郎『続「甘え」の構造』(弘文堂)。参考文献(3)から30年後に，さまざまな批判や論争を踏まえて書かれた本。「健康な甘え」と「自己愛的な甘え」とを区別しているが，どちらも「依存」という意味では同じである，としている。

2：世間のルール

(5) 井上忠司『「世間体」の構造』(NHK ブックス)。社会心理学の立場から世間体を問題にした先駆的な本。

(6) ルース・ベネディクト (長谷川松治訳)『菊と刀―日本文化の型』(社会思想社)。日本文化を罪の文化に対比して，恥の文化と規定した古典的な本。反論も多いが，日本文化の性格を考える上で読むに値する本。

(7) 阿部謹也『「世間」とは何か』(講談社現代新書)。著者はドイツ中世史専門の学者。「世間」の意味を，主として『万葉集』以後の文献についての研究書を読みながら，歴史的に考察している。

3：タテ社会と甘え

(8) 中根千枝『タテ社会の人間関係』(講談社現代新書)。社会人類学の立場からの日本文化論。反論もあったが，「タテ社会」という言葉を定着させた。

(9) 米山俊直『日本人の仲間意識』(講談社現代新書)。「仲間」という人間関係に注目して，中根氏のタテ社会論に反論している。

4：近代市民社会と社会契約説

(10) 高島善哉・水田洋・平田清明『社会思想史概論』(岩波書店)。第一部「人間の解放」がここでは参考になる。ルネサンスから20世紀初頭にいたる西洋社会思想の流れを，社会経済史的な視点から，人間の解放，民族の解放，階級の解放という三つの解放思想の進展としてとらえ，記述している。

(11) 淡野安太郎『社会思想史』(勁草書房)。古代から20世紀初頭までの西洋社会思想の流れを，哲学の視点からわかりやすく概説している。

(12) ホッブス (水田洋訳)『リヴァイアサン』(岩波文庫)。特にその第13章「人類の至福と悲惨に関する彼らの自然状態について」，および第14章「第一および第二の自然法について，また，契約について」。西洋近代の社会契約説を知る上で，以下の参考文献(13)，(14)，(15)と同様，必須の文献である。

(13) ロック (鵜飼信成訳)『市民政府論』(岩波文庫) の第2章「自然状態について」，第5章「有権について」，第8章「政治社会の発生について」など。

(14) ルソー (本田喜代治・平岡昇訳)『人間不平等起原論』(岩波文庫)。

(15) ルソー (桑原武夫・前川貞次郎訳)『社会契約論』(岩波文庫)。

8
創造の秘密

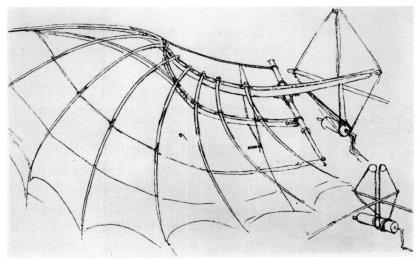

レオナルド・ダ・ヴィンチによる「最後の晩餐」のための習作と「飛行機械の設計図」

芸術と技術の天才だったレオナルド。
彼にとって，絵画は自然学と一体であった。

『2001年宇宙の旅』⇨ 科学小説作家
アーサー・C・クラークの原作をもとに，
人間の進化，未来世界でのコンピュー
ターと人間の闘争などが寓話的，哲学
的に描き出されている。

映画『2001年宇宙の旅』のブルーレイ

芸術は〈自分を表現したいという
欲求に主として支えられた営み〉
であり，科学は〈自分を取り巻く
環境世界を理解しようとする欲求
に主として支えられた活動〉であ
る。

　スタンリー・キューブリック（1928-1999）監督の映画
『2001年宇宙の旅』（1968）の冒頭に，荒涼とした岩だらけの
風景の中で，互いに争う人類の祖先の映像が出てくる。そ
の一方の種族の戦闘員が，不思議な物体に触発されて，動
物の骨にふと目をやり，それを拾い上げる。するとその瞬
間，何かが彼の頭にひらめき，彼にとってその骨は単なる
骨であることをやめ，動物や敵を殴り倒す武器に変身する。
それは人類が文明への一歩を踏み出した一瞬だったのだ
……およそそんな情景である。それが本当に人類の文明の
最初の瞬間であるかどうかは別にして，この情景は，たし
かに何かのアイディアが生み出される瞬間をとらえている
ようだ。私たちの日常でも，普段見慣れているはずの物が，
何かの拍子に思わぬ仕方で見えてくることがある。人類の
文明の歴史は，そうした新しいアイディアを積極的に求め
る人間の創造行為のうえに築かれてきたのである。創造行
為はどんな仕組みで生まれるのだろうか。

　人間の創造力はさまざまな領域で発揮されるが，本章で
は，人間の創造力を比較的はっきりした形でみてとること
のできる領域として〈芸術〉と〈科学〉をとりあげ，創造の
仕組みを考えることにする。一般的にいって，芸術は〈自分
を表現したいという欲求に主として支えられた営み〉であ
り，科学は〈自分を取り巻く環境世界を理解しようとする欲
求に主として支えられた活動〉であると考えられる。たしか
に科学も，個々の科学者がそれぞれの動機に則って科学的
探究をおこなうという意味で，自己表現の一種とみなすこ
とができよう。しかし科学の場合，その探究の直接目標は
自己表現でなく，世界に生ずる現象についての客観的理解
である。世界をありのままに知ることをとおして人間を知
り，人間の一員としての自分をありのままに知るという仕
方で，科学者はその探究において自己とかかわるのである。
逆に芸術にも，世界をありのままにとらえようとする姿勢
がみられないわけではない。しかし芸術の場合，世界に向
かうという姿勢は，あくまで自己表現というフィルターを

とおして追求されるのである。そうでなければ芸術は，単なる世界の模写にすぎないことになるであろう。芸術にとって自己表現という要素は本質的である。

　いずれにせよ創造力は，人間の表現力が発揮される典型的な形態であると考えられ，したがって創造の問題は〈人間らしさ〉を考えるための重要な手がかりである。

1 創造性

　イタリアの心理学者シルヴァーノ・アリエティ（1914-1981）は著書『創造力』（1976）の中で，創造性を自発性や独自性から区別し，さらにふつうの創造性と偉大な創造性とを区別している。

　イメージ，感情，思考といったものがおのずから湧き出すように現れる場合，そこには自発性があると認められる。そして，この現れを構成しているイメージなどの秩序は，個人的な独自の体験にもとづく場合がほとんどなので，自発性は独自性にもつながることになる。しかし，そうした現れが自発的であり独自的であるからといって，その現れが創造的であるとはかぎらない。このことは夢を考えてみればわかる。夢は自発的に生じ，常に独自的であるが，かならずしも創造的であるわけではない。

　アリエティによれば夢は個人的な体験であるのに対し，創造性は社会的評価という基準にかかわる。つまりあるアイディアが創造的であるといわれるためには，社会的な基準にもとづいてその新しさが評価されなければならないのである。したがって新しさに対する驚きという感情も，それが個人的な感情でしかないかぎり，創造性の本質条件ではない。たとえば私たちが二次方程式を解けるようになるとか，すでに解答がわかっている問題を解けるようになるといった場合の進歩は，たしかに私たち自身にとって創造といえなくもないが，ふつうの創造にすぎないのであって，ガリレイやアイザック・ニュートン（1643-1727）のような偉大な創造，つまり「人間性の偉大な達成と社会の進歩」を

シルヴァーノ・アリエティ⇨ イタリアの心理学者。分裂病と創造性について画期的な理論を発表した。著作として『想像力』『パルナス―ピサのユダヤ人虐殺』など。

アイザック・ニュートン⇨ イギリスの数学・物理・天文学者。「万有引力の法則」のほかの業績としては，光学では，反射望遠鏡を発明し，光のスペクトルを発見し，光の干渉・屈折現象を研究した。光の本性については「粒子説」を唱え，「波動説」と対立した。数学では，二項定理を発見し，無限小解析研究の上に立って微積分を創造した。

実現するような創造性とは異なる，とアリエティはいうのである。

　しかし，偉大な創造は人類にとっての創造でなければならないというアリエティの主張を認めるとしても，創造というものが，まずは個人的な次元での独自性の進展として実現されることに間違いはない。その点で偉大な創造もふつうの創造も事情は同じである。偉大な創造が社会的評価を基準として，やがてふつうの創造から区別されることになるとしても，まずはいずれの創造も個人的体験として実現されるのである。私たちがこの章で意図しているのは，〈人間らしさ〉の証として創造行為をとりあげ，その仕組みを考察することである。したがって私たちは偉大な創造とふつうの創造という区別をここではやめて，創造一般の仕組みを考えることにすることにしよう。つまり個人的体験としての創造がいかにしてなされるかという観点で，以下，問題を考えることにする。

　ところで，自己表現をめざしてなされる〈芸術的創造〉と，世界の客観的理解をめざしてなされる〈科学的創造〉とでは，その仕組みが異なると予想される。したがって，私たちは人間による創造を考えるにあたり，芸術の場合と科学の場合とを分けることにしよう。

2　芸術的創造の秘密

1　表現されるべき自己

　芸術にとって自己表現という要素は本質的である。しかし，自己といってもそれは世界から遊離して自分に閉じこもった自己ではない。それは，自分を取り巻く世界と絶えず交流するという仕方で存在する，身体的存在者の自己である。第1章《身体としての自分》でみたように，身体的存在者としての〈私〉は，〈世界に属していると同時に，世界へと在る〉という，両義的な仕方で世界に関係している。自己に閉じこもって世界から遊離したようなデカルト的な「私」からは，世界を作品にするという仕方での芸術的表現は，出

自己実現をめざしてなされる〈芸術的創造〉と，世界の客観的理解をめざしてなされる〈科学的創造〉とでは，その仕組みが異なる。

← p.62

てこないであろう。芸術は，色や形や光（およびそれらの運動），音，感触，味，匂いなど，そして身体や言葉を素材として，世界に臨む身体において湧出する感情，情感，情緒，心持といった，形のない非理性的なものに形を与え，作品化するところに生まれるのである。作品は，〈私〉の身体的自己同一性（「自分は自分である」）に裏打ちされているかぎり，単なる非理性の発露ではない。芸術は，一般的に，世界に臨む身体的存在者としての〈私〉（または〈私〉たち）の表現であり，理性と非理性とが積極的に共存し，交錯する〈身体的理性〉の表現である。

　私たちは，表現されるべき〈何かしらのもの〉が自分の内にあるのを感じることによって，表現行為に向かうのだが，その何かしらのものは，個々の表現によって完全に汲み尽くされ，外面化されることはない。もしすべてが表現されてしまうとしたら，私たちはもはや表現意欲をもたないであろう。私たちが表現を求めるかぎり，表現されるべき何かしらのものが存在する。したがって表現されるはずの自分は，表現されるべきであるにもかかわらず，それ自体としてはけっして表現されることのない存在であるといわなければならない。こうした自分，すなわち表現されてはじめてそれが何であるかがわかる存在であると同時に，しかし完全に表現されることのない存在である自分，それをアリエティは「内概念（endocept）」と名づけている。それは心象，言葉，思考，その他いかなる仕方によってもそれ自体としては表現されることのない，形のない認識を意味するという。これは，その存在を科学的に実証することの原理的に困難な何かしらのものであり，私たち一人ひとりの表現経験から感じとられるほかないものである。

　私たちはこの「内概念」に相当する言葉が，多くの芸術家や哲学者によって，言い方はどうであれ，語られているのをみることができる。たとえばベルクソンはこれに似たものを「直観」（『時間と自由』より）と呼び，メルロ＝ポンティは「語る主体の圧力」（『世界の散文』より）と呼んでいる。

← p.68

芸術は，一般的に，世界に臨む身体的存在者としての〈私〉（または〈私〉たち）の表現であり，理性と非理性とが積極的に共存し，交錯する〈身体的理性〉の表現である。

← p.69

私たちは，創造的表現の根底にあって常に沈黙を守りなが
ら，しかも雄弁に語りかけてくるこの何かしらのものに耳
を澄まさなければならない。こうした表現以前の何かしら
のものが表現の形をまとう瞬間に，「直感」とか「インスピレ
ーション」とか呼ばれる出来事が生ずるのである。形のない
もの（直観）の形，それが芸術作品である。

形のないもの（直観）の形（直感），
それが芸術作品である。

2　表現様式の分類

そうした直感またはインスピレーションを，知性を通じ
て表現するか感性を通じて表現するか，また五感のうちの
どの感覚を用いるのか，あるいはまたどのような素材を用
いて表現するかによって，さまざまな芸術領域が存在する。
言語芸術（小説，詩など），視覚芸術（絵，版画，写真，彫
刻など），聴覚芸術（器楽，声楽），またそうした諸領域を組
み合わせ総合した芸術（映画，演劇，舞踏，オペラなど），
さらには味覚の芸術や触覚の芸術もありうる。建築も芸術
とみなしうる。

しかしこうした分類から出てくる芸術領域の数はほとん
どかぎりがなく，また新たな素材が導入されるにつれて増
えてゆく。本章でそのすべてをとりあげることはできない
し，またその必要もないであろう。そこで自己表現として
の芸術という本質的視点に立ち返り，それにもとづいて芸
術の表現様式を分類してみることにしよう。

芸術の本質は自己表現であるが，芸術が世界を写し取る
という側面をもたないわけではもちろんない。芸術の歴史
をさかのぼれば，むしろ世界を客観的に写し取ることが，芸
術の重要な働きであった。しかしたとえば，古代ギリシア
人が芸術を「模倣技術」と呼んだ場合にも，その模倣（ミメ
ーシス）はかならずしも世界の客観的「写実」を意味するの
でなく，むしろ人間の「生」の模倣という意味を強く含むの
であり，その意味で，人間の自己表現と切り離されて考え
られていたわけではない。それは上述したように，表現さ
れるべき〈私〉が，世界の在り方といわば表裏の関係にあ
ることを考えれば，むしろ当然のことである。したがって

← p.262

芸術には，世界の客観的描写をとおして自分を表現する様式をもつものもあれば，自分を表現することを直接の目的とする様式をもつものもある。大まかにいって，芸術の表現様式のちがいは，世界の描写を強調するか，それとも自己の表現という契機を強調するかのちがいにもとづくのである。そこで芸術の表現様式を，世界の客観的描写と，自己表現という，二つの契機を基準にして，次のように分類することができる。

芸術には，世界の客観的描写をとおして自分を表現する様式をもつものもあれば，自分を表現することを直接の目的とする様式をもつものもある。

①客観的事物をできるだけ忠実に描写し，再現しようとする芸術。一般に〈写実主義〉と呼ばれる。
②積極的な自己表現の意図にもとづいて，客観的事物を変容しつつ用いる芸術。〈表現主義〉と呼ぶことができる。表現主義というと，20世紀初頭のドイツで展開されたいわゆる「ドイツ表現主義」が有名であるが，ここでは芸術表現の歴史上常に存在した芸術の在り方を指す，広い意味の言葉としてもちいる。
③客観的事物の模倣をできるだけ放棄し，自己を直接的かつ純粋に表現しようとする芸術。一般に〈抽象芸術〉と呼ぶことができる。さらに，自己表現という側面をできるだけ削ぎ落とし，知覚世界の事物や現象そのものの表情をそのまま作品化しようする芸術が登場しているが，これも広い意味で抽象芸術と考えることができる。

ドイツ表現主義⇨20世紀初頭のドイツを中心に展開された芸術革新運動。対象の客観的叙述に対立して，主観的表現を特色とする。絵画にはじまり，造形芸術一般，文学，演劇，映画に波及する。

以下，言葉，絵，音楽の領域をとりあげ，以上の分類の観点から考えることにする。

1）言語芸術
言語芸術といっても，その文体や扱う対象によってさまざまな領域が考えられる。歴史物などのように現実の写実を主たる目的にするもの，自分を取り巻く風景を描くことをとおして作者の内面を表現する随筆，また言葉のリズム，響き，形などの表情を重視しながら純粋な言語表現をめざ

与謝野晶子⇨ 歌人・詩人。明星派の
代表的女流として近代短歌の興隆に尽
くしたほか，浪漫的な歌風で長く活躍
した。『みだれ髪』は，夫・鉄幹との恋
愛を基盤とし，巧みな詠風と自我の大
胆な表白とで世間を驚かせた。

『みだれ髪』復刻版の表紙

す文学（小説，詩，短歌，俳句など）もある。しかしいずれ
にせよ，言葉が指示し述定するという働きを本質的にもつ
以上，抽象芸術に相当する言語表現はありえない。詩的表
現はもっとも抽象芸術に近づく可能性をもつが，やはり世
界の事物の描写という側面をもっている。非常に抽象的と
思われる詩のような場合でも，擬音語・擬声語・擬態語だ
けでできているのでないかぎり，世界の事物を指示し述定
するという言葉の働きによって，その表現は成り立ってい
るのである。指示・述定機能をもつ言語による芸術は，常
に写実主義か表現主義に属する芸術である。

　言葉には，第5章《言葉・比喩・論理》で考えたように，
言葉自体の表情的意味や，言葉がその指示・述定機能を通
じて担う外延的意味および内包的意味がある。さらに文の
構造（肯定，否定，疑問，反語，黙説，対比，など）によっ
て担われる次元での意味がある。芸術的言語表現は，この
ような言葉の働きや意味を自覚的に用いつつ，私たちに潜
む「何かしらのもの」を表現しようとする努力である。

　たとえば次にあげる与謝野晶子（1878-1942）の短歌は，歌
集『みだれ髪』（1901）におさめられた，晶子二十四歳のとき
の有名な作品である。これを読みながら，言語表現による
創造を考えてみよう。

　　　「その子二十（はたち）　櫛（くし）にながるる黒髪の　おごりの春の　う
　　　つくしきかな」

　のちに作者は「その子二十」を「わが二十」とあらためて
いることからわかるように，「その子」とは作者自身である。
「その子二十」と，発句を字余りの初句切れとして大胆にい
きることで，青春の潔さ，はつらつとした感じ，若さの
もつあやうさや緊張感が表現されている。「ソノコ」という
音の響きとリズムが青春の軽やかさを感じさせる。「あの
子」では響きとして重く，自分との隔たりがありすぎる。逆
に，「この子」では近すぎる。それははつらつとした二十歳

の娘にふさわしい自分との近さと隔たり，そして響きをもった表現である。「その子二十」というこの発句の表現だけでも，すでに青春が十分に表現されている。

続く「櫛にながるる黒髪の」は，発句で歌われた青春の響きを，鮮やかに具象化する。二十歳の娘が，自分の長めの黒髪を，鏡に映る自分におそらく見とれながら，櫛で梳かしている。「櫛にながるる」は次にくる「黒髪」の艶やかさを暗示し，「黒髪」という言葉と一体になって，作者が女としての魅力をすでに発揮しはじめていることに自分自身気づいていることを告げている。また「クシ」と「クロカミ」という言葉のカ行の響きは，第一連の「ソノコ」と響きあい，さらに軽快なリズムを生み出している。そして第四，五句「おごりの春のうつくしきかな」は，自分に見入る自分のナルシシズムを，「おごりの」と恥じらいながら，しかし「春のうつくしきかな」と明快に肯定するのである。「春」は二十歳の作者自身を指す隠喩とみてよいだろう。

大切なことは，この短歌が全体として訴えかけてくるある情感が，言葉のどのような働きによって表現されているのかをみてとることである。以上のような分析的解釈によってみてとれるのは，詩における言葉の表情的意味，指示・述定を介して表現される外延的意味と内包的意味などが一体化し，見事に作者の内的な「何かしらのもの」の表現として自立しえているさまである。

2) 美術

個々の色や形，素材の感触などは互いに影響しあいながらもそれぞれ固有の表情をそなえており，美術家はそうした無限に多様な表情の中から，自分の要求をもっとも的確に表現するものを選び出し，組み合わせることによって作品を創造する。美術的創造の成功不成功は，作品を構成する形や色などの組み合わせが，いかに的確に芸術家の内面を表現するかに，大きく依存している。

写実主義的絵画では，芸術家の自己表現が，知覚世界の事物や現象の正確な模写の陰に隠れて，みてとりにくい場

美術的創造の成功不成功は，作品を構成する形や色などの組み合わせが，いかに的確に芸術家の内面を表現するかに，大きく依存している。

合が多い。また抽象画の場合には逆に，知覚世界の事物や現象の色や形が意図的に排除され，芸術家の内面が，知覚世界への写実的な結びつきから離れて画面に直接存在し，そのことによってかえって表現を感じとりにくい場合がある。その点，表現主義的な作品，つまり芸術家が，世界の事物の現れを変容することによって，自己表現をめざした作品では，作者の自己表現のありさまがみてとりやすい。マルク・シャガール（1887-1985）の絵などにその典型的な例がみられる。

色と形は，美術作品を構成する不可欠な要素であるが，その色や形が，現実の知覚世界に存在する事物や現象の色や形を写し取る場合もあれば，そうでない場合もある。したがって絵画による表現は，写実主義，表現主義，抽象芸術のすべての可能性をもつのである。19世紀の中頃まで，西洋の美術作品の大半は，現実の知覚世界に存在する事物や現象を写し取ることを主としてめざすものであり，少なくともその傾向を強くもつものであったが，19世紀に写真技術が開発されたことと関連して，特に絵は現実の単なる模倣的再現でありえなくなった。このことは一方で，写実をさらに徹底しようとする「印象主義（インプレッショニスム）」絵画の方法と様式を生み出す動機になったが，他方，絵はその要素である色や形などの組み合わせによって表現される表情をとおして作者の内面を積極的に表現すべきであるという，「表現主義（エクスプレッショニスム）」絵画の考え方を生み出すことになった。

こうした考え方から生まれた流派として「野獣派（フォーヴィスム）」と呼ばれるフランスのグループがあるが，その主導者と目されたアンリ・マティス（1869-1954）によれば，絵画の構成とは，画家の感情を表現するために「さまざまな要素を，画家が意のままに装飾的なやり方で配置する技術」である。この野獣派に呼応して，ドイツでも反写実的芸術運動が起きた。「ドイツ表現主義」と呼ばれるこの運動は，野獣派よりいっそう直接的に，人間の内面的心情を画面に表現しようとする傾向があり，表現主義から抽象絵画に近づく。そうした流れ

マルク・シャガール⇨ フランスで主に活躍したロシア生まれの画家。作風はロシアの民族的霊感と華麗な幻想性をそなえ，しばしば深い宗教性示すといわれる。

フォービスム（野獣派）⇨ 20世紀最初の絵画運動。強烈な原色の使用，固有色や形態の正確さを顧慮せずに色彩への情熱を画面に爆発させるなどに特色がある。名称は，1905年秋のマティスや友人たちの作品を並べた部屋に置かれていた，古典的な彫刻を見て批評家が「野獣の檻の中のドナテロ」と形容したことに由来する。

アンリ・マティス⇨ フランスの画家。1908年以降フォービスムが自壊してからは，色線のリズムを生かした装飾的な色彩芸術を展開した。さらに1917年からニースに住み，平面性を強調し色彩の純度を高めた鮮明な様式を展開し，さらに，単純化した形式に絵画的効果を凝縮させた固有の世界を確立し，ピカソとともに20世紀絵画の代表的な性格を示した。

の中から，ミュンヘンで活動していたロシア人画家ワシリー・カンディンスキー（1866-1944）が，最初の抽象画（1910）を描くにいたるのである。カンディンスキーは「芸術家は，表現のためにどんな形態をもちいてもさしつかえない」という言葉を残している。現実の世界を写し取るという側面を意図的に排除した絵として，抽象画は，現実に存在する事物の色や形に依存しない，自由な色や形のもつ表情そのものによって，芸術家の内的要求を直接表現するのである。

　カンディンスキーとドイツの作曲家アルノルト・シェーンベルク（1874-1951）との芸術的交友に象徴されるように，この抽象という様式によって，絵画は音楽表現にいっそう近づくのである。

3) 音楽

　音は，その音色，音程，強度，リズムなどに従って，さまざまな表情をそれ自体にそなえており，作曲家はそうした音および音の連なり（メロディー）と重なり（和声）によって生じる無限に多様な表情の中から，自分の要求を的確に表現する表情を探し出し，組み合わせて音楽作品を構成する。そして音楽表現は，そうした音自体のもつ表情による表現であるがゆえに，歌曲のように言葉を含む場合は別にして，一般に知覚世界の描写という側面をもたない。音楽はいわばはじめから抽象芸術である。そこから音楽は，芸術一般の中で，もっとも純粋かつ直接に人間の内面を表現するといわれるのである。たしかにある種の〈標題音楽〉（たとえばヴィヴァルディ（1678-1741）の「四季」，ベートーヴェンの「田園」交響曲）のように，知覚世界に存在する音（鳥の声や川の音など）を模倣する音楽もあるが，その場合でも，たとえば鳥の鳴き声を模倣する声帯模写や鳥の姿を描いた絵と比較すれば，はるかに抽象的な模倣にすぎないのである。したがって音楽作品は，知覚世界に存在する自然の音を直接使うのでないかぎり，現実に存在する事物の姿をずらすという仕方で芸術家の内面を表現することはない。抽象画が色と形の表情自体によって表現するように，

ワシリー・カンディンスキー⇨ 抽象絵画の先駆的画家。作風は色彩の音楽的効果をねらった初期，構成的な中期，オリエント風の叙情を表した晩年に分けられる。著作に表現主義の理論書『芸術における精神的なもの』『点・線・面』などがある。

アルノルト・シェーンベルク⇨ 現代音楽の作曲家。伝統的な調和音の諸法則から離れた無調的，表現主義的傾向をもった作品をつくり，「十二音音楽」を創案した。

音楽表現は，そうした音自体のもつ表情による表現であるがゆえに，歌曲のように言葉を含む場合は別にして，一般に知覚世界の描写という側面をもたない。

音楽は音の表情自体によって芸術家の〈何かしらのもの〉（直観）を表現している。

音楽は音の表情自体によって芸術家の〈何かしらのもの〉（直観）を表現しているのである。

　ところで音楽の場合，作品は演奏されてはじめて作品として現実化するという点で，その創造の仕組みは複雑になる。絵であれば，画家が自分の作品を自分独りで創造することが可能であるが，音楽作品の創造は，作曲家の自己表現と演奏家の自己表現という二重の表現にもとづく，重層的な創造である。作曲家が創造する楽譜は，メロディー，リズム，速度記号，表情記号，強度記号などによって作品の構造を示しはするが，知覚される音そのものではない。作曲家は自分の作品を音としてイメージしているであろうが，実際に演奏するのは演奏家である。演奏家によって速度や強弱などは異なる。また弦楽や声楽のための作品の場合は演奏家によって微妙に異なる。その微妙な異なりに演奏家の表現が発揮される。

　さらに，これは楽器一般についていえることであるが，音色は楽譜に書かれていない。音色は演奏家の個性そのものである。一つの楽譜に対して演奏家それぞれに独自の演奏があり，したがって演奏ごとにそれぞれ独自の作品が生まれるのである。ましてオーケストラ作品の場合は，指揮者と複数の演奏者によって音が現実化するのであるから，演奏は一期一会である。したがって音楽的創造の仕組みについて，個々の作品とその演奏にそって客観的な形で語るのはむずかしい。

　しかし，楽譜に表現された音楽様式の変化という側面からみると，音楽的創造の仕組みを，比較的はっきりした形でとらえることができる。同じ抽象芸術としての音楽ではあるにしても，どのような和声法や対位法を用いるかに従って，様式上の区別が生ずる。たとえば20世紀初頭，シェーンベルクやその弟子たちは，17世紀から19世紀の西洋音楽を支配した調性にもとづく音楽を否定し，無調音楽あるいはさらに十二音音楽と呼ばれる音楽様式を生み出した。調性音楽というのは，曲を構成するすべての音が，最終的

シェーンベルクが十二音技法で書いた最初の曲「五つのピアノ曲」Op.23第5曲（1920-1923）の楽譜の一部

には主音および主要な協和音によって解決され，緊張から弛緩へ，あるいは不安定から安定へといった音の表情の変化を通じて，勇気，誠実，希望，歓喜や悲哀，なぐさめ，といった人間的感情を物語的に表現する音楽様式をもっている。これに対し十二音音楽の表現様式は，どの音もけっして調性を感じさせることのないように，12の音をまったく平等に用いることによって，音楽から物語性を排除し，また協和音と不協和音の区別を破棄することによって，安定感を破壊することになった。こうした様式は，20世紀に生きる人間の不安を表現するのにふさわしい様式であるとも考えられたのである。シェーンベルクの音楽芸術は，ドイツ表現主義に属すると考えられている。

3 芸術と技術

　芸術は，作品が生み出される背景となっている自然に大きく依存することはもちろんであるが，またそれぞれの時代の技術に依存して成り立っていることを見落とすことはできない。特に現代のように科学技術が発展した時代の芸術は，技術と切り離して考えることができない。この問題に関しては，ヴァルター・ベンヤミン（1892-1940）が『複製技術時代の芸術作品』（1936）で示した考察が有効である。19世紀後半にはじまる複製技術の発展は，絵画などの芸術作品の意味を一変させてしまった。芸術作品は本来その唯一性に価値があったのだが，資本主義的生産様式にもとづいて，大量に複製されることができるようになったことによって，唯一性にもとづく〈ありがたみ〉を失い，誰もが安く手に入れることのできる大衆消費財になってしまった。ベンヤミンはこの〈ありがたみ〉を「礼拝価値」と呼んでいる。

　音楽の領域でも同じようなことがいえるであろう。録音・再生装置の発達によって，演奏についての私たちの考え方は大きく変化した。私たちは手軽な携帯用録音・再生装置を手に入れることができ，それを使って，いつでもどこでも，同じ演奏を繰り返し聴くことができるようになった。場合によっては，音楽を手元の再生装置に即座にダウンロ

現代のように科学技術が発展した時代の芸術は，技術と切り離して考えることができない。

ヴァルター・ベンヤミン⇨ドイツのユダヤ人文芸社会学者。第二次世界大戦時下，ナチスからの逃亡中に服毒自殺。主著に『パサージュ論』『ドイツ・ロマン主義における芸術批評の概念』など。

ードすることもできる。これは，あらかじめチケットを買
い，かぎられた時間に一定の場所に出かけていかなければ
鑑賞することのできない，一期一会の生演奏とはまったく
別の仕方で音楽が現れることを意味している。

　また，作品の創造自体についても技術の進展は当然かか
わっている。視覚芸術についていえば，それまで膨大な手
間と高度な技術を必要とし，素人にはほとんど不可能と思
われた映像表現が，パーソナル・コンピューターを用いる
ことによって素人の私たちにもかなりの程度可能になっ
た。今や，簡単なアニメーション作品ならほとんど誰にで
もつくれる時代である。

　音楽の場合，たとえば現在のピアノや管楽器などは，ベ
ートーヴェンの時代から比べると操作のしやすさや音量と
音質の点で格段に進歩しており，それが楽曲の表現内容に
本質的にかかわっている。またミュージック・コンクレー
トや電子音楽などを，現代の技術にもとづく芸術的成果と
してあげられるであろう。今やポピュラー・ミュージック
などの音楽創造は，コンピューターへのデータの〈打ち込
み〉によっておこなわれている。映像の場合と同様に，作曲
ソフトを使えば，素人でもかなり複雑な作品を作曲でき，音
にすることができる。

ミュージック・コンクレート⇨ 鳥の声
や機械音などの外界に存在する具体的
な音を素材にし，録音して電気的操作
やテープ編集などで加工してつくられ
る音楽。

:3 科学的創造の秘密

　芸術的創造では芸術家の自己表現が問題になるかぎり，
個性が作品の重要な要素である。しかし科学的創造では，科
学者の個性は，その研究成果からできるだけ排除されるこ
とが望まれる。世界に生ずるさまざまな現象の仕組みや因
果関係について，誰がどこで考えても，同じ結論が得られ
ること，それが科学的研究の目的である。そうした営みに
おける創造は，どのような仕組みをもつのだろうか。

1 演繹法と帰納法

　科学的研究の基本的方法としてまずあげなければならな
いのは，演繹法と帰納法である。

演繹法とは，一定の公理から出発して，形式論理学の法則に則って推論を進め，定理を増やしてゆく方法である。数学を用いた演繹もこの方法の一つに数えてよいであろう。演繹法によって導き出される結論としての命題は，その前提が真であり，かつその推論の型が正しいものであれば，必然的に真である。したがって演繹法は，確実に真である命題を獲得できる点にその特長がある。しかしその半面，演繹法によって導き出される命題は，実のところ，出発点としておかれた命題の内にすでに潜在的に含まれており，それが形を変えて現れたものにすぎない。たとえば，a＋b＝cという式から，a＝c－bという式が得られるが，この後の式は前の式が形を変えたものであるにすぎない。式がいくら複雑化しようとこの点は同じである。たしかに数学的演繹によって式を変形することで，それまで見えなかった関係が見えるようになる場合がある。さらにそれがきっかけになって，新しい科学的着想につながる場合もあるだろう。しかし演繹によって得られた式の形自体は，実は出発点におかれた命題の中に隠れていたのである。したがって演繹法は，少なくともそれだけでは，私たちに本当の意味での新しい事実を発見させてくれはしない。真の発見的方法は，私たちがそれまで思いもしなかったような新しい発想に，私たちを導いてくれるものでなければならない。

帰納法はどうだろうか。帰納法については，混同されがちではあるが本質的に異なった二つの種類を，区別する必要がある。一つは単純帰納法と呼ばれるものであり，もう一つは法則の発見につながるような帰納法である。後者については本節2《発想法》以下で述べることにして，まず前者について考える。

単純帰納法の議論は，たとえば次のようなものである。

これまで発見された鉄はすべて磁性をもっていた。
したがって，すべての鉄は磁性をもっているはずである。

演繹法とは，一定の公理から出発して，形式論理学の法則に則って推論を進め，定理を増やしてゆく方法である。

← p.196

参考文献(12)→

フランシス・ベーコン⇨哲学者。イギリス経験論の創始者で，デカルトとともに近世哲学の祖といわれる。主著に『学問の大革新』『随筆集』などがある。

← p.193

　この例でわかるように，帰納法には，演繹法にあったような確実性を期待することはできない。なぜなら，磁性をもたない鉄が将来発見されないとはかぎらないからである。その結論には常に，「……はずである」がついて回る。しかし，私たちがまだ実際に経験していない事柄（これから発見されるはずの鉄の性質）について，一定の推論を与えてくれるのはたしかである。そしてその結論は，必然的な真理といえないにしても，真理である強い蓋然性がある。そしてイギリスの哲学者フランシス・ベーコン（1561-1626）が強調したように，私たちはこの蓋然性の程度を高めるために，できるだけ多くの証拠を，実験や観察（観測）によって集めることができる。科学が提供する確実性とは，こうして高められた蓋然性なのである。なぜなら，科学が提供する自然界についての知識体系の根底には，経験的事実を示す命題がおかれており，その命題の確実性は，実のところ，実験と観察（観測）にもとづいて高められた蓋然性にすぎないからである。その点を忘れると，帰納法は，過度の一般化によって，虚偽に陥ることになる。

　したがって帰納法も，それが個別的事実を一般化する方法であるかぎり，やはり真の意味での発見を与えてくれる方法ではない。単純帰納法はすでに知られている事実が，未来にも当てはまるであろうと主張しているにすぎない。つまり過去と同じことが未来にも生じるはずである，といっているにすぎないのである。しかし真に発見的な方法であれば，それは過去の事実を未来へと単に拡張するのでなく，今まで私たちが思いもしなかった新たな考え方を，私たちに示してくれるものでなければならないはずである。

　演繹法と単純帰納法は，知識の確実性あるいは強い蓋然性を獲得する方法として重要な科学的方法であるが，それ自体としては，新たな考え方を獲得する発見の方法ではない。判断形式の点からみると，演繹法は分析判断によって構成され，単純帰納法は総合判断によって構成される。では真の意味での発見の方法とはどのようなものなのか。

❶「アルノルフィーニ夫妻の肖像」

ヤン・ファン・エイク（1390頃-1441）
1434年制作，油彩・板，82×59.2cm
ロンドン・ナショナルギャラリー蔵

フランドル風の衣装に身をつつんだ二人の男女が，婚礼の誓いをたてている。二人の衣服や室内の調度品，足元の犬など，画面に描かれたもののどれ一つをとっても，その形，色，質感が現実と見まごうばかりに再現されている（調度品のいくつかは，婚礼にかかわる象徴的な意味を含んでいる）。しかし，この作品の写実はそれにとどまらない。背後の壁にかけられた凸面鏡には，二人の後ろ姿と部屋の窓やシャンデリアなどが描かれ，さらに婚礼の証人としてこの部屋に今しも扉を開けて入ってきた二人の人物までが描き込まれている。鏡の上に置かれた「ヤン・ファン・エイクここにありき」という意味のラテン文字などから，鏡の中の青い服の人物が作者自身だとされている。

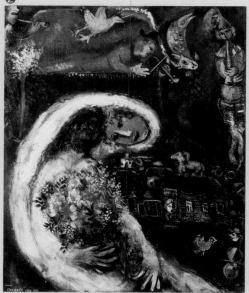

❷「青い顔の婚約者」
　マルク・シャガール（1887－1985），1932－60
　年制作，油彩・カンヴァス，100×82cm
　個人蔵

　この絵でも，女性やピエロの顔，牛やバイオリン
といった，現実に存在するものの形や色が描かれ
ている。しかし，それらはヤン・ファン・エイク
の絵とはちがって，宙に浮いていたり，部分的に
は現実とちがった色が使われていたりする。それ
は，シャガールが自分の情感を積極的に絵の中に
描き出そうとして，おのずから生じた現実の変容
なのである。その意味でシャガールのこの絵を，
本文で述べた「表現主義」の例とみることができる。

❸『無題』（最初の抽象画）
　ワシリー・カンディンスキー（1866－1944）
　1910年制作，水彩，47.9×64.92cm
　ポンピドゥー・センター蔵

　前出の二点の絵とちがって，ここには現実の人や
物の形は一切描かれていない。その意味で理解し
にくいかもしれないが，しかし自在に延びる線と
不安定に広がる色は，作者の「内面の感覚節度」
（カンディンスキーの言葉）に従って，おのずから
生まれ出た線と色であり，現実の描写から解放さ
れて，作者の内面をいっそう直接的に表現してい
るのである。

2 発想法

アメリカの哲学者チャールズ・S・パース (1839-1914) は，アリストテレスに倣って，演繹や帰納と異なる発想法 (abduction) を科学的発見の思考法としてあげている。パースによれば，科学的探究は，まず発想法による仮説の設定がおこなわれ，次にその仮説を出発点として演繹がなされ，それによって導かれた命題を帰納法によって検証する，という順序でなされる。発想法とはどのような論理なのであろうか。

科学的発見の発想法は，帰納法と同様に，経験的事実にかかわる。発想法も帰納法も，経験を広げようとする点で同じである。しかし，帰納法が一定の仮説の蓋然性を高めようとして，経験的事実を問題にするのに対して，発想法は，驚きを与える事実を説明してくれるような仮説を発見するために，その事実に接近する。たとえば驚きや疑問を引き起こすような現象 (P) が観察されたとすると，科学者は，その現象を説明し，驚きや疑問を解消してくれるような法則または理論を，仮説としてつくり出そうと努力する。そしてその条件を満たすようなある仮説(H)が獲得される。この仮説は，「現象 (P) を理解しようとするならば，まさにその仮説 (H) による以外にはない」という論理によって正当化されるのである。簡略化すると，

驚くべき現象Pがある。

ところで，Hだと考えればPは納得がゆく。

したがって，Hである（と私たちは考えるべきである）。

となる。しかし，こうした意味での発想法が科学的発見の論理として，演繹法や帰納法の出発点になければならないのは間違いないとしても，こうした考察は，まだ科学的創造の秘密そのものに迫ってはいない。なぜなら問題は，どのようにして仮説 (H) が獲得できるのかということだからである。パースの考察はすでに獲得された仮説の「正当化」

チャールズ・S・パース⇨ アメリカの哲学・科学・論理学者。プラグマティスム（一般に，思想の意味を行為とその結果によって規定しようとする考え方）の創始者，また関係論理学の開拓者として知られる。

発想法は，驚きを与える事実を説明してくれるような仮説を発見するために，その事実に接近する。

伊東俊太郎⇨ 哲学者。科学史から宗教、文化、社会と広範囲で活躍。地球規模の比較文明学の構築をめざしている。主著に『科学と現実』『文明における科学』などがある。

チャールズ・ダーウィン⇨ イギリスの博物学者。ケンブリッジ大学神学部在学中から博物学に興味をもち、卒業後機会を得てビーグル号で南半球を周航（1831-1836）。その間の各地での動植物や地質の観察から、生物は進化するという信念を得た。

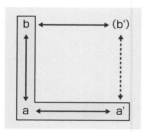

類推によるアイディアの獲得は、言い換えれば、関係の類似性の発見にもとづいている。

にかかわるにすぎず、仮説の発見の論理そのものにかかわるものではない。

伊東俊太郎（1929-2023）はこうした不備をおぎなうべくもう一歩議論を進め、科学的仮説の発見をもたらす発想法の内実をなす思考形式として、〈類推〉、〈普遍化〉、〈極限化〉、〈システム化〉、という四つのパターンをあげている（以下に示す二つの図と「　」内の言葉は、伊東の論文「科学的発見の論理」（参考文献(13)）からの引用である）。

1) 類推（類比）

たとえばチャールズ・ダーウィン（1809-1882）の自然選択説は、〈人間が栽培植物や飼育動物の変種を人工的な選択によってつくり出していることから類推して、自然も動植物の種を選択しているにちがいない〉、というアイディアから生まれたのである。すなわち、まず人工的な変種 (a) と自然の変種 (a′) との間に本質的な類似関係があることにダーウィンは気づき、人工的な変種が人間の意図的な選択 (b) によってできたのだとすれば、自然の変種は自然による選択 (b′) によって生み出されたはずであると考えたのである。

自然選択説のほか、流動力学の着想、気体分子運動論、浸透圧理論、長岡半太郎（1865-1950）やアーネスト・ラザフォード（1871-1937）の原子模型、湯川秀樹（1907-1981）の中間子理論などが、類推によるアイディアの例である。類推によるアイディアの獲得は、言い換えれば、関係の類似性の発見にもとづいているといってよいであろう。

2) 普遍化

これは「与えられた既知の複数の理論を、ある観点から統一的に把握しうる、より一般的な理論をつくろうとすること」である。

たとえば、ニュートンが、ガリレイによって示された地上の物体運動に関する法則と、ヨハネス・ケプラー（1571-1630）によって示された天体運動に関する法則とを、統一的に把握する法則として、万有引力の法則を見いだしたよう

な場合がこれである。この場合，天上界と地上界とを統一的に考えるというアイディアが，先行していなければならない。

アルベルト・アインシュタイン（1879-1955）が，ニュートン力学とマックスウェル（1831-1879）の電磁気学とを統一的に理解する理論として，相対性理論をつくり出したのも普遍化の例である。

3）極限化

これは「経験的事実の理想的な極限を考えて，そこに法則を発見することである」

たとえば，ガリレイが慣性の法則（正確には，ほぼ慣性の法則に近い法則。この点については次章《技術と科学》で述べる）を発見したのは，この方法によると考えることができる。すなわちガリレイは，斜面（ao）を転がり落ちる球が，点oを通過した後，その運動方向におかれた逆斜面を登り，しだいに減速しながら同じ高さにまで達するという実験結果を見て，もしその逆斜面の角度をしだいに小さくしていって（oc），最後に傾きゼロになった平面上（od）を球が転がるとすれば，その球の運動は，もし空気の抵抗や摩擦のない理想状態が得られるならば，減速することなく永遠に続くであろう，と考えついたのである。

4）システム化

これは「多くの事実を，ある観点から一つのシステムとして関係づけ，そこに法則を発見する」方法である。

たとえばドミトリ・I・メンデレーエフ（1834-1907）による元素の周期律の発見が，この例である。元素の周期律というのは，元素をその原子量の順に並べると，性質の似かよった元素が，8番目ごとに周期的にやってくることをいう。この法則は，メンデレーエフ以前にすでにイギリスのニューランズ（1837-1898）によって，オクターブの法則として発見されていた。しかし例外も多く，すべての元素がその法則に当てはまるわけではなかった。この問題に対してメンデレーエフは，まだ知られていない元素があり，そ

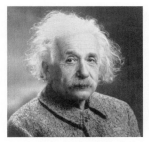

アルベルト・アインシュタイン⇨ ドイツの理論物理学者。「相対性理論」により20世紀を代表する科学者とみなされている。

p.299 →

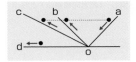

ドミトリ・I・メンデレーエフ⇨ ロシアの化学者。元素の周期律表を発表し，発見された元素を並べることにより未発見の数々の元素の存在を予言した。

のために例外が出てくるのだと考え，未知の元素を適当に当てはめることによって，オクターブの法則は完全になるはずであると考えついた。メンデレーエフの予見した原子量をもつ元素が，のちに次々と発見され，彼のアイディアが実証された。

　以上に示した四つの形式は，〈個々の事実ないし理論から，それらを統一的に把握することのできる考え方をつかみ出す〉という共通点をもっている。これは一種の帰納法である。しかしこの帰納法は，単に個別的なものを一般化する単純な帰納法でなく，個別的なものの観察から，それまで知られていなかった新しい考え方を生み出す方法である。私たちはこの方法を，本節1《演繹法と帰納法》に述べた〈単純帰納法〉と区別し，〈発見的帰納法〉と呼ぶことができるであろう。

3　ゲシュタルト・チェンジ

　科学的思考の領域における創造の秘密を，ゲシュタルト心理学の立場から研究した人にマックス・ウェルトハイマ（1880-1943）がいる。一般に私たちが物事を理解するということは，全体的な理解の枠組みの中に個々の物事を位置づけることである。ウェルトハイマは創造の仕組みを，理解の全体的枠組みの構造転換という点から考えている。

　ウェルトハイマが遺著『生産的思考』（1945）の中で示したさまざまな事例は，「中心の再設定（リセンタリング）」と「ゲシュタルト・チェンジ（形態転換）」という考え方にもとづいている。伝統的論理学が用いる帰納法や演繹法といった操作は，全体的な思考過程において占めるそれぞれの位置に応じて働く。ところで，全体的過程そのものは，包括的な洞察を求める意欲によって動機づけられた「中心の再設定」に依存している。この「中心の再設定」によってこそ，ある物事を，それまでとは異なった新しい構造の中で位置づける，「ゲシュタルト・チェンジ」がもたらされるのである。本節2《発想法》の末尾で述べた発見的帰納法は，「中心

個別的なものの観察から，それまで知られていなかった新しい考え方を生み出す方法である。私たちはこの方法を，本節1《演繹法と帰納法》に述べた〈単純帰納法〉と区別し，〈発見的帰納法〉と呼ぶ。

マックス・ウェルトハイマ⇨ ドイツの心理学者。法学，哲学を経て心理学に進む。1912年，ゲシュタルト心理学の出発点となる『運動視の実験的研究』を発表し，その後心理学の分野に貢献した。『生産的思考』は死後に出版された。

の再設定」による「ゲシュタルト・チェンジ」を積極的にも
たらす方法として考えることができるであろう。

　第2章1節《知覚の図地構造》に示した反転図形（「ルビン
の盃」）をもう一度見てみよう。私たちがその図を盃として
見ている間は，図の各部分が，水の入る部分，胴の部分，底
面の部分というように，盃という全体的枠組みにそって理
解されている。ところが私たちの視点をずらすこと（「中心
の再設定」）によって，それまで盃に見えていた図が，人間
の顔に見えてくる。すると今度は〈人間の顔〉という新たな
理解の全体的枠組みにそって，各部分が鼻や口，顎として
理解されてくるのである（ゲシュタルト・チェンジ）。それ
と同様に，一般的にいって，物事の仕組みをとらえる従来
の視点（目のつけどころ）をずらすことによって，従来の見
方を支配している枠組みが変わり，それまでとはちがった
仕方で物事が見えてくるのである。「ゲシュタルト・チェン
ジ」は発想の転換である。

　ウェルトハイマはこうした考えに立って，興味深い創造
の事例をいろいろとりあげている。その中に，本節2《発想
法》の中で3)《極限化》の例としてみておいた，ガリレイに
よる慣性の法則の発見過程についての考察が含まれてい
る。ウェルトハイマによると，ガリレイの発見は，以下の
ような段階からなっている。

①まず，物体落下という事象を支配する一定の原理があ
　るかどうかを見届けようとする関心と意欲がある。こ
　の関心と意欲は，さまざまな落下の事例を包括的に扱
　うことのできる視点の探索へとガリレイを導き，いく
　つかの視点の中から，もっとも包括的に物体運動を扱
　える視点として，「加速度」を浮かび上がらせる（ここ
　で「中心の再設定」がおこなわれている）。
②次に，加速度を測定するために，ガリレイは数々の実
　験装置を考案する。実験によって得られる数々の事例
　は，加速度の大きさと斜面の角度との間に一定の関係

← p.87

物事の仕組みをとらえる従来の視
点（目のつけどころ）をずらすこ
とによって，従来の見方を支配し
ている枠組みが変わり，それまで
とはちがった仕方で物事がみえて
くる。

があることを示唆し，ガリレイは，個々の事例を，その一定の関係からなる秩序をもった構造の一部分として理解する。

③次に，ガリレイは，下方に向かう運動について発見されるこの構造自体を，上方に向かう運動との関連という，もっと広い見方の中で考察することによって，そこに両者に共通な全体的性質（つまり上方運動では一定の割合で加速度が減少し，下方運動では同じ一定の割合で加速度が増大する）を発見し，構造の対称性に気づく。

④最後に，ガリレイは，その対称な構造を結びつける転回点である水平面に着目し，その水平面での物体運動を考察することによって，その水平面が加速度の増大と減少の中間点であって，この中間点においては物体運動の加速度は増すことも減ることもなく，したがって永久等速運動しているはずであるという考えに達するのである。

　私たちは日常，平面を転がる物体がやがて静止するのを経験する。また物体をそっと転がせばすぐに静止し，強く転がせば静止が遅くなるのを経験する。これを見てガリレイ以前の自然学者たちは，「物体を突き動かす力が作用しなくなれば，物体運動はやがて静止状態にいたる」と説明していた。つまり物体の運動は，そのつどその物体に力が付加されることによって生ずると考えられていた。しかしガリレイによれば，それは日常経験にとらわれた，狭い見方にすぎない。物体は，外部から何らかの力を加えられないかぎり，永久に等速運動をする。この永久等速運動は，けっして日常的に経験されえないにもかかわらず，物体運動の全体構造からして，もし物体運動を妨げる要因が取り除かれるならば，かならずやそうでなければならないという仕方で，確信されるのである。事実，人間が人工的に真空状態をつくり出すことができるようになり，運動を妨げる要

物体は，外部から何らかの力を加えられないかぎり，永久に等速運動をする。

因を取り除くことができるようになって，ガリレイの考え
の正しさが実験的に証明されたのである。

◦ 課題 ◦

1. 自分で適当な詩（短歌や俳句などでもよい）を選んで，言
   葉の表情的意味と指示・述定を介して表現される意味と
   が，どのように一体化しているか考えてみよう。

2. ガリレイの慣性法則発見を「極限化」としてつかむ（伊東
   俊太郎）のと，「形態転換」としてつかむ（ウェルトハイマ）
   のとでは，どういう点が似ていて，どういう点が異なっ
   ているか，本文にもとづいて考えてみよう。

3. ウェルトハイマの『生産的思考』（参考文献(14)）の中から
   ガリレイ以外の例を選び，その例においてどのような「形
   態転換」が生じたのか考えてみよう。

4. 芸術的創造と科学的創造を比較して，異なる点と似てい
   る点を考えてみよう。

5. 日常生活などで自分がおこなった創造行為を思い起こ
   し，それがどのような仕組みでなされたのか，本章で述
   べられた諸概念を使って説明してみよう。

参考文献

1：創造性

(1) S・アリエティ（加藤正明・清水博之訳）『創造力』（新曜社）。心理
    学の立場から創造力について幅広く述べている。

(2) 加藤周一・湯川秀樹「芸術と科学」（『歴史・科学・現代』所収，平
    凡社）。古今東西の思想および芸術に通じた加藤と，さまざまな分
    野の知識人とによる対話の中の一つ。芸術と科学という人間の二
    大文化領域の特徴を知るのに参考になる。図書館で探そう。

2：芸術的創造の秘密

(3) ハーバート・リード（瀧口修造訳）『芸術の意味』（みすず書房）。芸
    術とは何かについて，一般的知識を得るのに参考になる。

(4) 加藤茂『造形の構造』（晃洋書房）。造形と構造，言語，映像，音楽，
    彫刻について緻密な議論。図版が楽しい。入門としては少しむず
    かしいかもしれないが薦める。参考文献(11)のベンヤミンについて
    も論じている。

(5) ジャンニ・ロダーリ『ファンタジーの文法』(筑摩書房)。『チポリーノの冒険』(杉浦明平訳, 岩波書店) などを書いた作家が, 童話創作の方法を語った楽しい本。

(6) ベルクソン『時間と自由』。第6章の参考文献(1)を参照。

(7) メルロ＝ポンティ (滝浦静雄・木田元訳)『世界の散文』(みすず書房)。

(8) カンディンスキー, フランツ・マルク編 (岡田素之・相澤正己訳)『青騎士』(白水社)。1912年の初版本を復元した本で, 20世紀初頭のヨーロッパにおける創造的混沌を感じさせてくれる。絵画, 音楽, 舞台などに関するカンディンスキーやシェーンベルクなどの論文とたくさんの絵が掲載されている。眺めているだけでも楽しい。

(9) 諸井誠『音楽の現代史』(岩波新書)。ワグナーから第二次世界大戦頃までの西洋音楽の流れを, 社会状況との影響関係にも目配りしながら書いている。特にここでは「シェーンベルクと表現主義」という一節が参考になる。

(10) 吉田秀和『吉田秀和全集』全10巻 (白水社) の特に第一, 二巻は, 音楽的創造を考えるうえで参考になる。第二巻『主題と変奏』におさめられた評論は, 楽曲の演奏の重層的な創造の仕組みを巧みに言葉にしている。

(11) ヴァルター・ベンヤミン「複製技術の時代における芸術作品」(1936)。映像芸術など, 現代の複製芸術について考えるための基礎文献。芸術作品の唯一性にもとづく作品の輝きを意味する「アウラ」(オーラ) という言葉でよく知られている。佐々木基一編『複製技術時代の芸術』(晶文社) に収録されている。

3：科学的創造の秘密

(12) フランシス・ベーコン (桂寿一訳)『ノヴム・オルガヌム (新機関)』(岩波文庫)。『学問の大革新』の第二部として書かれた。

(13) 米盛裕二『パースの記号学』(勁草書房)。パース哲学の入門書。

(14) 伊東俊太郎「科学的発見の論理」(『科学と現実』中央公論社, 所収)。科学史の大家が発見の論理について簡潔に語っている。新本では入手困難と思われるが, ほかに類書がないのでこれをあげておく。図書館で探してみてほしい。

(15) ウェルトハイマー (矢田部達郎訳)『生産的思考』(岩波書店)。ゲシュタルト心理学の立場から創造性を考えている。本書でとりあげたガリレイの例以外に, 平行四辺形の面積, 対頂角の問題, アインシュタインの相対性理論の獲得過程などがとりあげられている。特に最後の事例は, アインシュタインとの直接の対話にもとづいて書かれており, ひきこまれる。

9
技術と科学

懐中時計

「機械ってなんて面白いんだろう」
子供の頃，時計の中を見たくて，裏蓋をはずしてみたことがある。
そこには，小さなゼンマイや歯車が整然と光っていた。
あのときの興奮。

ニュートンの反射望遠鏡

← p.10

なぜ技術が科学と結びつく必要が
あったのかを考え，また近代科学
と結びつくことによって，技術が
どのように変質したのか。

　私たちは前章《創造の秘密》で，科学を，〈環境世界を理解しようとする欲求に主として支えられた人間の知的営み〉としてとらえ，科学的創造に見いだされる創造の仕組みについて考察した。しかし，人間は単に環境を理解しようとするだけでなく，実際に環境に働きかけ，それを自分たちの生活に合わせてつくりかえようとする。そこに，科学の理論的探究とは別の，実践的な仕方で環境にかかわる人間の営みとして，〈技術〉の領域が出現する。人間の具体的な生活という視点からすれば，技術こそ自然と人間が出会う場所である。

　現代の日本では，技術といえば，ほとんどの場合，近代的〈科学技術〉を意味し，技術と科学とを切り離して考えるのはむずかしいほど，両者は一体化している。しかし技術と科学は，たしかにやがて互いに必要としあうことになるとしても，そもそも別の人間の営みである。たとえば火をおこす技術，食料を確保し料理する技術，着物をつくる技術など，かならずしも科学的知識に頼らないですむ技術は多い。また，やがて技術が複雑になり，単なる経験的な〈知恵〉以上の〈知識〉を必要とするようになって，科学と結びつくことになるとしても，古代ギリシアを中心にして成立した科学に結びついた技術と，近代ヨーロッパに成立したいわゆる近代科学に結びついた技術とでは，その性格が異なっている。私たちが科学と一般に呼んでいる〈近代科学〉が成立する以前には，技術と科学との間に，近代の科学技術とはちがった仕方での結びつきがあった。

　私たちはまず技術の基本的な在り方をとらえ，そのうえでなぜ技術が科学と結びつく必要があったのかを考え，また近代科学と結びつくことによって，技術がどのように変質したのかを考えることにしよう。そのような考察をとおして私たちは，現代の科学技術が私たちの生活にもたらしている恩恵と弊害について深く考える手がかりを見いだすことができるはずである。

:1 技術と身体

技術とは何かを考えるにあたって，私たちが身体的存在者であるという点が基本的に重要である。第1章《身体としての自分》でみたように，私たちの身体は物体として現れる側面をもっている。私たちの身体が，他の物体と同じように，一定の空間的広がりをもち，自然法則に則って働く物体として現れる側面をもつからこそ，私たちは世界に働きかけることができるのである。しかし，私たちは単に自然の運動法則に従って生きているだけでなく，特定の意図をもち，その実現をめざして生きている。そこで私たちは，自然の運動法則に従う身体を，自分の意図にそって働かせる必要が出てくる。つまり自然に対して有効に働きかけるために，私たちは自分の身体を，私たちの目的にそうように運動させようと努めるのである。たとえば金槌で釘を打つ，鋏で紙を切るなどといった，ごく簡単な動作をするためにも身体の一定の動き方が必要となり，私たちは自分の身体をその要求にそって動かすことを学ばなければならない。つまり，すでにそこに一つの技術が要求されているのである。

技術とは，基本的にみれば，〈人間が，一定の目的にそって，自分の身体を自然の運動法則にそわせつつ働かせることによって，自然に働きかける能力〉であると考えることができる。その意味で技術は，人間が自然に働きかけると同時に，逆に自然が人間に働きかける場でもある。人間は身体表現を通じて自然に働きかけるのだが，その働きかけは人間の勝手にできることではない。人間は自然の運動法則に自分の運動をそわせつつ，自然に働きかけてゆくほかないのである。道具とは，〈人間の意図的運動をできるだけ効率よく自然の運動法則にそわせつつ，人間が自然に働きかけるためにもちいることのできるように，自然物を意図的に加工したもの〉である。機械は，〈単なる道具より複雑な仕事ができるように，一連の自然物を意図的に加工し組み

← p.61

自然に対して有効に働きかけるために，私たちは自分の身体を，私たちの目的にそうように運動させようと努める。

技術とは，基本的にみれば，〈人間が，一定の目的にそって，自分の身体を自然の運動法則にそわせつつ働かせることによって，自然に働きかける能力〉である。

合わせたもの〉といえるであろう。技術という言葉は，広い意味では，〈道具ないし機械の製作，およびその使用能力〉を意味する。

　ところで，私たちが自分の技術能力をいっそう高めようとする場合，技術の対象である事物の性質と運動の仕方をあらかじめ理解しておくことは有益であろう。プラトンは，取り扱う対象の本性についての認識を伴う対象への働きかけを〈技術〉と呼んで，単なる熟練や経験と区別している。「単に熟練や経験だけに頼るのでなく，一つの技術によってことをおこなおうとするなら，取り扱う対象の性質を分析しなければならない」（『パイドロス』より）。つまり技術は，身体的存在者としての人間が，自然に自分をそわせ，確実に自分の意図を実現するために，対象の性質と運動を分析するという意味での科学を，おのずから要求するのである。

　この場合，身体的存在者として生きる人間の技術が，科学に対する指導権を握っているという点が重要である。これに対して，近代科学と結びつくことによって成立した科学技術の場合，指導権は科学の側にあり，身体的存在者として生きる人間がかならずしも要求しないような技術が，科学の自律的な進展によって，「人類の知的好奇心」という大義名分のもとに，一方的に与えられる可能性がある。現代の科学技術が私たちの生活に弊害をもたらす側面をもつとすれば，その根本的原因の一つは，技術と科学とのそうした逆転した関係に見いだすことができるであろう。

　このような逆転はどのようにして生じたのだろうか。近代科学がどのようにしてこの逆転をもたらしえたのかを考える手がかりとして，まず近代科学が成立する以前の自然観，すなわち古代ギリシアの自然哲学者たちの自然観を概観しておこう。なぜなら近代科学は古代ギリシアの自然観，とくにアリストテレスの自然観と対決し，それを克服することによって形成されたのだからである。

技術という言葉は，広い意味では，〈道具ないし機械の製作，およびその使用能力〉を意味する。

技術は，身体的存在者としての人間が，自然に自分をそわせ，確実に自分の意図を実現するために，対象の性質と運動を分析するという意味での科学を，おのずから要求する。

現代の科学技術が私たちの生活に弊害をもたらす側面をもつとすれば，その根本的原因の一つは，技術と科学とのそうした逆転した関係に見いだすことができるであろう。

:2　古代ギリシアの自然観

1　アリストテレス以前

1) タレス（哲学の知恵）

　紀元前7世紀から6世紀にかけて，古代ギリシアのイオニア地方（現在のトルコ領，地中海沿岸）に誕生した自然についての考え方は，人間が自然を自分の目で観察し，それにもとづいて自然現象を理解し説明しようとした点で，それ以前の神話の自然観と異なっている。

　たとえば紀元前8世紀なかばに神話の世界を詠った詩人ホメロスは，万物の生成の原因を海の神と水であるとし，また，神話を文字にして体系化したヘシオドス（紀元前700頃）は，混沌（カオス）と生気と愛（エロス）が万物の始原（アルケー）であると考えた。これに対し，イオニアのギリシア植民地ミレトスで活躍したタレス（紀元前625頃–545頃）は，万物の始原が「水」であると考えたということが知られている。これはどういうことなのだろうか。ホメロスの神話の「水」と，タレスの「水」はどうちがうのだろう。タレス自身の言葉として私たちに伝えられている次の言葉をみてみよう。

　　「よく人の口にのぼる四つの元素のうち，水が第一のものであるとわれわれは主張し，またいわば唯一の元素のごときものとしているのであるが，その四つのものがこの世の諸事物の結合と凝結と形成のために互いに混合されるのである。」（ガレノス『ヒッポクラテス「体液について」注解』より）

　この言葉を伝えたガレノス（129頃–199頃）によれば，これはタレスの著書『原理について』に書かれた言葉である。古代ギリシアでは一般に，火，空気，水，土の四元素によって万物は構成されていると考えられている。タレスは，その四元素のうち，水が第一の元素であると主張しており，さ

ホメロス⇨ 古代ギリシアの伝説的詩人。英雄叙事詩『イリアス』『オデュッセイア』の作者とされる。

ヘシオドス⇨ 詩人。教訓的叙情詩を書く。西洋文学史上，「私」を表明した最初の詩人でもある。

タレス⇨ ギリシアの哲学者。ミレトス学派の祖。万物の元は水であると説き，自然世界の第一原理をはじめて提出した点で，ギリシア哲学，ひいては西洋哲学の祖とされる。

らに，四元素の混合によって事物ができていることも主張していることがわかる。ではなぜ，特に水が第一の元素として選ばれたのだろうか。この点について，アリストテレスは次のように解説している。

「このような哲学の開祖であるタレスは，水がその原理であるといっている（このゆえに彼はまた大地が水の上に浮いているという意見をもっていた）。彼がこのような見解を抱くにいたったのは，おそらく万物の栄養が湿っていること，また熱そのものは湿ったものから生じ，またそれによって維持されるということなどを観察したことからであろう。それから万物が生じてくるところのそれが万物の原理である。したがって，その見解を彼が抱いたのはこのことによってであるが，同時にまた万物の種子が湿った本性をもっているということによってでもある。しかるに水は，湿ったものに対してはその本性の原理なのである。」（『形而上学』第1巻第3章より）

タレスは自然を自分自身の目で観察した結果，生命と水とがいたる所で結びついているのをみてとり，それにもとづいて水を第一の元素であると結論したという点が重要である。上述したように，ホメロスも水を万物の原因と数え入れている。しかしその水は，海の神と一体になった神話上の水であり，タレスのようにその性質を自分の目で確かめた水ではない。タレスが観察したのは水だけではない。タレスは天体観測に夢中になって空ばかり眺めていたので，井戸に落ちて下女に笑われたという逸話の持ち主だが，天文学的な観察にもとづいてオリーブの豊作を予知し，オリーブ工場をわずかな金額で手に入れておいて一儲けしたという逸話もある。また，自然観察によって日蝕を予言したといわれている。

タレスが最初の自然哲学者と考えられたのは，タレスの知恵がこうした自然観察にもとづいているからである。た

タレスは自然を自分自身の目で観察した結果，生命と水とがいたる所で結びついているのをみてとり，それにもとづいて水を第一の元素である

しかに，タレスが自分でおこなった自然観察から導いた結
論の中には，十分に客観的であるとはいえないものもあっ
た。のちにローマのストア哲学者ルキウス・A・セネカ（紀
元前4頃-紀元後65）が揶揄したように，「大地が水に浮い
ているという」考えは「愚かしい見解」であることがやがて
明らかとなる。また，別のところでアリストテレスが伝え
ているように，タレスも「万物は神々に満ちている」という
考えをもっていたのであり，タレスは完全に神話的自然観
と手を切ったわけではない。しかし，そうであるとしても，
自然観察にもとづいて自然を理解し説明しようとしたタレ
スの知恵が価値を失うわけではない。

　最初の哲学者タレスが開いてくれた知恵の道にそって，
哲学の知恵について，あらためて考えておこう。序章2節
《哲学の知恵と方法》で，私たちは哲学の知恵を知識と区別
しながら考えておいた。知恵を愛することとしての哲学の
本領は，まず自分の目で見，自分の頭で考えるというとこ
ろにある。自分の目で見たこと（経験），そして自分の頭で
考えたこと（思考）は，少なくとも，まずは自分にとって正
しい知恵である。その意味で哲学の知恵は，まずは自分に
とって正しい主観的な知恵である。私たちはそのような知
恵の正しさを，〈主観的な正しさ〉と呼んでおいた。しかし
主観的な知恵は，他者との対話と自問自答する反省という
二つの方法によって，自分にとってだけ正しい知恵から，他
者によってその正しさを受け入れてもらえる〈私たちの知
恵〉となってゆくことが可能である。〈私たちの知恵〉の正し
さを，私たちは，〈間主観的な正しさ〉と呼んでおいた。主
観的な正しさを，対話と反省を通じて，間主観的な正しさ
へと拡張し深めてゆくこと，それが哲学の知恵と方法であ
る。タレスに続くアナクシマンドロスの思想は，まさにそ
うした哲学の在り方を示している。

2）アナクシマンドロス

　タレスの後継者であるアナクシマンドロス（紀元前610頃-
545頃）は，師タレスとの対話を通じて，万物の始原は「ト・

ルキウス・A・セネカ⇨ローマの哲学者。
魂を肉体と区別して優位におきストア
派の理論を進展させた。『対話編』のほ
か，随筆，悲劇作品などが伝えられて
いる。

← p.9

知恵を愛することとしての哲学の
本領は，まず自分の目で見，自分
の頭で考えるというところにあ
る。

アナクシマンドロス⇨ギリシアの哲学
者。タレスの後継者とされ，万物の元
は「無限定なもの」であると説いた。『自
然について』という著作の断片が伝え
られている。

アペイロン（無限定なもの）」であると考えた。アナクシマンドロスも優れた自然観察をおこない，自然についての知恵を語った。春分と秋分，夏至と冬至を発見し，黄道帯の傾きをはじめて理解したのもアナクシマンドロスであるといわれている。さらにアナクシマンドロスは地震を予知して，町全体を救ったという話をキケロ（紀元前106-43）が伝えている。アナクシマンドロスはなぜ，「ト・アペイロン」を万物の始原と考えたのであろうか。この理由についていくつかの証言が伝えられているが，ここではアエティオス（1世紀から2世紀にかけて活躍したとされるが生没年は不詳）の証言をみておこう。

　「プラクシアデスの子，ミレトスのアナクシマンドロスは，諸存在の原理は『ト・アペイロン（無限定なもの）』であるという。なぜなら，それから万物は生成し，またそれへと万物は消滅してゆくのだからであると。それゆえ無限（無数）の世界が生成したのであり，そこから生成してきたそのものへと再び消滅してゆくのである。基礎的な生成が途絶えることのないようにと，彼は何故に原理が限り無きものであるのかについては語っている。だが，なぜ『ト・アペイロン』が原理であって，空気とか水とか土とか，あるいは何か他のそういった物体が原理でないのかを語っていないことによって，失敗している。」（『学説誌』より）

　アナクシマンドロスが万物の始原を「ト・アペイロン」としたのは，タレスとちがって，論理的な理由によるものであることが，この証言からわかる。師タレスは水が始原であるといった。しかし，もし万物の始原というものがあるとしたら，その始原であるものはあらかじめ一定の形や大きさをもつことはできないであろう。なぜなら，多様な形と大きさからなっている自然の事物が，そこから生まれそこへと消滅してゆくはずの始原そのものは，いかなる形も

290

大きさももつことはできないからである。したがって，始
原は「ト・アペイロン（無限定なもの）」でなければならな
い。また，その「ト・アペイロン」は，量についても無限定
でなければならないであろう。なぜなら，万物の基礎的生
成は絶えることがないのであり，そのためには始原の量は
無限でなければならないからである。私たちは，師タレス
の〈水〉から弟子アナクシマンドロスの「ト・アペイロン」
への論理的展開に，何が真の始原であるかをめぐる熱気の
こもった師弟の哲学的対話を聴く思いがしないだろうか。

　しかしさらにアエティオスは，このアナクシマンドロス
の論理には欠陥があるという。始原が限り無きものである
という点はたしかに正しい。しかし，だからといって，そ
の始原が単に「無限定なもの」といわれる必要はない。なぜ
なら，もし，空気，水，土，火の四元素の中で，その形や
大きさや量に関して無限定であるようなものが見いだされ
るならば，その物体を始原と考えることができるであろう
からである。

3）アナクシメネス

　アエティオスの指摘を待つまでもなく，この欠陥を正そ
うとした人がいる。それは，アナクシマンドロスの弟子ア
ナクシメネス（紀元前526年頃没）である。師アナクシマン
ドロスは，始原であるものの論理的性質を明らかにしただ
けであり，その論理的性質と自然観察とをかならずしも結
びつけていない。「無限定なもの」であると同時に自然観察
の対象になるものとは何か。アナクシメネスによれば，そ
れは水でも土でも火でもなく，空気である。空気は，水や
土に比べて，形や大きさや量に関して，いっそう無限定で
あることが観察される。火は，たしかに形と大きさに関し
て無限定であるが，量に関して無限定であるとはいえない
だろう。アナクシメネスについては，シンプリキオス（6世
紀のアリストテレス注釈学者）による解説をみておこう。

　「アナクシメネスはエウリュストラトスの子でミレトス

アナクシメネス⇨ ギリシアの哲学者。
アナクシマンドロスの後継者とされ，
万物の元は神聖な空気であると説い
た。

の人。アナクシマンドロスの仲間であり，彼もまた基体である自然を一にして無限定なものと考えた。しかしアナクシマンドロスのようにそれを不定とは考えないで，特定のものとした。すなわち空気がそれであると彼はいう。そしてそれは希薄さと濃密さとによってその在り方に関して相違するという。一方で，希薄化されると空気は火となり，他方，濃縮化されると風となり，次に雲となる。さらに濃縮化されると水となり，それから土となり，さらには石となる。そして他のものはそれらからできているのである。」（『アリストテレス「自然学」注解』より）

アナクシメネスの「空気」始原説は，空気の希薄化と濃密化という理論装置を導入することによって，タレスやアナクシマンドロスの考え方に比べて，いっそう精密になっている。たしかに，空気が希薄化によって火になり，濃密化によって水や石や土になるという考え自体は誤っている。しかし，希薄化と濃密化という理論装置によって論理と自然観察とを結びつけようとしたアナクシメネスの発想は，自然科学の原点をなす発想といってよいであろう。

ピュタゴラス学派（教団）による〈数〉の神秘性と宇宙の調和の発見，ヘラクレイトス（紀元前540頃–480頃）の〈万物流転〉と〈万物に共通なロゴス〉という思想，クセノファネス（紀元前565頃–473頃）の多神教批判，パルメニデスとゼノン（紀元前490頃–430頃）が形成したエレア学派による〈多と運動の論理的否定〉など，古代ギリシアで展開された自然と論理をめぐる思索の百花繚乱について，語らなければならないことは多い。詳しくは章末の参考文献を参照してほしい。ここではアリストテレス以前の自然観がどのような発想から出発したのかを考察したことで満足することにして，アリストテレスの自然学へといたる過程の概略を，以下紹介することにしよう。

ヘラクレイトス⇨ ギリシアの哲学者。万物流転と生成の弁証法的な理法を説いた。万物の元は火であるとした。同時代の市民やホメロス，ヘシオドス，ピュタゴラスなどの詩人や哲学者たちを痛罵したことでも知られる。

　シチリア生まれのエンペドクレスはピュタゴラスの影響
のもと，「火，空気，水，土」の四元素説を唱えた。これら
四つの元素が，愛と憎という二つの力によって結びついた
り分離したりして，万物が形成されているというのである。
そしてタレス以来の一元論的立場とエンペドクレスの多元
論的立場とを総合し，万物は不可分な原子の結合と分離に
よって形成されているという〈原子論〉の考えに立ったの
が，レウキッポス（紀元前 480 頃 –？）と，その弟子デモク
リトス（紀元前 460 頃 –370 頃）である。プラトンは，四元
素に天空を満たす物質を加えた五元素説に立ち，それらの
元素の粒子の形は，正三角形を半分にしてできる直角三角
形と，直角二等辺三角形との組み合わせによって導かれる，
と考えた。こうした自然学の伝統の中から，古代ギリシア
最大の自然科学者アリストテレスの自然学が，形成される
のである。アリストテレスの自然学は，16 世紀から 17 世紀
頃まで，ヨーロッパ人の自然観の基本として君臨した。

2　アリストテレスにおける自然と技術

　自然を意味するギリシア語 physis（ピュシス）は，植物が
「生える」「発生する」「生長する」ことを意味する phyesthai
（ピュエスタイ，ラテン語では nascor ナスコル）という語に
近かったことから，ローマの学者が physis を natura（ナトゥ
ラ，nascor の分詞形に由来する）というラテン語に訳した
のであるといわれている。また，physis は「生み出す」を意
味する phyo（ピュオー）の名詞形で，したがって「誕生」「生
まれたもの」「生まれつきの性質」を意味するともいう。

　アリストテレスの自然観は，この physis を論理的に洗練
させたものであると考えられる。アリストテレスは存在す
るものを「自然によって存在するもの」（自然物）と人間の技
術によって存在するものとに区別する。自然物というのは，
動物およびその部分，植物，四元素（火，空気，水，土）か
らなる物体，などである。こうした自然物は「それぞれ自分
の内に自分の運動と停止の原理」をもっているという。自然
物はこの原理の働きによって，動いたりとまったり，量が

レウキッポス⇨ ギリシアの哲学者。パ
ルメニデスやゼノンなどのエレア学派
が，多と運動を否定する存在一元論を
唱えたのに対し，存在は無数にあり，
その一つひとつは不生不滅で充実し，
それ以上は分割不可能な微小な物体
（原子）であると説いた。

デモクリトス⇨ ギリシアの哲学者。プ
ラトンとほぼ同じ頃に活躍した。原子
論を体系化し，プラトンのイデア論と
は対照的な唯物論思想を展開しした。

増えたり減ったり，成長したり萎縮したり，性質の変化を起こしたりする。これに対し，たとえばベッドや着物といった，人間の意図や技術によってつくられたもの，あるいは何かしらの偶然よってつくられたものは，そのかぎりで，自分の内に自分の運動原理をもっていない。このようにそのもの自身の内にではなく，それとは別のものの内にある，そのものの生成原理が〈技術〉である。ただし，そういうものでも，もとは自然物であって，自然物からつくられているかぎりでは，自分の運動原理を自分の内にもっていると考えられるのである。したがって，結局アリストテレスの考えでは，技術は自然から独立して存在するのでなく，「一方で自然が完成しえないものを仕上げ，他方で自然をまねるものである」（『自然学』より）。

　アリストテレスはこうした自然物の運動原理を「自然」（ピュシス）と呼ぶ。自然は，自然物の内に「付帯的にではなく，第一義的に，内属している」といわれる。つまり自然物と技術による物との区別は，運動（停止）の原理としての自然が，第一義的に内属しているのか付帯的に内属しているのかのちがいによる，と言い換えることができる。

　たとえばある人が医者である場合，その人は自分の健康を回復する原因でもありうるわけであるが，しかし彼が医者であるということは，彼自身に第一義的に内属しているのではない。なぜなら，ほかの医者が彼の健康を回復する原因となることもできたはずだからである。また，木製の机を例にとれば，机の材料である木にとって，机にされるということは，それ自身の外から与えられる原因（人間の意志と技術）によるのであって，そのかぎりで付帯的な出来事にすぎない。これに対し，動物や植物は自分の成長の原理を自分自身の内に第一義的にもっていると考えられる。動物や植物は，人為的にでなく，それ自体において，その成長の仕方をそなえているからである。

　アリストテレスはこの考え方を無機物に対しても適用し，たとえば石が落下するのは石の内に落下運動の原理が

技術は自然から独立して存在するのでなく，「一方で自然が完成しえないものを仕上げ，他方で自然をまねるものである」

アリストテレスの『自然学』より

第一義的に内属しているからだと考えた。これは，現代の
私たちのように，物体落下の原因を物体の外部に求める万
有引力*の考え方からすると，おかしな考えにみえるかもし
れないが，しかし石の落下運動の原因が石自身の内部にあ
ると考えても，私たちの知覚経験の説明としてそれほど不
都合はないのである。むしろ万有引力による説明は，私た
ちの日常の経験にかならずしもそぐわない面がある。重い
物は速く落ち，軽い物はゆっくりと落ちてゆく。万有引力
による説明では，その速度のちがいは説明されない。これ
に対し，アリストテレスによれば，落下速度のちがいは，そ
れぞれに内在する運動の原理のちがいによって説明される
のである。かくして一言でいえば，アリストテレスは，生
物をモデルにして万物の自然現象を考えたのである。

　アリストテレスはこうして自然物の運動を，自然物に内
在する運動の原理によって説明するのであるが，ところで
この運動の原理は，あらかじめ定められた一定の目的に向
かって働くという性質をもっている。たとえば，種子が発
芽して成長し，花になる場合を考えてみると，その完成し
た花の形はあらかじめ種子に，可能性として内在していた
と考えられ，種子はその完成した花をめざして成長してい
くと考えられるのである。これは一例にすぎないが，自然
界を見渡せば，こうした合目的性はいたる所にみてとれる
であろう。アリストテレスは生物をモデルにして自然界を
とらえたところから，自然界全体に合目的性がそなわって
いると考え，その考えを無生物に対しても適用する。すな
わち自然界を構成する四元素（火，空気，水，土）も，それ
ぞれの元素に可能性として内在する目的に向かって，上昇
したり落下したり，溶けたり固まったり，熱くなったり冷
えたりするとアリストテレスは考えたのである。こうした
自然観を〈合目的的自然観〉という。

　こうした自然観にふさわしい自然の研究方法は，〈観測〉
または〈観察〉である。自然物に第一義的に内属している自
然の運動をできるだけていねいに観測または観察し，それ

*万有引力：質量をもつすべての物体
　は，物体間の距離の2乗に反比例し，
　それぞれの質量に比例する大きさの
　力で引き合っている。この引力を万
　有引力という。式で表現すると，

$$F = G \times \frac{M \times m}{r^2}$$

　　F：万有引力
　　G：万有引力定数
　　Mとm：引きつけ合う2つの物体
　　　　　　　の質量
　　r：Mとmとの距離

石の落下運動の原因が石自身の内
部にあると考えても，私たちの知
覚体験の説明としてそれほど不都
合はない。

アリストテレスは生物をモデルに
して自然界をとらえたところか
ら，自然界全体に合目的性がそな
わっていると考え，その考えを無
生物に対しても適用する。

こうした自然観を〈合目的的自然
観〉という。

自然の運動をできるだけていねい
に観測または観察し，それを記録
して分類する方法。

を記録して分類するという方法が，アリストテレス自然学のもちいた研究方法である。人間が自然界に生ずる現象を意図的に一定の条件のもとで生じさせて観察するという発想，すなわち〈実験〉という発想は，こうしたアリストテレス的な自然観には生まれる余地がほとんどない。

⋮3 近代科学の方法と自然観

近代西欧における自然科学の成立過程を概観することにしよう。ところで自然といっても多様である。動物や植物の育ち方を知るのと，物体の落下速度を知るのとでは，重なる部分もあるがおのずからちがいもある。自然の一般的意味については次章《自然・文化・歴史》で考察することにして，ここではまず主として物体的自然に関する科学的方法を考えることにする。その理由は物体的自然をあつかう科学，つまり物理学が近代科学の基本になっているからである。近代科学は物体運動の領域に関する研究から出発したのであり，その成果をモデルにして他の諸科学（化学，生物学，心理学，生理学など，あるいはさらにこうした科学にもとづく諸科学）が，学としての身分を獲得してゆくのである。近代物理学が他の諸科学に対して基本的な位置を占めるといわれる場合，その意味には二通りあると考えられる。一つはその方法が基本的であるということ。もう一つは，物理学の自然観が基本的であるという点である。以下，まず方法について考え，それにもとづいて自然観について考えることにしよう。

1 近代科学の方法 (実験と数学)

近代科学の方法は〈実験〉である。実験は，自然を単に観察したり観測したりするだけではない。観察したい自然現象がそれほど起きない場合とか，起きてもそのままでは観察しにくい場合，あるいは，ある自然現象に関する一定の仮説を確かめたい場合などに，その現象を人工的に起こし，人間が観察したり測定したりしやすいように装置などを工夫すること，それが実験である。観測機械の改良（たとえば

物理学が近代科学の基本。

現象を人工的に起こし，人間が観察したり測定したりしやすいように装置などを工夫すること，それが実験である。

望遠鏡）や開発（たとえば温度計や振り子時計）による技術の進歩を背景にして，この実験という方法を採用したことが，近代の自然科学を発達させた大きな要因であるといえる。

　近代のはじまりにおいて，この実験という方法をもっとも積極的に実行した人として，ガリレイがいる。物体落下の運動法則に関するガリレイの実験を例にとろう。ガリレイについてはすでに第8章《創造の秘密》で，科学的創造の一般的仕組みという観点から触れておいた。ここではガリレイ自身の記述に即し，また実験という方法がどのような科学的意味をもつかという観点から考えてみよう。

　私たちが日常生活で目撃するところでは，異なった重さの物体は異なった速度で落下してゆく。これはガリレイ以前に，アリストテレスの自然学によって，それなりの理由づけがなされていた。それは，物体の落下速度はその重さに比例し，落下の際に通過する媒体の密度に反比例するという考えである。これは私たちの常識にもかなっているように思われる。なぜなら，たとえば紙切れより石のほうが速く落ちるし，石は空気中よりも水中でのほうが，ゆっくり落ちてゆくからである。

　しかしよく調べてみると，その考え方は観察される事実にかならずしも合わないとガリレイは考えた。たしかに石と紙切れを比べれば，石のほうが一般的に速く落下しはするが，その場合，たとえば風の影響はどうなるのだろうか（強風によって，紙も落ちる速さを増す）という疑問が生じたり，あるいは，大きな石のほうが小さな石より速く落ちるかというと現実にはそうでもなさそうに見えるという意見が生じるのである。ふつうの人はそこで，常識となっているアリストテレス的自然観と，自分が目にしている事実との間にある相違を，そのままにして見過ごしてしまうところだが，ガリレイはそうしなかった。

　ガリレイは，以前シモン・ステヴィン（1548-1620）という人が，異なる重さをもった物体を同じ高さから落とすと

← p.277，279

ガリレオ・ガリレイ⇨ イタリアの物理学・天文学者。学生時代にピサ寺院の吊燈の揺れを脈拍で時間測定し，振り子の周期の等時性を発見したり，アリストテレスの自然学を批判してピサの斜塔から大小2個の鉛球を自由落下させ，落下速度が重さに比例するという従来の説を実証によって正したエピソードで知られる。

大きな石のほうが小さな石より速く落ちるか？

シモン・ステヴィン⇨ オランダの技術者，数学・物理学者。近代初期におけるオランダ経済の発展のための基盤をなした，科学と技術との提携という事態における立役者。

いう実験をしたところ，同時に地上に着いたと考えてよい結果を得た（1586年），という話を伝え聞いていた。この情報にもとづいて，彼は本当にアリストテレスの考えが事実に合っているのかを自分の目で正確に確かめようと思い，そのためにはどのようにしたらよいのかを考えた。物体の落下速度が異なるように見えるのは，落下物体に対して生じる空気による抵抗の影響が大きいためではないかとガリレイは考えていたので，その影響を減らすにはどうしたらよいかと思案した結果，形と大きさが同じで重さだけが異なる物体（たとえば青銅製の球と木製の球）をつくり，溝をつけた斜面の同じ高さから同時に転がして，同時に終点に達するかどうかを観察すればよいことに気づいたのである。そして，装置をつくって実験した結果，形と大きさが同じで重さだけが異なる二つの球がたしかに同時に終点に達することを観察した。

彼はさらに物体の落下速度が同じならば，落下時間と落下距離とはどのような関係にあるかを知りたいと思った。そこで，今度は斜面の長さを変えて球を転がし，時間を測ってみたのである。

「球を，溝の長さの四分の一だけ転がし，その落下時間を測ってみると，溝の長さの全体を転がしたときのちょうど半分であることがわかった。次にその他の長さについてもおこない，全体の長さの場合の時間を，その半分の長さの場合の時間，三分の二の長さの場合の時間，四分の三の長さの場合の時間，その他任意の分数の長さの場合の時間と比較してみた。そして私たちは常に，経過距離は時間の二乗に比例することを発見した。そしてこのことは，平面の勾配がどんなときでも正しかった。」（『新科学対話』より）

このことから勾配が90度の場合，すなわち垂直落下の場合にも同じことが起きると推論できる。そして物体の落下

物体落下の実験装置の説明をするガリレイ（ベッゾリ画）

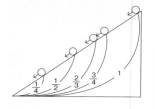

球の転がる距離とかかる時間との比

距離	時間
1	$\sqrt{1}$ （＝1）
$\frac{1}{4}$	$\sqrt{\frac{1}{4}}$ （＝$\frac{1}{2}$）
$\frac{1}{2}$	$\sqrt{\frac{1}{2}}$ （≒0.71）
$\frac{2}{3}$	$\sqrt{\frac{2}{3}}$ （≒0.82）
$\frac{3}{4}$	$\sqrt{\frac{3}{4}}$ （≒0.87）

落下距離(m)＝$\dfrac{9.8(\text{m/s}^2)}{2}$×{時間(s)^2}

※ 9.8 (m/s^2) は地表での重力加速度

距離は，落下時間の二乗に比例するということが法則として立てられたのである。さらに，球体が斜面をくだり終えて水平運動に入ったあとは，等速度で運動しつづけるように思われるという実験結果から，〈慣性の法則〉とほとんど同じ内容の命題にガリレイは達したのである。

　ガリレイの実験によって得られた結果について考えてみると，単に原因と結果との恒常的な結合という意味での法則ではなく，さらに運動の仕方（この場合には，落下時間と落下距離の関係）が，数式で表現されるという仕方で法則化されていることがわかる。つまり物体から手を離すと，その物体はかならず等しい時間で落下する，という意味での法則にとどまらず，物体の落下運動がどのような数学的構造をもつのか，という点まで踏み込んで法則化されているのである。すなわち，この法則が表現しているのは，個々別々の数字の関係ではなく，数字が担っている概念同士の関係，つまり落下運動を構成する〈距離〉の概念と〈時間〉の概念との関係である。距離と時間はそれぞれ変化してゆくが，互いに一定の比例関係を保ちながら変化してゆく。このように，複数の変数が一定の相互関係のもとで変化してゆくとき，それらの変数は〈関係を保ちながら変化する数〉，すなわち〈関数〉と呼ばれ，その関係は〈関数関係〉と呼ばれる。今，距離を D，時間を t とすれば，$D = f(t)$ と表記される。これは自然界の運動が，数学的に記述できる性質をそなえているということを示しているのである。

自然界の運動が，数学的に記述できる性質をそなえている。

　数学的方法はある意味ですでに古代ギリシア時代にもちいられ，古代ギリシアの自然観の重要な部分をなしていた。たとえばピュタゴラスは，宇宙が 1，2，3，4 の四つの数字からできていると考えていた。これは現代の私たちからみると一見まったく奇妙な考えであるが，ピュタゴラスにとって数は，私たちが考えるような観念的なものでなく，それ自身が幾何学的なものとして考えられたのである。1 は点，2 は線，3 は面，4 は立体であり，この四つの数が組み合わさって宇宙ができているというのである。そして四つ

の数の和である10は特に神聖な数と考えられた。また前述のようにプラトンは，二種類の直角三角形から，宇宙を構成する五元素の正多面形を合理的に導いている。しかし，プラトンがなぜその二種類の三角形を選ぶのかといえば，それらの図形が完全性をそなえている図形だからである。またピュタゴラスやプラトンは，天体の運動が円運動だと考えていたが，それは円運動がもっとも完全な運動だという理由によるのである。つまり数や形は，ピュタゴラスやプラトンにとって，完全性という倫理的または美的な意味を担った，質的存在であると考えられたのである。

また数学的方法は，ガリレイ以前に航海術と結びつけられて，天文学の領域ですでに使用されていたし，最近の研究ではアリストテレス自然学の流れを汲むスコラ哲学の一派が，かなり数学的手法を発展させていたことが明らかになってきている。しかし当時の天文学者たち，あるいはスコラ哲学者たちにとって，数字や幾何学的形は，自然を分析する道具でなく，それ自体が一定の意味を担った超自然的存在であり，彼らの数学観は，ピュタゴラスなどの数学観と基本的に異ならなかった。天体が球形であり，その運動が円を描くということは，スコラ哲学者たちにとっても，やはり宇宙の完全性のしるしと考えられたのであった。天体の運動が実は円軌道でなく楕円軌道を描くとはじめて考えたヨハネス・ケプラー（1571-1630）の場合でさえ，宇宙の神秘的調和という考えが根強く残っていた。

ガリレイは，数学からこうした倫理的で美的な意味づけを排除し，自然法則を記述する単なる道具として，数学をもちいたのである。ガリレイは，実験という方法を科学の方法として定着させると同時に，その実験の成果を分析する道具として数学をとらえ，自然的世界の現象を〈数量化〉する道を開いた。そしてこれ以後，自然学は，〈数学的自然学〉となったのである。この変革は，単に新たな知識が増えたというようなことではない。自然というもののとらえ方が，根本的に変化したのである。

数や形は，ピュタゴラスやプラトンにとって，完全性という倫理的または美的な意味を担った，質的存在であると考えられた。

ヨハネス・ケプラー⇨ ドイツの天文学・数学者。惑星の運動について有名な「ケプラーの法則」を発見し，無限小解析の研究によって積分法の先駆的思想を発展させた。

ガリレイは，実験という方法を科学の方法として定着させると同時に，その実験の成果を分析する道具として数学をとらえ，自然的世界の現象を〈数量化〉する道を開いた。

2　近代科学の自然観

　ガリレイの自然観とアリストテレスの自然観とを比べて
みよう。ガリレイは実験を通じて，物体の落下速度のちが
いは，物体の重さおよび媒体の密度のちがいに依存すると
いうアリストテレスの考えを否定し，また物体の運動が数
学的に記述できる構造をもつということを明らかにした。
そしてその数学的記述をとおして，「地上の物体はそれぞれ
に固有な場所に向かい，そこで静止しようとする傾向をも
つ」というアリストテレスの考えを否定するにいたったの
である。しかしガリレイは，物体を運動させる力がその物
体に内在しているというアリストテレスの考えを積極的に
否定したわけではない。積極的に否定したと解釈できる発
言がまったくないとはいえないが，ガリレイは，「内在的原
理」による「運動の自然的傾向」を認めてもいたようである。
ガリレイは物体運動を数量的に定式化するにあたって，
「力」とか「重さ」という概念を排除した。しかし，そのこと
は彼がそうした概念自体を批判したということを意味する
のではない。

　これに対し，物体に力が内在しているというアリストテ
レスの考え方そのものを放棄し，近代の機械論的自然観を
見事に定式化した人，それはデカルトである。私たちは序
章3節《「私」と「私」の近さと隔たり》で，「私は考えている，
したがって，私は存在する」というデカルトの思索について
考えたが，ここでは心身二元論にもとづくデカルトの自然
観について考えてみよう。デカルトは，ガリレイの実験的
方法および数学的自然観を肯定的に評価しながらも，ガリ
レイが〈力〉，〈運動〉，〈物質〉といった自然学の基礎概念を
分析していない点に不満を抱いていた。デカルトによれば，
ガリレイの自然学は哲学的基礎を欠いている。そこでデカ
ルトは，そうした概念を哲学的に洗練する仕事をおこなっ
たのである。

　デカルトによれば，物体の本性は「長さ，幅，奥行にお
ける広がり」にほかならない。物体の本性が広がりによって

デカルトによれば，ガリレイの自
然学は哲学的基礎を欠いている。

定義されることになると，アリストテレス的な物体につい
ての考え，すなわち〈物体を運動させる力は物体自体に内在
している〉という考えが否定されることになる。なぜなら，
物体は単なる広がりにすぎず，自分自身の内にいかなる力
も含むことができないからである。そうなると，もし物体
が運動するならば，物体はその運動する力を外から受けと
るほかないことになる。

　これは物体運動を機械運動として考え，自然を一個の機
械として考えることを意味する。つまり〈外から新たな力を
加えられないかぎり，静止している物体は永久に静止しつ
づけ，運動している物体はその方向と速さを変化させるこ
となく永久に運動しつづける〉のである。これはのちの
ニュートンの第一運動法則，すなわち〈慣性の法則〉を意味
している。ここから，〈物体の運動は，その物体に加えられ
る力に還元される〉という結論が出てくる。これはニュート
ンの第二運動法則にほぼ近い。ところで，この二つの運動
法則は，すでにガリレイがほぼとらえていたといってよい
内容のものである。したがって，デカルトは物体の本質を
広がりによって定義することによって，ガリレイが実験的
方法によって獲得した運動理論を，哲学的に基礎づけたこ
とになるのである。

　また物体の本質は広がりであると考えることによって，
各物体は相互の質的区別を失い，そのちがいは，形と大き
さのちがいだけにかぎられることになった。ということは
物体が，形と大きさを扱う学問すなわち幾何学の対象に還
元されるということを意味するのである。デカルトは，物
体を幾何学の対象に還元しただけでなく，幾何学を代数式
で取り扱う方法（解析幾何学）を考案することによって，物
体運動を数式で扱うことにさえ成功したのである。

　まとめておこう。ガリレイとデカルトのちがいは何か。そ
れはガリレイの場合，物体の運動力が物体に内在するのを
暗に認めていたのに対し，デカルトは明確にその力を物体
の外に排除したということである。ガリレイとデカルトの

デカルトは物体の本質を広がりに
よって定義することによって，ガ
リレイが実験的方法によって獲得
した運動理論を，哲学的に基礎づ
けた。

デカルトは，物体を幾何学の対象
に還元しただけでなく，幾何学を
代数式で取り扱う方法（解析幾何
学）を考案することによって，物
体運動を数式で扱うことにさえ成
功した。

共通点は何か。それは二人とも物体の運動を数学的に記述
したことである。その点において二人は，アリストテレス
と異なるのである。

　レオナルド・ダ・ヴィンチ（1452-1519）における科学と
芸術の融合，ブルーノ（1548-1600）による無限宇宙の把握，
フランシス・ベーコン（1561-1626）の帰納法，ガッサンディ
（1592-1655）による原子論再興，ニュートンによる古典力学
の体系化などなど，近代科学の成立をめぐって語るべきこ
とは多い。しかし，その細目を述べることはこの節のねら
いを越えている。詳しくは参考文献にあたってほしい。こ
の節のねらいは，近代科学と生きられた世界との関係を示
すのに必要なかぎりで，近代科学の一般的特徴をとらえて
おくことにある。アリストテレスの自然観を〈生命的自然
観〉，ガリレイの自然観を〈実験的数学的自然観〉，デカルト
の自然観を〈機械論的数学的自然観〉，とそれぞれ呼ぶこと
ができるであろう。

:4　近代科学と生きられた世界

　実験的方法が一貫して近代科学の方法の重要な部分であ
るのは確かであるが，近代科学のすべてがガリレイやデカ
ルトによって獲得された自然観を共有するわけではない。
しかし彼らの自然観が，近代科学を基礎づけ発展させる原
動力になったことは間違いない。現代の科学ないし科学技
術も，実験的方法と機械論的数学的自然観にもとづいて，発
展してきたのである。したがって私たちはここで，この二
つの点を，第2章で考察した〈生きられた世界〉の中でどの
ようにとらえるべきであるのか，考えることにしよう。

　近代の自然観に支えられた実験という方法は，自然を単
なる観察と観測の対象でなく，それに向かって人間が積極
的に働きかけ，人間がそれを支配することができる対象へ
と，変化させることになった。観察と観測の場合，人間は
自然の運動そのものに介入することなく，ひたすら自然が
おのずから示してくれるものを読み取る努力をおこない，

レオナルド・ダ・ヴィンチ⇨ルネッサ
ンス期イタリアの万能の天才。『モナリ
ザ』『最後の晩餐』などの絵画芸術のほ
か，人体解剖，建築・土木技術などに
ついても膨大な手稿を残し，近代科学
思想の先駆者とみなされている。

アリストレスの自然観を〈生命的
自然観〉，ガリレイの自然観を〈実
験的数学的自然観〉，デカルトの
自然観を〈機械論的数学的自然
観〉，とそれぞれ呼ぶことができ
る。

実験という方法は，自然を単なる
観察と観測の対象でなく，それに
向かって人間が積極的に働きか
け，人間がそれを支配することが
できる対象へと，変化させる。

その結果にあわせて人間が自分の生活の仕方を調えるのである。実験の場合はちがう。実験において，自然の秘密は人間の積極的な創意工夫によって暴かれうるものと考えられるようになり，人間は自然の秘密を自分のものにし，その暴いた秘密を使って自然の動きを予測し，自然の運動そのものを操る能力を手に入れたのである。「知は力である」というフランシス・ベーコンの言葉は，近代科学における自然に対する人間の優位を簡潔に表現している。

「知は力である」

← p.274

　しかし，このようにして得られる自然観は，私たちが本書で考察してきた身体的主体としての人間と生きられた世界にとって，ふさわしい自然観なのであろうか。実験という方法の本質をよく考えてみる必要がある。実験とは，そもそも私たちが身体的存在者として生きているこの生きられた世界を意図的に操作して，日常の生きられた世界にはありえない状況をつくり上げ，その中で自然を調べようとする強制的手続きである。

　たとえばガリレイは，空気の摩擦抵抗をできるだけ除去する工夫のもとに，物体の落下運動にかかわる法則を見つけだした。しかし私たちが日常的に生きている知覚的世界では，やはり紙は〈ふわふわ〉落ち，石は〈ストーン〉と落ちるのである。「ふわふわ」とか「ストーン」という擬態語は，

← p.96

物体運動の表情の意味を表している。私たちが第2章4節《事物の表情的意味》で確認したように，知覚的世界に現れる事物および出来事は，すべてこうした表情的意味を担っているのである。実験的方法によって獲得される自然についての科学的データは，生きられた世界に現れる事物や運動の表情を切り捨てたり歪曲したりすることによって成り立っていることを忘れてはならない。実験的方法による操作の対象として人為的に取り出される自然は，その意味で，生きられた身体としての人間にとって不自然である。

実験的方法による操作の対象として人為的に取り出される自然は，その意味で，生きられた身体としての人間にとって不自然である。

　そうした不自然さは，機械論的自然観について考えるとさらに明らかになる。機械論的自然観に立って物体を広がりに還元するということは，物体から色，感触，音，匂い，

味といった感覚的性質をはぎ取ることを意味する。物体自身に直接に属しているのは，物体の広がりとその様態である形と大きさだけである。これらを物体の〈第一次性質〉という。その他の感覚的性質は，人間の精神または魂の内部に生ずる観念ないし印象として考えられ，いずれにせよ物体自身には属さない主観的性質であるとみなされるのである。これらを物体の〈第二次性質〉の観念という。私たちが第2章《生きられた世界》で考察したような，身体的存在者として生きる知覚世界を満たしている表情的意味は，物体の第一次性質には属さないものとして，感覚的性質と同様に，単に主観的な第二次性質の観念とみなされ，機械論的自然観から排除されてしまうのである。

5 近代的科学技術の性格

　私たちが今日手にしている技術は，以上述べてきたような性格をもつ近代科学と結びついた，〈科学技術〉である。私たちは，今日の技術が，近代科学に裏打ちされることによって，どのような性格をもつようになったのかという問いを，本章1節《技術と身体》において提出しておいた。今やその問いに答える段階である。近代的科学技術は，それ以前の単なる技術に比較して，どのような性格を与えられたのであろうか。

　近代以前の技術は，人間の身体性に調和し，また生きられた知覚世界と密接に関連することによって，個別的な文化的社会的習慣の中に織り込まれていた。したがって，〈人間の意図的運動をできるだけ効率よく自然の運動法則にそわせつつ，人間が自然に働きかけるためにもちいることのできるように，自然物を意図的に加工したもの〉として定義された道具，あるいは〈単なる道具より複雑な仕事ができるように，一連の自然物を意図的に加工し組み合わせたもの〉として定義された機械は，〈生きられた世界〉の枠組みを破ることなく，個別的な文化的社会的習慣の枠内におさまる程度の改良が加えられるにとどまっていた。

← p.284

近代以前の技術は，人間の身体性に調和し，また生きられた知覚世界と密接に関連することによって，個別的な文化的社会的習慣の中に織り込まれていた。

← p.285

たとえば時計は，日時計や水時計からはじまってしだいにその仕掛けは複雑化したが，ゼンマイのネジを手で巻くことによって動く機械仕掛けの範囲にとどまっている間は，私たちの〈生きられた世界〉の枠内におさまる時間意識にそったものであった。なぜならこの範囲での時計は，私たちが自分の手でネジを定期的に巻かなければとまってしまうものであり，また，ゼンマイ仕掛けであるためにしばしば〈狂う〉ものであって，時計師の工夫にもかかわらず，そのたびに私たちは自分の手で時計の針を調節しなければならない。それは，時計という機械が，知覚世界を生きる私たちの身体に依存しているということを意味している。

時計という機械が，知覚世界を生きる私たちの身体に依存している。

　しかし，電池が実用化され，時計がゼンマイ仕掛けから電池式（クオーツ式）になると，時計と人間の関係は逆転しはじめる。なぜなら電池式時計は，動力の安定性と時刻の正確性の両面で性能が飛躍的に向上し，いつ電池を入れたか忘れてしまうほど長期間にわたって，ほとんど〈狂う〉ことなく自動的に時刻を示すようになったからである。光で発電する電池を用いた時計や標準時に同調して動く電波時計の出現は，そのほぼ究極的な姿であろう。そうなると時間についての私たちの考え方は変化し，私たちは，時間というものが〈生きられた世界〉から独立して存在し，〈客観的に〉刻まれる時間に合わせて私たちの日々の暮らしが進行しているかのように錯覚しがちになる。

　また，動力の安定性と時刻の正確性の向上よりさらに重要と思われるのは，時間の表示形式の変化である。時間の表示形式の変化は，私たちの時間感覚そのものに変化をもたらすことになる。

　現在，私たちはアナログ式とデジタル式という二つの時間表示形式をもっている。アナログ式時間表示は，第3章1節《時計の時間》で記述したように，針が一定の距離を一定速度で通過することによって，時間を「運動の数」として表示する形式であり，この表示形式は空間と運動の知覚にもとづくかぎり，〈今〉という時間の〈厚み〉を感じさせてく

← p.107

れる。そのかぎりでアナログ式の時間表示は私たちの〈生きられた世界〉に属している。たしかに針の持続的運動は，文字盤に記された数字によって数えられ，単位として分断されることによって，運動の持続性が損なわれるが，それでも，〈今〉という時間は，針の運動が示す過去から未来への持続の通過点として，〈厚み〉を伴って現れる。

しかしデジタル式で時間を表示するようになると，時計と人間の逆転関係は加速する。特に電池式時計によって可能となった液晶や発光ダイオードによるデジタル式時間表示は，時刻を示す数字が表示される一瞬に〈今〉という時間を還元してしまい，〈今〉という時間の〈厚み〉をほとんど無に帰してしまう。これは，デジタル式の時間表示が，私たちの〈生きられた世界〉の時間ではなくなっていることを意味している。アナログ式の時間表示とデジタル式の時間表示では，表示される時間の質が異なるのである。

デジタル式電池時計の例が示すように，現代の科学技術を支えている近代科学は，〈生きられた世界〉という身体的意味づけの働く領域の外に，物体が自立的に運動する物理的世界を実現可能にした。この物理的世界では，私たちの身体も，〈生きられた身体〉とはみなされず，単なる物体と同一視され，その運動は物理的運動の一部でしかないと考えられる。近代科学の自然観にもとづく物理的世界は，人間そのものを物理的世界の一部とみなすことによって，〈生きられた身体〉の主導権をないがしろにし，私たちが第2章でみた〈生きられた世界〉の現れ方は，近代科学の視点からは意義を失いかねない。

そうした近代科学にもとづく技術は，身体的存在者としての人間にとって現れている〈生きられた世界〉とは別の次元で自立的に展開できるようになる。その結果，生きられた世界に根ざした私たちの生活からすればとんでもない物が，科学技術の成果として出現する可能性が絶えずある（たとえば，「クローン人間」）。特に科学技術の軍事利用において生み出されるさまざまな科学兵器は，核兵器を含めて，人

アナログ式の時間表示とデジタル式の時間表示では，表示される時間の質が異なる。

類そのものを破滅させることさえできるようになってしまった。このようなことは，古代ギリシアにおける技術と科学の関係からは想像もつかないことである。

　私たちは，第1章《身体としての自分》から第8章《創造の秘密》にかけて考察したような私たちの身体と〈生きられた世界〉との交流，そしてその交流にもとづく表現活動に立ち返り，私たちの身体表現と言語表現による自由を実現する方向に働く技術を追求するべきである。近代の科学技術は，本章4節《近代科学と生きられた世界》に述べたような性格をもつことによって，そのまま発展してゆけば，生きられた世界との接触から私たちを引き離す方向に働く傾向を本質的にもっている。しかし，たとえばAI技術やインターネットといった科学技術の成果がもたらす便利さを無視して日常生活を送ることはむずかしくなってきている以上，科学技術の成果をただ否定するだけでは現実的解決にならないであろう。

　便利さの増大は，それに比例して増大する危険を伴っていることを私たちはよく知っている。自動車は短時間で遠くまで私たちを運んでくれるが，事故を起こしたら自転車よりも危険である。AI技術やインターネットによって私たちは必要な情報を簡単に入手したり交換したりすることができるようになったが，それに比例して，たとえば，個人情報の漏洩という危険が増大している。しかしそれでも，便利さをもたらしてくれる科学技術の成果を捨てることができない。なぜなら，科学技術の成果がもたらしている便利さが，私たちの生活の豊かさに間接的に貢献していることは確かだからである。

　しかし，インターネットやモバイル機器によって私たちの生活がいかに便利になったとしても，科学技術そのものが，〈生きられた世界〉を生きる私たちの経験を，直接に豊かにしてくれるわけではない。いうまでもなく，便利さと豊かさは別である。第1章から第8章にかけて考察したような，〈生きられた世界〉を身体として生きる私たちのさま

私たちの身体と〈生きられた世界〉との交流，そしてその交流にもとづく表現活動に立ち返り，私たちの身体表現と言語表現による自由を実現する方向に働く技術を追求するべきである。

← p.304

便利さと豊かさは別である。

ざまな経験（空間，時間，他者，言語，自由，世間と社会，創造，にかかわる諸経験）の豊かさが，科学技術の成果に直接依存することはない。たとえば，携帯電話やインターネットがない時代でも，〈生きられた世界〉を生きる豊かな経験はもちろん存在した。古代の文明を生きた人間にも，豊かな経験は存在した。したがって，科学技術の成果を肯定し，同時に，〈生きられた世界〉を身体主体として生きる立場に立とうとするならば，科学技術は，身体主体として生きる私たちを間接的に援助する役割を担うものとして考えられるべきである。私たちが求めるべきは，〈生きられた世界との共存と交流を妨げず，保障し，豊かにする方向に向かって援助する技術〉としての科学技術である。

科学技術をそのような技術としてとらえ，科学技術の成果に対する私たちの姿勢を自覚的なものとするために，私たちは，生きられた世界の基盤である自然についての理解をあらためて練り直しておく必要があるであろう。〈自然〉を，単に自然科学が提示する自然でなく，もっと広い意味でとらえる必要がある。

求めるべきは，〈生きられた世界との共存と交流を妨げず，保障し，豊かにする方向に向かって援助する技術〉としての科学技術である。

● 課題 ●

1. 私たちが日常生活の中でもちいている技術をいくつかとりあげ，その技術に身体がどのようにかかわっているか考えてみよう。たとえば，自転車に乗る技術，車の運転技術など。
2. エジプトの巨大ピラミッドをつくるために，どのような技術が使われたと考えられているか，参考文献(1)などを使って調べてみよう。
3. 日常的に利用している科学技術の製品を選び，もしそうした科学技術の製品がなかったとしたら，代わりにどうするか考えてみよう。たとえば，パソコン，テレビ，携帯電話，自動車，電化製品など。

参考文献

1：技術と身体

(1) 平田寛『図説 科学・技術の歴史—ピラミッドから進化論まで—』（上・下2巻）（朝倉書店）。1,250枚の図版と要を得た解説によって，ヨーロッパの技術と科学の歴史がわかりやすく説かれている。高価なので図書館などで借りよう。

(2) 坂本賢三「技術の発生と展開」（新岩波講座哲学第8巻所収）。哲学の視点から技術の変遷を概観する。

(3) 森俊洋「技術概念の成立」（新岩波講座哲学第8巻所収）。ソクラテス，プラトン，アリストテレスの哲学において，技術の問題が「いかに善く生きるか」という倫理的問題に本質的につながっていることを述べている。

(4) プラトン『パイドロス』。序章の参考文献(10)を参照。

2：古代ギリシアの自然観

(5) 日下部吉信『初期ギリシア自然哲学者断片集』（全3巻）（ちくま学芸文庫）。タレスからレウキッポスまで，15人の哲学者についての記録断片を載せている。ギリシア哲学史を読むまえに，哲学者たちの残した言葉にまず自分で触れてほしい。

(6) 山本光雄訳編『初期ギリシア哲学者断片集』（岩波書店）。タレス以前の神譜からはじめて，ソフィストたちまでの断片を収録している。コンパクトで便利だが，訳文が古く感じられるかもしれない。

(7) B・ファリントン（出隆訳）『ギリシヤ人の科学』（上・下2巻）（岩波書店）。古代ギリシヤ科学における技術の役割を強調している。

(8) 平田寛『科学の起原—古代文化の一側面—』（岩波書店）。古代オリエント，ギリシア，ローマにおける科学の在り方をわかりやすく示す。特に第Ⅲ部がここでは参考になる。

(9) 出隆『アリストテレス哲学入門』（岩波書店）。第3章でも参考文献(1)としてあげた。

3：近代科学の方法と自然観

(10) ガリレオ・ガリレイ（今野武雄・日田節次訳）『新科学対話』（岩波文庫）。『天文対話』（青木靖三訳，岩波文庫）とともに，基本文献である。

(11) 村上陽一郎『西欧近代科学—その自然観の歴史と構造』（新曜社）。ここでは特に第四章「運動力学体系の転換」が参考になる。

(12) 柳瀬睦男『科学の哲学』（岩波新書）。自然科学の特徴を学問一般の中で位置づけながらわかりやすく解説する。ここでは特に第3話「科学と方法」が参考になる。

(13) 大上雅史・和田純夫『数学が解き明かした物理の法則 ニュートンの『プリンキピア』から量子力学まで—数学的着想と自然観の変遷』（ベレ出版）。特に，ニュートン力学を扱った第1部。数学と物

理との関係を，図解しながらわかりやすく書いている。

4：近代科学と生きられた世界

⑭ フランシス・ベーコン『ノヴム・オルガヌム』。「知は力なり」の出典。第8章の参考文献⑫を参照。

⑮ 村上陽一郎『科学と日常性の文脈』（海鳴社）。生活世界の構造を解明することから出発し，たくみに例を引きつつ日常的世界と科学的世界とのつながりを考えている。

5：近代的科学技術の性格

⑯ 中岡哲郎「現代テクノロジーと人間」（新岩波講座哲学第8巻所収）。現代の技術が社会にどのような影響を与えているかをわかりやすく説く。

10
自然・文化・歴史

秋冬山水図（冬景）｜雪舟

厳しい表情を見せて切り立つ岩山，
しかし，旅人はその岩山の懐に向かって，
静かに歩み入る。
あたかも，自然の厳しさの中にこそ，安らぎがあるかのように。

アポロ17号から見た地球

人間が身体性をそなえた存在者であることによって、自然は単に人間の外にだけでなく、人間の内側にも見いだされる。

　私たちは〈自然〉という言葉から、どのようなイメージを想い描くだろうか。自然という言葉には、何か安らぎを与えてくれるもの、人工的な都会の暮らしに失われたもの、人の手が加えられていない山川草木や、そこに棲む野生の動物たち、といったイメージが含まれているように思われる。それは一口にいって、文化や文明が入り込んでいない〈原始の状態〉にあるものである。したがってそれはまた、栄枯盛衰する人間の歴史を顧みることなく、悠久の時間の中で、自律的に変化しつづけていると考えられる。それゆえ、ときに自然は人間の思惑を踏みにじり、人間に脅威を与えるものとなりもする。もっとも現代の科学技術は、ある程度その脅威を緩和する力をもち、また地球上のほとんどの場所に科学技術の成果が入りこんでいる以上、人間の手から完全に逃れた自然などというものは、もうほとんどこの地球に残っていないだろう、と私たちは感じてもいる。地球はおろか宇宙の彼方まで、人工の物体が探索に出かけ、現地から映像を送ってくる時代である。

　しかしそれでも自然への想いを捨て去ることはむずかしい。私たちは自然の暖かさ、潤いを求め、それを暮らしにもち込もうと工夫をこらす。またその想いは、単に自然への郷愁といった情緒的なものにとどまらず、環境論やエコロジー運動という形で、自然の回復を人類全体の課題としてとらえようとする一般的姿勢につながっている。私たちは〈人間らしさ〉を問う一つの方法として、人間が身体的な存在者であることを手がかりとして考えてきた。考えてみると、それは、自然回復を求める一般的姿勢と軌を一にしているともいえるのである。身体こそは、まさに人間と自然とをつなぐものである。人間が身体性をそなえた存在者であることによって、自然は単に人間の外にだけでなく、人間の内側にも見いだされることになる（人間の自然 Human Nature）。そのことからして自然は、〈人間らしさ〉を考えるにあたって、欠くことのできないテーマである。

　本章で私たちはまず、前章《技術と科学》の終わりに指摘

した問題をうけて，科学技術が示す自然に対する生命的自然の独自性を考え，そこから得られる自然観に立って，私たちが科学技術に対してとるべき基本姿勢を考えることにしよう。そのことはおのずから，文化の問題を考えることにつながるはずである。なぜなら科学技術は文化の重要部分だからである。そして文化の問題は，社会と歴史という問題を考えることなしには，十分に考えることのできない問題である。

1 生命的自然

1 生物の機械化

　フランスの生理学者クロード・ベルナール (1813-1878) は，「生命機構は，すべて変化するが，内部環境において一定の生命状態を維持することを唯一の目的としている」と述べている。この言葉にあるように，生命体はその生命維持を目的とし，その目的に向けて自分の機構を用いるという在り方をしている。アリストテレスの自然学はこうした生命体の目的論的な在り方を，自然一般を理解するためのモデルとしたのである。しかし，生物以外の事物にその目的論的自然観を適用する点において，前章《技術と科学》で述べたように，ガリレイ以降の近代科学によって批判されることになった。すでにみたように，近代の自然科学を基礎づけたデカルトの哲学は，自然を機械的自然に還元し，自発的運動の原理を自然から一切除去したのである。この考え方が生命を扱う学問領域にも導入され，特に医学者たちがこの方向の仕事を積極的に推し進めた。

　フランス人医師ジュリアン・ラ・メトリ (1709-1751) は，動物が機械であることはデカルトによってすでに証明済みであると考え，動物機械論を徹底的に推し進めて『人間機械論』(1747) を書いた。序章《人間らしさ》で考察したように (← p.32)，デカルトは人間の言葉と認識を基準にして人間と機械を区別したが，ラ・メトリはそうした区別を否定し，「人間は機械である」と断言した。ラ・メトリによると，人

クロード・ベルナール⇨ フランスの生理学者。実験医学，一般生理学の創始者とされ，研究は，肝臓の機能の分析，血管運動神経と血流調節の機能の解明，消化生理学の体系づけなど諸分野に及ぶ。またクラーレや一酸化炭素の作用を研究し，毒物学や麻酔学の発展にも寄与した。

← p.295，301

ジュリアン・ラ・メトリ⇨ フランスの医師。神学から医学に進み，1742 年軍医としてフランドル戦争に従事。このときの体験から哲学的著作『霊魂の自然誌』を執筆。すべての精神活動は身体組織に依存する説を唱え，医学界から追放された。『人間機械論』は亡命先のライデンで執筆された。

間は自分でゼンマイを巻いて動く自動機械であり，足が歩く筋肉をもっているように，脳は考える筋肉をもっている。人間の魂は，脳髄の中にある感じる力をもった物質の一部分であり，思考は電気などと同じく物質の一つの属性にすぎないという。ラ・メトリは，その徹底した唯物論的な考え方によって，国外追放の憂き目にあってしまったが，生物一般を機械として考える傾向はしだいに科学者によって受け入れられるようになった。

18世紀前半にはまだ，デカルト的機械論によって生物を理解することに反対し，生物の構成要素はすべて何らかの生命力に支配されているという考え（生気論）を唱えた人もいたが，結局それは神秘主義に陥る結果となり，それ以後は，人間を含めた動植物の運動を機械論的に理解し説明しようとする科学的研究が，精力的におこなわれたのである。こうした生物の機械論的研究の流れは，顕微鏡をもちいた細胞説の発展，実験的方法の生物学への導入，コンピューターの技術などに支えられて，現代の生物学研究にまでつながっている。

2　生物学と自然神学

ではこうした流れの中で，生命的自然にそなわっている合目的的な秩序は，当時どのように考えられたのだろうか。この合目的性を人々に受けいれさせる役割を果たしたのは，「自然神学」と呼ばれるキリスト教神学（神についての学問）の分野である。それによると自然は，神の叡知にもとづいて設計され創造されたものであるがゆえに，美しい調和を保っている。つまり神は自然の製作者であり，ちょうど時計の部品が時計職人によって，うまく組み合わされてはじめて一つの機械として動くことができるように，自然も神によってうまく組み合わされることによって，調和的に運動する。自然の内部における個々の仕組みや法則を調べるのは自然科学の仕事だが，その法則を合目的的に組み合わせ，秩序立った働きをさせるのは神の仕事であって，自然科学の仕事ではないと考えられたのである。

人間を含めた動植物の運動を機械論的に理解し説明しようとする科学的研究が，精力的におこなわれた。

自然は，神の叡知にもとづいて設計され創造されたものであるがゆえに，美しい調和を保っている。

このようにして機械論的自然観は自然神学と結びつき，時代に受けいれられたのである。その結果，生物学に残された仕事は，神によって設定された生物の秩序を，できるだけ精密正確に調べて体系化することであり，それはアリストテレスのおこなった仕事と基本的なちがいをもたなかった。生物学は博物学であった。この方面でもっとも成功をおさめた仕事を残したのは，スウェーデンの生物学者カール・フォン・リンネ (1707-1778)，そしてフランスの博物学者ジョルジュ・キュヴィエ (1769-1832) である。こうした体系化と並行して，新種の動植物の発見が精力的におこなわれた。ダーウィンのビーグル号による探検が有名であるが，同じような探検が数多くおこなわれた。

3 進化論

ところがこうした自然探検は，その博物学的関心とは裏腹に，自然神学による生命的自然の理解をくつがえし，生物学に新たな局面を開くことになった。それはダーウィンの仕事，『種の起原』（正式には『自然選択による種の起原，あるいは生存闘争において恵まれた種の保存について』1859）に集約的に現れる。すなわち，ダーウィンは自然探検によって，それまで知られていなかった多くの動植物を観察するうちに，動植物の中に〈進化〉の跡を見てとったのである。進化の概念そのものは古くからあり，またフランスの博物学者ジョルジュ＝ルイ・L・ビュッフォン伯爵 (1707-1888) は，リンネに反対して，生物の進化を学問的に基礎づける仕事をすでに残している。さらにフランスの博物学者ジャン＝バティスト・ラマルク (1744-1829) は始原生物から人間にいたる不可避的な自然的発展過程があると主張していた。

しかし，多様な生物が共通の先祖から出たものであり，生物の種は進化するものであるということを明確に述べ，さらに，種の進化を説明するための統一原理として，個体の突然変異と，自然選択による優越種保存（最適者生存）とを提唱したこと，それはダーウィンのおこなったことである。

カール・フォン・リンネ⇨ スウェーデンの生物学者。生物を属と種の名で呼ぶ二名法を確立し，それぞれの生物について簡単で優れた記述をおこない，分類学を大成した。

ジョルジュ・キュヴィエ⇨ フランスの博物学者。動物界を体制にもとづいて脊椎動物・軟体動物・関節動物・放射動物の四群に分けて体系づけた。またラマルクの進化論に反対し天変地異説（過去の地表においてノアの洪水のような天変地異が何度か起こり，そのたびに大部分の生物が滅び，残存したものがあらためて地球上に広く繁殖した）を唱えた。

ジョルジュ＝ルイ・L・ビュッフォン⇨ フランスの博物学者。イギリスで数学，物理学，植物学を学びパリの王立植物園園長となる。1749年に大著『博物誌』を刊行。諸所に生物進化の考えが示唆され，進化思想の先駆者の一人とされる。

ジャン＝バティスト・ラマルク⇨ フランスの博物学者。医学，植物学を学び動物学に転じた。動物を脊椎の有無により二大別し，無脊椎動物の開拓につとめた。のちにラマルキスムと呼ばれる進化論は，著書『無脊椎動物の体系』で示され，次に『動物哲学』『無脊椎動物誌』で詳述された。

種の進化を説明するための統一原理として，個体の突然変異と，自然選択による優越種保存（最適者生存）とを提唱したこと，それはダーウィンのおこなったことである。

ダーウィンとサルが抱きあっている戯画

最適者生存説は，生命的自然にそなわった合目的的な秩序を，神の手に任せるのでなく，自然界内部の出来事として理解しようとする考えである。

長野敬⇨ 細胞生物学者。著作として『遺伝子を解く』『生体と調節』など。

生物のどのような特質が，環境にもっとも適しているといえるのだろうか。

たとえば，もともとウサギの足はそれほど速くなかったのだが，突然変異によって足の速いウサギが生じた。すると，足の遅いウサギはオオカミなどに食われてしまう可能性が高いので，結局足の速いウサギが生き残る率が高くなり，足の速いウサギの子孫がしだいに数を増し，やがてウサギはみな足が速くなった，というのである。最適者生存説は，生命的自然にそなわった合目的的な秩序を，神の手に任せるのでなく，自然界内部の出来事として理解しようとする考えである。その意味でそれは，生命的自然の科学的説明であるといえる。しかし進化論は，動植物の種が，神の設計によってはじめから定められ，変化しないものだという自然神学的自然像を崩壊させることになった反面，新たな問題をもたらした。その一つは生命の起源の問題である。

進化論の考えからすれば，地球上の最初の生命は，神によって与えられるのでなく，自然発生しなければならないはずである。しかし当時の科学水準では，その問題に納得のゆく説明を与えることはできなかった。現在，最初の生命は宇宙から飛んで来たのだという説と並行して，無機物からの生命発生を信じる方向で，生命発生のプロセスについての科学的研究がなされている。生命発生の鍵は細胞にある。細胞生物学者の長野敬 (1929-2017) によれば，「細胞も複雑とはいえ物質系であり，物質系の延長として生命機能もとらえられるはずで，そうするのが生物学の使命である」。化学反応によって細胞を比較的容易につくり出せるという単純な考えは，細胞の複雑さが明らかになるにつれて否定され，現在の研究は，化学進化，生化学進化，生物進化というそれぞれに複雑な三段階を経て，生命の発生を考えようとしている。宇宙生物学などと連携して多くの仮説が提唱され，生命合成の可能性が追究されている。

もう一つ問題がある。現在まで生き残っている生物の種は，その環境への適応にもっとも成功したものであるがゆえに生き残れたのだとしても，では生物のどのような特質が，環境にもっとも適しているといえるのだろうか。これ

は意外に答えのむずかしい問いである。なぜならたとえば，身体が大きいことがかならずしも生存に適しているとはかぎらない。大きくなりすぎて絶滅した恐竜の例もある。むしろある種の特質が生存に適していることの証明は，その種が現に保存されているという事実以外にないのである。したがって最適者生存説の内容は，生き残っているから生存に適しているのであり，生存に適しているから生き残っているのであるという，堂々めぐりの議論になってしまう。したがって最適者生存説は，結局，種の保存は偶然にもとづくと述べているにすぎない，と批判されもするのである。

また日本の生物学者今西錦司 (1902-1992) は，広範な自然観察の経験にもとづいて，ダーウィンの進化論を批判している。生物の進化は，個体の単位でなされるのでなく，種の単位で生ずるのであり，またその進化の原理は，ダーウィンが主張したような個体における突然変異と自然淘汰ではない（そのような原理によって新種が形成された事実は現在にいたるまで一例もない，と今西はいう）。自然観察に忠実であるかぎり，種社会全体の秩序というものが観察され，その種社会の秩序を維持するために，種が変化するべくして変化し，それに応じて，その種に属する個体が変化する，というのが今西の考えである。

しかし，以上のような問題や批判があるにしても，進化論は，生物科学の原理として，広く認められているといってよいであろう。たとえば現代の遺伝学も，生物の進化を，主として突然変異と自然淘汰によって説明しており，基本的にはダーウィンの考えとそう大きなちがいはない。

4 生態学

個々の生物個体はそれぞれの種に属し，それぞれの種は他の種と相互的な関係を結びながら，生存している。もちろん人間もそのうちの一つの種として生存しているのである。そしてさらに，そうしたさまざまな種から成る生物世界は，火，空気，水，土といった無生物の世界と関係しながら，成り立っている。このように生物の在り方を，無生

今西錦司⇨ 生物学者。1933 年頃のカゲロウの幼虫観察による発見から「棲み分け理論」を唱え，種社会の概念を基礎とした生物社会の構造理論を確立した。探検家としても知られる。主著に『生物の世界』『生物社会の論理』などがある。

さまざまな種から成る生物世界は，火，空気，水，土といった無生物の世界と関係しながら，成り立っている。

物を含めた自然全体の中で考えようとするのが，生態学（エコロジー）である。生態学は〈生物と環境との関係を研究する学問〉である。

　生態学によると，生物は，太陽エネルギーを吸収して有機物（タンパク質，脂肪，炭水化物）をつくる生産者（主として植物）と，その有機物を食べて消化・分解し，そこに含まれたエネルギーを取り出して自分の身体をつくる消費者（主として動物）と，消費者によって排出される死んだ有機物を食べて無機物にまで分解する分解者（主として微生物）という，三つの部分から成っている。こうした三つの部分から成る生物世界の周りを無生物の世界が取り巻いているというのが，生態学の見方である。そうした自然の体系を生態系（エコ・システム）という。このシステムは太陽エネルギーの力によって，生産者−消費者−分解者−生産者−……というように無限循環を繰り返すのである。この循環を進める過程として「食物連鎖」がある。たとえばシマウマが草を食べ，そのシマウマをライオンが食べる。草⇒バッタ⇒ウグイス⇒タカという連鎖もある。生態学は，自然を構成するすべての要素の間にあるはずの，こうした連鎖を調査する学問である。

　こうした生態学は，人間と自然との関係について，従来の科学技術的な自然観とは異なった見方を提唱する。従来の科学技術中心の自然観では，人間が自然に一方的に働きかけ，それを操作しようとする視点で自然を考えたのに対し，生態学は，自然から人間への働きかけを考える視点をそなえている。そういう生態学の見方を広げようとするのがエコロジー運動（またはエコロジズム）である。生態学者の吉良竜夫（1919–2011）は，エコロジー運動の思想として，人間と自然との関係について，およそ次のように述べている。

　人間も動物の一種であり，人間の生存には他の生物が食物として必要である。また人間が生存しつづけるためには，呼吸維持に適する大気の状態をはじめとして，地球上の物

生態学は，人間と自然との関係について，従来の科学技術的な自然観とは異なった見方を提唱する。

吉良竜夫⇨ 生物学者。果樹園芸を専攻し，熱帯地方を調査し，熱帯多雨林の生態を研究する。滋賀県の琵琶湖研究所所長となり，環境研究に新風を起こした。

理化学的状態も，現状通りに安定していなければならない。ところでそうした地球上の無機環境自体が，全生物界と無機界との働きあいによって維持されているのである。したがって，近代的科学技術にもとづく文明の進歩が自然を過度に破壊し，人間の生存にふさわしい地球上の無機環境条件の維持が不可能になるようなことがあれば，それは人間の生存を脅かすことになるであろう。私たちは，自然からの絶縁をめざすのでなく，自然との調和と共存をめざさなければならない。

地球上の無機環境自体が，全生物界と無機界との働きあいによって維持されている。

5　アフォーダンス理論

　以上のような生態学の考え方に立ち，動物と環境との関係をさらに的確に把握するために，アメリカの心理学者ジェイムス・J・ギブソン（1904-1979）は「アフォーダンス（affordance）」という考え方を提出した。アフォーダンスという言葉は，「（与える）余裕がある」という意味の動詞 afford からつくられた造語であり，〈環境と動物との相互依存的な関係〉を意味する言葉である。

ジェイムス・J・ギブソン⇨ アメリカの心理学者。認知心理学における概念「アフォーダンス理論」を提唱。未知の環境で動作する火星探査機などの開発にも影響を与えている。

　たとえば，土地の表面が水平な平面で，十分な広さと堅さをもっていれば，その土地は一定の大きさと体重をもった動物に対して「支え」をアフォードする。しかし，土地の水平性，平面性，広さ，堅さといった特性は，それを環境とする動物との関係で測られなければならないのであって，一定の特性をそなえたある地面がすべての動物に対して常に「支え」をアフォードするとはかぎらない。たとえばミズスマシにとって，その地面は支えにならない。ミズスマシには水面のもつ特性が適切な支えをアフォードする。環境はそのさまざまな可能性の中から，ミズスマシに適切な生活条件をアフォードし，ミズスマシは自分の生態に合った可能性を環境から選びとっている（ピックアップしている）のである。「自然環境はさまざまな生活の仕方を提供し，異なった動物は異なった生活の仕方をしている」。自然環境が余裕をもってあたえる（アフォードする）さまざまな可能性があるからこそ，動物は自分に適した可能性をその

自然環境が余裕をもってあたえる（アフォードする）さまざまな可能性があるからこそ，動物は自分に適した可能性をその中から選ぶことができる。

中から選ぶことができるのであり，それだからこそ，環境は，動物の生態と無関係な物理的特性として存在するのではなく，動物との関係において存在しているといわれるのである。

人間に関しても同様である。しかし人間の場合，同じ自然環境からどのような生活の仕方を選ぶかは，動物に比べて多様である。たとえば，座るという行為を考えてみると，座り方にもいろいろある。ひざまづく，しゃがむ，正座する，椅子に座るなど。これらの座り方はそれぞれ，人間の生活様式，言い換えれば文化を，形成していると考えられる。たとえば，人間の膝の高さと同じくらいの高さに，先ほどの四つの特性（水平，平ら，広さ，堅さ）を適度にそなえた面が眼前にあるとすれば，椅子に座る文化をもつ人間にとって，それはただちに座れるもの，すなわち〈椅子〉として現れるであろうが，そうでない文化の人間にとっては，ただの段差にしか見えないであろう。同様のことが，日常生活における人間の行為と行動の大半について指摘できるであろう。

生態学的な視点に立って，動物（人間を含む）と環境との関係について考える，こうした考え方は，私たちが，第1章《身体としての自分》と第2章《生きられた世界》で考えた身体的存在者としての人間と〈生きられた世界〉との関係に，おおよそ合致している。たとえば，上の段落で考えた椅子についての話は，「事物の道具的意味」として考察した事態に合致している。アフォーダンス理論は，身体的存在者としての人間に対して現れている〈生きられた世界〉の現れ方を生態学の視点からとらえ直し，行動の環境について私たちが獲得する情報は，可能性としてすでに環境それ自体の中に潜在しているという側面を強調した理論であると考えることができる。

← p.97

行動の環境について私たちが獲得する情報は，可能性としてすでに環境それ自体の中に潜在している。

2 自然と文化

以上のような生態学的な考え方に立って，人間の文化を

考えようとするならば，私たちは〈自然における文化〉という考え方に導かれる。私たちは，身体的存在者として，地球の自然が形成している有機的な相互作用の体系（生態系）の循環に属している。したがって私たちがつくり出す文化も，自然の体系の上に立ってはじめて可能になるのである。しかし第9章《技術と科学》でみたように，現代の私たちの〈生きられた世界〉は，科学技術の自立的発展によって置き去りにされ，場合によっては抑圧される，可能性が絶えずある。私たちを取り巻く現代の生活は，自然にそって営まれるというよりは，むしろ自然の提供する素材に手を加え，いかにして自然から離れるかという方向に関心を注いでいるように思われる。それによって私たちの生活が便利になる面があることは否定できないだろうが，人間と自然とをつなぐ身体（人間の自然）の在り方が，多くの場合，さまざまな形で歪曲され，身体からその自然性を剥奪する仕方で，文化が生産されているように思われる。ギブソンは次のように警告している。

私たちがつくり出す文化も，自然の体系の上に立ってはじめて可能になる。

← p.308

　「あたかも二つの環境があるかのように，自然環境と人工的環境とを分けて考えることは，間違っている。人工物は自然の物質からつくられなければならない。また，あたかも物質的産物の世界とは別に精神的産物の世界が存在するかのように，自然環境と文化的環境とを区別することも同じく間違いである。多様ではあるが一つの世界しか存在せず，われわれ人間は自分たちに都合のよいように世界を変えてきたが，その世界にすべての生物が生きているのである。われわれは非常に浪費的で，思慮が浅く，もしわれわれがこのような方法を改めないならば，致命的なほどに世界を変えてしまうことになるであろう」（『生態学的視覚論』より）

　以下，私たちの身体が今日の文化によっていかなる状態に置かれているのかという問題意識のもとで，「自然と文

化」の問題を考えてみよう。

　しかしあらかじめ注意すべき点がある。環境や自然の破壊という問題は，人類一般と自然一般との間に生ずるような抽象的な問題ではない。環境破壊や自然破壊の問題は，誰が，なぜ，そうした破壊の原因を生み出し，誰が被害者なのかという，具体的な人間関係の問題を別にして考えるわけにはゆかない問題である。その意味で，環境や自然破壊の問題は，社会問題であることを忘れてはならない。

誰が，なぜ，そうした破壊の原因を生み出し，誰が被害者なのか。

1　文化

← p.iv

　本書の「はじめに」でも触れたが，「文化」という言葉のもとになったラテン語は，耕作を意味し，食に関係した言葉である。動物とちがって人間は，自然に育っている動物や植物を採ってそのまま食べたりすることはほとんどない。泥を洗い落として不純物を取り除き，皮をはいだり肉を切ったりして食べやすくし，また熱を加えて消化しやすくすることによって，自然の有機物を食料にするのである。そこに文化の一つの萌芽がある。

人間の文化は，個々の人間の間で伝達されることによって，文化として成立する。

　しかし個々の人間がそうしている間は，まだ人間の文化と呼べるものは存在しない。人間の文化は，個々の人間の間で伝達されることによって，文化として成立するのである。人間は，ただ手当たりしだいに自然の植物や動物を食べることはほとんどなく，植物や動物を食料とするために道具を発明改良し，計画を立て，仕事を分担し，相互に意思疎通をはかる。そうする中で人間は，集団を形成し，その集団の中で一定の生活様式が，世代を越えて蓄積されてゆくのである。人間の文化は，世代を越えて継承されるそうした〈生活様式〉を意味するのである。

人間の文化は，世代を越えて継承されるそうした〈生活様式〉を意味する。

　人間は集団を形成することによって，自然に与えられた条件を，ある程度克服することができるようになる。一人ではできないことも，集団をなすことによってできるようになる。たとえば，集団になることによって，巨大な動物も打ち倒すことができる。もとより，集団の力にも限界はあるが，集団を組むことによって，自然に対する人間の力

が増したことはたしかである。人間は，集団を形成することによってはじめて，自然のリズムから独立して進行する，人間自身の生活リズムを獲得したのである。たとえば農業は，地表の在り方を大きく変化させた。私たちが〈自然〉として思い描く田園風景の一角を占める田や畑は，自然そのものではなく，人間が自然を食料化するために，人工的につくり上げたものである。

今日の文化人類学者の多くは，「文化とは，生物としてのヒトに遺伝的に組み込まれた行動ではなく，人間集団の中で，後天的に習得しなければならない行動である」という定義を認めている。この定義からすると，生得的な一部の身体運動を除けば，人間の活動のほとんどが文化であるといえる。しかし中でも，食べることにかかわる人間の活動は，人間の生存にとって，もっとも基本的な位置にあるといってよいであろう。なぜなら人間の生存に必要な衣食住の三要素の中で，食は，人間が身体に直接取り込み，自分の身体そのものと化す要素だからである。衣や住もたしかに人間の生活に欠くことのできない要素であるが，人間の生存を外部から支えるものである。以上の理由から本章では，多様な文化の領域から食の領域をとりあげて，以下考えることにする。人間の文化の根本に深く結びついている食の文化こそ，人間の自然である身体に直接影響する文化である。

2　食の文化における汚染

今日，私たち日本人の日々食べているものに含まれるいわゆる食品添加物が，私たちの身体にどのよう影響しているかを考えてみる。たとえば，本来，歯や骨をつくるのに使われるはずのカルシウムが，食品添加物として大量に使われているリン化合物（特にリン酸塩）によって消費され，体外に過剰に排出されてしまう結果，丈夫な歯や骨をつくるのに適したリンとカルシウムのバランス（1：2）が，私たちの体内で崩れてしまっている。リン化合物は，チーズ，豆腐，味噌，醤油，麺類，果汁，清涼飲料水，冷菓子，缶詰めなど，非常に広く用いられている添加物であるという。そ

人間は，集団を形成することによってはじめて，自然のリズムから独立して進行する，人間自身の生活リズムを獲得した。

「文化とは，生物としてのヒトに遺伝的に組み込まれた行動ではなく，人間集団の中で，後天的に習得しなければならない行動である」

の結果，子供たちの骨折率が高まっていると考えられる。かまぼこ，はんぺん，ちくわなどの水産練り製品に，漂白殺菌剤として広く使用されていた過酸化水素は，発癌性のあることが明らかになり，使用禁止になった。過酸化水素自体は，私たちの生命維持のために体内で自然に生成されるかぎりで重要な物質であるが，それは体内で瞬時に生成し消滅するのであり，外部から添加物として入り込んでくると危険な物質になるのである。

　食品添加物についての危険が社会的に指摘され，かなり是正されてきたとはいえ，危険は解消していない。この問題には食品の輸入という問題も関係している。日本で認可されていない食品添加物を含む食品を，日本に輸入することは法で禁じられている。しかし政治的な判断から，その輸入を可能にするために，添加物を認可してしまうということがありうる。これは添加物だけの問題でなく，輸入食品一般にかかわる問題である。イギリスにおける牛海綿状脳症（BSE）（いわゆる「狂牛病」）の発生を発端に，2001年以降日本で生じた牛肉をめぐる混乱はその一端を示している。食品の安全性についての意識は，国によって異なるということを忘れてはならない。

　今日の農業では大量の肥料や農薬が使われ，家畜の飼料もまたしかりである。また田畑でつくり出された一次食料は，味つけや保存を目的としてさまざまな人工添加物を加えられて商品化される。そうした添加物の中には，人間の自然である身体を害する傾向をもつものもある。さらに人為的自然破壊による悲惨な例として，かつて水俣や新潟で起きた水銀中毒，イタイイタイ病，あるいはカネミ油症などの食品汚染による事件を私たちは忘れてはならない。

　このような状況から少しでも抜け出す可能性を，私たちはどこに求めることができるのであろうか。上記で指摘してきた食をめぐる状況から，食の文化における汚染が，企業の利益追求と深く結びついていることがわかる。なぜ食品添加物が必要なのか。それは，食品流通の効率を上げる

狂牛病を発症した牛

ために食品の腐敗を防いだり，見た目をよくするために色を鮮やかにすることによって，商品としての食品がより多くの利潤を上げるようにするためである。したがって，食の文化における自然破壊や汚染は，自然破壊や汚染という問題が実は経済の問題であり，経済にその基盤を置くかぎりでの社会（経済社会）の問題でもあるということを教えてくれる。

こうした事情は，他の文化領域にも一般に生じうる。たとえば「産業廃棄物不法投棄」による環境汚染が，経済社会のゆがみから生じていることは明らかである。さらに原子力発電所の崩壊（2011年3月）がもたらした広範な放射能汚染は，これまでとは次元のちがう決定的なダメージを自然に与えてしまった。この汚染は，日本にとどまらない。なぜ原子力発電が必要なのか。原子力発電を支持する理由として，経済的理由をあげる人は多い。生態学は，自然の一部として人間をとらえることによって，なぜ自然保護が重要であるかについて，その理由を私たちに示してくれた。しかし私たちは，環境問題が，同時に経済社会の問題であることを見失ってはならない。

：3 人間と自然をつなぐものとしての身体（マルクス）

自然と文化との重なり合いという以上のような視点に立って，人間と自然との関係を考えながら思想史を振り返ると，19世紀ドイツの思想家マルクスの思想遍歴が注目される。彼は，若い頃書いた『経済学・哲学草稿』（1844）の中で，ルートヴィヒ・A・フォイエルバッハ（1804-1872）の自然主義的人間学の影響を強く受けて，今日でいう生態学的な身体観に近い考えを示している。やがてマルクスは『ドイツ・イデオロギー』（1845-1846稿）の中で，こうした自然主義的人間観のもつユートピア的発想を自己批判するのであるが，しかしこの草稿で展開された身体的存在者としての人間観は，『ドイツ・イデオロギー』以降，『資本論』（1867-

食の文化における自然破壊や汚染は，自然破壊や汚染という問題が実は経済の問題であり，経済にその基盤を置くかぎりでの社会（経済社会）の問題でもあるということを教えてくれる。

カール・マルクス⇨ ドイツの思想家。国際労働者協会（第一インターナショナル）の指導者。社会主義が人間の歴史と人間社会の現存の在り方についての科学的理論に支えられた運動となるべきことを主張し，実践した。その理論は現在の世界をもなお規定し，動かしていると言われている。

ルートヴィヒ・A・フォイエルバッハ⇨ ドイツの哲学者。神学を学んだ後，ヘーゲル哲学に魅せられ哲学に転向したが，関心は常に宗教・神学問題に向けられていた。彼の唯物論哲学はマルクスに影響を与え，マルクスに『ユダヤ人問題に寄せて』という批判論文を書かせた。主著に『死と不死について』『キリスト教の本質』などがある。

「対自然および人間相互間の関係
行為」としての「生産」という，マ
ルクスの根本概念。

1894刊）にいたるまでマルクスの著作に繰り返し登場する，
「対自然および人間相互間の関係行為」としての「生産」とい
う，マルクスの根本概念の根底に，常に働いていると考え
られるのである。そしてマルクスは，この生産という概念
にもとづいて，人間の歴史を跡づけようとしたのである。以
下，『経済学・哲学草稿』における身体観を概観してみよう。

　マルクスによれば人間は，一方で，自然の一部としての
身体的存在者であり，他方，自覚しつつ生きる存在者であ
る。自然は人間の直接の身体でないとしても，人間が，自
然によって，自然と共に，生きるということは，人間が自
然を自分の一種の身体（非有機的身体）として生きるという
ことである。そして，人間の身体的生活が自然とそのよう
な仕方で連関しているということは，自然が自然自身と連
関していることをまさに意味する。なぜなら，身体的存在
者としての人間は自然の一部だからである。このような在
り方をする人間をマルクスは，フォイエルバッハの用語を
継承して，「類的存在者」と呼ぶ。「類的存在者」とは，人間
が自然の一部として自然に働きかけると同時に，個々の人
間が，人類という普遍者として，自己を自覚しているとい
う在り方を指す言葉である。このような人間観にもとづく
マルクスの哲学は，〈自然哲学〉といってよい。

「類的存在者」とは，人間が自然の
一部として自然に働きかけると同
時に，個々の人間が，人類という
普遍者として，自己を自覚してい
るという在り方を指す。

　この意味で，マルクスの「類的存在者」は，私たちが第1
章《身体としての自分》で考察した，「生きられた身体」と重
なるところがある。なぜなら，「生きられた身体」は，世界
内存在として，世界に属しつつ，世界へと向かう存在であ
り，二重感覚を通じて，不完全ではあるが，自己への振り
返り（自覚）を伴う存在だからである。ただし，「生きられた
身体」が生きる世界は，「類的存在者」が生きる単なる物質的
世界ではなく，人間的意味に貫かれた知覚の世界（〈生きら
れた世界〉）であり，また，「生きられた身体」の自覚は，「類
的存在者」とはちがって，自分が人類という普遍者であるこ
とを自覚するという意味での自覚ではない。マルクスの考
えている身体と，「生きられた身体」とは，重なりながら，し

← p.62 以降

← p.87

かし異なっている。

　「類的存在者」としての人間が共同体の一員として営む「類的生活」は，本来個人がその身体を保持しようとする欲求と一体化している。なぜなら個人は，自分が「類的存在者」として，人類の一員であることを自覚しつつ，働いているはずだからである。その場合，個人の身体的生活と精神的（類的）生活とは一体化して働いており，両者の間に分離はないはずである。しかし，現実には両者は分離してしまっている。そこでマルクスは，本来身体と一体化して働いているはずの「類的生活」が，どのようなプロセスによって身体から分離され，疎外されるのかを分析したのである。そして，マルクス以前の古典経済学において前提されていた「私有財産」または財産の「私的所有」という概念が，実はそうした「類的生活」を自然から分離し，疎外した結果であることを分析してみせたのである。「私有財産は，外化された労働，すなわち外化された人間，疎外された労働，疎外された生活，疎外された人間という概念から，分析を通じて明らかにされるのである」。そこから，私的所有という所有の形態は，理想社会において放棄されるべきであるという考えが出てくるのである。

　すでに述べたように，これは一種の理想状態（ユートピア）を想定し，そこから現実を批判しようとする立場である。この理想状態は，やがてそれを現実化できる可能性があるならば，現実変革の力となりうる。しかしそうでなければ，理想は単なる理想にすぎないということになって，かえって現実の変革に対する障害となってしまうであろう。1844年以降のマルクスは，人間を取り巻く感覚的世界（自然）が，本質的に「産業と社会の産物」であり，歴史的に形成されるものであるとしだいに考えるようになり，したがってフォイエルバッハ的な人間と自然との関係の理想状態は，けっして実現しえない虚構であると考えるようになった。しかしマルクスは，人間が身体を通じて獲得する身体感覚自体の重要性そのものを否定したのではない。『経済

「私有財産は，外化された労働，すなわち外化された人間，疎外された労働，疎外された生活，疎外された人間という概念から，分析を通じて明らかにされるのである」

学・哲学草稿』には，私有財産がどのような具体的歴史を経て成立したのかに関する分析が欠けていることを，彼は反省したのである。そこから，『資本論』に結実するマルクスの膨大な学問的努力が開始されるのである。その過程の概略は，『ドイツ・イデオロギー』によると以下のようである。

①現実的な生産過程を解き明かすこと，それも特に直接的な生活（衣食住）の物質的生産からはじめて，解き明かすこと。

②そして，この生産様式によって生み出され，それと結びつく交通形態（商品流通形態）を，したがって種々の段階における市民社会を，全歴史の基礎とみなすこと。

③さらに市民社会を，国家としての作用においても叙述すること。

④また，意識のさまざまな理論的産物，形態の一切，つまり宗教，哲学，道徳などを市民社会から説明すること。

⑤そしてこれら宗教などの成立過程を，市民社会の種々の段階から跡づけること。

自然と一体化して営まれる直接的な生活（衣食住）の物質的生産を担うのは身体であり，その生産様式によって生み出される商品流通形態と，それにもとづく市民社会を，全歴史の基礎とみなすということが，この分析プログラムの根幹である。したがって，マルクスにとって，身体が人間と自然をつなぐものであるということは，同時に身体が自然と歴史とをつなぐものであることをも意味しているのである。この視点はマルクスの思想に一貫してあるように思われる。

マルクスは，自然と歴史とをつなぐ現実的土台として，あらゆる人間の歴史の第一の前提である「生きた諸個人の生存」をあげている。生きた諸個人というのは，身体的存在者としての人間のことである。人間は身体的存在者として，そ

マルクスにとって，身体が人間と自然をつなぐものであるということは，同時に身体が自然と歴史とをつなぐものであることをも意味している。

の生存のために食べること，住むこと，着ることなどの欲求を満たすべく，物質的生活を生産しなければならない。そしてその欲求を充足しつつ，また新しい欲求を生み出し，生殖によって個人を再生産するのである。そしてこれらの人間の身体行為（衣食住）は「歴史のはじまり以来，また最初の人間以来同時に存在してきて，今日なお歴史の内に働いている三つの契機」であり，「今日なお数千年前と同じく，日々刻々に遂行されなければならない歴史的行為」なのである。

　以上のように私たちは，身体が人間の歴史の原動力として働いている事実を，マルクスの思想に学ぶことができる。マルクスによれば，私たちの身体は現実を変えてゆく原動力なのである。マルクスは以上のような考えに立って「唯物史観」を展開するのであるが，その詳細は参考文献にゆずることとして，ここでは〈歴史〉という概念そのものの検討に移ることにしよう。

> 私たちの身体は現実を変えてゆく原動力なのである。

：4　歴史（ヘーゲル）

1　歴史と現実

　私たちは身体的存在者として，さまざまな意図にもとづいて行為し，出来事を生み出すと同時に，さまざまな出来事に巻き込まれる。しかし，そのこと自体は歴史ではない。歴史は，そうした出来事に巻き込まれつつ，しかもそうした行為およびそこから生ずる出来事のつながりを振り返り，理解することとして成立する。物事の実相（ありのままの姿）を正しく理解するためには，その物事のよって来たる由縁，その起源を見定め，その起源からその物事へといたる過程を理解しなければならない。現に存在する物事の歴史を知ることによって私たちは，その物事を批判する視点ないしは合理化する視点を獲得できるのである。古来歴史家は，時代の渦に巻き込まれつつも，その時代を批判ないし合理化する視点を求めて，現在にいたる過去の経緯をたどり，history（歴史＝物語）を語った。

> 歴史は，そうした出来事に巻き込まれつつ，しかもそうした行為およびそこから生ずる出来事のつながりを振り返り，理解することとして成立する。

ゲオルク・W・F・ヘーゲル⇨ドイツ
の哲学者。カントにはじまるドイツ観
念論哲学の完成者。弁証法を確立し，
壮大な哲学体系を樹立し，宗教・政治・
社会思想に広範な影響を及ぼした。自
己の哲学体系の構成に専念して出版し
た著書『精神現象学』では，人間の精
神が，感覚・知覚などの対象領域から
はじまって自己意識という自覚的形態
へと深まり，さらに理性という形になり，
ついには絶対知にいたるという弁証法
的過程が描かれている。ベルリン大学
教授に就任してからの13年間の講義
は，哲学史・美学・宗教哲学・歴史哲
学など哲学のほとんどの分野が網羅さ
れ，その世界観は当時のドイツ思想界
に大きな影響を与え，ヘーゲル学派を
生んだ。

「理性的なものは現実的であり，
現実的なものは理性的である」

← p.4

近代の哲学者の中でとりわけ歴史をみずからの哲学的テー
マとして考えぬいたのは，ドイツの哲学者ゲオルク・W・
F・ヘーゲル（1770-1831）である。ヘーゲルが晩年に書いた
『法哲学』（1821）の序論に，「理性的なものは現実的であり，
現実的なものは理性的である」という有名な言葉がある。現
実的なものとは，現に存在している世界の状態を指し，理
性的なものとは，あるべき世界の状態を指す。ある研究者
の解釈によれば，この言葉の前半（「理性的なものは現実的
である」）は，現実を理性によって批判する立場を意味し，
後半（「現実的なものは理性的である」）は現実を理性によっ
て正当化する立場を意味しているという。この解釈が上記
の言葉の解釈として正しいか否かは別にして，ヘーゲルの
歴史思想の中に，この二つの立場があるのは確かである。お
おまかにいってヘーゲルは，その哲学的生涯の前半におい
て，現状を批判する歴史哲学を展開し，後半において，現
状を肯定する歴史哲学を展開した。

　青年ヘーゲルが社会や歴史について考えはじめたのは，
隣国フランスにおいて市民革命が起き（1789年），その自由
な雰囲気がドイツに波及しつつある時代であった。しかし，
市民革命によって現実的な自由を獲得したフランスに比
べ，当時のドイツはまだ多数の小国に分裂し，封建的な専
制政治がなお残存して，近代国家としての統一性を実現す
るまでにはなっていなかった。自国の現状に不満をもつ青
年ヘーゲルにとって，フランス革命は，人間がみずからの
理性を信頼し，与えられた現実を理性の基準に従わせよう
として起きた，歴史の決定的な転回点として位置づけられ
たのである。この理性への信頼という点において，青年ヘ
ーゲルは，私たちが序章1節《「人間」をめぐる二人の哲学
者（デカルトとニーチェ）》でみておいた，近代哲学の祖で
あるデカルトと同じ価値観に立っていたのであり，その意
味で，青年ヘーゲルは近代哲学者であった。

　しかし，ヘーゲルは，現実を理性によって批判しようと
する青年時代の立場からしだいに離れ，やがて現実を運命

としてとらえ，運命としての現実との「和解」を説くように
なる。それは当時の政治的後進国ドイツにあって，個人の
力では抗しがたいいわば現実の力を，ヘーゲルは認めざる
をえなかったからである。ヘーゲルにとって，哲学は現実
から遊離した勝手な思弁であってはならず，現実を現実と
して受けとめ，むしろ現実に内在する理性を読みとること
こそ，哲学の果たすべき仕事であったからであろう。その
意味で，「現実的なものは理性的」なのである。しかし，も
し現実に内在する理性を読みとることができなければ，現
実は非理性へと転落することになる。その意味でヘーゲル
は，理性から現実へと転回することによって，デカルト（理
性）から離れ，ニーチェ（非理性）への道を開くのである。
ヘーゲルは最後の近代哲学者であった。

　さらに，晩年のヘーゲルは，ベルリン大学総長という要
職にあって，当時ようやくドイツにも現実化しつつあった
近代的国家秩序を積極的に合理化する立場に立つのであ
る。私たちはこうしたヘーゲルの歴史哲学から，それが現
実を批判するにせよ肯定するにせよ，とにかく，〈現実に巻
き込まれつつ，しかもその現実を理性的に理解しようとす
る，強い関心〉を，読みとることができる。

　現実に巻き込まれつつ，しかもその現実を理性的に理解
しようとする困難な在り方，それはそのまま，私たちが，本
書全体を通じて考えてきた，〈身体的存在者としての人間〉
の在り方である。歴史ないし歴史哲学のむずかしさは，そ
もそも身体的存在者である私たち人間の身体性が，本質的
にそなえている両義性にもとづくむずかしさである。歴史
は，〈生きられた世界〉を生きる身体的存在者としての人間
が，その関心にうながされて，現在の出来事のよって来た
る経緯を説く一種の物語である。その意味でヘーゲルの壮
大な歴史哲学体系も一つの物語といえるかもしれない。

2　歴史の客観性

　歴史は一種の物語であるかもしれない。しかしそれは単
なる空想物語でなく，事実にもとづく一定の客観性をもつ

哲学は現実から遊離した勝手な思弁であってはならず，現実を現実として受けとめ，むしろ現実に内在する理性を読みとることこそ，哲学の果たすべき仕事であった。

歴史は，〈生きられた世界〉を生きる身体的存在者としての人間が，その関心にうながされて，現在の出来事のよって来たる経緯を説く一種の物語である。

知識であろうとする物語である。歴史認識から生まれる歴史物語は，知識の一種であろうとする以上，その客観性が問われる物語である。歴史認識において，客観性とは何を意味するのであろうか。

　この問題についてまずいえることは，歴史認識は，物体的自然を対象として発達した近代科学的な意味での客観性を要求するものではない，ということである。人間の歴史は，人間の行為の歴史である。マルクスにおいてもこの点が見落とされているのではない。ところで第9章3節《近代科学の方法と自然観》でみたように，近代科学の主要な方法は実験であり，実験は，調べようとする現象を人工的に繰り返し起こすことができるということを前提している。物体現象はこの条件を満たしている場合が多い。しかし，かつて為された人間の行為について，実験という方法を適用することは一般的に不可能である。なぜなら，人工的な環境のもとで，かつて為された行為を，再現することはできないからである。では，いかなる意味で，歴史認識の客観性というものを考えることができるのであろうか。

　第6章《責任と自由》でみたように，人間の行為には何らかの意図が介在する。したがって，人間の行為およびそこから生ずるさまざまな出来事のつながりは，物質的な因果関係に条件づけられるだけでなく，行為の意図，およびその意図の成功ないし挫折または変容という契機を本質的に含むのである。歴史認識は，そうした行為の意図，およびその意図の成功ないし挫折または変容を，理解しようとする認識である。したがって，歴史認識の客観性は，そうした理解の客観性を意味することになる。

　科学は出来事の〈原因〉を〈説明〉しようとするのに対して，歴史認識は出来事の〈理由〉を〈理解〉しようとする。たとえば，ある大砲から弾が発射され，一定の時間を経てある地点に落下したとする。科学者はその弾が打ち出された速度と方向，弾の重量や大きさや形，またその時点での風速，風向などから，その弾がどのようにして一定の時間を

人間の歴史は，人間の行為の歴史である。

← p.296

← p.204

科学は出来事の〈原因〉を〈説明〉しようとするのに対して，歴史認識は出来事の〈理由〉を〈理解〉しようとする。

経てその地点に落下するにいたったかを，物理法則に則って説明してくれるであろう。それに対し歴史家は，どこの国の軍隊が，誰に向かって，なぜそのとき，その場所で，大砲を発射するにいたったのかという理由を理解しようとするのである。

〈歴史的出来事〉は，歴史を語る当の歴史家の視点，すなわちその歴史家が歴史をどのようにみているかという視点と無関係に，それ自体として独立に，存在するのではない。ある出来事が〈歴史的〉な意義をもつか否かは，つまりそれが〈歴史的出来事〉としてとりあげられるか否かは，歴史家がその出来事を自分の物語の筋立てに組み込むことができるか否かにかかっている。大砲の例をもう一度考えてみると，歴史の筋立ていかんによっては，上の段落の末尾にあげた問題だけでなく，大砲を直接発射した兵隊は誰なのか，その大砲の弾はどこの国でつくられたのか，砲弾一個の値段はいくらだったのか，といったことが新たに歴史的意義をもつこともありうる。つまり歴史をたどり，歴史を語ることは，それ自身が，歴史的意義をもった出来事すなわち〈歴史的出来事〉を生み出す，一つの創造的行為なのである。歴史家は，現に存在する出来事のよって来る理由をたどることによって，自分自身が歴史を生み出すともいえるのである。

歴史家によって記録されなくてもそれ自体で存在する歴史を〈存在としての歴史〉と呼び，歴史家によって記録されることによって〈存在としての歴史〉が〈認識としての歴史〉になるという考え方がある。しかし，上の段落で述べたように考えてくると，歴史に関して従来なされてきたこの〈認識としての歴史〉と〈存在としての歴史〉という区別は，その根拠を失うのがわかるであろう。歴史を語ることは一つの創造的行為であり，この創造的行為という視点からみれば，ある出来事を〈歴史的出来事〉として認識することは，同時にその出来事を〈歴史的出来事〉として存在させることなのである。

たとえば，今まで知られていなかった新資料が発見されて，歴史の内容が変わるということがある。これは，歴史的事実がそれ自体として存在していたのに，ただ知られていなかっただけであると私たちに考えさせるところから，上の段落に述べたことを覆す事柄であるかのようにみえる。しかし考えてみると，その新資料が〈新資料〉としての歴史的価値をもつことができるのは，やはりそれに歴史価値をもたせるだけの歴史的筋立てが，その資料の発見に伴って見いだされるからこそである。またある場合には，その筋立てとその資料の歴史的価値とが，歴史家の創造的想像力において，同時に成立することも考えられるであろう。それこそ物語としての歴史にふさわしい創造的場面であろう。歴史をたどり，歴史を語るのも，一つの創造的行為である。

> 歴史をたどり，歴史を語るのも，一つの創造的行為である。

◎ 課題 ◎

1. 日本人は自然をどのようなものと考え，表現してきたのだろうか。参考文献(2)などに当たって考えてみよう。
2. 自分が食べている食物で，どのような食品添加物が，どのような目的に使われているか，インターネットなどを使って調べてみよう。
3. 住の文化領域で，どのような環境破壊や自然破壊がおこなわれているか調べてみよう。
4. ヘーゲルは人類の歴史を，「自由という理念の実現する過程」であると考えている。これは具体的にはどういう意味だろうか。参考文献(19)，(20)，(21)などで調べてみよう。

参考文献

(1) 新岩波講座哲学 第5巻『自然とコスモス』(岩波書店)。この本には「自然と人間」というテーマを考えるために有益な多くの論文がおさめられている。たとえば，坂本賢三「コスモロジー再興」，磯江景孜「自然と歴史」，武宮諦「自然と人為」など。また非西欧的世界の自然観として，インド，中国，日本の自然観を論じた諸論文が入っている。

(2) 伊東俊太郎編『日本人の自然観 縄文から現代科学まで』(河出書房新社)。縄文期から現代まで，哲学者，宗教学者，科学者などが日本人の自然観について語っている。

1：生命的自然

(3) 新岩波講座哲学 第6巻『物質・生命・人間』(岩波書店)。村上陽一郎「物質・生命・人間」，北嶋美雪「物質・生命概念の起源」，福居純「物質主義的生命観と人間」など，生命をめぐる興味深い論文が多数収録されている。

(4) ラ・メトリ (杉捷夫訳)『人間機械論』(岩波文庫)。

(5) ダーウィン (八杉龍一訳)『種の起原』(岩波文庫)。

(6) 八杉龍一編訳『ダーウィニズム論集』(岩波文庫)。進化論をめぐる哲学者，神学者などによる論争の記録。

(7) 長野敬『生命の起原論争』(講談社選書メチエ)。第4章「進化論と生命起源」などが参考になる。

(8) 今西錦司『ダーウィン論』(中公新書)。今西の生物思想は『生物の世界』(講談社文庫)に詳しい。また今西錦司・飯島衛『進化論—東と西』(対談)(第三文明社)は，今西が格好の対談者を得て自由にその思想を語ったもの。

(9) 吉良竜夫『生態学の窓から』(河出書房新社)。

(10) 奥野良之助『生態学入門—その歴史と現状批判』(創元社)。

(11) J・J・ギブソン『生態学的視覚論』(サイエンス社)。人間を含む動物と環境との関係を「アフォーダンス」という概念でとらえ，新たな自然観をもたらした。

(12) 廣松渉『生態史観と唯物史観』(講談社)。

2：自然と文化

(13) 宮本憲一編著『「公害」の同時代史』(平凡社)。1972-1983年に起きた公害事件とそれをめぐる訴訟・裁判・行政側の対応などの記録。

3：人間と自然をつなぐものとしての身体

(14) マルクス／エンゲルス (廣松渉編訳，小林昌人補訳)『ドイツ・イデオロギー 新編輯版』(岩波文庫)。ほかに，服部文夫監訳『[新訳]ドイツ・イデオロギー』(新日本出版社) など数種類がある。

(15) マルクス (城塚登・田中吉六訳)『経済学・哲学草稿』(岩波文庫)。または，藤野渉訳『経済学・哲学手稿』(大月書店国民文庫)。

(16) マルクス『資本論』。向坂逸郎訳 (岩波書店)，岡崎次郎訳 (大月書店)，資本論翻訳委員会訳 (新日本出版社) などがある。

(17) 望月清司・内田弘・山田鋭夫・森田桐郎・花崎皋平『マルクス 著作と思想』(有斐閣新書)。わかりすく，要を得たマルクス入門書である。

(18) 柄谷行人『世界共和国へ—資本＝ネーション＝国家を超えて』(岩波新書)。マルクスの思想を，生産ではなく交換の観点から見直すことにより，国家についてのマルクスの認識の欠落をおぎない，

またマルクスがエコシステムを視野に入れていたことを指摘している。

４：歴史

⒆ 中埜肇『ヘーゲル　理性と現実』(中公新書)。ヘーゲルの紹介書は難解なものが多いが，この本は比較的読みやすい。

⒇ 廣松渉編『世界の思想家 12 ヘーゲル』(平凡社)。ヘーゲルの著作などからの抜文集。巻末にヘーゲルに関する参考文献があがっている。

(21) ヘーゲル『歴史哲学講義』。翻訳が複数あるが，入手しやすく読みやすいという点で，長谷川宏訳(上・下 2 巻)(岩波文庫)をあげておく。

(22) 堀米庸三『歴史をみる眼』(NHK ブックス)。歴史の基本概念を平易に述べている。

附節

哲学からみた看護
―「看護診断」のために―

負傷の手当て │ ギリシャの壺絵

戦場で傷ついた兵士が手当てを受けている。
人は自分の危険をかえりみず，
ときには敵でさえ，
傷ついたものを放っておくことはできなかった。

現在，専門の看護従事者や病の当事者の側から，哲学の提供する知恵を生かした看護実践についての研究が精力的に進められている。ここでは，本書で展開した哲学の立場から，看護へのアプローチを試みることにする。専門的に看護に従事する人だけでなく，それ以外の人たちにも関心をもってもらえるような仕方で，以下，論じてみたい。

私たちは，本書において〈人間らしさ〉とは何かという問いを提出し，その問いをめぐって人間のさまざまな営みについて考察し，理解を深めようと努めてきた。本文において私たちは特に看護を主題として扱わなかったが，看護もやはり人間の営みの一つであることにかわりはない。むしろ看護はとりわけ人間らしさが求められる行為であるとすれば，私たちが本文で考えてきたことは，看護に対して一定の有効性をおのずからもつであろう。「看護は病気を対象にするのではない。病気をもった人間を対象にするのである」というフローレンス・ナイチンゲール（1820-1910）の有名な言葉がある。ここにいわれている「人間」という言葉の意味の広さと深さを私たちが見失ってしまうのであれば，この言葉は私たちに新鮮なものとして映ることのない，当たり前のことにすぎなくなってしまうのではなかろうか。哲学はまさに「人間」をその広さと探さにおいて，絶えず反省し直そうとする知的探求である。

私たちは，本書においてそうした人間らしさへの問いを問うにあたり，人間が身体や言葉によっておこなう〈表現〉について考察した。そこで今，看護について考えるにあたっても，この表現という視点に立って問題を考えたいと思う。表現を看護と哲学の接点としてとらえることによって，どのような認識が得られるであろうか。

1 看護と表現 ―「看護診断」以前―

人間は身体と言葉によって自己を表現する存在者である。第1章《身体としての自分》で私たちが〈表情的意味〉と呼んだ身体表現の意味の次元では，人間の内面が外面と

「看護は病気を対象にするのではない。病気をもった人間を対象にするのである」

フローレンス・ナイチンゲール⇨ イギリスの看護業務の改革者。若い頃から社会奉仕に生きがいを求め，クリミア戦争を契機に傷病兵の看護，病棟の改善，兵士の家族の保護に努力し，看護師養成に貢献した。彼女の尽力は赤十字社設立の起因となる。

← p.57

一体化して働くことができる。私たちは嬉しくなくても笑顔をみせることができ，悲しくなくても悲しい顔をすることができるのだから，表情のすべての層において内面と外面がかならず一致しているというのではない。しかしそれでも，身体と言葉による私たちの表現の根底に，私たちの内面と外面とが一体化して働く表情的意味が絶えず露出している。そしてこの表情的意味の次元が，私たち人間の付き合いにおいて重要な要素であることは間違いない。私たちは互いに顔を見，言葉を交わしながら表現しあい，相手の快不快や，相手が自分に好意をもっているのか否かなどを，直接に経験する。そして，通常，表現は一方向的になされるのでなく，絶えず互いに相手の表現を規定しあい，触発しあうという仕方でなされている。こうしたことは看護行為においても基本的に同じである。

　看護は，患者と看護者とによる表現行為の場として考えることができ，看護という場においては，患者の表現が看護者の表現に影響を与えると同時に，また看護者の表現が患者の表現に影響を与える。では看護者として患者に接する際，どのような表現の姿勢や内面性が要求されるのだろうか。なお，以下において，看護する者を一般に〈看護者〉と呼んで，〈看護師〉と区別しておく。

　米国看護師協会の「看護の定義」によると，「看護とは，実在または潜在する人間の反応を診断し治療することである」(1980)。これに対応して，現代の看護は，「人間の反応を診断し治療すること」を有効な仕方で実現するために，「看護師が責任を負っている目標を達成するための決定的な治療の基礎」(1990)として，NANDA分類法にもとづく「看護診断」を開発し，「看護を必要とする現象」についての分析とラベリングを進展させつつある（NANDAは「北米看護診断協会(North American Nursing Diagnosis Association)」の略称）。その結果，看護師は，患者を前にして，何を見て何を考え，その結果として何を目標に，どのようなことを実施するのかという点について，根拠のある説明をおこなえるように

身体と言葉による私たちの表現の根底に，私たちの内面と外面とが一体化して働く表情的意味が絶えず露呈してる。

なりつつある。これにより，「看護診断」を身につけた看護師の専門職化が進み，看護師による看護の質が全般的に向上することが期待できるであろう。

　しかし看護の場はかならずしも病院にかぎられるのでなく，また看護行為はかならずしも専門的な知識と技術を身につけた看護師によってなされるのでもない。医師のおこなう医療行為が，専門的な知識と技術の領域に，その主な活動範囲を有しているのに対し，看護行為はいっそう広い活動領域をもっている。その意味で看護は医療より広い概念である。医療がもはや手の施しようのない場合でさえ，私たちは看護しなければならないこともある。そのような広い意味での，「看護診断」以前の，看護について考えることからはじめよう。この視点はプロの看護師にとっても，看護の原点に帰るという意味で，基本的な意義をもつのではないだろうか。

　看護の場合，通常の人間関係では直接問題にならない〈病〉という要素が，表現の場に介在している。ここでは医療専門家が使う「疾患」という言葉より，ふつうに使われる病という言葉を使いたい。看護という表現の場においては，病が人間関係の接点にある。病は患者に身体的不自由をもたらし，身体的不自由は表現の不自由をもたらす。したがって，病が介在する人間関係においては，表現の不自由を前提として，表現を考え直す必要がある。看護する側は，看護される側からなされる表現を，通常の場合よりもいっそう注意深く受けとる努力をすることが要求されるであろう。この点を掘り下げてみよう。一般に病は単に病人個人の身体的不自由というにとどまらず，病人を普段の生活および人間関係から遠ざけることによって病人に精神的な不安をもたらし，病人を取り巻く人たち（家族，友人など）もその不安に巻き込まれるものである。看護実践の場においては，病人を取り巻くそうした人たちとの関係も問題になるであろう。

　病といってもさまざまであり，一括して考えるにはあま

看護という表現の場においては，病が人間関係の接点にある。

342

りに多様である。ここでは，回復の見込める病と，回復が
見込めず，また場合によっては人生そのものを終わらせる
死という重大な事態につながりうる病とを区別して考えて
みる。回復の見込める病とそうでない病とでは，おのずか
ら看護の在り方に違いが生ずると考えられるからである。
病と死が介在する人間関係については，本書第4章1節の2
《隔たり》において，他者論の視点から考察しておいた。以
下，あらためて看護の視点から考察してみよう。

← p.140

:2 看護者と患者の近さと隔たり

1 回復の見込める病の看護

　回復が見込める病の場合，看護者が専門の看護教育を受
け，「看護診断」についての専門的知識をもつことによって，
看護する者とされる者との隔たりを埋めることができると
考えられる。専門教育を受け経験を積んだ看護師は，患者
の反応に対しどのような治療を施すべきかを，患者自身よ
りよく知っているはずである。その知識と技術をもって患
者の看護にあたるという仕方で，看護師と患者との隔たり
が埋められる。「看護診断」の開発はこの方向に向かっての
自覚的な努力といえるであろう。

　しかしこの考え方にはある危険が潜んでいないだろう
か。専門的な知識と技術をもって看護にあたるということ
が，治療を与える者から与えられる者への一方向的看護行
為を意味するならば，それは一面的なものとなる。なぜな
ら，「看護診断」の方法を知っていても，患者の反応のもと
にある病が患者にとってどのような存在として現れている
のかを知っていることには，かならずしもならないからで
ある。「看護は病気を対象にするのではない。病気をもった
人間を対象にするのである」というナイチンゲールの言葉
の深い意味はこの点にあるのではないだろうか。

　「看護診断」という考え方は，一定の質をもった看護を可
能にするために，「看護を必要とする現象」を分類し，規定
する言葉を統一化しようとする考え方である。たしかに，そ

うすることによって看護師が自信をもって一定の質をもった看護にあたることができ，その結果，患者に安心感を与えることになるであろう。また，「看護診断」という方法が与えられることによって，職業としての看護の輪郭が明確になり，看護師自身のプライベートな時間と看護師としての時間との区分けがしやすくなるだろう。それは看護師の精神的負担を軽減することに役立つと思われる。しかし，その反面，NANDA に規定された分類とラベリングの視点から患者の反応を見ようとするあまり，一方向的に観察しようとすると，患者の病気は見えても，「病気をもった人間」が見えなくなってしまう危険が生ずるであろう。

参考文献(4)→

守田美奈子は看護実践の経験にもとづいて，「一般病棟では，客観的データを重視するあまり看護師自身も自らの知覚に客観的エビデンスを求める傾向が多い」と書いている。「看護診断」についての専門的知識があっても，それは〈患者にとってその病がどのような存在として現れているのか〉について知っていることにはならない，と上述した。患者にとって自分の身体は，自分の単なる持ち物ではありえない。患者は自分の身体を自分自身として内側から生きており，その意味で身体は患者自身である。

私たちの身体が自分にとってどのような現れ方をしているのかについて，本書の第1章《身体としての自分》でおこなった考察をあらためて思い起こしておこう。第1章で，私たちは〈生きられた身体〉という考え方を提示し，観察の対象と化した身体は〈生きられた身体〉の一面でしかないことを示した。そして，特に「身体の恒存性」という言葉で示した身体の在り方は，私たちが自分の身体を内側から生きており，自分の身体と一体であることを明確にした。したがって，患者の身体に巣くう病を外部から単に治療の対象とみなすことはできない。病は患者が現に生きているその身体の一定の在り方であり，また身体が常にその担い手の表現に貫かれているのであるとすれば，患者はその身体の病を通じてみずからを表現しているともいえよう。患者はそ

← p.55
← p.63

病は患者が現に生きているその身体の一定の在り方であり，また身体が常にその担い手の表現に貫かれているのであるとすれば，患者はその身体の病を通じてみずからを表現しているともいえよう。

の病を自分の人生の一部として生きている。その意味で，病
は空白ではない。人生に空白はない。病も，健康と同様に，
患者の人生を形成しているのである。

　患者が内部から生きるこうした病に対して，看護の立場
からどのようなアプローチが可能なのかを考えるために，
患者の〈痛み〉をとりあげてみたい。稲原美苗は論文「痛み
の現象学――身体化された語り」において，「痛みを，たとえ
共有不可能であっても，了解可能な『他者の経験』としてと
らえる立場」を探求している。以下，稲原論文から引用しつ
つ考えてゆく。

参考文献(2)→

　国際疼痛学会によれば，痛みは「顕在的または潜在的な
組織損傷に結びついているか，またはそのような損傷によ
って説明される不快感と感情的な経験」として定義されて
いる。この定義において，痛みは器質的な異常にもとづい
て説明される感情として理解されており，そのかぎりで，痛
みが患者本人にしか感じることのできない主観的な経験で
あるという側面をとらえていない。したがって，この定義
そのものがすでに患者の痛みをとらえそこなっているとい
わざるをえない。

この定義そのものがすでに患者の
痛みをとらえそこなっている。

　患者にとって，痛みは説明されるべきものでなく，直接
に感じられているものである。稲原はこうした痛みの現れ
方を「実存的な痛み」と表現し，〈現象学〉の方法によってこ
の「直接的な経験」へのアプローチを試みる。稲原は自分の
疾病経験にもとづいて，痛みの現れ方を以下のように記述
している。「痛みは私自身の運動や感覚を制限してしまうた
め，それは痛みが痛み自身の知覚を阻害するという不可思
議な逆説を私の身体に強いるのである。そればかりか，痛
みは意図的で能動的な私の行動も阻害してしまう」。ところ
で，痛みはつねに変化しつづけるので，痛みが去ったあと
で，「他人に自分の痛みについて説明することは非常に困難
なのである」。他人に自分の痛みを説明できず，誰にも理解
してもらえないことから苛立ちが生じ，その苛立ちがまた
痛みを悪化させるという，負の連鎖が生じた，という。

← p.114

こうした状態におかれた稲原は，自分が英国で受けた疼痛治療が有効性をもたなかった経験にもとづいて，「科学的・客観的な証拠に基礎をおく医学は，一般性を追求するがゆえに一人ひとりの特性を捨象し『標準的な身体』を規定する」ので，「従来の臨床医学では，私の痛みが引き起こす環境の悪循環や痛みの主観的要素に対処できないことは明らかである」と考え，みずから「自分なりの対処策」を考え出すにいたった。それは，「首を温め，枕の高さを変え，自分から周囲に自分の痛みを語りはじめることであった」。その結果，徐々に痛みが緩和した経験から稲原は，「医療従事者は，患部を触診して『身体の語り』を聴くのと同時に，目の前にいる患者から発せられる『痛みの語り』あるいは身体の軋みよって絞り出される『叫び声』に耳を傾け」ることが重要である，と述べている。すなわち，痛みは言語以前の「身体の軋み」による「うめき」や「叫び」として表現されるのである。

　稲原はこうして表現される痛みを，メルロ＝ポンティの主張する「生きられた経験」としてとらえ，「間身体性」によって，主観的経験としての痛みと，医療従事者からみた痛みとを，「共通の認識の次元へと」もたらすことができる，と考える。「生きられた経験」とは，第1章において詳述したメルロ＝ポンティにおける「生きられた身体」によって開かれる経験を意味する。特に，第1章3節《身体の表情と表情的意味》，4節《表情的意味と他者》での考察が稲原の問題意識に深く関与するであろう。また「間身体性」については，第4章1節《他者との近さと隔たり》で，「共存」の経験として，その内容を示してある。

← p.62

← p.136

← p.137

　そこでは，「間身体性」に加え，さらに，〈私たち〉という一人称複数形代名詞がいかにして可能であるかについて，〈バドミントン遊びをする二人の少年〉の例を使って，考察しておいた。〈私たち〉という存在の仕方は，複数の〈私〉が，最終的には身体の表情的意味を介して，「共通の目的に向かって共同する」（p.139）ときに可能となる，というのがそこ

での結論であった。この結論は，他者との隔たりが顕在化する痛みというテーマに関しても，その有効性を保つのではないだろうか。稲原は，論文後半で，「間身体性」が働く言語以前の表現として絵画と写真をとりあげ，「医療従事者には『痛みの』当事者一人ひとりの『痛みの物語』を語りやすくする方法を一緒にみつける大切な役割があり，それを実践に生かさなければならない」と結論的に述べている。この「一緒に」という言葉は，痛みの主体と看護の主体とが，〈私たち〉として，痛みのケアという共通の目的に向かって共同することを，訴えているのではないだろうか。

　患者の視点に立つ稲原の発言に対して，看護する側からの発言を紹介しておく。「痛みをもつ患者の看護」と題する章で，マーガレット・A・カウフマン／ドロシー・E・ブラウンは次のように述べている。

　「痛みをもっている患者の適切な看護というのは，単に鎮静剤を与えることですまされる問題ではない。まず，痛みの肉体的・心理的な面，社会・文化教養上の背景，環境面の要素について理解しなければならない。また痛みに対する看護婦と患者の反応に留意し，そして，患者を人間としてみること，家族という単位の構成員として考えることが必要である。」(「痛み―その多面性」より)

参考文献⑶→

　ここには，痛みの看護において，身体と心の一体性（心身関係），人生観と世界観，そして，〈人間らしさ〉に着目することの重要性が指摘されている。

2　死にいたりうる病の看護

　死にいたりうる病の看護として，ここでは死への看取りとしての看護を考えてみよう。死への看取りとしての看護の場合，どのような看護の姿勢が考えられるだろうか。死への看取りとしての看護は，回復が期待できる病の看護とは本質的に異なる面がある。回復が期待できる病は，看護後の患者の時間を期待した看護が可能である。しかし，死

← p.128

への看取りとしての看護では，看護後の患者の時間は期待できない。したがって時間の意義が異なる。死は各人の人生全体を直接に意識させる力をもっている。第3章《時間の不思議さ・生と死》で考察したように，ハイデッガーによれば，自分の死は，かならずやって来る，「他人ごとでない，世間とのつながりのない，追い越すことのできない可能性」として現れる。

人は，自分の死を覚悟することによって，本来の自分の存在に直面させられるのである。人は自分の死だけを死ぬ。自分の死は「乗り越えられない可能性」であり，常に一回かぎりしか訪れない。死は人生の一回性を露呈する。それは言いかえれば，人生の一瞬一瞬が，かけがえのない時間として現れるということである。したがって死につながりうる病の看護の時間は，患者の人生全体が露わになる緊張した時間である。ふつうの場合の人間関係では，一般的にいって，各人の人生の一部だけがかかわるのに対し，ここでは患者の人生全体がかかわっているのである。看護の時間が本質的にそのようなものであるとすれば，患者と看護者との間に対等な人間同士の付き合いが成立するためには，看護者の側にも緊張した時間が，おのずから要求されることとなる。

看護者と患者の人生は，いうまでもなく別である。そもそも看護を受ける側は病に侵された異常な状態にあり，看護する側は病に侵されていない正常な状態にある。そこに看護する者と看護される者との間に生じる〈隔たり〉がある。まして死に直結するような病の場合には，その隔たりは決定的な深淵となって，看護する者と患者との間に現れるであろう。死が間近に姿を現し迫りつつある者と，まだ死が現実に自分の死として現れていない者との差は，決定的である。この隔たりをどのようにとらえるべきであろうか。この問題は，NANDA Ⅰ領域9の類2「コーピング反応」における「死の不安」に関係する問題である。この項目に関してNANDA の項目に関して，NANDA（2020-2023）は，

死につながりうる病の看護の時間は，患者の人生全体が露わになる緊張した時間である。

348

「自分や大切な人たちの死や，死のプロセスの予感によって
起こる，情動的な苦痛と不安定さが，生活の質（QOL）に悪
影響を及ぼしている状態」という定義を示している。

　この問題に関するアプローチとして，がん治療における
緩和ケアをとりあげてみよう。守田美奈子は，論文「看取り
のケアと間身体性」（参照文献(3)。この論文では「看取り」
と「見取り」という二つの表記があるが，以下では前者に統
一する）において，緩和ケア病棟での臨床経験が六年目にな
る看護師Ａさんへのインタヴューをおこない，「死を看取
る」という看護実践について，報告と分析を提示している。
以下，守田論文を要約的に紹介しながら，考えてゆく。

　自然な看取りを実践する緩和ケア病棟では，一般病棟で
使用するモニターなどの機器類はあまり使わず，検査や治
療も痛みなどの症状緩和のために選択されるだけで，必要
最小限に抑えられている。Ａさんはそうした緩和ケア病棟
での看護実践に居心地のよさを感じていた。

　　「とてもいいと思ったんですね。機械もつけないで，検
　温とかも自然の流れでとてもいい，って，私はすごい居
　心地よく感じていて，なんかつけないから心配っていう
　のも，もちろんあったんですけど，やっぱり五感をフル
　に使わないと，その兆候が見れないから，今までいかに
　心電図に頼ってたんだな，とか，数値に頼ってたんだな
　とか……」

　しかしＡさんには，モニターの使用をめぐって，心に残
るケア実践の経験があった。ある担当患者に残された生の
時間が「数十分」しかないと判断したＡさんが患者の妻に
そのことを告げると，妻は心電図をつけるように訴えてき
た。それは夫の死の経過に伴う恐怖などの感情と，夫の死
を受け入れることができない心理から生じた訴えだった。
Ａさんは入院時に説明されているケア病棟での自然な看取
り方をあらためて説明したが，妻は聞き入れず，逆に興奮

してAさんを問い詰めたという。このときAさんの心には，看護師として妻の希望にそって心電図をつけてあげたいという思いと，緩和病棟の自然な看取りの実践を自分の判断で変えてしまっていいのかという思いがあり，両者がぶつかって，葛藤が生じた。家族の苦痛を癒すための援助も緩和ケアの重要な仕事である。この葛藤のなかで，Aさんが強く感じたのは，いずれにせよ妻を一人で病室で過ごさせることはできないという思いだった。この点について守田は「過去の苦い実践経験が妻を一人にしておけないというAさんの思いの背後に重なっていたのだろう」と分析している。妻を一人で病室に残すことはできないと思ったAさんがとった実践は次のようなものだった。

　　「『心電図をつけましょう』と，その場にいた人が皆言いかけたそのときに，『じゃあ，心電図の替わりに私がついたらどうですか』って。『心電図の波形よりも，もうちょっと具体的な情報が得られると思うんですけど』っていうことを，私が，ちょっと言ってみたんですね」

　患者の妻はまだ怒りの気配を漂わせていたが，Aさんのこの提案を受け入れて，Aさんと一緒に病室に入った。Aさんは病室に入るとすぐに患者の足をさすりはじめ，すでに意識を失っていた患者に「こんなに穏やかなのは奥様がいてくれるおかげですよね」と，普段のケアのときと同じように言葉をかけた。するとしばらくその様子を見ていた妻もそばに駆け寄り，「あなた」と声をかけ，一緒に患者の足をさすりはじめた。そのときの妻の声の表情は柔らかくなっていて，気持ちの変化が声に現れていたという。Aさんの経験では，最後の看取りのとき，家族が看護師と一緒になって患者の身体に触れるようになり，身体を通じて患者とかかわりはじめることができると，「大丈夫だ」という感触を抱くことができるという。

　Aさんへのインタヴューをふまえて守田は，看取りのケ

アにおける「知覚」や「表情」，そして「間身体性」の重要性を指摘している。守田によれば，緩和ケア病棟では，看取りのケアへの関心が，患者の身体に向かう看護師の知覚の鋭さや細かさを生み出している。その関心は，死の兆候を示す諸症状だけでなく，患者や家族の声や表情，振る舞いなど，「患者や家族の身体が示す生の全体」に向かっている。患者の死の前後の家族の感情は，身体の振る舞いに現れる場合が多いと看護師は考えている。

　また，こうした身体感覚や知覚の意義は，緩和ケア病棟の看護師同士の間で共有されており，ケアの申し送りやステーションでの立ち話において，その点が重点的に伝えられる形で，看護師同士のネットワークが形成されていた。こうした身体と知覚にもとづくコミュニケーションの在り方を理解するにあたって守田は，「私は私の身体によってこそ，他者を了解する」というメルロ＝ポンティの言葉を引用し，「間身体性」という概念に依拠する。「間身体性」だけでなく，守田がその緩和ケア論において依拠している「身体」，「知覚」，「表情」といった諸概念は，まさに本書が第1章以下で展開した哲学の機軸をなす概念である。

　しかし，問題はこれで終わるわけではない。守田は次のように書いている。

　　「死にゆく人の傍らに居るというその存在の仕方は，人間にとって，非常にむずかしい問題を孕む。妻や夫，親など大切な家族メンバーの死を受けとめることはとてもむずしい課題である。死をどのように家族が受け入れていくか。看取りのケアは，死を受け入れるための援助的実践のプロセスでもある」

　この指摘は，メルロ＝ポンティの知覚の哲学だけでは扱えない問題である。この問題を考えるとき，筆者は，〈『あなた』を独りで死なせることはできない〉という声に応える〈無償の責任〉という，哲学者レヴィナスの言葉を思いおこ

← p.150

す。私たちは第4章3節《「あなた」の「顔」》でレヴィナス
の考え方を通じて、〈負うことのできない他者に対する責任
を負わなければならない〉という事態があることをみてお
いた。神への信仰の立場でなく、人間の立場に立ちつづけ
るかぎり、死にゆく者と生き残る者との隔たりは無限の隔
たりであり、それを乗り越えることはできない。私たちは
それを受け入れるほかはないのである。しかし、このこと
は私たちがただ独りで生き、死にゆく者がただ独りで死ん
でゆくということを意味するのではないであろう。ハイデ
ッガーが指摘するように、実存の「各自性」に従って、死に
ゆく他者と自分との隔たりは乗り越えられない。しかし、私
たちはその隔たりを乗り越えることができないと知ったう
えで、なお、死にゆく者に呼びかけざるをえないという意
味での責任がある。

← p.128

　「あなた」は死に、看護する者は生き残る。しかし、だか
らこそ、「『あなた』をその死に際して置き去りにしてはなら
ない」、「『あなた』を独りで死なせてはならない」、という命
令に応えざるをえない責任が看護者にはある。そう考えて
くると、看護という行為は、際立ってそうした命令に応え
ようとする行為であり、レヴィナスの言葉にそって、死へ
の看取りとしての看護の本質を表現するならば、〈看護と
は、引き受けることのできない責任を、敢えて引き受ける
行為である〉といえるのではないだろうか。

看護とは、引き受けることのでき
ない責任を、敢えて引き受ける行
為である。

　守田は論文の終わりに、次のように書いている。

　　「看取りとは、患者を中心に看護師と家族、そこにいる
　　人々の身体が、互いに共鳴し合い、互いの身体をとおし
　　て死を受け入れていくという実存的な時間と空間の場で
　　あると考えられた。」

　私は、この言葉を読んで、死への看取りという〈引き受
けることのできない責任を、敢えて引き受ける〉ことができ

るとすれば，それは〈私〉でなく，〈私たち〉ではないかと考えた。上述の稲原論文においても，痛みの当事者と医療従事者とが，痛みのケアという共通の目的に向かって，共同する姿勢が求められていた。同様に，〈私〉独りでは受けとめることの困難な「あなた」の死は，「あなた」の死に臨むそれぞれの〈私〉が，〈私たち〉として，互いの身体の表情的意味を通じて一つの〈共存〉を形成することによって，かろうじて受けとめうるのではないだろうか。「あなた」の死において生成される無限の隔たりに引き込まれそうになる〈私〉は，身体の表情的意味を通じて「共鳴し合う」〈私たち〉として，かろうじて自分の存在を保つことができるのではないだろうか。

〈私〉と「あなた」との近さと隔たりという考え方にもとづいて，看護者と患者との関係について考察を試みたが，一般に，私たちの生は他者の生と互いに支えあうことで豊かなものとなることができるというのは，確かなことであろう。私たちは，身体や言葉による表現によって，互いに他者の生をできるかぎり豊かなものとしあうという仕方で，支えあうことができる。看護という営みもそうした人間の営みの一つである。そうだとすれば，たとえ死にいたりうる病であったとしても，私たちは患者と患者を囲む人たちの人生を豊かなものとするために，患者の身体表現をできるかぎり自由にするべく，看護することができるのではないだろうか。そうした真摯な向き合いへの努力は，また看護者自身の生を豊かにする。看護実習を終えたある看護学生の報告に，「今を大切にしてはじめて未来を生きる道に通じるし，他者を自分と同じに大切にする愛情にも通うようになる」という言葉があった。このような認識はかならずしも看護という場のみでなく，人間同士の向き合いであればどんな場合にも当てはまるであろうが，看護というとりわけ〈人間らしさ〉を求められる場において，際立って深い意義をもつと思われるのである。

> 私たちの生は他者の生と互いに支えあうことで豊かなものとなる。

> 「今を大切にしてはじめて未来を生きる道に通じるし，他者を自分と同じに大切にする愛情にも通うようになる」

終わりに，「哲学からみた看護」というこの附節の題に関して述べたいと思う。看護の問題は，哲学にとって，単なる応用問題ではない。痛みや死への看取りの問題を通じて明らかになったのは，そうした問題が哲学の問題そのものであるということである。むしろ，痛みや死への看取りの問題を通じて，哲学における〈身体〉，〈知覚〉，〈表情〉，〈他者〉などのテーマが深められる可能性がある。本節でとりあげた二つの論文では，哲学の知恵を参照しながら，病や看護実践を理解しようとする視点が中心であったように思われる。しかし，それにもかかわらず，参照された哲学では扱いきれない病や看護実践の経験的事実が，そこには露呈している。既成の哲学では扱いきれないそうした経験的事実が，哲学そのものを変えてゆく可能性がある。この附節ではその可能性にわずかに触れただけであるが，やがて，看護の実践者自身から，〈看護からみた哲学〉が新たに生まれてくるにちがいない。いや，すでに生まれてきているのかもしれない。

参考文献

(1) T. ヘザー・ハードマンほか原書編（上鶴重美訳）『NANDA-I 看護診断　定義と分類 2021-2023 原書第 12 版』（医学書院，2021）。

(2) 稲原美苗「痛みの現象学—身体化された語り」（『メルロ＝ポンティ研究』第 16 号所収）。この論文を収めた雑誌は，メルロ＝ポンティ・サークルの学会誌である。「メルロ＝ポンティ・サークル」のサイト（https://www.merleau.jp/）のお問い合わせフォームから事務局に連絡して有料で入手できる。

(3) マーガレット・A・カウフマン／ドロシー・E・ブラウン「痛み—その多面性」（稲田八重子 ほか訳『看護学翻訳論文集 1 新版・看護の本質』（現代社）所収）。

(4) 守田美奈子「看取りのケアと間身体性」（『メルロ＝ポンティ研究』第 16 号所収）。参考文献(2)と同様の雑誌に掲載されている。

(5) 西村ユミ『語りかける身体—看護ケアの現象学』（ゆみる出版）。植物状態の患者に対する看護の可能性を，メルロ＝ポンティの身体論を手がかりにさぐった本。参考文献(3)でも引用されている。他に同じ著者の本で『交流する身体〈ケア〉を捉えなおす』（NHK ブッ

クス）がある。

(6)村上靖彦『傷と再生の現象学―ケアと精神医学の現場へ―』（青土
　社）。ハイデッガーの哲学を看護における行為に適用する試みな
　ど，哲学の側から看護実践に積極的にアプローチしている意欲的
　な本。参考文献(4)も考察の対象にされている。

● あとがき（第3版）

　第2版（2013）から10年，〈人間らしさ〉についての問い
は，普遍的な問いでありながら，現代においてその緊急性
を増す問いとなっているように思われる。序章で提起した
ように，一つにはAI技術に先導され急速に進展する科学技
術が日常生活の隅々に入りこみ，私たちの生活環境をコン
トロールしつつあること。もう一つは社会に日々生じる出
来事がますます〈非人間化〉の様相を呈していることであ
る。初版以来，身体論を基軸として，〈人間らしさ〉につい
て考察することをめざしてきた本書として，こうした状況
に対し，あらためて哲学的にどう対処するのか。そうした
課題を念頭に，版を新たにし，本書の基軸を問い直すこと
とした。以下，第3版における主要な改稿および加筆の個
所と要点を記す。

1. 序章2節2《対話について》の冒頭に，〈対話〉と〈会話〉
   と〈討論〉の区別について加筆。一般的に，私たちの日
   常的な言葉のやり取りにおいて生じうる無駄なトラブ
   ルをさけるべく，〈対話〉とは本来どういうものなのか，
   対話において対話者はどういう態度を要求されるのか
   を考察した。「対話型AI」と呼ばれるChat GPTは，〈対
   話〉しているわけではないことを示した。

2. 同じく，序章2節2《対話について》で，ソクラテス
   の対話に関して，〈哲学的対話〉と〈教育的対話〉との
   区別について大幅に加筆。第2版では，『メノン』の当
   該箇所を示しただけだったが，今回は，幾何学問題そ
   のものを加筆し，対話において，何かに気づくとはど
   のようなことなのか，読者にも経験してもらえるよう
   に配慮した。

3. 序章3節《「私」と「私」の近さと隔たり》で，「私は考
   えている，したがって，私は存在する」というデカル
   トの命題から導かれる自己同一性命題（「私は私であ

る」) が，判断力としての理性の本質をなしていることについて加筆。

4. 序章4節《人間・機械・動物》を全面改稿し，機械と動物に関するデカルトの議論を再検討した。機械については，人間の知性に近づいているとされる生成 AI のような現代の機械を念頭に，デカルトの示した区別基準 (言葉の使用と認識) が，どのような意味で人間と機械を区別しようとしているのかを明らかにした。人間と動物については，感情表現の側面から両者の区別を考察した。

5. 第1章5節1《身体の恒存性》で，自分の身体の「ここに」という場所について加筆し，「非 - 存在」という言葉の意味について，例をあげて記述した。

6. 第1章5節2《身体の二重感覚》で，二重感覚にもとづいて現れる身体の自己同一性 (「自分は自分である」) を〈身体的自己同一性〉と名づけ，デカルト的反省にもとづく精神的自己同一性 (「私は私である」) から区別した。そして，身体的自己同一性にもとづく身体の理性を，〈本能や感情を許容し，それらと (場合によっては積極的に) 共存しつつ，道理にもとづいて思考する能力〉として定義し，〈身体的理性〉と名づけた。

7. 第1章7節《「生きられた身体」とジェンダー》を新設し，世界内存在としての「生きられた身体」の立場から，ジェンダーについてどのような考え方が帰結するかについて加筆。

8. 第6章2節《自由な選択》の冒頭で，責任の問題と自己同一性の問題とが連結していることについて加筆。以下，自由をめぐるサルトル，ベルクソン，メルロ＝ポンティの思想において，どのような意味での自己同一性が考えられうるのかについて加筆。

9. 第6章6節《義務 (カント)》で，序章3節でとりあげた「嘘」という問題に関連して，なぜ〈利己的な目的〉で嘘をつくべきでないのかという問いに対するカン

トの考えについて加筆。

10. 第8章2節1《表現されるべき自己》で，芸術は，非
    理性と積極的に共存し，交錯する身体的理性の表現で
    あることについて加筆。

11. 以上の加筆訂正以外にも，文章を読みやすくし，理解
    を容易にするために，細かな加筆訂正をおこなった。
    〈 〉は，用法を規定した〈私〉の場合を除き，文脈にも
    とづいて言葉の強調に用いた。引用した訳文は，筆者
    による訳文である場合もあり，参考文献としてあげた
    翻訳書の訳文と異なる場合もある。余白に付した相互
    参照の矢印の使用法については旧版を踏襲した。

← p.76

　今回の改版における要点は，〈身体的自己同一性〉とそれ
にもとづく〈身体的理性〉という概念を新たに導入したこと
である。これらの概念は，旧版の基軸をなす「生きられた身
体」をめぐる議論において，内容的には考えられていたが，
明瞭な概念としては取り出せていなかった。この二つの概
念が，〈人間らしさ〉をめぐる今日の問題に対して，身体論
を基軸とする本書が見いだした一つの〈回答〉である。

　改版にあたり，今回も Gakken メディカル出版事業部の黒
田周作さんに大変お世話になった。当初，増刷のつもりで
打ち合わせに臨んだのだが，黒田さんから改版の打診をい
ただき，あらためて最近の状況について対話するうちに，旧
版では扱いきれていない課題がしだいに明らかになった。
また，旧版から時間がたち，筆者の考えも以前とくらべて
多少変化し，改稿したい個所が少なからずあったので，改
版をお願いすることにした。改稿作業をすすめるうちに問
題のむずかしさが露顕し，作業も滞りがちであったが，編
集実務を担当していただいたスタッフの方々の的確な仕事
に支えられて，なんとか終えることができた。読者の思索
に貢献できれば，幸いである。

2023 年 10 月

伊藤泰雄

＊　　＊　　＊

● あとがき（第２版）

　第１版の刊行から５年，本書の基本的な方向性に変化はないが，授業での学生の反応や読者からの反応をみて，記述内容の曖昧さを除去し，明瞭に理解してもらえるように，記述の仕方をあらためて検討する必要が感じられた。以下，第２版において加筆または訂正した主な個所と内容を記す。

1. 第１版序章２節の節題「哲学の知恵と対話（ソクラテスとヘーゲル）」を《哲学の知恵と方法（ソクラテスとデカルト）》に変更し，哲学の方法としての反省について，記述を大幅に更新した。

2. 序章３節《「私」と「私」の近さと隔たり》において，「私は考えている，だから，私は存在する」というデカルトの命題について，訂正と加筆をおこなった。これによって，この命題と「私」の自己同一性との論理的関係が明確になった。

3. 第１章の章題「身体としての「私」」を《身体としての自分》に変更し，デカルト的な自我を意味する「私」と，日常的に漠然と感じとられている「自分」との区別を明確にした。この区別によって，第１版で明瞭さを欠いた「私」という言葉の意味を明瞭にし，さらに，身体における振り返り（二重感覚）についての考察をふまえて，身体として自覚する主体としての自分を，デカルト的自我を意味する「私」と区別して，〈私〉と表記した。この区別を導入した点が，第２版における最大の変更点である。この変更に伴って第１章全体を加筆訂正し，また，以下の章における章題と節題なども，適宜変更した。

4. 第２章《生きられた世界》において，知覚世界の現れ方と身体主体との関係について，第１版での不足をおぎなうべく，かなり加筆した。加筆箇所の要点は，知覚する身体主体が，知覚世界の「背景の背景」として現れるという点にある。

5. 第３章《時間の不思議さ・生と死》において，時計の示す時間に関する記述と，アリストテレスの時間論に関して，加筆訂正をおこなった。これによって，物体運動にもとづいて成立する時間と，心の運動にもとづいて成立する時間との，類似と相違を明らかにした。

6. 第４章《他者・近さと隔たり》において，間身体性に関して新たな事例（バドミントンをする二人の少年の例）を導入し，「私たち」という言葉によって示される「共存」の意味をさらに明らかにした。

7. 第５章《言葉・比喩・論理》において，ソシュール言語論に関して，言語能記の「可易性」についての記述を加筆し，「可易性」と言語的意味の創造性との関係を示した。

8. 第5章《言葉・比喩・論理》において, 擬態語に関する説明をかなり加筆し, 擬態語と事物の表情的意味との関係を明確化した。また, これに伴って, 擬態語と比喩表現 (隠喩と直喩) との関係について大幅に加筆し, 知覚世界の表情的意味に媒介されて, 擬態語と比喩表現とが結びつく仕組みを明らかにすることができた。

9. 第9章《技術と科学》において,「生きられた世界」に対する科学技術の位置づけに関して加筆した。これによって, 科学技術の成果は,「身体主体として生きる私たちを間接的に援助する役割を担うもの」として新たに規定された。

10. 附節《哲学からみた看護》において,「回復を見込める病」と「死にいたりうる病」との区別に関して, 大幅に訂正と加筆をおこなった。回復を見込める病の看護に関しては, 患者の「痛み」に対する看護のあり方をとりあげた。死にいたりうる病の看護については, 死への看取りとしての看護をとりあげた。いずれの場合も, 患者と看護者との隔たりを際立った仕方で示すものであり, 看護の本質に直結すると考えられるからである。痛みの看護と死への看取りとしての看護にもとづいて看護の本質を考えてゆくと, 身体, 知覚, 表情, 他者といった本書で考察した哲学の主要テーマが, 看護実践において重要な意味を担っていることが明らかになる。病は誰にでもかかわる可能性のあるものであり, その意味で, 附節での考察は専門的に看護に従事する人以外の人にも関心をもっていただけると思う。

11. 以上の加筆訂正以外にも, 理解を深め, 文章を読みやすくするために細かな加筆訂正を, 本書全体にわたっておこなった。また, 本書の記述内容がそのテーマに関して相互に関連していることを明示し, 読者がその結びつきを容易にたどることができるように, 余白にも相互参照の頁を示した。

   (例 ← p.○：先行ページ参照, p.○→：後続ページ参照)

今回の改版にあたり, 学研メディカル秀潤社の影山博之さんと向井直人さんにお会いし, 変化する看護の現状についてお話をうかがうことができた。その結果を十分に生かしきれたかどうかわからないが, 附節「哲学からみた看護」の内容を大幅に見直し, 看護についての認識を新たにする機縁になったことは確かである。拙稿をていねいに読んでいただき, 有益なアドヴァイスを多々してくださった書籍編集室の黒田周作さん。「一人でも多くの人に喜んでもらえる本になるといいですね」と後押ししてくださった編集実務の石山神子さん。みなさま, ありがとうございました。

2012 年 12 月

伊藤泰雄

　　　　　　　＊　　　＊　　　＊

◉ **あとがき** (第 1 版)

　本書は，内藤純郎先生との共著である旧版『看護学生の哲学入門 ――
人間理解のために』（学習研究社，1989）を，そのねらいと基本的内容を
生かしながら，現在の状況に合わせて新しく書き直したものである。旧版は，
看護学生に対象を限定したが，今回の新版は対象を限定せず，一般書と
して刊行した。「看護学生の」というタイトルは削除したが，看護という視点
を残すために，附節《哲学からみた看護》の内容を充実させることにした。
具体的には，本書で述べられた人間理解のための考察にもとづいて，現代
の「看護診断」すなわち「看護を必要とする現象」に対処するための表現
はどうあるべきかについて，基本的な考え方を提供できるような記述をめざし
た。

　旧版の刊行から 18 年を経た現在，私たちをとりまく状況は大きく変化しつ
つある。何よりも「人間」という概念についての考え方が，急速に変化しつ
つある。旧版においてもすでにこの人間観の変化に対応する考え方はある
程度書き込まれていた。たとえば人間を，単に近代哲学的な意識の主体と
してではなく，「生きられた身体」の担い手としてとらえる考え方がそれであ
る。しかしその記述は今日からみると十分でなく，現代の状況変化に対応
する仕方でこれを書き直す必要があった。そこで第 1 章《身体としての
「私」》において，「生きられた身体」という概念をさらに明確化し深めるため
に，「身体についての 4 つの記述的特徴」と「身体図式」についての記述
を加筆した。特に「身体図式」の概念は今日看護で使われている「ボディ・
イメージ」の概念を深く理解する手がかりとなるであろう。「身体図式」は，
現代哲学において重要な役割を果たしていると同時に，哲学と看護とを媒
介する役割を果たすことが期待できる。また，新たな内容をもつ序章《人間
らしさ》，第 3 章《時間の不思議・生と死》，第 4 章《愛・「あなた」に呼び
かける》を書き加え，その他の章においても相当の加筆訂正をおこなった。
組み方は旧版を踏襲したので，かなりの頁数の増加を余儀なくされた。

　筆者は，旧版を大学の講義に使用する中で，旧版を現代の状況にそっ
てもっと深めた仕方で書き直し，またその表現をもっとわかりやすいものにし
たいという強い欲求に駆られていた。昨年 6 月に思い立って学習研究社に
お願いしたところ，快く企画を受け入れてくださったので，その旨を内藤先生
にお知らせしたところ，先生が体調を崩されており，今回は伊藤が単独で執
筆することとなった。お世話になった学習研究社メディカル出版事業部の影
山博之さんと鈴木敏行さんに心から感謝している。お二人は，「看護診断」
についての資料を早速筆者のもとにお送りくださり，また，現在の看護の状
況についていろいろお話しくださった。哲学と看護とのかかわりに少しでも

本書の記述が有効性をもつとすれば，それはお二人との対話からの賜物である。また骨の折れる編集実務を担当してくださった小原明美さんに深謝する次第である。

2007 年 3 月 20 日

伊藤泰雄

写真提供

agefotostock
Alamy
amanaimages
EPA＝時事
Getty Images
H.I.S. ホテルホールディングス
photo AC
Pixabay
Unsplash
アフロ
イラスト AC
毎日新聞社
ユニフォトプレス
『2001 年宇宙の旅』日本語吹替音声追加収録版
　＜4K ULTRA HD & HD デジタル・リマスター ブルーレイセット＞（3 枚組）
　6,589 円（税込）
　発売元：ワーナー・ブラザース ホームエンターテイメント
　販売元：NBC ユニバーサル・エンターテイメント
Gakken

哲学入門 第3版　身体・表現・世界

2013年1月5日	第2版第1刷発行
2020年2月3日	第2版第3刷発行
2023年11月14日	第3版第1刷発行

著　　者	伊藤　泰雄
発　行　人	土屋　徹
編　集　人	小袋朋子
発　行　所	株式会社Gakken
	〒141-8416 東京都品川区西五反田2-11-8
印刷・製本所	TOPPAN 株式会社

●この本に関する各種お問い合わせ先

本の内容については，下記サイトのお問い合わせフォームよりお願いします.
https://www.corp-gakken.co.jp/contact/
在庫については　Tel 03-6431-1234（営業）
不良品（落丁，乱丁）については　Tel 0570-000577
　学研業務センター　〒354-0045 埼玉県入間郡三芳町上富279-1
上記以外のお問い合わせは　Tel 0570-056-710（学研グループ総合案内）

学研グループの書籍・雑誌についての新刊情報・詳細情報は，下記をご覧ください.
　学研出版サイト　https://hon.gakken.jp/